O2O模式下的供应链合作策略

张旭梅　李梦丽　但　斌　著

本书是国家自然科学基金"O2O/OAO模式下的供应链合作策略与协调机制研究"（71572020）和中央高校基本科研业务费（2017CDJSK02PT08）的研究成果

科学出版社

北　京

内 容 简 介

本书以 O2O 模式下的供应链为研究对象，研究 O2O 模式下供应链成员间不同合作情形中的运营决策问题，提出有效促进供应链成员合作的策略机制。本书构建了不同渠道策略下供应链成员间的博弈模型，研究了供应链成员的最优 O2O 渠道开辟策略；分析了 O2O 模式下供应链成员间最优合作模式的选择策略；设计了信息不对称情形下供应链成员间的最优合作契约；提出了 O2O 模式下供应链成员间的最优库存合作策略与最优广告合作策略；分析了供应链成员的最优竞争引入策略及竞争环境下 O2O 供应链成员间的最优需求信息预测、共享与激励策略。

本书是反映 O2O 模式下供应链合作策略研究的最新成果，对 O2O 和供应链管理领域的研究人员、企业管理人员和有关政府部门人员有重要的参考价值。

图书在版编目（CIP）数据

O2O 模式下的供应链合作策略/张旭梅,李梦丽,但斌著. —北京：科学出版社，2021.10
ISBN 978-7-03-069909-1

Ⅰ. ①O… Ⅱ. ①张… ②李… ③但… Ⅲ. ①电子商务—供应链管理—研究 Ⅳ. ①F713.36 ②F252.1

中国版本图书馆 CIP 数据核字（2021）第 196874 号

责任编辑：李 嘉 / 责任校对：贾娜娜
责任印制：张 伟 / 封面设计：无极书装

科学出版社 出版
北京东黄城根北街 16 号
邮政编码：100717
http://www.sciencep.com

北京盛通商印快线网络科技有限公司 印刷
科学出版社发行 各地新华书店经销

*

2021 年 10 月第 一 版　开本：720×1000　1/16
2022 年 3 月第二次印刷　印张：15 1/2
字数：312 000
定价：138.00 元
（如有印装质量问题，我社负责调换）

前　言

　　自20世纪90年代以来，电子商务在全球迅猛发展并掀起一场新的商业革命。近年来，随着互联网和移动互联网技术的进一步普及，全球电子商务市场规模持续扩大并呈现稳定增长态势。随着全球电子商务的持续发展，除原有的企业对企业（business-to-business，B2B）、企业对消费者（business-to-consumer，B2C）、消费者对消费者（consumer-to-consumer，C2C）等常见的电子商务模式外，企业界一直在探索新的电子商务模式。特别地，在消费升级的带动下，越来越多的消费者不再满足于仅通过单一渠道进行购物，而是倾向于同时使用线上线下渠道进行购物，渠道融合成为全球电子商务发展的新趋势。在此背景下，线上到线下（online-to-offline，O2O）模式作为一种全新的电子商务模式应运而生。

　　一般认为，O2O概念最早由美国TrialPay公司创始人Rampell于2010年8月的一篇客座文章"*Why online2offline commerce is a trillion dollar opportunity*"中提出，指的是通过线上平台发布线下产品或服务的优惠信息、进行广告宣传及提供预订服务等措施，把线上平台上的消费者吸引到线下实体店进行消费，在这一模式中，线上平台成为线下实体店交易的前端，最大程度地实现线上到线下产品、服务与信息的连接，进而为线下实体店带来客流量、创造商机。2011年O2O模式被引入我国，自此之后便一直受到互联网巨头、风投公司、创业草根、传统零售业等的积极关注，被广泛应用于餐饮、休闲娱乐、在线旅游、房地产、订票、汽车租赁、在线教育等诸多领域，并以爆棚式速度发展。随着O2O模式的蓬勃发展，其表现形式在现实生活中也在不断创新。除了最初的线上到线下(online to offline)模式外，还出现了线下到线上(offline to online)、线上线下融合(online and offline，OAO)等模式。

　　在如火如荼的O2O企业实践的同时，O2O模式下的供应链合作策略也开始受到重视。从供应链管理视角，O2O模式的实施需要打通线上线下渠道，需要对线上线下渠道的利益进行合理分配，需要供应链中的线上零售商、线下供应商或制造商、线下服务商、物流服务商等合作伙伴在需求、生产能力或服务能力、产品与服务的定价、广告促销、库存、物流配送、服务等方面的高度协同。由此可见，O2O模式的出现改变了原有供应链的结构和特征，使供应链成员企业间及其与消费者间的竞合博弈关系变得更加复杂，供应链成员企业间合作与协调的难度进一步加大。因此，研究O2O模式下供应链成员企业间的合作策略，对于推动渠道融合背景下线上线下渠道合作、充实和完善O2O模式下供应链管理的理论研究成果具有重要的现实意义和理论价值。

自O2O概念被提出之后，有关O2O的研究一直呈现逐年递增的趋势。一部分学者关注了O2O的概念、商业模式及O2O模式对消费者购买行为和企业运营绩效的影响，但这类研究以描述性研究、案例研究、实证研究为主，数理模型的研究非常少；一部分学者关注了线上线下渠道间的合作问题，这类文献虽以数理模型研究为主，但大多以单个企业为研究对象，主要聚焦于线上线下渠道隶属于同一企业时该企业的定价、库存、产品组合等运营决策问题；只有少量学者采用数理建模的方法研究O2O模式下供应链成员间的合作策略，但这些研究主要关注线上到线下O2O模式，其他O2O模式下的供应链合作策略虽然有所涉及但还不成体系。总体来说，目前学术界关于O2O模式的研究虽然已经形成了一定的理论研究基础和应用成果，但对于O2O模式下供应链合作策略的研究还不够深入，很多问题尚未涉及，还不能为O2O模式中的供应链管理提供系统的理论与方法。

因此，为弥补目前O2O模式下供应链管理量化理论研究的不足，本书综合运用博弈论、决策优化理论、数值仿真等方法，主要通过构建O2O模式下供应链不同合作情形下的数理模型来展开研究，形成较为系统的O2O模式下供应链合作策略的理论体系，为O2O、供应链管理领域的研究人员、企业管理人员、有关政府部门人员等提供理论方法和实践参考。

作者近年来一直从事O2O模式下供应链管理方面的研究，作为项目负责人主持完成了国家自然科学基金"O2O/OAO模式下的供应链合作策略与协调机制研究"（批准号：71572020）、中央高校基本科研业务费（批准号：No. 2017CDJSK02PT08）的有关研究，在国内外核心学术期刊上发表和录用了大量论文，培养了多名博士和硕士研究生。本书是上述研究成果的总结。

本书以O2O模式下的供应链为研究对象，通过对O2O模式下供应链的合作问题进行建模和量化分析，提出能够有效促进O2O模式中供应链成员合作的策略机制。本书共分为7章，主要研究内容如下。

第1章详细介绍O2O模式的兴起与O2O模式的发展现状，对本书涉及的有关O2O模式下供应链合作策略的国内外研究现状进行回顾与总结，给出本书的研究思路和结构安排。

第2章分别针对新进入市场的新兴服务商、已经存在于市场的传统服务商及一个拥有线上直销渠道的制造商等三种不同类型的企业，构建传统渠道策略和O2O策略两种不同渠道策略下不同类型企业的决策模型，研究不同类型企业的最优O2O渠道开辟策略。

第3章针对由一个线上平台与一个线下服务商或零售商组成的供应链,分别考虑供应链成员的附加服务投入、营销努力投入、保鲜服务投入等三种情形,构建批发和代理合作模式下供应链成员间的博弈模型,研究供应链成员的最优合作模式选择问题,探讨重要因素对合作模式选择及供应链成员利润的影响。

第4章针对由一个线上零售商和一个线下体验店组成的供应链,分别考虑体验服务投入水平不可观测、体验服务投入成本信息不对称、线下体验店存在交叉销售且交叉销售收益信息不对称及服务投入影响消费者产品匹配率等因素的影响,运用激励相容理论构建信息对称与信息不对称情形下供应链成员间的委托代理模型,研究线上零售商的最优合作契约设计。

第5章分别针对具有体验属性的产品与生鲜农产品,考虑由一个拥有线上直销渠道的制造商或生产商与一个线下零售商组成的供应链,构建O2O库存合作模式下供应链成员间的博弈模型,研究供应链成员间的最优O2O库存合作策略,并设计相应的供应链契约机制以实现供应链成员利润的帕累托改善。

第6章分别针对线下体验店进行地方广告投入、渠道产品差异化策略下线下零售商投入地方广告、制造商与零售商合作实施"线上购买,店内取货"(buy-online-pick-up-in-store,BOPS)模式后共同投入广告以扩大市场需求等3种情形,构建供应链成员间的博弈模型,研究供应链成员间的最优广告合作与定价策略。

第7章考虑线下体验店可引入一个竞争性线上零售商,研究线下体验店的最优竞争性线上零售商引入策略,进一步针对由一个线下体验店与两个竞争性线上零售商组成的供应链,研究线下体验店的最优需求信息预测与预测信息共享策略,探究两竞争性线上零售商的最优需求预测激励契约设计与预测信息共享激励契约设计。

张旭梅负责整本书的总体构思和统稿工作,参加所有章节的研究和撰写工作;李梦丽协助进行整本书的总体构思和统稿工作,负责第1章、第6章、第7章的研究和撰写工作,参与第2章、第3章的撰写工作;但斌协助统稿并参加了第2~7章的研究工作。

另外,金亮负责第4章的研究工作;查晓宇负责第5章的撰写和该章第1节的研究工作;田宇负责第3章第3节的研究和撰写工作;郑雁文负责第3章第1~2节的研究工作;左湉负责第2章第1~2节的研究工作;周丽萍负责第2章第3节的研究工作;李佩璇负责第5章第2节的研究工作。

此外,本书在研究、写作过程中参考了大量文献,由于篇幅限制,不能一一罗列,这里特向未被罗列的作者表示歉意,并向所有作者表示诚挚的谢意。

由于时间仓促及作者水平有限,本书难免存在不足之处,敬请读者批评指正。

张旭梅　李梦丽　但　斌
2020年12月

目 录

第1章 O2O供应链概述 ·· 1
    1.1 O2O模式的兴起 ··· 1
    1.2 O2O模式的发展现状 ·· 3
    1.3 O2O模式下供应链合作策略的研究现状 ··························· 5
    1.4 本书的研究思路和结构安排 ······································· 12

第2章 不同类型企业的O2O渠道开辟策略 ································· 15
    2.1 新兴服务商的O2O渠道开辟策略 ································· 15
    2.2 传统服务商的O2O渠道开辟策略 ································· 24
    2.3 制造商的O2O渠道开辟策略 ······································· 33

第3章 O2O模式下的供应链合作模式选择 ································· 45
    3.1 O2O模式下考虑附加服务投入的供应链合作模式选择 ······ 45
    3.2 O2O模式下考虑营销努力投入的供应链合作模式选择 ······ 56
    3.3 O2O模式下考虑保鲜服务投入的供应链合作模式选择 ······ 67

第4章 O2O模式下的供应链合作契约设计 ································· 82
    4.1 O2O模式下存在道德风险的供应链合作契约设计 ············ 82
    4.2 O2O模式下考虑信息不对称的供应链合作契约设计 ········· 91
    4.3 O2O模式下考虑交叉销售的供应链合作契约设计 ········· 102
    4.4 O2O模式下考虑服务影响匹配率的供应链合作契约设计 · 113

第5章 O2O模式下的供应链库存合作策略 ······························· 123
    5.1 O2O模式下考虑线上退货风险的供应链库存合作策略 ··· 123
    5.2 O2O模式下考虑不确定需求的生鲜供应链库存合作策略 · 137

第6章 O2O模式下的供应链广告合作策略 ······························· 146
    6.1 O2O模式下考虑正向溢出效应的供应链广告合作策略 ··· 146
    6.2 O2O模式下考虑渠道产品差异化的供应链广告合作策略 · 160
    6.3 O2O模式下存在渠道竞合的供应链广告合作策略 ········· 172

第7章　O2O模式下线下体验店与多线上零售商的合作策略 ………… 183
　7.1　线下体验店的竞争性线上零售商引入策略 ………………………… 183
　7.2　线下体验店与多线上零售商的需求信息预测及激励策略 ………… 199
　7.3　线下体验店与多线上零售商的预测信息共享及激励策略 ………… 215

参考文献 …………………………………………………………………………… 229

第 1 章 O2O 供应链概述

1.1 O2O 模式的兴起

自 20 世纪 90 年代以来，全球电子商务继续保持高速增长的态势。数据显示，2020 年全球电商市场收入达到 2.43 万亿美元，同比猛增 25%[①]。另外，我国商务部电子商务和信息化司发布的《2019 年中国电子商务报告》显示，2019 年我国电子商务交易额达 34.81 万亿元，电子商务市场规模持续引领全球，其中网上零售额高达 10.63 万亿元，同比增长 16.5%；实物商品网上零售额为 8.52 万亿元，占社会消费品零售总额的 20.7%，对社会消费品零售总额增长的贡献率高达 45.6%，如图 1.1、图 1.2 所示[②]。

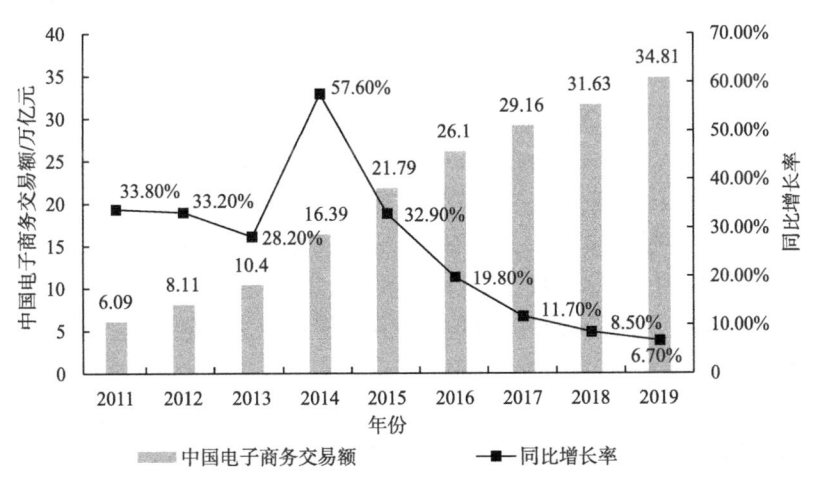

图 1.1 2011~2019 年我国电子商务交易额
资料来源：商务部电子商务和信息化司《2019 年中国电子商务报告》

[①] 搜狐网. 2021. 2020 年全球电商规模达 2.43 万亿美元[EB/OL]. https://www.sohu.com/a/448413203_120375378 [2021-07-16].

[②] 艾媒网. 2017. 马云 26 亿美元豪赌银泰 欲彻底颠覆零售行业[EB/OL]. https://www.iimedia.cn/c460/47681.html[2021-08-12].

2 O2O模式下的供应链合作策略

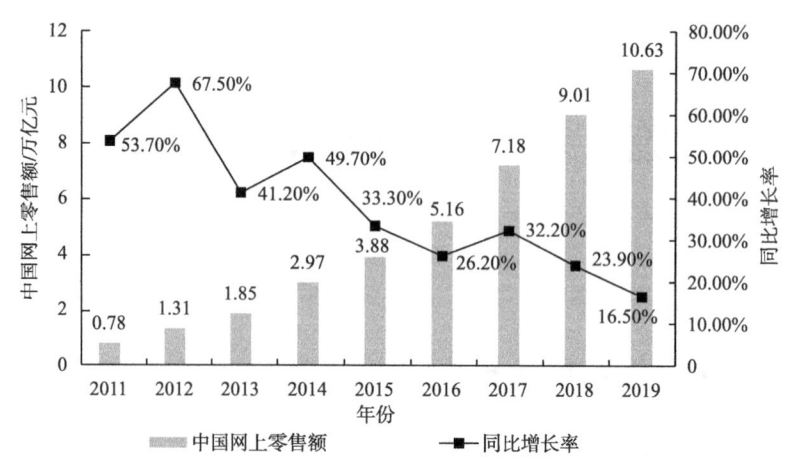

图1.2 2011~2019年我国网上零售额

资料来源：商务部电子商务和信息化司《2019年中国电子商务报告》

随着电子商务的高速发展与不断成熟，企业界一直在探索电子商务的新模式、新业态。除原有的B2B、B2C、C2C等模式外，近年来O2O模式受到高度重视。一般认为，O2O概念是由美国TrialPay公司的创始人Rampell于2010年8月在TechCrunch的一篇客座文章"*Why online2offline commerce is a trillion dollar opportunity*"上首次提出的，他指出O2O的关键是在网上寻找消费者然后将他们带到实体店，它是支付模式和为实体店创造客流量的一种结合，O2O创造了线下商机[①]。O2O概念虽然于2010年8月才正式被提出，但与O2O有关的企业实践其实早已开始。例如，沃尔玛公司在2006年提出的网站到店铺的B2C战略中，实施过"通过B2C完成订单的汇总及在线支付，顾客到4000多家连锁店取货"的商业模式（温晓华和张述冠，2011）；美国Groupon网2008年所开展的团购业务、Uber公司2009年所开展的在线打车服务、Airbnb平台2009年所提供的全球民宿短租公寓预订服务、我国携程网的机票订购业务等其实都是"线上购买，线下消费"O2O模式的雏形。

O2O模式能够发挥线上线下不同渠道之间的优势、整合线上线下资源，进而为消费者提供无缝购物体验。因此，自2011年O2O模式被引入我国后，O2O模式凭借其线上线下的优势迅速得到各方资本的积极参与。例如，2011年"千团大战"中，拉手、美团、窝窝团、24券、满座网、高朋网等国内外知名团购网站开始了一轮又一轮的融资比赛，其中我国市场的资金消耗高达70亿元人民币；2014年初的打车大战中，深圳市腾讯计算机系统有限公司（以下简称腾讯）与阿里巴巴网

---

① Rampell A. 2010-08-08. Why online2offline commerce is a trillion dollar opportunity [EB/OL]. https://techcrunch.com/2010/08/07/why-online2offline-commerce-is-a-trillion-dollar-opportunity/[2021-08-12].

络技术有限公司（以下简称阿里巴巴）各自支持的滴滴打车与快的打车消耗了几十亿元进行补贴大战；2015年本地生活成为O2O大战中各家战火最猛烈的一块阵地，其中阿里巴巴与蚂蚁金服宣布重投60亿元启动新口碑，百度表示三年内对糯米业务追加投资200亿元。在资本的作用下，众多O2O企业，如滴滴打车、美团、百度糯米、饿了么、口碑等在短时间内获得大量消费者，为后期持续发展奠定了坚实的用户基础。

与此同时，自2012年起受实体店关闭潮加速的影响，传统零售行业的辉煌不再，O2O模式也开始受到传统零售企业的积极参与，一些传统大型零售商也开始转型进军O2O。例如，2013年6月8日，苏宁易购集团股份有限公司（以下简称苏宁）实现了全产品全渠道的线上线下同价，这标志着苏宁O2O模式的全面运行，随后，苏宁更是通过开通免费WIFI、实行全产品的电子价签、布设多媒体的电子货架等多项措施将苏宁实体店改造成一个集展示、体验、物流、售后服务、休闲社交、市场推广为一体的新型门店，大力推动线上线下渠道融合；2013年"双11"，银泰所有商场参加天猫"双11"购物狂欢节，率先尝试"线下选品，线上支付购买"的消费模式；2014年阿里巴巴入股银泰商业集团后，双方合作打造O2O链条，在O2O领域展开全方位合作；2014年3月，国美也推出"线下实体店+线上电商+移动终端"的O2M（offline to mobile/online to mobile）全渠道零售战略，让消费者能够跨越渠道和各种设备制约，享受移动科技和大数据带来的更丰富的商品+个性化服务+智能化体验；在美国，为了给消费者打造出贯穿多种购物渠道的无缝购物体验，梅西百货推出了十二项O2O全渠道策略，如允许消费者以BOPS方式消费，在实体店装配自助设备供用户查询网上顾客评论、在社交媒体上分享购物清单及一站式自助购物，在试衣间内配备壁挂平板电脑供店员和消费者扫描查询产品颜色尺寸和产品推荐等搭配信息。

在上述诸多因素的影响下，O2O模式自2011年被引入我国后便进入飞速发展阶段，并被广泛应用于在线旅游、休闲娱乐、餐饮、美容美护等生活服务行业中的诸多领域，O2O市场规模也迅速扩大。

1.2 O2O模式的发展现状

近年来，随着经济环境、社会环境、技术环境、政策环境等多方环境的成熟，O2O模式日趋发展，并呈现出领域/行业渗透更深更广、表现形式更加多样等特点，具体如下。

（1）在生活服务行业中，O2O模式渗透的领域更深更广。一方面，随着美团与大众点评合并、滴滴打车与快的打车合并、携程与去哪儿合并、58同城与赶集网合并及滴滴出行收购Uber中国等大型收购事件的发生，生活服务行业中的O2O

从之前的"千团大战"逐渐转变为美团点评、百度、口碑、饿了么这四大平台之间的竞争，生活服务O2O进入行业深耕期，更加注重服务质量和效率提升，其市场规模快速增长；另一方面，随着传统行业的信息化建设程度不断提高，客户关系管理、云服务、地理位置服务等信息技术被广泛采用，O2O模式得以渗透到生活服务行业中的生鲜、按摩、洗涤、物流等领域。例如，2014年，生鲜电商平台（以下简称生鲜电商）每日优鲜成立，它在大中型城市建立起"城市分选中心+社区配送中心"的极速达冷链物流系统以实现生鲜产品"2小时送货上门"；2015年5月中旬，京东众包上线，它利用用户抢单模式来为附近的消费者提供快速的快递服务。

（2）O2O模式扩展到零售行业。自2015年以来，零售行业开始加速布局O2O模式。例如，2015年，京东斥资42亿元投资获得线下生鲜品巨头永辉超市10%的股权[1]，通过利用自身的流量优势、物流优势及永辉在生鲜领域内的供应链及仓储优势，共同探索生鲜O2O业务合作。随后，苏宁和阿里巴巴签署合作协议，阿里巴巴以283亿元战略投资苏宁并成为第二大股东，苏宁以140亿元认购不超过2780万股阿里巴巴新发行股份[2]，双方携手整合各自的优势资源，一方面，利用大数据、物联网、移动应用、金融支付等先进手段打造O2O移动应用产品；另一方面，尝试打通线上线下渠道，以实现阿里巴巴强大的线上体系与苏宁辐射全国的1600多家线下门店、5000个售后服务网点及下沉到四、五线城市的服务站的无缝对接。2017年，阿里巴巴斥资26亿美元收购了百货商店运营商银泰商业[3]，将阿里巴巴在线上的主导地位拓展至线下实体店。

（3）O2O模式的表现形式在管理实践中不断创新，可归纳为线上到线下、线下到线上、OAO三种情形。

①线上到线下。生活服务领域中的"线上购买，线下消费"模式是O2O最早的形式，也是目前存在最多的形式。根据产品/服务交付场景的不同，生活服务O2O又可以分为到店O2O和到家O2O。到店O2O中，消费者先通过线上平台购买某类产品或服务，然后到店消费，产品或服务的交付聚焦在线下实体店，如餐饮、到店美容美护、到店洗衣、到店休闲娱乐、酒店住宿等；到家O2O中，消费者先通过线上平台购买某类产品或服务，然后在家消费，产品或服务的交付聚焦在社区之内，如餐饮外卖、家政维修、上门美护、送洗服务、商超宅配服务等。除此之

---

[1] 新浪科技. 2015. 京东到家与永辉超市合作落地 互补业务短板[EB/OL]. https://tech.sina.com.cn/i/2015-12-08/doc-ifxmihae9280856.shtml[2020-12-14].

[2] 人民网. 2015. 阿里与苏宁达成全面战略合作 或造就最大电商帝国[EB/OL]. http://media.people.com.cn/n/2015/0811/c40606-27441673.html[2020-12-14].

[3] 艾媒网. 2017. 马云26亿美元豪赌银泰 欲彻底颠覆零售行业[EB/OL]. https://www.iimedia.cn/c460/47681.html[2021-05-25].

外，线上到线下O2O模式在零售行业中也逐渐得到重视，并涌现出了新的表现形式，如BOPS、"线上购买，线下配送"等。例如，作为全球最大的高质量自行车生产商，捷安特（Giant）在天猫平台的官方旗舰店中向购买自行车的消费者提供线下门店取货服务；国际知名服装品牌优衣库、Zara、中国最大的保健及美容产品零售连锁商屈臣氏等均在其官方旗舰店中推出门店自提服务。②线下到线上。"线下体验，线上购买"是该模式中存在较多的形式，指线下体验店为线上零售商的产品提供体验服务以吸引消费者到店体验后再转移至线上渠道购买。该模式产生的背景主要有两方面：一方面，线上购物缺少实物体验，这导致对于诸如服装配饰、家居、电子产品等需要体验的产品品类，在线上渠道销售后面临较高的退货率；另一方面，尽管线上零售业发展迅速，线下零售业在零售市场中仍占据着优势地位，如2019年我国实物商品线上零售额仅占社会消费品零售总额的20.7%[①]。在上述背景下，越来越多的线上零售商意识到实体体验的重要性，纷纷寻求与线下企业进行渠道合作，"线下体验，线上购买"模式开始出现并迅速发展，如银泰商业开设的家居体验店Home Times为天猫平台上多个家居品牌提供体验服务；Google与英国最大的连锁互联网技术（Internet technology，IT）经销商Currys PC World合作的线下体验区；美国一些地方性零售商为电商Warby Parker销售的眼镜提供体验服务。此外，为了给消费者提供无缝的购物体验，一些线下实体店还为线上渠道销售的产品提供跨渠道退货服务。③OAO。以阿里巴巴、腾讯、京东、苏宁为代表，OAO是线下与线上双向流通互动的商业模式，更加强调线上线下渠道的完全互补、合作与融合，进而为消费者提供无边界的全渠道购物体验。在OAO模式中，线上和线下渠道侧重点略有不同。线上渠道主要是帮助线下实体店吸引消费者，同时也帮助消费者筛选实体店，然后把消费者带到线下实体店完成交易，通过在线交易量评估线上的有效性，侧重利用线上的优势，起到宣传推广、在线支付、提供增值服务及顾客数据挖掘和信息反馈等功能。线下渠道需要让线上与线下渠道的连接更加便捷、体验更加通畅，让消费者获得更好的服务，甚至是创新体验，侧重利用线下优势，起到线下体验、物流配送和增值服务等方面的作用。

1.3 O2O模式下供应链合作策略的研究现状

1.3.1 O2O模式及影响的有关研究

O2O模式通过整合线上线下渠道资源以获得单个渠道所无法满足的渠道协同优势，为传统电商和线下实体店的发展与转型提供了新思路。因此，O2O概念自

---

① 国家统计局. 2020. 2019年国民经济运行总体平稳 发展主要预期目标较好实现[EB/OL]. http://www.stats.gov.cn/tjsj/zxfb/202001/t20200117_1723383.html[2020-12-14].

提出后便一直受到企业界和学术界的广泛关注。在如火如荼的O2O企业实践的同时，学者也展开了对O2O商业模式研究的热潮。例如，卢益清和李忱（2013）对O2O商业模式的特点进行了分析，指出了制约O2O发展的瓶颈；Li和Yang（2014）等讨论了9种未来电子商务可能发展的方向，并指出"线上购买、线下消费"是O2O模式的主要发展趋势之一；林小兰（2014）从不同利益相关者角度分析了O2O电子商务模式的业务流程，结合企业案例分析了O2O电子商务模式的定位及盈利模式；Tsai等（2015）通过分析线上到线下O2O的服务应用场景，提出了一种O2O商务系统框架；孔栋等（2015）在分析商业模式相关研究的基础上，结合多个典型案例构建了O2O商业模式分析框架，划分了O2O类型；孔栋等（2016）建立了"上门"型O2O模式构成要素及其相互关系的商业模式模型，从市场定位、运营、盈利三个方面详细界定了"上门"型O2O模式的构成要素；Zhu等（2016）针对传统实体零售商面临电子商务的冲击情形下向线上到线下O2O转型的问题，结合案例提出了线上到线下O2O的适用条件与实施难点。

上述研究主要是通过描述性研究和案例研究的方法对O2O的概念及商业模式进行了研究。与此同时，O2O模式的出现与发展为消费者提供了新的购物方式，也为企业提供了新的接触消费者的手段。因此，越来越多的学者开始聚焦于O2O模式影响的研究，现有研究主要从O2O模式对消费者购买行为的影响、对企业运营效率的影响等两方面展开。

有关O2O模式对消费者购买行为影响的研究，一些学者主要聚焦了O2O模式对消费者购买意愿的影响。例如，张应语等（2015）基于收益与风险感知模型，研究了O2O模式下影响消费者购买生鲜农产品意愿的因素；高楼等（2015）针对O2O电商外卖模式，构建了包含7个潜变量的结构方程模型，分析了影响顾客重复消费意愿的因素；于本海等（2015）基于社区O2O电商模式，系统地分析了用户线下体验对消费者接受意向的影响，并通过实证的方法进行验证；李普聪和钟元生（2016）构建基于用户采纳行为理论的结构方程模型，研究影响消费者使用生活服务类移动O2O商务的关键因素；刘伟和徐鹏涛（2016）以大众点评中多家餐厅的用户评论为样本，通过构建双路径分析理论模型研究消费者认为在线评论是否有用的影响因素；沈晓萍等（2016）针对服务类网络团购"线上购买，线下消费"的特征，对影响消费者购买意愿的因素进行了研究；Kim等（2017）考虑情境因素和产品类型的调节作用，研究影响消费者使用BOPS模式意愿的关键因素；王崇和陈大峰（2019）以消费者购买评价为视角，构建了O2O模式下消费者购买决策影响因素的社群关系模型，表明电商知名度、商品品牌感知和商品质量在影响消费者购买决策的构成要素体系中处于主导地位。还有一些学者研究了O2O模式对消费者购物或退货时不同渠道选择的影响，如Wollenburg等（2018）考虑包括跨渠道库存信息查询、配送、退货等在内的订单履行组合方案，研究不同的订单履行方案对消费者渠道选择的影响；Xu和Jackson（2019a）通过对来自美国和英国的消费者的调查进行实证分析，从渠道透明性、渠道便利性、渠道一致性三方面出发研究影响消费者渠道选择意愿的关键因素；Xu和Jackson（2019b）从感知风险、购买退货渠道一致性、退货货币成本、退货麻烦成本四个维度构建概念模型，以实证方法分析内外部因素对消费者退货渠道忠诚度的影响。

有关O2O模式对企业运营效率影响的研究，学者主要从线上线下渠道融合、线上到线下O2O模式、线下到线上O2O模式对企业运营效率的影响等三方面展开。第一方面文献中，学者主要探究了线上线下渠道融合对企业销量、绩效、成本等运营效率的影响，如Oh等（2012）基于资源基础理论与组织学习理论构建研究框架，利用新加坡125家多渠道零售商的调查数据，研究基于信息技术的零售渠道整合对企业绩效的影响；Herhausen等（2015）基于技术采纳研究和扩散理论，从零售商和渠道两方面探讨渠道融合的影响，发现渠道融合会给零售商带来竞争优势和渠道协同效应而非渠道蚕食；Cao和Li（2015）基于2008~2011年71家美国上市零售公司的纵向数据，从四个维度构建渠道融合的概念框架，研究渠道融合对企业销量的影响；Tagashira和Minami（2019）运用动态面板模型与企业数据实证研究渠道融合对企业成本效率的影响，分析弱化或强化上述渠道融合影响的关键因素。第二方面文献中，学者主要探讨了线上到线下O2O模式对企业库存、销量、利润等运营效率的影响，如Huang和van Mieghem（2014）考虑在线上渠道提供产品信息在线下渠道完成订单的企业，研究线上点击数据流对改善线下库存管理的价值；Gallino和Moreno（2014）运用实证方法研究BOPS模式带来的交叉销售效应及渠道转移效应对消费者购买行为及零售商不同渠道需求的影响；Gallino等（2017）基于线下零售店缺货时零售商将消费者线上订单免费配送到零售店供消费者取货这一O2O模式，研究该模式对零售商整体销量离散度的影响；Akturk等（2018）根据一个美国珠宝零售商的交易数据，研究消费者线上购物后零售商将产品配送到店供消费者取货这一模式对零售商不同渠道销量的影响；Li等（2018）考虑交通成本及店铺密度对消费者需求的影响，通过实证方法分析影响团购网站Groupon快速成长的关键因素；Zhang等（2019c）基于一家中式快餐连锁店的每日数据，运用实证研究法分析加入外卖平台对服务商线下渠道销量、总体销量及利润的短期与长期影响。第三方面文献中，学者主要研究了线下到线上O2O模式对零售商线上渠道需求和运营效率的影响，如Bell等（2018）利用线上零售商Warby Parker通过地方零售商运营线下体验店时的准实验数据，研究多渠道并存时线下体验店对线上零售商不同渠道需求及运营效率的影响。

上述有关O2O模式影响的研究主要通过实证研究的方法关注了不同O2O模式对消费者购买行为、渠道需求及相关利益主体利润的影响，尚缺乏O2O模式企业运营决策与供应链成员如何进行合作的建模研究。

1.3.2 O2O 模式下单个企业运营决策的有关研究

O2O模式能够满足消费者差异化的购物需求、刺激消费者的购买行为，如何高效地实施O2O模式是企业在渠道融合背景下实现需求创造、利润提高的关键手段。因此，有关O2O模式下单个企业的运营决策研究逐渐吸引到学者的注意，现有研究主要从不同O2O模式下企业的促销与定价决策、库存决策、配送决策等方面展开。

O2O模式最早出现在餐饮、休闲娱乐、在线差旅等团购平台上，因此这类团购平台上的促销与定价策略首先引起学者的关注，如Gao和Chen（2015）针对线上平台推出的在线折扣券，在研究能力有限的情况下线下服务商的在线折扣券价格与提供的最大在线折扣券数量决策；Deng等（2018）考虑能力有限的销售商同时通过线下渠道和团购网站销售产品，研究销售商在团购网站提供在线折扣时线上渠道销售价格和最大交易规模的优化问题；He等（2016）考虑一个O2O市场上存在多个服务质量不确定的竞争性服务商，研究消费者通过口碑分享服务经验情形下服务商的定价和选址策略；周雄伟等（2018）考虑实体渠道等待时间的影响，研究拥有实体渠道的服务商是否应该开通O2O渠道，进一步分析了O2O渠道开通后服务商的定价和服务水平决策问题；Tong等（2020）针对中国外卖平台中一些平台采用动态定价策略而另一些平台采用静态定价策略这一现象，构建基于双边市场理论的动态模型研究外卖平台的最优定价策略。此外，还有一些学者研究了其他类型O2O平台的定价决策问题，如Li等（2020b）基于我国著名的物流O2O平台卓集送（Zallsoon）的实际数据，设计改进的退火算法优化物流O2O平台的匹配与定价策略；Wu等（2020）基于双边市场理论，构建中介运输服务市场的定价模型，研究空间差异和网络外部性对网上租车平台定价机制的影响。随着O2O模式在零售行业中的出现与发展，一些学者开始关注BOPS、"线上购买，线下体验"等O2O模式下零售商的定价决策，如Cao等（2016）考虑消费者产品价值和到店麻烦成本的异质性，研究BOPS模式下仅线上渠道销售产品、线上线下渠道均销售产品时零售商的最优定价决策；刘金荣等（2019）考虑消费者线上渠道购物后可能存在的退货行为，研究BOPS模式实施前后品牌商的最优定价和体验服务决策；Zhang等（2018）考虑消费者付款前可取消订单、收到产品后不满意可退货，研究仅线上直销渠道策略、全渠道策略下零售商的定价与库存决策；Zhang等（2019b）考虑消费者具有不同渠道偏好及交通成本的异质性，研究实施和不实施BOPS策略时零售商的最优定价策略，分析零售商的最优BOPS实施策略；孔瑞晓等（2019）考虑零售商存在仅通过线上渠道和同时通过线上线下渠道销售产品两种策略，研究两种策略下BOPS模式实施前后零售商的定价决策；Du等（2019）考虑消费者可能存在线上低价值失望与线下缺货失望，研究零售商的最优定价决策，分析"线上购买，线下体验"模式对缓和消费者失望的影响机制。

此外，为了给消费者提供无缝购物体验，O2O模式中往往允许消费者跨渠道取货。这意味着不同渠道除了要满足本渠道的消费者需求外还需要满足其他渠道的消费者需求，这给企业的库存管理带来挑战，因此不少学者研究了O2O模式下单个企业的库存决策问题，如针对BOPS模式，Gao和Su（2017a）考虑BOPS模式中线上渠道展示线下渠道实时库存信息，研究零售商的最优库存决策，分析BOPS模式对消费者的信息效应和便利效应；Shi等（2018）针对一个通过预售和现售两阶段销售耐用产品的零售商，考虑预售阶段中消费者通过BOPS模式购买产品并对产品价值存在不确定，研究不同退货策略下零售商的最优订货量。针对"线下体验，线上购买"模式，Gao和Su（2017b）考虑消费者产品价值不确定性和产品库存信息不确定性的双重影响，研究包括线下体验店在内的三种信息传递机制下零售商的库存决策。针对线下实体店为线上渠道提供的跨渠道退货服务，Radhi和Zhang（2019）考虑大多数退货不存在残缺可被二次销售，研究四种不同退货策略下零售商线上线下渠道的订货策略；Dijkstra等（2019）针对该模式引起的线上线下库存不平衡问题，研究单个销售周期末线下实体店可选择将退货统一运回至线上商店或保留退货的情况下其最优库存转运策略；He等（2020）考虑该模式中消费者因不满意而退回的产品可以作为翻新产品转售，研究零售商的最优订货和定价决策。

如何有效将线上渠道的订单配送到消费者手中是企业落实线上到线下渠道合作模式的"最后一公里"。因此，一些学者研究了O2O外卖行业中的配送问题，如陈萍和李航（2016）考虑O2O外卖中消费者满意度受到时间的影响，构建了匹配O2O外卖配送问题的优化模型，设计并验证了一种改进的遗传算法以优化外卖平台的配送路径问题；Dai和Liu（2020）考虑配送系统中存在内部骑手、全职众包骑手、兼职众包骑手三种配送形式，研究需求动态变化下外卖平台的最优配送能力和订单分配问题；Tao等（2020）针对在线外卖行业中线下服务商考虑是否引入App渠道，且App渠道订单可由自己或第三方服务商配送，研究不同配送策略下线下服务商的最优销售价格与配送范围。还有一些学者研究了BOPS模式下单个企业的配送决策，如Mahar等（2012）考虑到消费者选择的取货商店可能面临缺货问题，设计并评估了一个动态的取货店铺选择方案以实时提供给待取货的店铺信息；Jin等（2018）考虑一个销售期内线上消费者具有确定性需求、线下消费者具有随机需求，研究实体零售商提供BOPS服务时最优服务覆盖范围设计问题；Glaeser等（2019）考虑消费者需求受取货地点和取货时间的影响，运用实证方法研究线上零售商取货地点和取货时间的优化问题；MacCarthy等（2019）考虑当天配送的BOPS模式，研究了为保证目标服务水平所需的最小拣选率、零售商在订购周期中应启动的拣选次数及拣选次数的时机。

除了上述运营决策外,一些学者还研究了企业的渠道开辟策略,如左淦(2017)针对"线上购买,线下消费"的O2O模式,分别研究了新进入市场的新兴服务提供商与市场中现存的传统服务商的O2O渠道策略研究;Niu等(2019)考虑产品价值和交通成本的异质性,研究零售商是否应该开辟BOPS渠道,分析了BOPS策略对零售商渠道需求及利润的影响。还有一些学者研究了"线上购买,线下消费"模式中企业的服务决策,如Gao和Su(2018)针对餐饮业中出现的线上自助点餐(如通过第三方平台预订)与线下自助点餐设备,构建点餐与备餐两阶段排队模型,研究不同自助服务下餐饮服务商的服务能力分配问题。此外,一些学者研究了"线下体验,线上购买"模式下的产品布局策略,如Gu和Tayi(2017)研究拥有两种差异化产品的零售商在不同渠道的产品布局策略,分析专供产品策略对零售商利润的影响;Dzyabura和Jagabathula(2018)考虑线上渠道销售多种存在差异但具有替代性的产品,研究零售商以线上线下渠道总利润最大化为目标时线下渠道的产品展示组合决策。

上述有关O2O模式下单个企业运营决策的研究,主要通过数理建模的方法研究了不同线上到线下模式下单个企业的运营决策,仅少量文献关注了线下到线上模式下的相关决策,但均没有站在供应链环境下研究线上渠道与线下渠道隶属于不同企业时供应链成员间的合作问题。

1.3.3 O2O模式下供应链合作策略的有关研究

在渠道融合背景下,单纯依靠线上或线下渠道已经不能满足消费者差异化需求,如何进行线上线下渠道合作是供应链环境下企业保持竞争力的关键。因此,一些学者研究O2O供应链中线上线下渠道的合作策略,具体可以分为线上到线下供应链合作策略和线下到线上供应链合作策略。

有关线上到线下供应链合作策略的研究中,不少学者研究了服务行业中线上平台和线下服务商间的渠道合作问题。例如,Zha等(2015)针对由一个酒店和一个线上平台组成的供应链,考虑线上平台提供服务努力以刺激需求,研究酒店的最优房间分配策略;Ye等(2018)考虑酒店与线上平台合作销售房间,并存在批发与代理两种合作方式,研究酒店是否应该与线上平台合作及酒店与线上平台合作时两者应该采取何种合作方式;曾小燕等(2018a)考虑酒店通过"批发+代理"的混合模式与线上平台进行合作,研究信息对称与信息不对称情形下酒店和线上平台的最优定价决策与酒店的客房分配策略;曾小燕等(2018b)考虑酒店通过推广网站改善官方网站点击率低这一问题,研究酒店与推广网站间的佣金与客房预留量决策问题;林雅琴等(2018)研究了淡季时酒店与线上平台分别采用批发模式和代理模式合作时的最优决策,并利用数值模拟分析了不同情境下何种模式更优；谭春桥等（2019）针对由一个线上平台和一个线下旅行社组成的旅游O2O供应链，分别研究了是否存在公平关切时供应链成员的最优定价和体验服务投入水平决策；张旭梅等（2019b）针对由一个线下服务商与一个线上平台组成的供应链，考虑线下服务商通过线上平台销售基本服务且通过自身实体店直接销售附加服务，研究线上平台的最优合作策略选择问题；进一步地，张旭梅等（2020）考虑线上平台营销努力投入影响需求，构建批发模式与代理模式下线下服务商与线上平台的博弈模型，研究线下服务商的最优合作策略选择。

此外，还有一些学者研究了零售行业中不同O2O合作模式下供应链成员间的渠道合作问题。例如，针对由一个供应商和一个零售商组成的O2O供应链，吴晓志等（2014）研究了考虑线上渠道针对消费者进行价格补贴的O2O供应链运营决策及协调问题；He等（2018）针对由一个供应商和一个零售商组成的O2O供应链，研究了消费者预期的参考质量标准对消费者购买行为和零售商O2O渠道策略的影响；Yang和Tang（2019）考虑生鲜农产品供应链成员间存在传统零售模式、双渠道模式和O2O模式三种合作策略，研究不同合作策略下供应链成员的最优定价和保鲜努力决策。针对线上到线下库存与配送策略，Zhao等（2016）研究线上到线下库存转运策略下供应链成员的最优订货量决策，发现该合作策略对供应链整体有利；Zhang等（2019a）考虑一个线上零售商和一个配送能力受限的线下服务商组成的供应链，研究供应链成员的定价与配送能力投资决策，并提出有利于提高供应链绩效的协调契约。针对品牌App为消费者推送传统零售商信息这一线上到线下渠道合作策略，姜力文等（2016）考虑供应链成员间存在非合作博弈、竞合博弈与合作博弈三种不同博弈结构，研究不同情形下供应链成员的定价与订货决策；姜力文等（2018）考虑品牌App渠道对传统渠道和线上渠道的正向溢出效应，研究制造商的App开发决策与三种不同的定价策略。针对BOPS策略，刘咏梅等（2018）考虑不同产品品类线下零售商对消费者的服务成本存在差异，研究了单位补偿和销量计入线下两种不同渠道策略整合模型，分析了零售商线下服务成本差异对于供应链成员决策和利润的影响；Li等（2020d）针对由一个拥有线上渠道的制造商和一个零售商组成的供应链，考虑BOPS策略能够节约消费者线上购物时的麻烦成本，研究供应链成员间的最优定价与广告合作策略。

有关线下到线上供应链合作策略的研究中，学者主要研究了"线下体验，线上购买"模式下供应链成员间的最优决策与合作问题，如范丹丹等（2017）针对O2O模式中线下门店存在自营和加盟两种类型，同时加盟门店还为品牌商线上渠道提供体验服务情形，研究线上线下需求迁移与不迁移两种情形下供应链成员的最优服务决策；陈志松和方莉（2018）考虑策略消费者的影响，研究BOPS、线下体验店、纯线上零售、纯线下零售四种模式下供应链成员的定价与订货决策，并设计收益共享契约以实现供应链协调；针对由一个线下体验店和一个线上零售商组成的O2O供应链，金亮等（2017a）、金亮等（2017b）、金亮（2019）分别考虑线下实体店存在交叉销售且交叉销售收益信息不对称、体验服务投入成本信息不对称、线上零售商为线下体验店提供线上推荐等因素的影响，研究线上零售商的最优佣金契约设计问题；进一步地，Li等（2020c）考虑线下体验店有权引入一个新的竞争性线上零售商以满足消费者的差异化需求，构建需求信息不对称下的信号博弈模型，研究线下体验店与线上零售商间的最优渠道合作策略。

上述关于O2O供应链中渠道合作策略的研究主要关注了线上到线下O2O供应链中的渠道合作策略，仅部分文献研究了线下到线上O2O供应链中的合作策略问题，且这些研究多数基于信息对称情形与无竞争环境，虽然能够为现实生活中O2O模式下供应链成员间的合作问题提供一些可参考的实际运作经验和建议，但仍存在许多有待解决的重要问题。

1.4 本书的研究思路和结构安排

针对O2O模式下供应链管理相关研究的不足，尤其是量化建模研究的不足，本书拟以"O2O模式下的供应链合作策略"为题，以O2O模式下的供应链为研究对象，采用定量分析模型，以博弈论的决策理论和运筹学的优化理论为工具支撑，构建不同O2O模式下供应链成员间的博弈模型，研究不同O2O模式下供应链的合作问题，以形成较为系统的关于O2O模式下供应链合作策略的技术方法和解决方案，为O2O、供应链管理领域的研究人员、企业管理人员、有关政府部门人员等提供理论方法和实践参考。本书共分为7章，主要研究内容如下。

第1章O2O供应链概述。详细介绍O2O模式的兴起与O2O模式的发展现状；对本书研究主要涉及的多个研究领域中的相关文献分别进行系统的梳理和评述；提出本书的研究思路与结构安排。

第2章不同类型企业的O2O渠道开辟策略。首先，针对刚进入市场的新兴服务商，构建传统渠道策略和O2O策略两种不同渠道策略下的决策模型，研究新兴服务商的最优O2O渠道开辟策略；其次，针对已经存在于市场的传统服务商，构建O2O渠道开辟前后传统服务商的决策模型，研究传统服务商的最优O2O渠道开辟策略；最后，针对由一个拥有线上渠道的制造商和一个线下零售商组成的供应链，构建O2O渠道开辟前后供应链成员间的博弈模型，研究制造商的最优O2O渠道开辟策略。

第3章O2O模式下的供应链合作模式选择。首先，考虑由一个销售附加服务的线下服务商与一个线上平台组成的供应链，分别构建批发和代理合作模式下供应链成员间的博弈模型，研究线上平台的最优合作模式选择问题；其次，进一步考虑线上平台营销努力投入对需求的影响，分别构建批发与代理模式下供应链成员间的博弈模型,研究线下服务商的合作模式选择问题;最后,针对由一个生鲜电商和线下零售商组成的生鲜供应链,考虑线下零售商进行保鲜服务投入,构建批发和代理模式下供应链成员间的博弈模型,讨论生鲜电商的最优合作模式选择。

第4章O2O模式下的供应链合作契约设计。首先,考虑由一个线上零售商和一个线下体验店组成的供应链,构建体验服务投入水平可观测和不可观测情形下供应链成员间的委托代理模型,研究不同情形下线上零售商的最优合作契约设计;其次,进一步考虑线下体验店的体验服务投入成本信息不对称,构建成本信息对称和不对称情形下供应链成员间的委托代理模型,研究不同情形下线上零售商的最优合作契约设计;再次,针对消费者到店体验时可能存在的交叉购买行为,构建交叉销售收益信息对称与不对称情形下供应链成员间的委托代理模型,研究不同情形下线上零售商的最优合作契约设计;最后,考虑线下体验店辅助服务投入影响消费者的产品匹配率,构建辅助服务成本信息对称和不对称情形下供应链成员间的委托代理模型,研究不同情形下线上零售商的最优合作契约设计。

第5章O2O模式下的供应链库存合作策略。首先,针对由一个拥有线上直销渠道的制造商和一个线下零售商组成的供应链,考虑线下库存水平对消费者购买行为的影响,构建无O2O库存合作及O2O库存合作情形下的博弈模型,研究制造商与线下零售商的最优O2O库存合作策略;其次,针对由一个生产商和一个线下零售商组成的生鲜农产品供应链,考虑消费者存在"线上下单,线下配送"和线下直接购买两种购买方式,构建O2O模式下生鲜农产品供应链成员间的博弈模型,研究不确定市场需求下O2O生鲜农产品供应链渠道间的订货合作策略问题。

第6章O2O模式下的供应链广告合作策略。首先,针对由一个线上零售商和一个线下体验店组成的供应链,考虑线下体验店进行地方广告投入以吸引消费者线下体验后转移到线上渠道购买,研究需求信息对称与不对称情形下线上零售商的最优广告合作契约设计;其次,针对由一个拥有线上渠道的制造商和一个线下零售商组成的供应链,考虑线上线下渠道合作实施产品差异化策略,研究消费者不匹配成本信息对称和不对称情形下制造商的最优广告合作契约设计问题;最后,考虑由一个开通线上渠道的制造商与一个线下零售商合作实施BOPS模式的供应链,构建BOPS模式实施后供应链成员间的博弈模型,研究BOPS模式中供应链成员间的最优广告合作与定价策略,揭示BOPS模式下广告合作对制造商、线下零售商及供应链整体利润的影响。

第7章O2O模式下线下体验店与多线上零售商的合作策略。首先,针对由一个线下体验店与一个线上零售商组成的供应链,考虑线下体验店可以引入一个新的竞争性线上零售商,构建需求信息不对称下供应链成员间的信号传递博弈模型,研究线下体验店的最优竞争性线上零售商引入策略;其次,针对由一个线下体验店与两个竞争性线上零售商组成的供应链，构建不同需求预测策略下供应链成员间的博弈模型，研究无激励下线下体验店的最优需求预测策略，探究两竞争性线上零售商的最优预测激励契约设计；最后，构建不同预测信息共享策略下供应链成员间的博弈模型，研究线下体验店的最优预测信息共享策略，探究两竞争性线上零售商的最优预测信息共享激励契约设计。

第 2 章　不同类型企业的 O2O 渠道开辟策略

随着互联网与移动互联网的快速发展，O2O 模式作为一种新型的电子商务模式悄然兴起。O2O 模式能够协同线上线下渠道优势、整合线上线下渠道资源，进而为消费者带来更好的购物体验，因此被越来越多的消费者所接受。O2O 模式的蓬勃发展给新兴服务商、传统服务商、制造商等不同类型企业的发展带来了新的机遇和挑战。企业开通 O2O 渠道可以接触到新的消费者、扩大企业市场需求，但企业开通 O2O 渠道又可能面临现有渠道需求被侵蚀、渠道成本增加、线上线下渠道品牌契合度不一致等问题，同时，不同类型的企业面临的市场环境不一样，开通 O2O 渠道的动力因素和需解决的问题也不一样。因此，本章拟研究新兴服务商、传统服务商、制造商等不同类型企业的 O2O 渠道开辟策略，通过构建不同渠道策略下企业的决策模型，求解不同渠道策略下企业的最优决策，进而通过对比不同渠道策略下企业利润的变化得到不同类型企业的最优 O2O 渠道开辟策略，并分析重要参数对企业 O2O 渠道开辟策略及利润的影响。

2.1　新兴服务商的 O2O 渠道开辟策略

随着电子商务的快速发展，O2O 模式受到高度重视并以爆棚式速度发展，这给新兴服务商的迅速崛起提供了契机。现实生活中，众多新兴服务商纷纷借助美团点评、百度糯米、支付宝口碑等线上平台开通 O2O 渠道以吸引消费者"线上购买，线下消费"。以餐饮行业为例，焦耳·川式快餐借助饿了么线上平台，在成立不到两年时间内就打破了传统餐饮品牌的先发优势，成为饿了么 2016 年度品牌订单量第一的网红餐饮企业（第一财经商业数据中心，2017）。在 O2O 模式快速发展的背景下，正准备进入市场的新兴服务商面临两种渠道策略选择：一是仅通过传统线下渠道直接向消费者销售服务，即传统渠道策略；二是在线下渠道提供服务的同时，通过线上平台的线上渠道销售服务，即 O2O 策略。虽然新兴服务商借助线上平台开通线上渠道可以扩大其市场规模，并且线上平台提供的营销努力投入可以进一步扩大新兴服务商的市场规模，但是开通线上渠道会产生相应的渠道成本，并且在一定程度上会挤占新兴服务商线下渠道的市场需求，这使得新兴服务商面临利润减少的风险。因此，选择何种渠道策略进入市场成为新兴服务商亟须解决的问题。

鉴于此，本节考虑新兴服务商存在传统渠道策略和O2O策略两种选择，构建不同策略下的决策模型，得到不同策略下供应链成员的均衡决策，通过对比两种渠道策略下新兴服务商的利润大小得到其最优渠道策略，最后分析佣金率、线上市场所占比例等重要因素对新兴服务商最优决策的影响。

2.1.1 问题描述

考虑一个新兴服务商存在两种渠道策略进入市场：一是传统渠道策略，即通过线下渠道直接向消费者销售服务，如图2.1（a）所示；二是O2O渠道策略，即同时通过线下渠道和线上平台的线上渠道向消费者销售服务，如图2.1（b）所示。为便于表达，分别用下标r、o表示新兴服务商和线上平台，分别用下标R、O表示线下渠道和线上渠道。

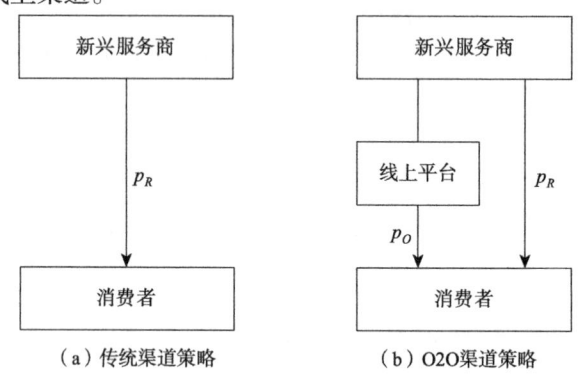

图 2.1 新兴服务商的渠道策略

当新兴服务商选择传统渠道策略时，消费者直接去线下渠道购买并消费。此时的需求函数d_R为

$$d_R = X - p_R \quad (2.1)$$

其中，X表示基本市场需求；p_R表示线下渠道的服务零售价格（以下简称为线下服务价格）。

当新兴服务商选择O2O策略时，线上平台往往会通过优化搜索排名、优化外卖服务等营销努力投入来吸引更多消费者购买，记线上平台的营销努力投入水平为e_1。消费者除了可以直接去线下实体店购买服务并消费外，还可以浏览完线上平台上相关信息后在线上支付购买服务。参考Wang和Gerchak（2001）、艾兴政等（2008），假设新兴服务商线下渠道需求d_R和线上渠道需求d_O分别为

$$d_R = (1-\rho_1)X - p_R + \theta_1 p_O \tag{2.2}$$

$$d_O = (\rho_1 + y)X - p_O + \theta_1 p_R + e_1 \tag{2.3}$$

其中，p_O表示新兴服务商线上渠道的服务零售价格（以下简称为线上服务价格）；θ_1表示渠道间的竞争强度；ρ_1表示线上市场规模所占比例；y表示线上市场拓展率，yX表示新兴服务商通过线上平台可拓展的基本市场需求，由于线上平台可以对一定距离范围内的用户最大限度地展示新兴服务商信息，y的大小与线上平台自身用户数量、规模大小、用户黏性等因素有关。

由于新兴服务商提供的单位服务成本为常量，为简化分析，本节将新兴服务商提供的单位服务成本标准化为0。考虑到营销努力投入的边际成本递增性，与Yao和Liu（2005）、曹宗宏等（2015）类似，假设线上平台的营销努力投入成本为$C(e_1) = e_1^2/2$。

在O2O策略中，新兴服务商和线上平台的决策过程是一个两阶段的斯塔克尔伯格博弈：首先，新兴服务商同时决策线下、线上服务价格p_R、p_O；其次，线上平台决策营销努力投入水平e_1。

2.1.2 最优O2O渠道开辟策略

为便于表达，分别用上标T、O表示传统渠道策略、O2O策略。

1. 传统渠道策略

在传统渠道策略中，新兴服务商的决策问题为

$$\max \pi_r^T = d_R^T p_R^T \tag{2.4}$$

容易验证，$\mathrm{d}^2 \pi_r^T / \mathrm{d}(p_R^T)^2 < 0$，即$\pi_r^T$是关于$p_R^T$的凹函数。令$\mathrm{d}\pi_r^T/\mathrm{d}p_R^T = 0$，可得传统渠道策略下的均衡结果，如定理2.1所示。

定理2.1 在传统渠道策略中，新兴服务商的最优线下服务价格为$p_R^{T*} = X/2$。

2. O2O策略

在O2O策略中，新兴服务商除了通过线下渠道，还会通过线上平台的线上渠道销售服务，线上平台向新兴服务商收取γ比例的线上销售额作为佣金，记γ为佣金率。线上平台与新兴服务商的利润函数分别为

$$\pi_o^O = \lambda d_O^O p_O^O - C(e_1) \tag{2.5}$$

$$\pi_r^O = d_R^O p_R^O + (1-\gamma) d_O^O p_O^O \tag{2.6}$$

采用逆序求解法，首先，求解线上平台的营销努力投入水平e_1。容易验证，$\mathrm{d}^2 \pi_o^O / \mathrm{d}(e_1^O)^2 < 0$，即$\pi_o^O$是关于$e_1^O$的凹函数。令$\mathrm{d}\pi_o^O/\mathrm{d}e_1^O = 0$，可得最优营销努力投入为$e_1^{O*}(p_O^O) = \gamma p_O^O$。

其次，求解新兴服务商的线上线下服务价格决策。将 $e_1^{O*}\left(p_O^O\right)$ 代入新兴服务商的利润函数，可得 $\pi_r^O\left(p_R^O, p_O^O\right)$ 的海塞矩阵 H 为

$$H = \begin{bmatrix} -2 & -\gamma + 2\theta_1 \\ -\gamma + 2\beta & -2(1-\gamma)^2 \end{bmatrix} \quad (2.7)$$

容易验证，当且仅当 $\gamma < 2(1-\theta_1)/(2-\theta_1)$ 时，式（2.7）中的海塞矩阵为负定矩阵。此时，新兴服务商的最优线上线下服务价格决策存在最优解。这意味着佣金率不能过高，这与现实情形相符。相反，当不满足上述条件时，新兴服务商的最优线上线下服务价格为角点解，该解的现实意义不大，故舍去。分别令 $\partial \pi_r^O / \partial p_R^O = 0$、$\partial \pi_r^O / \partial p_O^O = 0$，联立方程可得新兴服务商的最优线上线下服务价格，如定理2.2所示。

定理2.2 在O2O策略中，供应链成员的均衡决策分别为

$$p_R^{O*} = \frac{X(1-\gamma)\left[2(1-\gamma)(1-\rho_1) + \theta_1(2-\gamma)(\rho_1 + y)\right]}{4(1-\gamma)^2 - \theta_1^2(2-\gamma)^2}$$

$$p_O^{O*} = \frac{X\left[\rho_1(2-2\gamma+2\theta_1+\gamma\theta_1) + 2y(1-\gamma) - \theta_1(2-\gamma)\right]}{4(1-\gamma)^2 - \theta_1^2(2-\gamma)^2}$$

$$e_1^{O*} = \frac{\gamma X\left[2(1-\gamma)(\rho_1 + y) + \theta_1\rho_1(2+\gamma) - \theta_1(2-\gamma)\right]}{4(1-\gamma)^2 - \theta_1^2(2-\gamma)^2}$$

分析参数对新兴服务商的最优线上线下服务价格的影响，可得命题2.1。

命题2.1 在O2O渠道策略中，线上市场分配比例 ρ_1 和线上市场拓展率 y 变动对线上线下最优服务价格的影响为① $\dfrac{\partial p_R^{O*}}{\partial \rho_1} < 0$，$\dfrac{\partial p_O^{O*}}{\partial \rho_1} > 0$；② $\dfrac{\partial p_O^{O*}}{\partial y} > \dfrac{\partial p_R^{O*}}{\partial y} > 0$。

证明：由定理2.2可得

$$\frac{\partial p_R^{O*}}{\partial \rho_1} = -\frac{X\left[2(1-\theta_1) + \gamma(2-\theta_1)\right]}{4(1-\gamma)^2 - \theta_1^2(2-\gamma)^2} < 0 \; ; \quad \frac{\partial p_O^{O*}}{\partial \rho_1} = \frac{X\left[2(1-\gamma) + \theta_1(2+\gamma)\right]}{4(1-\gamma)^2 - \theta_1^2(2-\gamma)^2} > 0 \; ;$$

$$\frac{\partial p_R^{O*}}{\partial y} = \frac{\theta_1 X(2-\gamma)}{4(1-\gamma)^2 - \theta_1^2(2-\gamma)^2} > 0 \; ; \quad \frac{\partial p_O^{O*}}{\partial y} = \frac{2X(1-\gamma)}{4(1-\gamma)^2 - \theta_1^2(2-\gamma)^2} > 0 \; ;$$

$$\frac{\partial p_O^{O*}}{\partial y} - \frac{\partial p_R^{O*}}{\partial y} = \frac{X(2-\theta_1)(2-\gamma)}{4(1-\gamma)^2 - \theta_1^2(2-\gamma)^2} > 0 \; \text{。}$$

命题2.1表明线上市场所占比例 ρ_1 和线上市场拓展率 y 的变动对服务商最优线上服务价格和最优线下服务价格的影响是不同的。随着O2O模式的发展与完善，市场对O2O模式的接受程度变高，线上市场所占比例 ρ_1 增加，此时新兴服务商制定的最优线上服务价格 p_O^{O*} 上升、最优线下服务价格 p_R^{O*} 降低。随着线上平台规

模的扩大及用户黏性的增加，线上平台的线上市场拓展率 y 增加，此时新兴服务商制定的最优线上线下服务价格 p_O^{O*}、p_R^{O*} 均上升，且最优线上服务价格 p_O^{O*} 受线上市场拓展率 y 的影响更大。这是因为线上平台规模等因素的变动会直接影响线上市场拓展率 y，线上市场拓展率 y 的上升直接使线上市场需求和最优线上服务价格上升，最优线下服务价格随着最优线上服务价格的上升而上升，由于渠道价格交叉弹性较小，因此最优线下服务价格上升幅度也较小。

3. 最优渠道开辟策略

将定理2.1和定理2.2中的均衡结果代入不同渠道策略中新兴服务商的利润函数，可得两种策略下新兴服务商的利润差 $\Delta \pi = \pi_r^{O*} - \pi_r^{T*}$ 为

$$\Delta \pi = \frac{X\left\{\begin{array}{l}4(1-\gamma)^2\left[(\rho_1+y)^2-\rho_1(2-\rho_1)\right]\\+\theta_1(2-\gamma)\left[4(1-\gamma)(1-\rho_1)(\rho_1+y)+\theta_1(2-\gamma)\right]\end{array}\right\}}{4(1-\gamma)^2-\theta_1^2(2-\gamma)^2} \quad (2.8)$$

命题2.2 新兴服务商的最优渠道策略为以下几方面。

（1）当 $\gamma \geqslant (1-2\theta_1)/(1-\theta_1)$ 时，$\Delta \pi > 0$，新兴服务商选择O2O策略。

（2）当 $\gamma < (1-2\theta_1)/(1-\theta_1)$ 时，①当 $\rho_1 < Z_1$ 时，$\Delta \pi > 0$，新兴服务商选择O2O策略。②当 $Z_1 < \rho_1 < Z_2$ 时，若 $y \leqslant Z_3$ 则 $\Delta \pi \leqslant 0$，新兴服务商选择传统渠道策略；若 $y > Z_3$ 则 $\Delta \pi > 0$，新兴服务商选择O2O策略。③当 $\rho_1 > Z_2$ 时，$\Delta \pi > 0$，新兴服务商选择O2O策略。

其中，$Z_1 = \dfrac{\gamma(1-\gamma)+\sqrt{(1-\gamma)(1-\gamma-2\theta_1+\theta_1\gamma)\left[4(1-\gamma)^2-\theta_1^2(2-\gamma)^2\right]}}{2(1-\gamma)(-2+2\gamma+2\theta_1-\gamma\theta_1)}$；

$Z_2 = \dfrac{\gamma(1-\gamma)-\sqrt{(1-\gamma)(1-\gamma-2\theta_1+\theta_1\gamma)\left[4(1-\gamma)^2-\theta_1^2(2-\gamma)^2\right]}}{2(1-\gamma)(-2+2\gamma+2\theta_1-\gamma\theta_1)}$；

$Z_3 = \dfrac{-\theta_1(2-\gamma)(1-\rho_1)-2\rho_1(1-\gamma)+\sqrt{\rho_1(1-\gamma)(2-\rho_1)\left[4(1-\gamma)^2-\theta_1^2(2-\gamma)^2\right]}}{2(1-\gamma)}$。

证明： 容易验证，$\Delta \pi$ 的分母部分大于零恒成立。现在只需要验证 $\Delta \pi$ 的分子部分，它是关于参数 y 的二次函数。利用二次函数的性质可得当 $\gamma < (1-2\theta_1)/(1-\theta_1)$、$Z_1 < \rho_1 < Z_2$ 且 $y \leqslant Z_3$ 时，$\Delta \pi$ 的分子部分小于等于零；反之，$\Delta \pi$ 的分子部分大于零。综上可得命题2.2。

命题2.2（1）表明当佣金率 γ 较高时，不论线上市场所占比例和线上市场拓展率高还是低，此时线上平台的营销努力投入水平均较高，线上渠道需求较大，新兴服务商实施O2O策略可获得更高的利润。命题2.2（2）表明当佣金率 γ 较低

时，新兴服务商渠道策略分以下三种情形。

（1）若线上市场所占比例 ρ_1 低于阈值 Z_1，新兴服务商选择O2O策略进入市场。这是因为当佣金率 γ 和线上市场所占比例 ρ_1 较小时，新兴服务商此时采取O2O策略会制定较低的最优线上服务价格，由此产生的线上需求较多，线上利润大于所需支付的佣金，因此新兴服务商选择O2O策略能获利更多。

（2）若线上市场所占比例大于阈值 Z_1 且小于阈值 Z_2，当线上市场拓展率 y 较小时，新兴服务商选择传统渠道策略进入市场；当线上拓展率 y 较大时，新兴服务商选择O2O策略进入市场。这是因为若线上平台提供一定的营销努力投入，会有部分消费者选择线上渠道购买，此时新兴服务商线上市场所占比例处于中等水平（$Z_1 < \rho_1 < Z_2$）。当线上市场拓展率低于 Z_3 时，线上利润的增加小于由线下利润降低和支付的佣金额带来的利润损失，新兴服务商选择O2O策略的利润小于传统渠道策略的利润，在此种情形下，新兴服务商选择传统渠道策略进入市场；当线上市场拓展率高于 Z_3 时，线上利润的增长大于由线下利润的降低和佣金带来的收益损失，新兴服务商总利润高于传统渠道策略时的利润，新兴服务商选择O2O策略进入市场。

（3）若线上市场所占比例大于阈值 Z_2，新兴服务商选择O2O策略。这是因为如果市场对O2O模式的接受程度较高，有较多的消费者选择线上渠道购买，此时新兴服务商线上渠道市场分配比例 ρ_1 较大（大于 Z_2），线上市场规模较大，新兴服务商的最优线上服务价格不仅包括了新兴服务商提供的服务，还包含了线上平台提供的营销努力投入，新兴服务商可以在线上渠道以高于线下服务价格来销售服务进而获得更多的利润，此时新兴服务商由较大的线上需求和线上服务价格所获得的线上利润大于由于线下需求转移和线上佣金带来的损失，因此新兴服务商选择O2O策略获利更大，新兴服务商将选择O2O策略进入市场。

2.1.3 数值仿真

为了验证上述结论的有效性，假设该供应链系统中 $X = 10$，$\theta_1 = 0.3$，本节将通过取三组数据 $(\rho_1, y) = (0.2, 0.1)$、$(\gamma, y) = (0.15, 0.1)$、$(\gamma, \rho_1) = (0.15, 0.2)$ 进行数值仿真，依次分析佣金率 γ、线上市场所占比例 ρ_1 和线上市场拓展率 y 对新兴服务商渠道策略选择及利润的影响。

首先取 $(\rho_1, y) = (0.2, 0.1)$ 分析佣金率 γ 对新兴服务商线上渠道的利润、线下渠道的利润、总利润及渠道策略选择的影响，如图2.2所示。观察图2.2可以发现，当线上市场所占比例 ρ_1 和线上市场拓展率 y 一定时，在O2O策略下，随着佣金率 γ 的上升，新兴服务商线下利润上升，线上利润下降，新兴服务商总利润上升，同时O2O策略和传统渠道策略利润差 $\Delta\pi$ 也逐渐上升，当 $\gamma < \gamma_\pi$ 时，新兴服务商以传

统渠道策略进入市场可以获得更多的利润；当 $\gamma > \gamma_\pi$ 时新兴服务商选择以O2O策略进入市场则可以获得更多的利润。

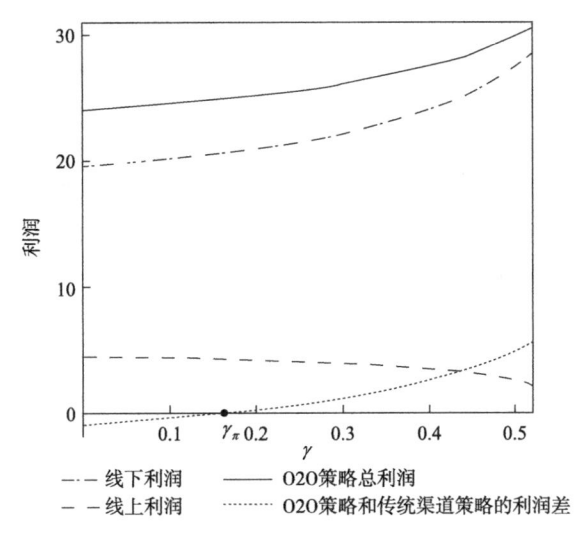

图 2.2 佣金率对新兴服务商渠道策略选择的影响

造成上述现象的原因是在O2O策略中，佣金率 γ 的提高会增加新兴服务商的成本，最优线上线下服务价格均上升，且最优线上服务价格的上升幅度大于最优线下服务价格的上升幅度。随着最优线上服务价格的急剧上升，线上需求下降，线上利润下降。此时，最优线上服务价格的急剧上升使得部分需求转移到线下，线下需求增加，线下利润增加。由于线下需求大于线上需求，最优线下服务价格高于最优线上服务价格，因此线下的利润增长幅度大于线上利润降低幅度，新兴服务商总利润呈上升趋势。由于在传统渠道策略中，新兴服务商利润不受佣金率 γ 变动的影响，故两种渠道策略的利润差随着佣金水平的增加而增加。当佣金率小于 γ_π 时，线下利润增加额小于由线上利润下降和佣金带来的利润损失，此时新兴服务商选择传统渠道策略获得的利润大于选择O2O策略获得的利润，新兴服务商选择传统渠道进入市场；当佣金率大于 γ_π 时，线下利润增加额大于由线上利润降低和支付的佣金而导致的利润损失，此时新兴服务商选择O2O策略获得的利润大于选择传统渠道策略获得的利润，因此在此情形下新兴服务商以O2O策略进入市场。当线上市场规模较大时，此时新兴服务商的需求也较大，不论佣金率的高低，线下利润的增加均大于由线上利润下降和支付佣金带来的损失，此时新兴服务商选择O2O策略进入市场更有利。

然后取 $(\gamma, y) = (0.15, 0.1)$ 讨论线上市场所占比例 ρ_1 变动对新兴服务商策略选择的影响及新兴服务商利润变动情况，结果如图2.3所示。观察图2.3可以发现，当佣金率 γ 和线上市场拓展率 y 一定时，随着线上市场所占比例 ρ_1 的增加，O2O策略下新兴服务商线下利润降低，线上利润上升。当线上市场所占比例 ρ_1 低于某一阈值时，新兴服务商的利润随着分配比例的上升而下降；当线上市场所占比例 ρ_1 高于某一阈值时，新兴服务商的利润随着分配比例的上升而上升。当 $\rho_1 < Z_1$ 或 $\rho_1 > Z_2$ 时，O2O策略获得的利润大于传统渠道策略获得的利润，此时新兴服务商应以O2O策略进入市场；当 $Z_1 < \rho_1 < Z_2$ 时传统渠道策略获得的利润大于O2O策略获得的利润，此时新兴服务商以传统渠道策略进入市场。

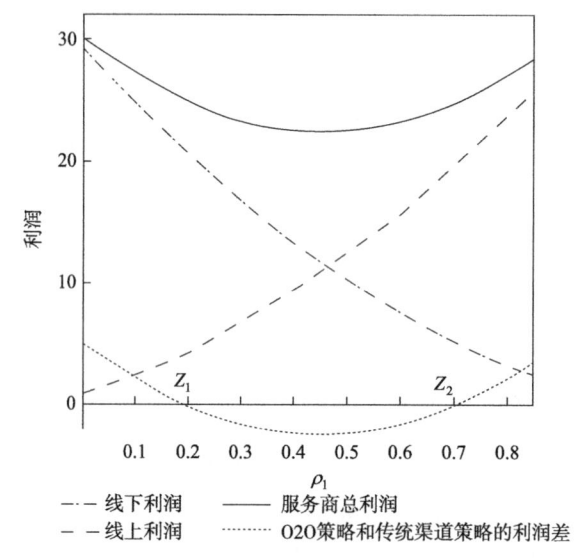

图2.3 线上市场所占比例对新兴服务商渠道策略选择的影响

造成上述现象的原因是在O2O策略中，随着线上市场所占比例 ρ_1 的增长，最优线上服务价格上升，最优线下服务价格降低。此外还可以知道，随着线上市场所占比例 ρ_1 的增长，线上需求增加，线下需求减少，总需求增加。因此新兴服务商的线上利润上升，线下利润下降。由于线上市场所占比例 ρ_1 的变动直接影响线上线下的需求，从而间接导致了最优线上线下服务价格的变动，因此需求的波动幅度大于价格的波动幅度。当线上市场所占比例 ρ_1 低于某一阈值时，新兴服务商线下需求和最优线下服务价格均较高，新兴服务商主要利润来自线下。随着线上市场所占比例 ρ_1 的上升，由线上市场所占比例 ρ_1 上升导致的线上利润增加小于线下利润的损失，新兴服务商总利润随之降低。当线上市场所占比例 ρ_1 高于某一阈值时，新兴服务商线上需求和最优线上服务价格均上涨，新兴服务商的主要利润来自线上渠道，随着线上市场所占比例 ρ_1 的增加，总需求逐渐增加，此时线上利润的增加大于线下利润的下降，新兴服务商总体利润上升。因此随着线上市场所占比例 ρ_1 的增加，新兴服务商的利润呈先下降后上升的趋势，由于传统渠道策略新兴服务商利润不存在渠道分流，传统渠道策略下新兴服务商利润为固定值，因此两种策略的利润差随着线上市场所占比例 ρ_1 的增加也呈"U"形趋势，故当线上市场所占比例 ρ_1 低于 Z_1 或高于 Z_2 时，新兴服务商选择O2O策略进入市场能获得更多的利润，当线上市场所占比例 ρ_1 大于 Z_1 且小于 Z_2 时新兴服务商选择传统渠道策略进入市场更优。

最后取 $(\gamma,\rho_1)=(0.15,0.2)$ 讨论线上市场拓展率 y 的变动对新兴服务商策略选择的影响及新兴服务商利润变动情况，结果如图2.4所示。随着线上市场拓展率 y 的增加，O2O策略下新兴服务商的线上利润、线下利润及总利润均上升；当 $y<Z_3$ 时，O2O策略下新兴服务商获得的利润小于传统渠道策略的利润，新兴服务商选择传统渠道策略进入市场；当 $y>Z_3$ 时，新兴服务商选择O2O策略进入市场能获得更多的收益。

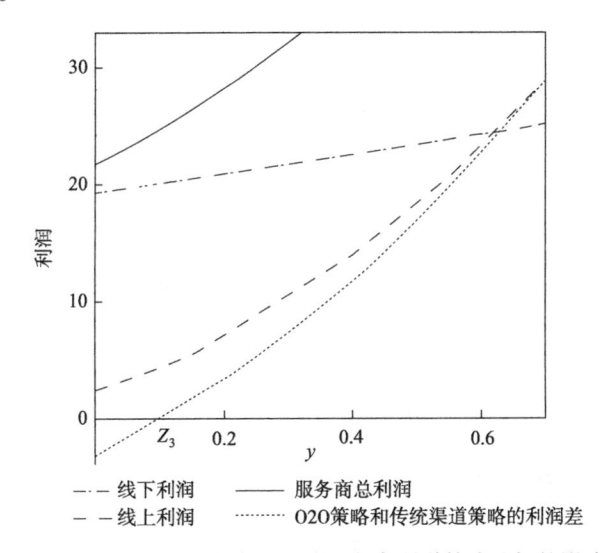

图 2.4 线上市场拓展率对新兴服务商渠道策略选择的影响

造成上述现象的原因是，虽然线上渠道可以吸引一定的潜在市场群体，增加线上市场需求，但当线上平台总体规模较小或者用户黏性较小时，即线上市场拓展率 y 较小，线上市场需求的增加相对有限，且此时最优线上服务价格低于最优线下服务价格，较小需求的增加给新兴服务商带来的利润小于新兴服务商在线上渠道实行低价策略而产生的损失，因此当 $y<Z_3$ 时，O2O策略的利润低于传统渠道策略，新兴服务商选择传统渠道策略进入市场。当线上平台用户规模较大或者

用户黏性加大时能够吸引更多的潜在用户，可以知道此时新兴服务商的总需求、最优线上线下服务价格均上升，当 $y > Z_3$ 时，线上需求、最优线上线下服务价格的上升给新兴服务商带来的利润大于由于线上低价销售而产生的损失，此时新兴服务商选择O2O策略进入市场能获得更高的利润。因此，新兴服务商在选择O2O策略进入市场时，应该选择与规模较大的线上平台合作。

2.1.4 小结

O2O模式的日渐成熟带动了生活服务行业的快速发展，越来越多的新兴服务商进军生活服务O2O领域，如何选择合适的渠道策略成为新兴服务商能否搭上发展快车道的关键。本节建立了新兴服务商O2O策略和传统渠道策略两种策略下的决策模型，得到了不同渠道策略下新兴服务商的最优价格和最优利润，研究了新兴服务商的最优O2O渠道开辟策略，并进一步分析了佣金率、线上市场所占比例及线上市场拓展率等重要因素对新兴服务商渠道策略选择及O2O策略下最优定价决策的影响。

研究表明：①在O2O策略中，随着线上市场拓展率的增加，新兴服务商最优线上线下服务价格均上升；随着线上市场所占比例的增加，新兴服务商最优线上服务价格上升，最优线下服务价格降低。②新兴服务商的最优O2O渠道开辟策略受到佣金率、线上市场扩展率及线上市场所占比例等因素的联合影响，具体来说，当佣金率较小、线上市场拓展率较小且线上市场所占比例在一定的区间内时，新兴服务商以传统渠道策略进入市场；当佣金率高于阈值或线上市场拓展率高于阈值时，新兴服务商选择以O2O策略进入市场；当佣金率和线上市场拓展率均低于阈值、线上市场所占比例处于较低水平或较高水平时，新兴服务商选择以O2O策略进入市场；当佣金率和线上市场拓展率均小于阈值且线上市场所占比例处于中间水平时，新兴服务商选择以传统渠道策略进入市场。

2.2 传统服务商的O2O渠道开辟策略

O2O模式的蓬勃发展为新兴服务商的迅速崛起提供了契机，但这也给新环境下传统服务商的持续发展带来了挑战。为了应对新兴服务商的挑战、提高自身竞争力，不少传统服务商也纷纷通过美团点评、百度糯米、支付宝口碑等线上平台开通O2O渠道、加入O2O大军。以餐饮行业为例，著名川味火锅品牌海底捞积极开通O2O渠道，延续并放大其优质服务，成为中国O2O成功的先行者；百年老店全聚德烤鸭也于2016年与百度外卖合作推出"小鸭哥"外卖，试水O2O餐饮领域。传统服务商采取O2O策略后可以通过种类繁多的优惠活动来开拓品牌的线上市场、提升品牌知名度，线上平台投入的营销努力也可以进一步扩大传统服务商的市场规模。但是传统服务提供商开通线上渠道面临线上渠道挤占线下渠道、渠道建设成本增加等问题。而且,对于已开辟实体店并经营多年的传统服务商而言,开辟线上渠道还不得不面临线上线下用户重合度、品牌契合度不一致等问题。在此背景下,继续沿用传统渠道策略还是开辟线上渠道进入O2O领域是传统服务商值得思考的问题。

鉴于此,本节考虑传统服务商存在传统渠道策略和O2O策略两种选择,通过构建不同策略下的决策模型,对比不同策略下传统服务商的利润变化以得到其最优渠道策略,最后分析传统服务商采取O2O策略时,佣金率、线上市场拓展率、渠道间竞争强度等因素对传统服务商价格策略及利润的影响。

2.2.1 问题描述

考虑一个传统服务商通过线下渠道直接向消费者销售服务(即传统渠道策略),为了满足消费者"线上购买,线下消费"的购买需求,传统服务商还通过线上平台开通线上渠道来向消费者销售服务(即O2O策略)。为便于表达,分别用下标 r、o 表示传统服务商和线上平台,分别用下标 R、O 表示线下渠道和线上渠道。

在传统渠道策略下,消费者直接去实体店购买并消费。此时传统服务商线下渠道需求 d_R 为

$$d_R = X - p_R \tag{2.9}$$

其中,X 表示基本市场需求;p_R 表示线下服务价格。

在O2O策略下,传统服务商一方面继续在线下渠道以之前的线下服务价格 p_R 直接向消费者销售服务;另一方面通过线上平台的线上渠道以线上服务价格 $g_1 p_R$ 向消费者销售服务,其中,g_1 表示线上价格系数。线上平台收取 γ 比例的佣金作为代理销售服务的报酬,记 γ 表示佣金率。同时为提升自身收益,线上平台往往会投入一定水平的营销努力以提高线上销售额,如优化搜索排名、提供组合优惠、优化外卖服务等,记 e_1 表示线上平台的营销努力投入水平。参考王虹和周晶(2009),假设传统服务商线下渠道需求 d_R 和线上渠道需求 d_O 分别为

$$d_R = (1-\rho_1)X - p_R + \theta_1 g_1 p_O \tag{2.10}$$

$$d_O = (\rho_1 + y)X - g_1 p_R + \theta_1 p_R + e_1 \tag{2.11}$$

其中,θ_1 表示渠道间竞争强度;ρ_1 表示线上市场所占比例;y 表示线上市场拓展率;yX 表示线上平台为传统服务商拓展的基本市场需求。

由于传统服务商提供的单位服务成本为常量,为简化分析,本节将传统服务商提供的服务单位成本标准化为0。考虑到营销努力投入的边际成本递增性,假设线上平台的营销努力投入成本为 $C(e_1) = e_1^2/2$。

26　O2O模式下的供应链合作策略

假设传统服务商经营多年有较大的品牌效应,当传统服务商开辟线上渠道时,传统服务商和线上平台之间的决策是一个由传统服务商主导的两阶段斯塔克尔伯格博弈。在第一阶段中,传统服务商决策线上价格系数为g_1,第二阶段线上平台决策营销努力投入水平为e_1。

2.2.2　最优O2O渠道开辟策略

为便于表达,分别用上标T、O表示传统渠道策略、O2O策略。

1. 传统渠道策略

在传统渠道策略中,传统服务商的决策问题为

$$\max \pi_r^T = d_R^T p_R^T \tag{2.12}$$

容易验证,$\mathrm{d}^2\pi_r^T/\mathrm{d}(p_R^T)^2 < 0$,即$\pi_r^T$是关于$p_R^T$的凹函数。令$\mathrm{d}\pi_r^T/\mathrm{d}p_R^T = 0$,可得传统渠道策略下的均衡结果,如定理2.3所示。

定理2.3　在传统渠道策略中,新兴服务商的最优线下服务价格为$p_R^{T*} = X/2$。

2. O2O策略

在O2O策略中,线上平台与传统服务商的利润函数分别为

$$\pi_o^O = \lambda g_1 p_R^{T*} d_o^O - C(e_1) \tag{2.13}$$

$$\pi_r^O = p_R^{T*} d_R^O + (1-\gamma) g_1 p_R^{T*} d_o^O \tag{2.14}$$

采用逆序求解法,首先,求解线上平台的营销努力投入水平e_1。容易验证,$\mathrm{d}^2\pi_o^O/\mathrm{d}(e_1^O)^2 < 0$,即$\pi_o^O$是关于$e_1^O$的凹函数。令$\mathrm{d}\pi_o^O/\mathrm{d}e_1^O = 0$,可得最优营销努力投入为$e_1^{O*}(g_1^O) = \gamma g_1^O X/2$。

其次,求解传统服务商的线上价格系数决策。将$e_1^{O*}(g_1^O)$代入传统服务商的利润函数,容易发现,$\mathrm{d}^2\pi_r^O/\mathrm{d}(g_1^O)^2 = -X^2(1-\gamma)^2/2 < 0$。令$\partial \pi_r^O/\partial g_1^O = 0$可得传统服务商的最优线上价格系数,如定理2.4所示。

定理2.4　在O2O策略中,传统服务商的均衡结果为

$$g_1^{O*} = \frac{2(1-\gamma)(y+\rho_1) + \theta_1(2-\gamma)}{2(1-\gamma)^2}, \quad e_1^{O*} = \frac{\gamma X[2(1-\gamma)(y+\rho_1) + \theta_1(2-\gamma)]}{4(1-\gamma)^2}; \quad \pi_r^{O*} =$$

$$\frac{X^2\{\theta_1^2(1-2\gamma^2) + 2\theta_1(1-\gamma)(2-\gamma)(\rho_1+y) + 2(1-\gamma)^2[(\rho_1+y)^2 - 2\rho_1 + 1]\}}{8(1-\gamma)^2}, \quad \pi_t^* =$$

$$\frac{\gamma X^2 \left[3\gamma^2(2\rho_1+2y+\theta_1)+2(y+\rho_1)(2-5\gamma)-4\theta_1\gamma\right]\left[2(1-\gamma)(y+\rho_1)+\theta_1(2-\gamma)\right]}{16(1-\gamma)^4}。$$

分析参数对线下零售商均衡结果的影响，可得命题2.3。

命题2.3 在O2O策略中，参数对线下零售商均衡结果的影响为① $\frac{\partial g_1^{O*}}{\partial \gamma}>0$，$\frac{\partial \pi_r^{O*}}{\partial \gamma}>0$。② $\frac{\partial g_1^{O*}}{\partial \theta_1}>0$，$\frac{\partial \pi_r^{O*}}{\partial \theta_1}>0$。③ $\frac{\partial g_1^{O*}}{\partial \rho_1}>0$；当 $0<\rho_1<\frac{2(1-\gamma)(1-y)-\theta_1(2-\gamma)}{2(1-\gamma)}$，$\frac{\partial \pi_r^{O*}}{\partial \rho_1}>0$，反之则 $\frac{\partial \pi_o^{*}}{\partial \rho_1}<0$。④ $\frac{\partial g_1^{O*}}{\partial y}>0$，$\frac{\partial \pi_r^{O*}}{\partial y}>0$。

证明： 由定理2.4可得

$$\frac{\partial g_1^{O*}}{\partial \gamma}=\frac{2(1-\gamma)(y+2\rho_1)+\theta_1(3-\gamma)}{2(1-\gamma)^3}>0,\quad \frac{\partial g_1^{O*}}{\partial \rho_1}=\frac{1}{2(1-\gamma)}>0,\quad \frac{\partial g_1^{O*}}{\partial y}=\frac{1}{2(1-\gamma)}>0,$$

$$\frac{\partial g_1^{O*}}{\partial \theta_1}=\frac{2-\gamma}{2(1-\gamma)^2}>0;\quad \frac{\partial \pi_r^{O*}}{\partial \gamma}=\frac{\theta_1 X^2\left[2(1-\gamma)(\rho_1+y)+\theta_1(2-\gamma)\right]}{8(1-\gamma)^3}>0,\quad \frac{\partial \pi_r^{O*}}{\partial y}=$$

$$\frac{X^2\left[2(1-\gamma)(\rho_1+y)+\theta_1(2-\gamma)\right]}{4(1-\gamma)}>0,\quad \frac{\partial \pi_r^{O*}}{\partial \theta_1}=\frac{X^2(2-\gamma)\left[2(1-\gamma)(\rho_1+y)+\theta_1(2-\gamma)\right]}{8(1-\gamma)^2}>0,$$

$$\frac{\partial \pi_r^{O*}}{\partial \rho_1}=\frac{X^2\left[2(1-\gamma)(1-y)-\theta_1(2-\gamma)-2\rho_1(1-\gamma)\right]}{4(1-\gamma)}。$$

进一步可得，当 $0<\rho_1<\frac{2(1-\gamma)(1-y)-\theta_1(2-\gamma)}{2(1-\gamma)}$ 时，$\frac{\partial \pi_r^{O*}}{\partial \rho_1}>0$，反之则 $\frac{\partial \pi_r^{O*}}{\partial \rho_1}<0$。

命题2.3表明，佣金率 γ、渠道间竞争强度 θ_1 及线上市场拓展率 y 的变动均会导致传统服务商开通O2O渠道时最优线上价格系数 g_1^{O*} 和最优利润 π_r^{O*} 同向变动；随着线上市场所占比例 ρ_1 的上升，最优线上价格系数 g_1^{O*} 上升，传统服务商最优利润 π_r^{O*} 呈先下降后上升的趋势。具体如下。

（1）随着佣金率 γ 的上升，线上平台会提供更高水平的营销努力投入水平 e_1^{O*}，此时传统服务商的线上需求因营销努力投入水平 e_1^{O*} 的增加而增加，传统服务商的最优线上价格系数 g_1^{O*} 也随之上升。同时随着佣金率 γ 的上升给传统服务商的总需求带来溢出效应，传统服务商总利润增加。

（2）随着渠道间竞争强度 θ_1 的上升，此时传统服务商的最优线上价格系数 g_1^{O*} 也随之上升。同时，传统服务商的总需求增加，此时线下利润和线上利润均随着渠道间竞争强度 θ_1 上升而上升，传统服务商总利润呈上升趋势。

（3）随着生活服务O2O行业的不断发展与商业模式的日渐成熟，市场对O2O模式的接受程度变高，生活服务O2O市场渗透率增大。越来越多的消费者习惯甚至依赖线上渠道购买，购买方式会从传统线下渠道转移到线上渠道，线上市场所占比例 ρ_1 也随之变大，线上市场需求增加，导致线上价格系数 g_1^{O*} 也增加。随着线上市场所占比例 ρ_1 的增加，线下需求逐渐转移到线上渠道，线上价格逐渐上升。当线上市场所占比例 ρ_1 低于某一阈值时，线上服务价格低于线下服务价格，因此随着线上市场所占比例 ρ_1 的增加，传统服务商获得的利润逐渐增加。当线上市场所占比例 ρ_1 高于某一阈值时，线上服务价格高于线下服务价格，传统服务商利润呈下降趋势。

（4）随着线上平台不断发展成熟，线上平台会提供更完善的增值服务和信息服务以提高消费者用户体验，线上平台的用户规模逐渐扩大且用户黏度不断提高，能为传统服务商吸引更多的潜在消费者，此时传统服务商会因线上需求增加而提高线上价格系数 g_1^{O*}。由于传统服务商线上线下需求均增加，传统服务商的最优利润也随之增加。

分析最优线上价格系数 g_1^{O*}，可得命题2.4。

命题2.4 最优线上价格系数 g_1^{O*} 具有以下性质：当 $\rho_1 < 1-\gamma$、$\theta_1 < Z_1$ 时，若 $y < Z_2$ 则 $g_1^{O*} < 1$，若 $y > Z_2$ 则 $g_1^{O*} > 1$；当 $\rho_1 > 1-\gamma$，或 $\theta_1 > Z_1$ 时，$g_1^{O*} > 1$。

其中，$Z_1 = \dfrac{2(1-\gamma)(1-\gamma-\rho_1)}{2-\gamma}$，$Z_2 = \dfrac{2(1-\gamma)(1-\gamma-\rho_1)-\theta_1(2-\gamma)}{2(1-\gamma)}$。

证明：由定理2.4可得 $1-g_1^{O*} = \dfrac{2(1-\gamma)(1-\gamma-y-\rho_1)-\theta_1(2-\gamma)}{2(1-\gamma)^2}$。由上式可知，$1-g_1^{O*}$ 的分母部分恒大于零，其分子部分是关于渠道间竞争强度 θ_1 的线性函数，利用一次函数的性质，容易证得命题2.4。

命题2.4表明，传统服务商开辟线上渠道时，并不是均在线上以低于线下实体店的价格销售服务。当线上市场分配所占 ρ_1 较小且渠道间竞争强度 θ_1 较小时，传统服务商的价格策略取决于线上市场拓展率 y 的大小：当线上市场拓展率 y 低于阈值 Z_2 时，传统服务商会以低价策略开通线上渠道；当线上市场拓展率 y 高于阈值 Z_2 时，传统服务商会以高价策略开通线上渠道。当线上市场分配所占 ρ_1 或渠道间竞争强度 θ_1 较大时，无论线上市场拓展率 y 高还是低，传统服务商均会在线上以高价策略销售服务。造成这一结果的原因是O2O市场发展还未成熟且线上平台规模较小时，传统服务商的线上市场分配比例 θ 和线上市场拓展率 ρ 均较小，线上需求较小。当渠道间竞争强度 θ_1 较小时，传统服务商可以在线上以低于线下实体店的价格提供服务，以扩大线上市场需求，提升线上利润，使传统服务商获得更多的利润。当更多的消费者偏好线上渠道时，传统服务商面临的线上需求较大，此时传统服务商可以通过高价策略提高线上平台的营销努力投入水平，提高消费者的用户体验，同时还可以提高传统服务商的利润。

在现实生活中，大多数传统服务商开辟线上渠道时之所以会以低于线下实体店的价格提供服务，是因为目前O2O模式还处于初步融合阶段，O2O商业模式还处于逐渐发展和完善中。在此阶段中，生活服务O2O渗透率总体不高，线上平台规模较小且提供的多种增值服务还不够完善，线上平台收取的佣金比例也相对较低。此时传统服务商开通线上渠道面对的线上市场规模较小，因此传统服务商在线上多以低价策略销售。随着O2O模式逐渐发展与成熟，线上平台规模及用户黏性逐渐增大，线上平台更强调提升增值服务，所提供的增值服务也更加完善，越来越多的人接受甚至依赖线上渠道购买，传统服务商就会以高价策略提供服务。此时消费者购买的不仅包含传统服务商提供的服务，还包括线上平台提供的多种增值服务。例如，在线上平台饿了么创立初期，线上平台联合各传统服务商以低价策略在线上销售以吸引较多的流量带动需求，产生流量红利。后来随着生活服务O2O渗透率和饿了么规模逐渐增大，消费者逐渐从价格敏感转为时间敏感并形成高频线上点餐习惯，饿了么联合传统服务商推行"线上加价一元"策略，以提供更优质高效的外卖便捷配送等服务，逐渐从粗放式的低价策略过渡到致力于用户体验提升。由此可以预见，在未来的生活服务O2O行业中，随着消费者对服务类O2O的使用日趋成熟，传统服务商O2O渠道策略将从价格优势向品质化发展，让消费者获得更好的体验。

3. 最优渠道开辟策略

将定理2.3和定理2.4中的均衡结果代入到不同渠道策略中传统服务商的利润函数，可得两种策略下传统服务商的利润差 $\Delta\pi = \pi_r^{O*} - \pi_r^{T*}$ 为

$$\Delta\pi = \frac{X^2\left\{(2-\gamma)^2\theta_1^2 + 4\theta_1(1-\gamma)(2-\gamma)(\rho_1+y) + 4(1-\gamma)^2\left[(\rho_1+y)^2 - 2\rho_1\right]\right\}}{16(1-\gamma)^2}$$

(2.15)

命题2.5 传统服务商的最优渠道策略为：①当 $\theta_1 < Z_3$ 时，若 $y < Z_4$ 则 $\Delta\pi < 0$，传统服务商会采取传统渠道策略；若 $y \geq Z_4$ 则 $\Delta\pi \geq 0$，传统服务商会采取O2O策略。②当 $\theta_1 \geq Z_3$ 时，$\Delta\pi \geq 0$，传统服务商会采取O2O策略。

其中，$Z_3 = \dfrac{2(1-\gamma)\left(\sqrt{2\rho_1}-\rho_1\right)}{2-\gamma}$，$Z_4 = \dfrac{2(1-\gamma)\left(\sqrt{2\rho_1}-\rho_1\right)+\theta_1(2-\gamma)}{2(1-\gamma)}$。

证明：证明与命题2.4的证明类似，故略。

命题2.5①表明，当渠道间竞争强度 θ_1 较小时，传统服务商的渠道开辟决策取决于线上市场拓展率 y 的大小，具体情况如下。当线上市场拓展率较小时，传统服务商不开通O2O所获得的利润高于开通O2O所获得的利润，此时传统服务商将继续沿用之前的传统渠道经营模式，直接向消费者提供服务。当传统服务商市场规模较小且渠道间竞争强度较低时，传统服务商只能通过线上低价策略扩大需求，但是过低的线上价格会造成传统服务商利润的损失，在此种情形下，传统服务商选择开辟O2O所获得的利润小于沿用之前的传统经营模式所获得的利润。当线上市场拓展率较大时，传统服务商开通线上渠道所获得的利润高于沿用之前的传统经营模式时所获得的利润，此时传统服务商将开辟线上渠道。在此种情形下，虽然传统服务商的线上市场规模较低，但是渠道间的竞争强度较大，传统服务商可以制定较高的线上价格以获得更多的利润，此时由线上价格增加给传统服务商带来的利润增幅大于所需支付的佣金额，因此传统服务商开通线上渠道可以获得更多的利润，并且此时线上平台会因线上较高的价格水平提供更高的营销努力投入水平，这也有利于传统服务商线上市场的进一步扩大。

命题2.5②表明当渠道间竞争强度 θ_1 较大时，不论线上市场拓展率 y 的高低，传统服务商开辟线上渠道所获得的利润均高于不开辟线上渠道时所获得利润，此时传统服务商将通过线上平台开通线上渠道。这是因为此时线上平台的规模较大，能较大程度地扩大传统服务商的市场规模，传统服务商也会制定更高的线上销售价格，线上平台提供的营销努力投入水平也较高，且传统服务商线下需求也会随之上升，因此传统服务商选择O2O渠道策略可以获得更多的利润。

2.2.3 数值仿真

为了验证上述结论的有效性，假设该供应链系统中 $X=10$、$\gamma=0.15$，本节将通过取三组数据 $(\theta_1,y)=(0.3,0.1)$、$(\theta_1,\rho_1)=(0.3,0.2)$、$(\rho_1,y)=(0.2,0.1)$ 进行数值仿真，依次分析线上市场所占比例 ρ_1、线上市场拓展率 y 和渠道间竞争强度 θ_1 对传统服务商O2O渠道开辟策略的影响。

首先取 $(\theta_1,y)=(0.3,0.1)$ 分析线上市场所占比例 ρ_1 对传统服务商选择开辟线上渠道时最优利润的影响，结果如图2.5所示。观察图2.5可以发现，若传统服务商开辟线上渠道，随着线上市场所占比例 ρ_1 不断增加，传统服务商的线上利润上升、线下利润下降，总利润也随之降低。当线上市场所占比例 ρ_1 低于某一阈值时，传统服务商将开辟线上渠道；当线上市场所占比例 ρ_1 高于某一阈值时，传统服务商将不开辟线上渠道。造成上述现象的原因是，随着O2O市场的不断发展与成熟，人们越来越习惯线上购买，传统服务商面临的线上市场所占比例 ρ_1 不断上升。线上市场所占比例 ρ_1 的上升直接导致传统服务商的线上需求增加、线下需求减少。面对线上需求的增加传统服务商会提高线上服务价格，因此传统服务商的线上利润上升。线下服务价格保持不变，线下利润下降。由于线下服务价格高于线上服务价格，因此由渠道转移导致的线上利润的涨幅低于线下利润的跌幅，传统服务商总体利润降低。当线上市场所占比例 ρ_1 较低时，开辟线上渠道可以给传统服务商的总需求带来溢出效应，此时传统服务商开辟O2O渠道时获得的利润高于不开辟O2O渠道时获得的利润。随着人们对线上渠道的依赖性不断提高，线上市场所占比例 ρ_1 不断增加，传统服务商的利润不断下降，当线上市场所占比例 ρ_1 高于某一阈值时，传统服务商将不开通线上渠道，继续沿用之前的传统渠道经营模式。

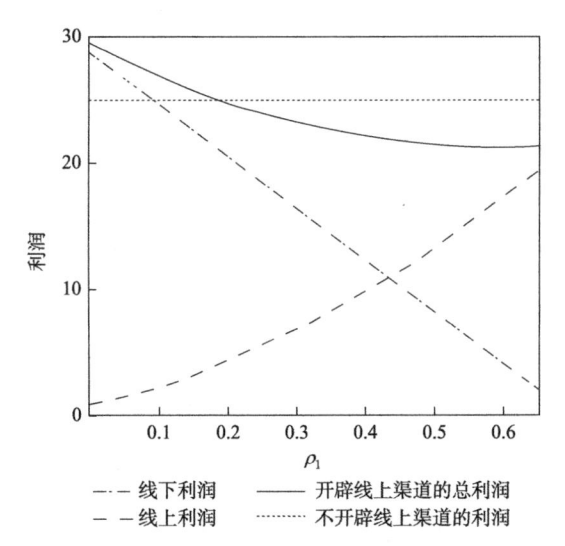

图2.5　线上市场所占比例对传统服务商渠道开辟决策的影响

然后取 $(\theta_1,\rho_1)=(0.3,0.2)$ 分析线上市场拓展率 y 变动对传统服务商选择开辟线上渠道时最优利润的影响，结果如图2.6所示。观察图2.6可以发现，当传统服务商开辟线上渠道时，随着线上市场拓展率 y 不断增加，传统服务商的线上利润上升、线下利润上升，总利润也随之上升。当线上市场拓展率 y 低于某一阈值时，传统服务商继续沿用之前的传统渠道经营模式能获得更多的利润；当线上市场拓展率 y 高于某一阈值时，传统服务商开辟线上渠道则能获得更多的利润。这是因为，随着线上平台商业模式不断发展与完善，其用户规模和用户黏性不断增加，传统服务商面临的线上市场拓展率 y 不断上升。线上市场拓展率 y 的上升可以给传统服务商的总需求带来溢出效应，导致传统服务商的线上需求和线下需求均增加。传统服务商面对线上需求的增加会提高其线上服务价格，线下服务价格保持不变。因此传统服务商的线上利润上升，线下利润也上升，传统服务商总利润增加。当线上市场拓展率 y 处于极低水平时，由于传统服务商开通线上渠道会导致部分消费者从线下渠道转移到线上渠道，但线上需求总体较低，传统服务商只能在线上采取低价策略，此时传统服务商开通线上渠道所获得的利润小于不开通线上渠道时所获得利润。随着线上平台规模不断扩大，线上市场拓展率 y 不断增加，当线上市场拓展率 y 高于某一阈值时，传统服务商将开辟线上渠道。

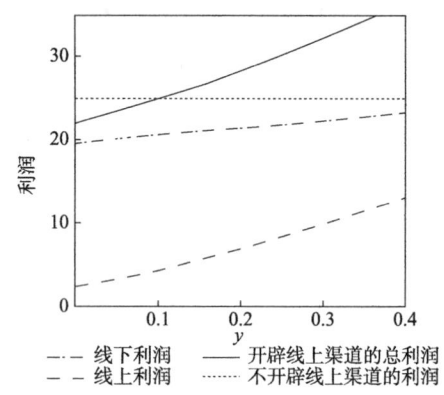

图 2.6　线上市场拓展率对传统服务商渠道开辟决策的影响

最后取 $(\rho_1, y) = (0.2, 0.1)$ 分析渠道间竞争强度 θ_1 对传统服务商选择开辟线上渠道时最优利润的影响，结果如图2.7所示。观察图2.7可以发现，随着渠道间竞争强度 θ_1 的上升，传统服务商的线上利润和线下利润均上升，传统服务商总利润也随之上升。当渠道间竞争强度 θ_1 低于某一阈值时，传统服务商将不开辟线上渠道；当渠道间竞争强度 θ_1 高于某一阈值时，传统服务商将开辟线上渠道以获得更多的利润。这是因为，随着渠道间竞争强度 θ_1 的上升，传统服务商的线上价格系数上升、线下服务价格保持不变。此外，随着渠道间竞争强度 θ_1 的上升，传统服务商的线上需求降低、线下需求上升，总需求呈上升趋势，因此当传统服务商开通O2O时，传统服务商的线上利润、线下利润和总利润均上升。另外，当渠道间竞争强度极低时，传统服务商会在线上以低于实体店的价格提供服务，此时传统服务商在O2O模式下获得的总利润低于传经营模式下获得的利润，此时传统服务商继续沿用之前的传统渠道经营模式收益更大。但随着渠道间竞争强度 θ_1 的不断上升，传统服务商开辟线上渠道所获得利润不断升高，因此当渠道间竞争强度 θ_1 高于某一阈值时，传统服务商开通线上渠道能获得更多利润。

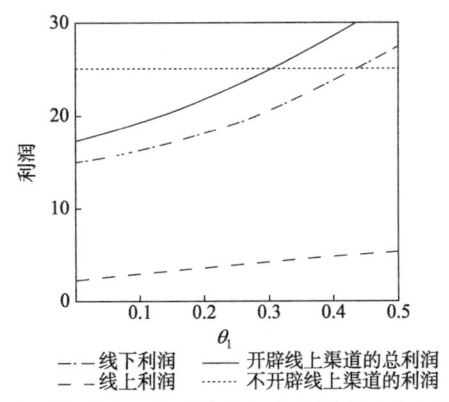

图 2.7 渠道间竞争强度对传统服务商渠道开辟决策的影响

2.2.4 小结

O2O模式的蓬勃发展为传统服务商的转型升级及应对新兴服务商的竞争创造了条件。本节构建了传统服务商与线上平台的博弈模型，得到了传统服务商在采取O2O策略后的最优利润，研究了传统服务商的最优O2O渠道开辟策略，并分析了佣金率、线上市场所占比例、渠道间竞争强度等因素对传统服务商渠道开辟决策及开通线上渠道时最优线上价格系数、最优利润的影响。

研究表明：①传统服务商开辟线上渠道时，佣金率、线上市场所占比例、线上市场拓展率及渠道间竞争强度的上升均会导致传统服务商最优线上服务价格和线上平台决策的最优营销努力投入水平增加。②传统服务商开辟线上渠道时，并不是均以低于线下服务价格来销售服务；若线上市场所占比例较小、渠道间竞争强度较小且线上市场拓展率较高时，传统服务商会以低价策略开通线上渠道；当线上市场所占比例、渠道间竞争强度和线上市场拓展率均较高时，传统服务商会以高价策略开通线上渠道。当线上市场所占比例或渠道间竞争强度较大时，无论线上市场拓展率的高低，传统服务商均会在线上以高价策略提供服务。③当渠道间竞争强度和线上市场拓展率均较小时，传统服务商不应开辟O2O渠道。

2.3 制造商的O2O渠道开辟策略

随着O2O模式的深入发展，其应用从早期的服务行业逐渐延伸到实体零售行业，这给不少制造企业提供了新的发展思路。为了给消费者提供无缝的购物体验，一些拥有线上渠道的制造商与其线下零售商合作为消费者提供BOPS的购物方式，如自行车品牌捷安特通过天猫平台上的官方旗舰店向购买自行车的消费者提供线下门店取货服务。BOPS模式能够结合线上渠道和线下渠道的优势，不仅能让消费者以较低线上交易价格获得产品，还能让消费者去线下自提产品，减少线上购物的不确定性、降低等待物流配送的时间成本。然而，BOPS模式的实施使得制造商和线下零售商的关系更为复杂，一方面，线上线下渠道面对相同市场销售同一产品，可能会造成渠道的侵蚀、加剧渠道冲突；另一方面，为激励线下零售商提供店内取货服务，制造商与线下零售商不得不共享BOPS模式带来的收益。这意味着制造商需要权衡BOPS模式实施带来的收益与成本。因此，研究制造商的最优O2O渠道开辟策略具有重要的现实意义。

鉴于此，本书考虑由一个拥有线上直销渠道的制造商和一个线下零售商组成的供应链，根据消费者效用理论刻画消费者的渠道选择和购买行为，构建不同渠道策略下制造商和线下零售商间的博弈模型，对比分析不同渠道策略下制造商的最优决策和利润变化，得出制造商的最优O2O渠道开辟策略。

2.3.1 问题描述

考虑一个拥有线上渠道的制造商和一个线下零售商组成的O2O供应链。制造商以批发价格 w 将产品批发给线下零售商，线下零售商以线下产品零售价格 p_R 将产品销售给消费者。同时制造商通过拥有的线上渠道以线上产品零售价格 p_O 将同一产品销售给相同市场的消费者，并与线下零售商展开合作，为消费者提供BOPS渠道的服务。为便于表达，分别用下标 m、r 表示制造商和线下零售商，分别用下标 R、O、B 表示线下渠道、线上渠道和BOPS渠道。

由于不同消费者购物时获得的产品价值不同，假设异质型消费者购物时获得的产品价值 v 服从 $[0,1]$ 上的均匀分布。当消费者在线下渠道购买产品时，获得的产品价值为 v，同时会产生相应的线下麻烦成本 h_R，如线下交通成本、时间成本等。由此可以得到消费者线下渠道购物时获得的效用为

$$U_R = v - p_R - h_R \tag{2.16}$$

当消费者在线上渠道购买产品时，由于不能够直接体验到产品，且有等待产品交付的感知成本的存在，消费者对于线上产品的基本感知会存在一定程度的降低，故线上渠道的消费者获得的产品价值为 $b_O v$，其中，b_O 表示线上渠道产品价值系数。由此可以得到消费者线上渠道购物时获得的效用为

$$U_O = b_O v - p_O \tag{2.17}$$

当制造商与线下零售商进行O2O合作时，消费者可以选择在线上购买产品，然后去线下店内取货。此时，消费者在线购买产品后可以直接去线下取货，不存在等待产品交付的时间感知成本，但仍需要在线上购买产品，存在对线上交易的不确定性担忧，故消费者选择该方式获得的产品价值大于线上渠道且小于线下渠道获得的产品价值，故假设BOPS渠道的消费者基本效用为 $b_B v$，其中，b_B 表示

BOPS渠道产品价值系数且 $b_O < b_B < 1$。同时消费者会产生线下麻烦成本 h_R，由此得到消费BOPS渠道购物时获得的效用为

$$U_B = b_B v - p_O - h_R \quad (2.18)$$

消费者将根据效用最大化原则 $\max\{U_R, U_O, U_B\}$ 决策是否购买产品及产品购买渠道。令 $v_O = p_O/b_O$ 表示消费者是否在线上渠道购买产品的产品价值无差异点，$v_{OR} = (p_R - p_O + h_R)/(1 - b_O)$、$v_{BR} = (p_R - p_O)/(1 - b_B)$、$v_{OB} = h_R/(b_B - b_O)$，分别表示消费者从线上渠道与线下渠道、BOPS渠道与线下渠道、线上渠道与BOPS渠道购买产品获得相同效用的产品价值无差异点。当消费者的产品价值满足 $v \in \{v | U_R \geq U_B, U_R \geq U_O, U_R \geq 0\}$，即 $v \geq \max\{v_{OR}, v_{BR}\}$ 时，消费者将在线下渠道购买产品；当消费者的产品价值满足 $v \in \{v | U_B \geq U_O, U_B > U_R, U_B \geq 0\}$，即 $v_{OB} \leq v < v_{BR}$ 时，消费者将在BOPS渠道购买产品；当消费者的产品价值满足 $v \in \{v | U_O > U_B, U_O > U_R, U_O \geq 0\}$ 时，即 $v < \min\{v_{OR}, v_{OB}\}$，消费者将在线上渠道购买产品。为避免无意义的讨论，本书给出以下假设：① $v_{OB} > v_O$，否则消费者从BOPS模式中购物获得的效用将恒小于线上渠道，即没有消费者选择从BOPS模式中购买；② $0 < v_O < v_{OR}$，即保证BOPS策略实施前线上线下渠道的需求非负；③ $v_{OB} \leq v_{BR} < 1$，即保证BOPS策略实施后三条渠道的需求均为正。

根据上述消费者购买决策可得，当 $h_R < b_B - b_O$ 且 $p_O + h_R(1-b_B)/(b_B - b_O) \leq p_R < 1 - b_B + p_O$ 时，O2O策略下线下渠道需求 d_R、BOPS渠道需求 d_B、线上渠道需求 d_O 分别为

$$d_R = 1 - \frac{p_R - p_O}{1 - b_B} \quad (2.19)$$

$$d_B = \frac{p_R - p_O}{1 - b_B} - \frac{h_R}{b_B - b_O} \quad (2.20)$$

$$d_O = \frac{h_R}{b_B - b_O} - \frac{p_O}{b_O} \quad (2.21)$$

制造商与线下零售商进行O2O合作时，为激励线下零售商提供店内取货服务，制造商将向线下零售商支付 γp_O 的佣金，考虑到佣金为长期合同提前确定，故假设佣金率 γ 为外生变量。为方便计算，将单位生产成本简化为0。由此可以得到制造商与线下零售商的利润函数分别为

$$\pi_m = (1 - \gamma) p_O d_B + p_O d_O + w d_R \quad (2.22)$$

$$\pi_r = \gamma p_O d_B + (p_R - w) d_R \quad (2.23)$$

本书通过斯塔克尔伯格博弈模型分析制造商与线下零售商的最优决策，参与双方都以各自利润最大化为目标进行决策。决策顺序为：首先，制造商决策产品的批发价格 w 和线上产品零售价格 p_O；其次，线下零售商决策线下产品零

售价格 p_R。

2.3.2 最优 O2O 渠道开辟策略

为便于表达，分别用上标 T、O 表示传统渠道策略、O2O策略。

1. 传统渠道策略

在传统渠道策略中，只存在线上渠道和线下渠道的需求，制造商和线下零售商之间不存在以BOPS为消费形式的O2O合作策略。在传统渠道策略中，消费者将根据效用最大化原则 $\max\{U_R, U_O\}$ 决策是否购买产品及产品购买渠道。当消费者的产品价值满足 $v \in \{v | U_R \geq U_O, U_R \geq 0\}$，即 $v \geq v_{OR}$ 时，消费者将在线下渠道购买产品；当消费者的产品价值满足 $v \in \{v | U_O > U_R, U_O \geq 0\}$ 时，即 $v < v_{OR}$，消费者将在线上渠道购买产品。根据上述消费者购买决策可得，传统渠道策略下线下渠道需求 d_R^T、线上渠道需求 d_O^T 分别为

$$d_R^T = 1 - \frac{p_R - p_O + h_R}{1 - b_O} \quad (2.24)$$

$$d_O^T = \frac{p_R - p_O}{1 - b_B} - \frac{h_R}{b_B - b_O} \quad (2.25)$$

此策略下，制造商和线下零售商的利润函数分别为

$$\pi_m^T = p_O d_O^T + w d_R^T \quad (2.26)$$

$$\pi_r^T = (p_R - w) d_R^T \quad (2.27)$$

采用逆序求解法求解，可得传统渠道策略下供应链成员的均衡决策，可得定理2.5。

定理2.5 在传统渠道策略下，供应链成员的均衡决策为 $w^{T*} = \dfrac{1 - h_R}{2}$；$p_O^{T*} = \dfrac{b_O}{2}$；$p_R^{T*} = \dfrac{3 - b_O - 3h_R}{4}$。

证明：容易得到 $\partial^2 \pi_r^T / \partial p_R^2 = -2/(1 - b_O) < 0$，即 π_r^T 是关于线下产品零售价格 p_R 的凹函数。令 $\partial \pi_r^T / \partial p_R = 0$ 可得，$p_R^{T*} = (1 - b_O - h_R + p_O + w)/2$。将上式代入到式（2.26），可以验证 π_m^T 关于 p_R 和 w 的海塞矩阵为负定矩阵，即 π_m^T 是关于 p_R 和 w 的联合凹函数，存在唯一最优解。联立求解 $\partial \pi_m^T / \partial p_R = 0$、$\partial \pi_m^T / \partial w = 0$，可得最优 w^{T*} 和 p_R^{T*}。将上述最优决策代入式（2.26）和式（2.27）可得供应链成员的最优利润。

命题2.6 传统渠道策略中，参数对最优决策和利润的影响为① $\dfrac{\partial p_O^{T*}}{\partial b_O} > 0$，$\dfrac{\partial p_R^{T*}}{\partial b_O} < 0$，$\dfrac{\partial \pi_m^{T*}}{\partial b_O} > 0$，$\dfrac{\partial \pi_r^{T*}}{\partial b_O} < 0$；② $\dfrac{\partial w^{T*}}{\partial h_R} < 0$，$\dfrac{\partial p_R^{T*}}{\partial h_R} < 0$，$\dfrac{\partial \pi_m^{T*}}{\partial h_R} < 0$，$\dfrac{\partial \pi_r^{T*}}{\partial h_R} < 0$。

命题2.6①表明当线上渠道产品价值系数越高时，制造商越会采取提价策略，此时线上渠道需求反而会增加，因为价格提高对于需求的抑制作用小于效用损失减少导致的线上渠道对于消费者的吸引力，从而制造商直销渠道利润会增加。同时，线下零售商会采取降价策略来与制造商进行竞争，但降价对于消费者的吸引力小于线上支付意愿提高对消费者的影响，一部分线下渠道消费者仍会转移到线上渠道，因此线下零售商利润降低。命题2.6②表明当消费者线下麻烦成本较高时，制造商会制定较低的批发价格，相应的线下产品价格也会降低，但线下产品价格降低对消费者的吸引要小于线下麻烦成本增高对消费者的抑制，一部分消费者仍会转移到线上渠道，因此线下渠道需求降低，线上渠道需求增加，线下零售商利润会降低。对于制造商，虽然线上渠道需求增加，但需求增加带来的利润不足以弥补批发价格降低带来的损失，制造商的利润也会降低。这也说明线下零售商应该选择交通便利的地点，尽可能减少消费者的线下麻烦成本。

2. O2O策略

采用逆序求解法求解O2O策略下供应链成员的均衡决策，可得定理2.6。

定理2.6 在O2O策略下，供应链成员的均衡决策为

$$w^{O*} = \dfrac{b_O(1-\gamma)^2(b_B - b_O) + (1-b_B)(b_B - b_O) + \gamma b_O h_R(1-\gamma)}{2(b_B - b_O)}$$

$$p_O^{O*} = \dfrac{b_O[h_R \gamma + (1-\gamma)(b_B - b_O)]}{2(b_B - b_O)}$$

$$p_R^{O*} = \dfrac{2b_O(1-\gamma)(b_B - b_O) + 3(1-b_B)(b_B - b_O) + 2h_R \gamma b_O}{4(b_B - b_O)}$$

证明：证明过程与定理2.5的证明类似，故略。

命题2.7 O2O策略下，参数对最优决策的影响为① $\dfrac{\partial w^{O*}}{\partial b_O} > 0$，$\dfrac{\partial w^{O*}}{\partial b_B} < 0$，$\dfrac{\partial w^{O*}}{\partial h_R} > 0$，$\dfrac{\partial w^{O*}}{\partial \gamma} < 0$；② $\dfrac{\partial p_O^{O*}}{\partial b_O} > 0$，$\dfrac{\partial p_O^{O*}}{\partial b_B} < 0$，$\dfrac{\partial p_O^{O*}}{\partial h_R} > 0$，$\dfrac{\partial p_O^{O*}}{\partial \gamma} < 0$；③ $\dfrac{\partial p_R^{O*}}{\partial b_O} > 0$，$\dfrac{\partial p_R^{O*}}{\partial b_B} < 0$，$\dfrac{\partial p_R^{O*}}{\partial h_R} > 0$，$\dfrac{\partial p_R^{O*}}{\partial \gamma} < 0$。

命题2.7表明在O2O策略下，线上渠道产品价值系数和线下麻烦成本增加对于

产品批发价格、线上产品价格和线下产品价格存在正向影响，而BOPS渠道产品价值系数和佣金率的增加对于产品批发价格、线上产品零售价格和线下产品零售价格存在负向影响。具体原因如下。

（1）随着物流的发展，当日达、次日达等减少了消费者线上购买效用的损失，越来越多的消费者选择线上渠道购买产品，这促使制造商线上竞争优势的形成，鼓励了制造商提高线上产品零售价格。虽然价格提高会对需求产生抑制作用，但需求的抑制作用小于消费者线上购买效用损失降低带来的促进作用，因此线上渠道需求会提高，BOPS渠道需求会降低，但制造商直销总体销量会降低。为了弥补销量降低造成的损失，制造商会提高产品批发价格来提高利润，随着批发价格的提高，线下零售商会提高线下产品零售价格。

（2）随着BOPS渠道产品价值系数的提高，制造商会降低批发价格和线上产品零售价格，随着批发价格的降低，线下零售商会降低线下产品零售价格。BOPS渠道产品价值系数的增强导致一部分原本选择线上渠道购买产品的消费者会转移到BOPS渠道购买，线上渠道需求会降低，而BOPS渠道需求增加，制造商需要支付给线下零售商的佣金也会增加，为了弥补佣金提高造成的损失，制造商会选择降低线上产品零售价格，线上产品零售价格的降低一方面降低单位佣金，另一方面促进需求增加。同时制造商会降低批发价格，这在一定程度上会弥补佣金降低给线下零售商带来的损失，缓解与线下零售商的冲突。

（3）当线下零售商店铺位置比较偏远时，消费者线下麻烦成本提高，线上渠道优势更加明显，线上渠道需求增加，BOPS渠道需求降低，但制造商直销总体销量会降低，制造商通过提高线上产品零售价格和产品批发价格减少销量降低带来的利润损失，从而攫取更多利润。随着佣金率的提高，制造商支付给线下零售商的佣金提高，制造商为弥补损失，采取降价策略。一方面，提高销量；另一方面，降低单位佣金，同时降低批发价格弥补线下零售商。

3. 均衡结果对比

对比不同渠道策略下的均衡结果，可得命题2.8、命题2.9。

命题2.8 不同渠道策略下的均衡决策的对比：$w^{O*} < w^{T*}$，$p_O^{O*} < p_O^{T*}$，$p_R^{O*} < p_R^{T*}$。

证明： 由定理2.5和定理2.6可得

$$w^{O*} - w^{T*} = \frac{b_O(1-\gamma)^2(b_B-b_O) + (b_B-b_O)(h_R-b_B) + b_O h_R \gamma(1-\gamma)}{2(b_B-b_O)},$$

$$p_O^{O*} - p_O^{T*} = -\frac{b_O \gamma(b_B-b_O-h_R)}{2(b_B-b_O)}, \quad p_R^{O*} - p_R^{T*} = -\frac{(3b_B-3b_O+2\gamma b_O)(b_B-b_O+h_R)}{4(b_B-b_O)},$$

以上均在 $b_O < b_B < 1$、$0 < h_R < \dfrac{3(b_B - b_O)}{4}$ 且 $\max\left\{0, \dfrac{b_B - b_O - 2h_R}{b_B - b_O - h_R}\right\} < \gamma < 1$ 范围内讨论，命题2.8得证。

命题2.8表明实施O2O策略后，产品批发价格、线上产品零售价格和线下产品零售价格均降低，即实施O2O策略会对制造商和线下零售商产生一定的不利影响，对消费者产生有利影响，消费者可以以较低的价格购买到产品，在购买渠道上也有多种选择，增加了消费购买的便利性。

命题2.9 不同渠道策略下渠道需求的对比：①当 $h_R > Z_1$ 且 $\gamma < Z_2$ 时或当 $h_R > Z_3$ 且 $\gamma > Z_2$ 时，$\Delta d < 0$；反之，$\Delta d \geqslant 0$；② $d_R^{O*} > d_R^{T*}$。

其中，$\Delta d = d_O^{O*} + d_B^{O*} - d_O^{T*}$，$Z_1 = \dfrac{2(1-b_O)(b_B - b_O)}{4 + b_B - 5b_O}$，$Z_2 = \dfrac{h_R(b_B - b_O)}{2(1-b_O)(b_B - b_O - h_R)}$，$Z_3 = \dfrac{2(1-b_O)(b_B - b_O)}{2 + b_B - 3b_O}$。

命题2.9①表明实施O2O合作策略并不总是会给制造商带来积极影响，在某些情况下会导致直销销量的减少。具体来说，当消费者线下麻烦成本处于中间水平且佣金率处于较低水平，或者当线下麻烦成本处于较高水平时，实施O2O合作策略后制造商的销量会降低。这是因为由命题2.7可知，随着线下麻烦成本的提高和佣金率的降低，线上产品零售价格会提高，实施O2O合作策略对于整个供应链市场规模扩大产生的影响有限。同时，当制造商采取提价策略时，线上产品零售价格提高造成的消费者数量减少小于开辟BOPS渠道增加的消费者数量，所以制造商销量会减少。命题2.9②表明实施O2O合作策略对线下零售商的销量会产生积极的影响，可以拓展其市场规模，这也体现了实施O2O合作策略给线下零售商带来的价值。这主要是因为实施O2O合作策略后，线上线下产品零售价格降低导致整体市场规模扩大。

4. 最优渠道开辟策略

将定理2.5和定理2.6中的均衡结果代入不同渠道策略中的制造商的利润函数，可得两种策略下制造商的利润差 $\Delta \pi = \pi_m^{O*} - \pi_m^{T*}$ 为

$$\Delta \pi = \dfrac{\begin{bmatrix} 2b_O \gamma^2 (1-b_O)(b_B - b_O - h_R)^2 - 4b_O \gamma (1-b_O)(b_B - b_O)(b_B - b_O - h_R) \\ -(1-b_O)(b_B - b_O)^3 - (b_B - b_O)^2 (2b_O h_R + h_R^2 - 2h_R) \end{bmatrix}}{8(b_B - b_O)^2 (1-b_O)} \quad (2.28)$$

命题2.10 制造商的最优O2O渠道开辟策略：①当 $b_O < 8/71$ 时，若 $Z_4 < b_B < 2b_O + \sqrt{2b_O(1-b_O)}$、$h_R > Z_5$ 且 $\gamma > Z_6$，或若 $2b_O + \sqrt{2b_O(1-b_O)} < b_B < Z_7$、

$h_R > Z_8$ 且 $\gamma > Z_6$，或若 $b_B < (8+b_O)/9$、$h_R > 1-b_O-\sqrt{(1-b_O)(1-b_B)}$ 且 $\gamma < Z_9$，则 $\Delta\pi > 0$，制造商实施O2O策略；反之则 $\Delta\pi \leqslant 0$，制造商不实施O2O策略；②当 $8/71 < b_O < b_B$ 时，若 $b_B < (8+b_O)/9$、$h_R > 1-b_O-\sqrt{(1-b_O)(1-b_B)}$ 且 $\gamma < Z_9$ 则 $\Delta\pi > 0$，制造商实施O2O策略；反之则 $\Delta\pi \leqslant 0$，制造商不实施O2O策略。

其中，$Z_4 = \dfrac{4+5b_O - \sqrt{16-158b_O+142b_O^2}}{9}$，

$$Z_5 = \frac{(b_B - b_O)\left[(1-b_O)(b_B - b_O) - \sqrt{(1-b_O)\left[b_O^2(3+b_B-4b_O)+b_B^2(1-b_B)\right]}\right]}{(b_B - b_O)^2 - 2b_O(1-b_O)},$$

$$Z_6 = \frac{(b_B - b_O)\left(2\sqrt{2}b_O(1-b_O) + \sqrt{b_O(1-b_O)\left[(1-b_O)(b_O+b_B-2h_R)+h_R^2\right]}\right)}{2\sqrt{2}b_O(1-b_O)(b_B - b_O - h_R)},$$

$$Z_7 = \frac{4+5b_O + \sqrt{16-158b_O+142b_O^2}}{9},$$

$$Z_8 = \frac{(b_B - b_O)\left[(1-b_O)(b_B - b_O) + \sqrt{(1-b_O)\left[b_O^2(3+b_B-4b_O)+b_B^2(1-b_B)\right]}\right]}{(b_B - b_O)^2 - 2b_O(1-b_O)},$$

$$Z_9 = \frac{(b_B - b_O)\left(2\sqrt{2}b_O(1-b_O) - \sqrt{b_O(1-b_O)\left[(1-b_O)(b_O+b_B-2h_R)+h_R^2\right]}\right)}{2\sqrt{2}b_O(1-b_O)(b_B - b_O - h_R)}。$$

证明： 由式（2.28）可知，$\Delta\pi$ 的分母部分恒大于零，只需证明其分子部分的正负性，可以发现其分子部分是关于佣金率 γ 的二次函数，记为 $F(\gamma) = Z_{10}\gamma^2 + Z_{11}\gamma + Z_{12}$，其中，$Z_{10} = 2b_O(1-b_O)(b_B - b_O - h_R)^2 > 0$、$Z_{11} = -4b_O(1-b_O)(b_B - b_O) \times (b_B - b_O - h_R) < 0$、$Z_{12} = -(1-b_O)(b_B - b_O)^3 - (b_B - b_O)^2(2b_O h_R + h_R^2 - 2h_R)$。由二次函数的根判别式 $Z_{11}^2 - 4Z_{10}Z_{12} = 8b_O(1-b_O)(b_B - b_O)^2(b_B - b_O - h_R)^2\left[(1-b_O) \times (b_B + b_O - 2h_R) + h_R^2\right] > 0$ 可知 $F(\gamma)$ 存在两个实数根。Z_{12} 可以看作是关于 h_R 的二次函数，根据二次函数的性质可以得到 $b_B < (8+b_O)/9$ 且 $h_R < 1-b_O - \sqrt{(1-b_O)(1-b_B)}$ 时，$Z_{12} < 0$；当 $b_B < (8+b_O)/9$ 且 $h_R > 1-b_O - \sqrt{(1-b_O)(1-b_B)}$ 时，$Z_{12} > 0$；当 $b_B \geqslant (8+b_O)/9$ 时，$Z_{12} \leqslant 0$。

进一步判断端点 $\gamma = (b_B - b_O - 2h_R)/(b_B - b_O - h_R)$ 时 $F(\gamma)$ 的正负。根据二次函数的性质容易得到当 $\gamma = (b_B - b_O - 2h_R)/(b_B - b_O - h_R)$ 时，$F(\gamma) < 0$；当 $\gamma = 1$ 时，若 $b_O < 8/71$、$Z_4 < b_B < 2b_O + \sqrt{2b_O(1-b_O)}$ 且 $h_R > Z_5$，或若 $b_O < 8/71$、$2b_O$

$+\sqrt{2b_O(1-b_O)} < b_B < Z_7$ 且 $h_R > Z_8$，则 $F(\gamma) > 0$，反之则 $F(\gamma) \leq 0$。综合上述证明可得命题2.10。

命题2.10①表明当线上渠道产品价值系数较低时，需要满足BOPS渠道产品价值系数较低、线下麻烦成本较高和佣金率较高，或BOPS渠道产品价值系数适中、线下麻烦成本较高且佣金率较低，制造商选择与线下零售商进行O2O合作会获得更多的利润。这是因为当线上渠道产品价值系数较低时，制造商的批发价格和线上产品零售价格也较低，而随着BOPS渠道产品价值系数的增加，批发价格和线上产品零售价格会升高，随着线下麻烦成本的提高，批发价格和线上产品零售价格会提高；随着佣金率的提高，批发价格和线上产品零售价格会降低，但这时线上渠道产品价值系数对制造商最优决策的影响最大，制造商会降低批发价格和线上产品零售价格，这时制造商的最优决策小于实施O2O合作策略前的最优决策，需求规模的扩大会较大，同时虽然制造商给予线下零售商的佣金率较高，BOPS渠道的需求增加也较大，但因为线上产品零售价格较低，制造商因为需求规模扩大，增加的利润仍要大于支付给线下零售商的佣金，所以制造商的利润会增加；在消费者BOPS渠道产品价值系数适中，而线下麻烦成本较高且佣金率较低时，这三个因素的作用大于线上渠道产品价值系数较低的影响，制造商会采取较高的批发价格和线上产品零售价格，虽然需求规模的扩大有限，但因为单位佣金也较低，所以制造商仍会从实施O2O合作策略中获利。

命题2.10②表明当线上渠道产品价值系数较高时，需要满足BOPS渠道产品价值系数较低、线下麻烦成本较高且佣金率较低，制造商会选择与线下零售商进行O2O合作。这是因为当线上渠道产品价值系数较高时，BOPS渠道产品价值系数较低，线下麻烦成本较高且佣金率较低时，制造商会提高批发价格和线上产品零售价格，但这时的批发价格和线上产品零售价格仍小于线下产品零售价格，供应链的市场规模会扩大，制造商直销渠道销量和批发量会增加，这也是制造商与线下零售商合作实施O2O合作策略给制造商带来的价值。同时因为佣金率较低，虽然线上产品零售价格会提高，但单位佣金仍较小，制造商因为实施O2O合作策略，增加的利润小于支付给线下零售商的佣金，因此在这种情况下制造商与线下零售商合作是有利的。

2.3.3 数值仿真

在上述理论研究的基础上，为了更直观地反映本书的研究结果，本节将通过数值仿真进行分析。

首先选取 $(b_B, h_R, \gamma) = (0.6, 0.1, 0.2)$、$(b_O, h_R, \gamma) = (0.5, 0.1, 0.2)$、$(b_O, b_B, \gamma) = (0.5, 0.65, 0.2)$ 和 $(b_O, b_B, h_R) = (0.5, 0.65, 0.1)$ 四组数据，分析参数对供应链最优决

策的影响，可以得到图2.8。观察图2.8（a）可以发现，随着线上渠道产品价值系数 b_O 的增加，产品批发价格、线上线下产品零售价格都会提高。观察图2.8（b）可以发现，随着BOPS渠道产品价值系数 b_B 的增加，产品批发价格、线上线下产品零售价格都会降低，这是实施O2O合作策略带来的不利影响。观察图2.8（c）可以发现，线下麻烦成本 h_R 的提高会导致批发价格、线上线下产品零售价格提高。观察图2.8（d）可以发现，佣金率 γ 的提高会导致批发价格、线上线下产品零售价格降低。

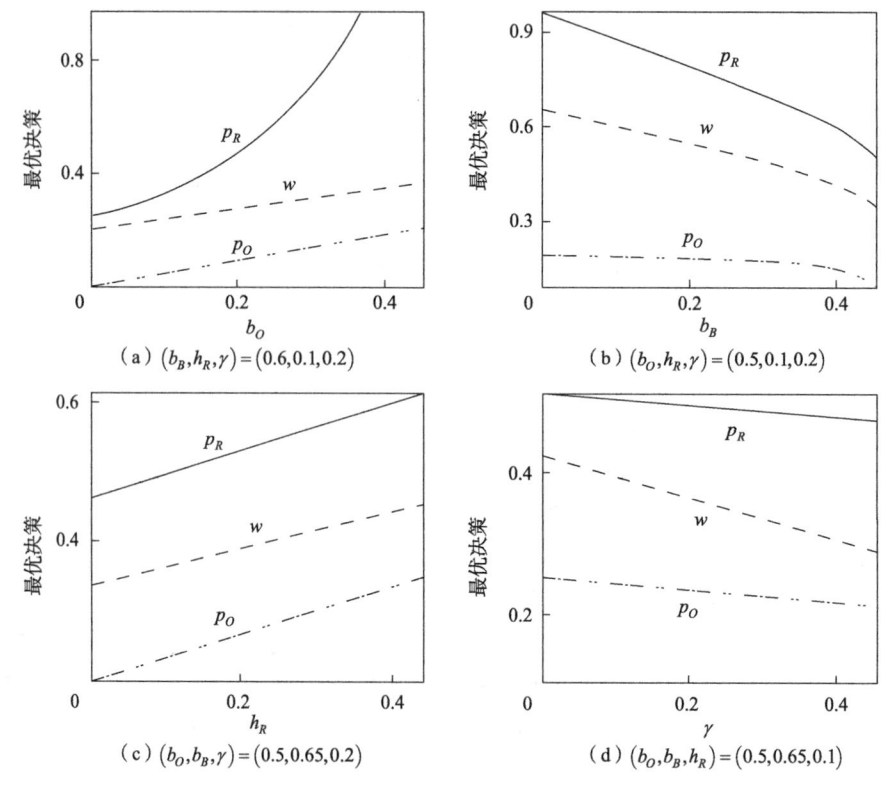

图 2.8　不同参数对最优决策的影响

p_R：线下产品零售价格； w：批发价格； p_O：线上产品零售价格

接着分析参数对制造商O2O合作策略选择的影响，根据条件划分出区间，选取了四组关于 b_O、b_B 不同的参数组合可以得到图2.9。观察图2.9可以发现，当线上渠道产品价值系数较低，即 $b_O = 0.1$ 时，满足BOPS渠道产品价值系数较低且线下麻烦成本较高，制造商选择与线下零售商实施O2O合作策略是有利的，即会增加制造商的利润，否则会选择不合作，如图2.9（a）和图2.9（b）所示。这是因为当线上渠道产品价值系数和BOPS渠道产品价值系数都较低时，制造商会采取降低批发价格和线上产品零售价格的策略，这时的制造商线上产品零售价格小于实施O2O合作策略前的线上产品零售价格，市场需求规模会扩大，制造商因为需求规模扩大增加的利润大于支付给线下零售商的佣金，所以制造商的利润会增加。或者满足BOPS渠道产品价值系数适中，而线下麻烦成本较高且佣金率较低时，制造商选择与线下零售商进行O2O合作会获得更多的利润，如图2.9（c）所示。在这种情况下制造商的会采取较高的批发价格和线上产品零售价格，虽然需求规模的扩大有限，但因为单位佣金也较低，所以制造商仍会从实施O2O合作策略中获利。当线上渠道产品价值系数较高，即 $b_O = 0.5$ 时，需要满足BOPS渠道产品价值系数较低，而线下麻烦成本较高且佣金率较低，制造商会选择与线下零售商合作实施O2O策略，否则，会选择不合作，如图2.9（d）所示。这是因为在这种情况下制造商会提高批发价格和线上产品零售价格，但这时的批发价格和线上产品零售价格仍小于线下产品零售价格，供应链的市场规模会扩大，制造商因为实施O2O合作策略增加的利润小于支付给线下零售商的佣金，因此制造商在这种情况下与线下零售商合作是有利的。

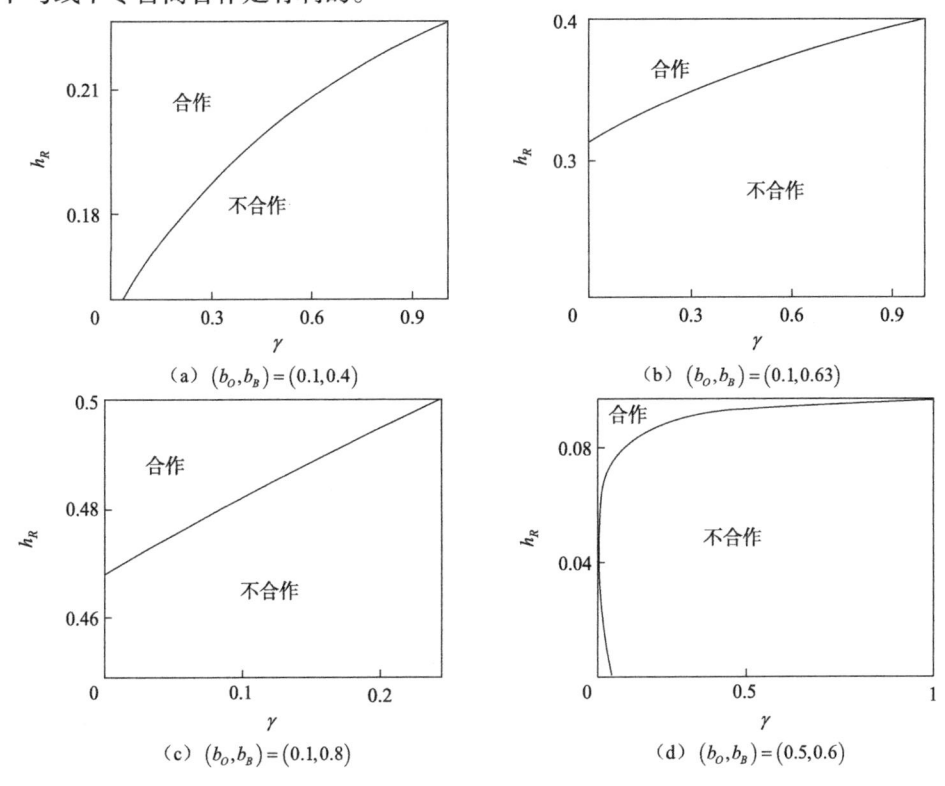

图 2.9　制造商的最优 O2O 合作策略

2.3.4 小结

O2O模式凭借融合线上线下渠道优势得以迅速发展，这给不少制造企业提供了发展的新契机，越来越多拥有线上渠道的制造商与线下零售商合作实施BOPS模式以满足消费者新的购物需求。本节考虑由一个拥有线上直销渠道的制造商和一个线下零售商组成的O2O供应链，构建了传统渠道策略和O2O策略下供应链成员间的博弈模型，得到了传统渠道策略和O2O策略下供应链成员的最优批发价格和线上线下产品价格，并分析了消费者线上渠道产品价值系数、BOPS渠道产品价值系数、线下麻烦成本和佣金率对制造商渠道策略选择及对O2O合作策略下制造商最优决策的影响。

研究表明：①在O2O策略中，随着线上渠道产品价值系数和线下麻烦成本的增加，最优产品批发价格和最优线上线下产品零售价格均会上升；随着BOPS渠道产品价值系数和佣金率的增加，最优产品批发价格和最优线上线下产品零售价格均会下降。②制造商和线下零售商合作实施O2O策略虽然会导致最优批发价格、最优线上线下产品零售价格比实施前要低，但可以扩大整个供应链的市场规模，这是实施O2O策略为供应链总体带来的价值。③制造商与线下零售商合作实施O2O策略对制造商并不总是有利的，只有当线上渠道产品价值系数、BOPS渠道产品价值系数、线下麻烦成本和佣金率在一定区间范围内时，制造商才可以实现利润的增加。

第 3 章　O2O 模式下的供应链合作模式选择

随着"线上购买，线下消费"O2O模式的快速发展，不少线下企业纷纷与线上平台合作以提高实体店的客流量。线下企业与线上平台的合作存在批发和代理两种合作模式。批发模式下，线上平台先向线下服务商购买产品或服务然后加价转售给消费者，如携程、爱鲜蜂等。代理模式下，线上平台代理线下商家销售产品或服务，并根据线上成交额向商家收取一定比例的佣金，如美团、支付宝口碑等。不同合作模式的选择不仅影响供应链成员的最优决策，还决定了供应链成员间的利益分配方式，对供应链成员的合作运营至关重要。因此，本章拟研究O2O模式下供应链成员间的合作模式选择问题，针对线下服务商进行附加服务投入、线上平台进行营销努力投入、线下零售商进行保鲜服务投入等三种不同情形，构建批发模式与代理模式下供应链成员间的博弈模型，通过对比不同模式下最优利润的变化得到供应链成员的最优合作模式。

3.1　O2O模式下考虑附加服务投入的供应链合作模式选择

在"线上购买，线下消费"的O2O合作模式中，线下服务商往往会向线上到线下的消费者提供个性化的附加服务以提高自身收益(Ellison, 2005; Ødegaard and Wilson, 2016)。例如，航空公司向乘客提供的机舱餐饮、购物等服务；电影院为前往观影的消费者提供爆米花、可乐等零食和饮料。统计显示，2018年全球航空公司附加服务收入超过929亿美元，占收入总额的10.7%以上，其中美国廉价航空（Spirit Airlines）的附加服务收入占比高达46.6%[1]；万达电影院仅2018年上半年的商品、餐饮收入已达到9.98亿元人民币，占总营业收入的13.54%[2]。由此可见，附加服务是线下服务商的重要收入来源。然而，附加服务的存在使得线上、线下之间的合作问题变得更加复杂。比如，在不同合作模式下附加服务如何影响线下

---

[1] IdeaWorks. 2018. Airline ancillary revenue projected to be $92.9 billion worldwide in 2018[EB/OL]. https://www.ideaworkscompany.com/november-27-2018-press-release[2020-12-14].

[2] 巨潮资讯. 2018. 万达电影 2018 年半年度报告[EB/OL]. http://www.cninfo.com.cn/new/disclosure/detail?plate=szse&stockCode=002739&announcementId=1205348491&announcementTime=2018-08-29[2020-12-14].

服务商与线上平台的最优决策,以及线上平台又该如何策略性地选择正确的模式与线下服务商合作都是需要研究和解决的问题。研究该问题,对于提高线上平台与线下服务商的收益并推动线上、线下之间的合作实施具有重要的现实意义。

鉴于此,本节针对由一个线下服务商与一个线上平台组成的供应链,考虑线下服务商通过线上平台销售基本服务且通过自身实体店直接销售附加服务,分别构建线上平台与线下服务商在批发和代理合作模式下的定价决策模型,分析比较附加服务在不同合作模式下对供应链成员最优定价与最优利润的影响,进而研究线上平台的最优合作模式选择问题。

3.1.1 问题描述

考虑由一个拥有实体店的线下服务商与一个线上平台组成的O2O供应链。线下服务商向消费者提供两种服务:基本服务和附加服务。其中,基本服务是指能够满足消费者基本需求的服务,是线下服务商经营的核心业务,如电影院提供的观影服务;附加服务是线下服务商在基本服务之外提供给消费者的可选择的额外服务,如电影院提供的饮料零食服务。两种服务的销售方式不同,线下服务商通过线上平台以零售价格 p_1 销售基本服务,通过自身实体店以零售价格 p_2 直接销售附加服务。为便于表达,分别用下标 r、o 表示线下服务商和线上平台。

在基本服务销售阶段,线上平台可以选择与线下服务商以批发模式或代理模式进行合作。批发模式下,线下服务商以批发价格 w 将基本服务销售给线上平台,线上平台对基本服务定价后再销售给消费者,如图3.1(a)所示。代理模式下,线下服务商自己制定基本服务的价格,此时线上平台向线下服务商收取 γ 比例收益作为佣金,如图3.1(b)所示。考虑现实情形中线上平台不会针对某一个线下服务商单独制定佣金率,而是向同一类别的线下服务商收取相同比例的佣金,因此假设佣金率 γ 为外生变量。当线下服务商通过线上平台将消费者引流至线下后,线下服务商再向到线下接受基本服务的消费者直接销售附加服务。

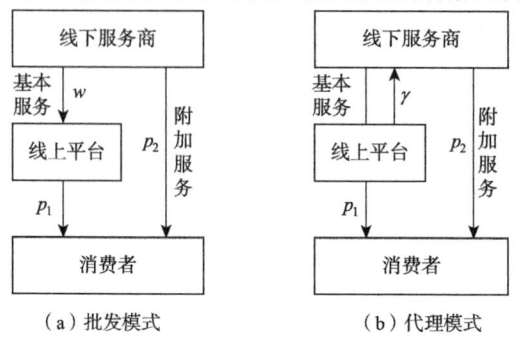

图 3.1 不同合作模式下的 O2O 供应链结构(一)

附加服务作为基本服务的补充，能够提升消费者的服务体验。只有购买了基本服务且对附加服务有需求的消费者才会购买附加服务，如对于购买了电影票的消费者，只有一部分人会购买爆米花和饮料。因此，假设到店消费者中购买附加服务的比例为 ρ_2，ρ_2 越大，代表附加服务的市场潜力越大。由此可得，基本服务与附加服务的需求分别为

$$D_1 = X - p_1 \tag{3.1}$$
$$D_2 = \rho_2 D_1 - g_2 p_2 \tag{3.2}$$

其中，下标1和2分别表示基本服务和附加服务；X 表示线下服务商所面临的潜在市场规模；g_2 表示消费者对附加服务的价格敏感系数，g_2 满足 $0 < g_2 < 1$，对于会购买附加服务的这部分消费者来说，其一般具有较强的经济能力，且附加服务会为其带来更高的效用，因此对附加服务的价格敏感程度低于基本服务。对于线下服务商，其向消费者提供基本服务所主要承担的是固定成本，如服务场所租赁费用、服务设施维护费用等，鉴于固定成本不影响本书的主要结论，为便于分析且不失一般性，本书将线下服务商的固定成本标准化为零。同时，线下服务商每提供一单位附加服务会增加 c_1 的额外成本。

3.1.2 不同合作模式下的均衡分析

本节分别对批发模式和代理模式下，线下服务商与线上平台的最优决策进行了分析，并得出了不同合作模式下，线下服务商与线上平台对应的最优利润。分别用上标 W、A 表示批发模式和代理模式。

1. 批发模式

在批发模式下，线下服务商与线上平台的决策过程是两阶段斯塔克尔伯格博弈过程，双方均以自身利润最大化为决策目标，具体的博弈顺序为：首先，线下服务商决策基本服务的批发价格 w 及附加服务的零售价格 p_2；其次，线上平台根据线下服务商制定的批发价格决策基本服务的零售价格 p_1。此时，线下服务商与线上平台的利润函数分别为

$$\pi_r^W = wD_1 + (p_2 - c_1)D_2 \tag{3.3}$$
$$\pi_o^W = (p_1 - w)D_1 \tag{3.4}$$

定理3.1 批发模式下，线下服务商和线上平台的最优决策及对应的最优利润如下：①线下服务商的最优基本服务批发价格和附加服务销售价格为 $w^{W*} = \dfrac{(4g_2 - \rho_2^2)X + 2g_2\rho_2 c_1}{8g_2 - \rho_2^2}$；$p_2^{W*} = \dfrac{\rho_2 X + c_1(4g_2 - \rho_2^2)}{8g_2 - \rho_2^2}$。②线上平台的最优基本

服务零售价格为 $p_1^{W*} = \dfrac{\left(6g_2 - \rho_2^2\right)X + g_2\rho_2 c_1}{8g_2 - \rho_2^2}$。③线下服务商与线上平台的最优利润分别为 $\pi_r^{W*} = \dfrac{g_2\left(X^2 - \rho_2 c_1 X + 2g_2 c_1^2\right)}{8g_2 - \rho_2^2}$； $\pi_o^{W*} = \dfrac{g_2^2\left(2X - \rho_2 c_1\right)^2}{\left(8g_2 - \rho_2^2\right)^2}$。

证明： 采用逆向归纳法求解，首先，分析线上平台的决策问题，由式（3.4）可得 $\partial^2 \pi_o^W / \partial p_1^2 = -2 < 0$，易知 π_o^W 是关于 p_1 的凹函数，令 $\partial \pi_o^W / \partial p_1 = 0$ 可得 p_1 关于 w 的最优反应函数为 $p_1^*(w) = (X + w)/2$。其次，分析线下服务商的决策问题，将 $p_1^*(w)$ 代入式（3.3），可得 π_r^W 关于 w 和 p_2 的海塞矩阵为

$$H(w, p_2) = \begin{bmatrix} -1 & -\dfrac{\rho_2}{2} \\ -\dfrac{\rho_2}{2} & -2g_2 \end{bmatrix}$$

由上式可知，当且仅当 $8g_2 - \rho_2^2 > 0$ 时，海塞矩阵负定，π_r^W 是关于 w 和 p_2 的联合凹函数，存在唯一最优解。首先，联立求解 $\partial \pi_r^W / \partial w = 0$、$\partial \pi_r^W / \partial p_2 = 0$，可得最优 w^{W*} 和 p_2^{W*}。其次，将 w^{W*} 代入反应函数 $p_1(w)$，可求得最优 p_1^{W*}。最后，将 w^{W*}、p_2^{W*} 和 p_1^{W*} 代入式（3.3）和式（3.4），即可得到批发模式下，线下服务商与线上平台的最优利润为 π_r^{W*} 和 π_o^{W*}。

定理3.1揭示了批发模式下，线下服务商与线上平台的最优决策与最优利润。由定理3.1可知，$\partial w^{W*} / \partial \rho_2 < 0$、$\partial p_1^{W*} / \partial \rho_2 < 0$、$\partial p_2^{W*} / \partial \rho_2 > 0$，这表明随着附加服务购买比例的升高，基本服务的批发价格和零售价格会随之降低，附加服务的零售价格会随之提高。这是因为附加服务购买比例越高，附加服务的市场潜力越大，线下服务商会通过降低基本服务的批发价格来促使线上平台降低基本服务的零售价格，使得基本服务的需求增加，从而引导更多的消费者到线下实体店消费，以此来带动附加服务的销售。与此同时，线下服务商会提高附加服务的零售价格以保证自身获得更多的利润。同理，由 $\partial w^{W*} / \partial g_2 > 0$、$\partial p_1^{W*} / \partial g_2 > 0$、$\partial p_2^{W*} / \partial g_2 < 0$ 可知，随着消费者对附加服务敏感程度的提高，线下服务商通过降低基本服务批发价格所带来的附加服务需求有限，因此会提高基本服务的批发价格并降低附加服务的零售价格，使得线上平台提高基本服务的零售价格。进一步地，可知 $\partial \pi_r^{W*} / \partial \rho_2 > 0$、$\partial \pi_o^{W*} / \partial \rho_2 > 0$、$\partial \pi_r^{W*} / \partial g_2 < 0$、$\partial \pi_o^{W*} / \partial g_2 < 0$，批发模式下，线下服务商与线上平台的利润都随着附加服务购买比例的增加而增加，随着消费者对附加服务价格敏感程度的提高而减少。

2. 代理模式

在代理模式下，线上平台作为线下服务商销售基本服务的中介，不参与服务价格的决策过程，仅根据基本服务的线上交易额抽取 γ 比例的佣金。此时，线下服务商需要以自身利润最大化为目标，制定基本服务的零售价格 p_1 与附加服务的零售价格 p_2。线下服务商与线上平台的利润函数分别为

$$\pi_r^A = (1-\gamma)p_1 D_1 + (p_2 - c_1)D_2 \tag{3.5}$$

$$\pi_o^A = \gamma p_1 D_1 \tag{3.6}$$

定理3.2 代理模式下，线下服务商的最优决策及线下服务商与线上平台对应的最优利润如下：①线下服务商的最优基本服务销售价格和附加服务销售价格为

$$p_1^{A*} = \frac{X\left[2g_2(1-\gamma) - \rho_2^2\right] + \rho_2 g_2 c_1}{4g_2(1-\gamma) - \rho_2^2}, \quad p_2^{A*} = \frac{\rho_2 X(1-\gamma) + c_1\left[2g_2(1-\gamma) - \rho_2^2\right]}{4g_2(1-\gamma) - \rho_2^2};$$ ②线下服务商与线上平台的最优利润分别为 $\pi_r^{A*} = \dfrac{g_2(1-\gamma)\left[X^2(1-\gamma) - \rho_2 c_1 X + g_2 c_1^2\right]}{4g_2(1-\gamma) - \rho_2^2}$，

$$\pi_o^{A*} = \frac{g_2\gamma\left\{2X^2(1-\gamma)\left[2g_2(1-\gamma) - \rho_2^2\right] + \rho_2^3 c_1 X - g_2 \rho_2^2 c_1^2\right\}}{\left[4(1-\gamma)g_2 - \rho_2^2\right]^2}。$$

其中，为保证最优解为正值，有 $2g_2(1-\gamma) - \rho_2^2 > 0$，即 $\gamma < (2g_2 - \rho_2^2)/2g_2$。

证明： 由式（3.5）可得 π_r^A 关于 p_1 和 p_2 的海塞矩阵为

$$H(p_1, p_2) = \begin{bmatrix} -2(1-\gamma) & -\rho_2 \\ -\rho_2 & -2g_2 \end{bmatrix}$$

由上式可知，当且仅当 $4g_2(1-\gamma) - \rho_2^2 > 0$ 时，海塞矩阵负定，π_r^A 是关于 p_1 和 p_2 的联合凹函数，存在唯一最优解。联立求解 $\partial \pi_r^A / \partial p_1 = 0$、$\partial \pi_r^A / \partial p_2 = 0$，可得最优 p_1^{A*} 与 p_2^{A*}。再将 p_1^{A*}、p_2^{A*} 代入式（3.5）和式（3.6），即可得到代理模式下线下服务商与线上平台的最优利润为 π_r^{A*} 和 π_o^{A*}。

为保证定理3.1与定理3.2中的最优解为正，需满足 $0 < c_1 < \rho_2 X/4g_2$ 且 $0 < \gamma < (2g_2 - \rho_2^2)/2g_2$，以下均在该范围内讨论。

定理3.2揭示了代理模式下线下服务商的最优决策与双方的最优利润。由定理3.2可知，$\partial p_1^{A*}/\partial \rho_2 < 0$、$\partial p_2^{A*}/\partial \rho_2 > 0$、$\partial \pi_r^{A*}/\partial \rho_2 > 0$，这表明代理模式下附加服务购买比例对线下服务商最优决策与最优利润的影响与批发模式下一致。同理，由 $\partial p_1^{A*}/\partial g_2 > 0$、$\partial p_2^{A*}/\partial g_2 < 0$、$\partial \pi_r^{A*}/\partial g_2 < 0$ 可知，代理模式下消费者的附加服务价格敏感程度对线下服务商最优决策与最优利润的影响也与批发模式下一致。同时可知，代理模式下的最优决策都与佣金率有关，由于 $\partial p_1^{A*}/\partial \gamma < 0$、

$\partial p_2^{A*}/\partial \gamma > 0$、$\partial \pi_r^{A*}/\partial \gamma < 0$，表明随着佣金率的升高，服务获得的单位基本服务利润减少，因此会在降低基本服务零售价格的同时提高附加服务零售价格，通过增加附加服务的利润来减少因基本服务佣金成本提高而造成的利润损失。进一步地分析佣金率对线上平台利润的影响，得到命题3.1。

命题3.1 当 $0 < c_1 < \min\{Z_1, \bar{c}\}$ 时，存在临界值 Z_2，若 $0 < \gamma \leq Z_2$ 则 $\dfrac{\partial \pi_o^{A*}}{\partial \gamma} > 0$，若 $Z_2 < \gamma < \dfrac{2g_2 - \rho_2^2}{2g_2}$ 则 $\dfrac{\partial \pi_o^{A*}}{\partial \gamma} < 0$；反之则 $\dfrac{\partial \pi_o^{A*}}{\partial \gamma} > 0$。

其中，$Z_1 = \dfrac{\rho_2 X \left(8g_2 - 3\rho_2^2 - \rho_2 \sqrt{8g_2 - 3\rho_2^2}\right)}{2g_2 \left(8g_2 - 3\rho_2^2\right)}$，$\bar{c} = \dfrac{\rho_2 X}{4g_2}$。

证明： 对 π_o^{A*} 求关于 γ 的一阶偏导数、二阶偏导数分别为

$$\frac{\partial \pi_o^{A*}}{\partial \gamma} = \frac{\begin{cases} -16X^2 g_2^3 \gamma^3 + 12X^2 g_2^2 \gamma^2 (4g_2 - \rho_2^2) \\ -4g_2 \gamma \left[X^2 (3g_2 - \rho_2^2)^2 + 3g_2^2 X^2 - \rho_2^3 g_2 c_1 X + \rho_2^2 g_2^2 c_1^2 \right] \\ + g_2 (4g_2 - \rho_2^2)(2X - \rho_2 c_1)\left[(2g_2 - \rho_2^2)X + g_2 \rho_2 c_1\right] \end{cases}}{\left[4g_2(1-\gamma) - \rho_2^2\right]^3}$$

$$\frac{\partial^2 \pi_o^{A*}}{\partial \gamma^2} = \frac{-4g_2 \rho_2^2 (\rho_2 X - 2g_2 c_1)^2 (2g_2 \gamma + 4g_2 - \rho_2^2)}{\left[4g_2(1-\gamma) - \rho_2^2\right]^4} < 0$$

由 $\partial^2 \pi_o^{A*}/\partial \gamma^2 < 0$ 可知，$\partial \pi_o^A/\partial \gamma$ 在 $\left(0, (2g_2 - \rho_2^2)/2g_2\right)$ 内关于 γ 单调递减。分别将左、右端点0与 $(2g_2 - \rho_2^2)/2g_2$ 代入 $\partial \pi_o^A/\partial \gamma$ 得

$$\frac{\partial \pi_o^{A*}}{\partial \gamma}(0) = \frac{g_2(4g_2 - \rho_2^2)(2X - \rho_2 c_1)\left[X(2g_2 - \rho_2^2) + g_2 \rho_2 c_1\right]}{(4g_2 - \rho_2^2)^3} > 0$$

$$\frac{\partial \pi_o^{A*}}{\partial \gamma}\left(\frac{2g_2 - \rho_2^2}{2g_2}\right) = \frac{-g_2^2 c_1^2(8g_2 - 3\rho_2^2) + g_2 \rho_2 c_1 X(8g_2 - 3\rho_2^2) - \rho_2^2 X^2(2g_2 - \rho_2^2)}{\rho_2^4}$$

下面判断 $\dfrac{\partial \pi_o^{A*}}{\partial \gamma}\left(\dfrac{2g_2 - \rho_2^2}{2g_2}\right)$ 的正负，记 $f(c_1) = \dfrac{\partial \pi_o^{A*}}{\partial \gamma}\left(\dfrac{2g_2 - \rho_2^2}{2g_2}\right)$，现在考察关于 c_1 的一元二次函数 $f(c_1)$ 在 $0 < c_1 < \bar{c}$ 时的正负情况。通过对 c_1 求导，得对称轴为 $\dfrac{\rho_2 X}{2g_2} > \bar{c}$，结合 $f(c_1)$ 开口向下，$f(c_1)$ 在 $(0, \bar{c})$ 内关于 c_1 单调递增。然后，可

判定 c_1 左端点的函数值 $f(0)<0$，右端点的函数值 $f(\bar{c}) = \dfrac{g_2 X^2 \left(7\rho_2^2 - 8g_2\right)}{16\rho_2^4}$。当 $0 < \rho_2 < \min\left\{\sqrt{\dfrac{8g_2}{7}}, 1\right\}$ 时，$f(\bar{c}) < 0$，$f(c_1) < 0$ 恒成立。当 $\sqrt{\dfrac{8g_2}{7}} < \rho_2 < 1$ 时，$f(\bar{c}) > 0$，此时若 $0 < c < Z_1$，$f(c_1) < 0$；若 $Z_1 < c < \bar{c}$，$f(c_1) > 0$。整理可得以下两种情形：①当 $0 < c < \min\{Z_1, \bar{c}\}$ 时，$\dfrac{\partial \pi_o^{A*}}{\partial \gamma}(0) > 0 > \dfrac{\partial \pi_o^{A*}}{\partial \gamma}\left(\dfrac{2g_2 - \rho_2^2}{2g_2}\right)$，此时存在临界值 Z_2；当 $0 < \gamma < Z_2$ 时，$\dfrac{\partial \pi_o^A}{\partial \gamma} > 0$；当 $Z_2 < \lambda < \dfrac{2g_2 - \rho_2^2}{2g_2}$ 时，$\dfrac{\partial \pi_o^{A*}}{\partial \gamma} < 0$。②当 $Z_1 < c < \bar{c}$ 时，$\dfrac{\partial \pi_o^{A*}}{\partial \gamma}(0) > \dfrac{\partial \pi_o^{A*}}{\partial \gamma}\left(\dfrac{2g_2 - \rho_2^2}{2g_2}\right) > 0$，$\dfrac{\partial \pi_o^{A*}}{\partial \gamma} > 0$ 恒成立。其中，Z_2 是 $\partial \pi_o^{A*}/\partial \gamma = 0$ 关于 γ 在参数范围 $\left(0, \dfrac{2g_2 - \rho_2^2}{2g_2}\right)$ 内的根。

为更直观地说明佣金率 γ 对线上平台利润的影响，依据 $\rho_2 = 0.4$、$g_2 = 0.2$、c_1 分别取1和6.5绘制图3.2。

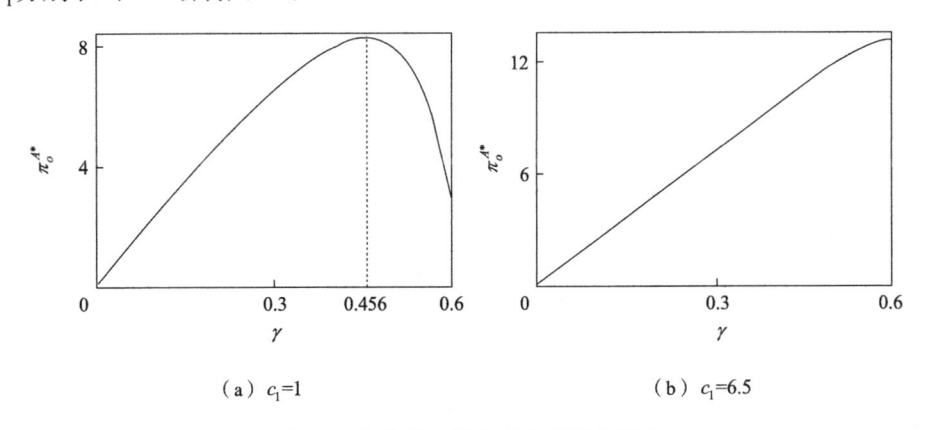

（a）$c_1=1$　　　　　　　　　（b）$c_1=6.5$

图 3.2　佣金率对线上平台利润的影响

命题3.1表明，代理模式下，若单位附加服务成本在一定阈值内，线上平台的利润随着佣金率的升高先增加后减少，如图3.2（a）所示。这是因为代理模式下，随着佣金率的升高，一方面，线上平台获得的基本服务利润的比例上升，为线上平台带来正向影响；另一方面，由 $\partial p_1^{A*}/\partial \gamma < 0$ 可知，线下服务商会降低基本服务的零售价格以减少支付给线上平台的佣金，使得基本服务的利润减少，进而给线上平台利润带来负向的影响。因此，对线上平台而言，佣金率对其利润产生的影

响取决于这两种影响的相对大小。由于 $\partial^2 p_1^{A*}/\partial \gamma^2 < 0$，当佣金率较低时，基本服务的降价幅度较小，佣金率升高给线上平台带来的正向影响占优，故线上平台的利润会随之增加；当佣金率较高时，佣金率升高会使得线下服务商大幅度降低基本服务的零售价格，此时基本服务的利润大幅减少，线上平台受到的负向影响大于正向影响，故线上平台的利润随着佣金率的升高反而会减少。

命题3.1还表明若单位附加服务成本超过了一定阈值，由于 $\partial^2 p_1^{A*}/\partial \gamma \partial c_1 > 0$，说明较高的单位附加服务成本会抑制基本服务零售价格随着佣金率升高而降低的幅度，使得基本服务的利润变化幅度也不大，此时佣金率的升高始终对线上平台有利，如图3.2（b）所示。因此，佣金率越高对线上平台并不总是有利的，在实际生活中，需要根据不同的条件适当调整佣金水平，这样线上平台才会获得更多的利润。

3. 模式比较

首先，分析不同合作模式对供应链最优定价决策的影响，通过比较批发模式与代理模式下的最优解，得到命题3.2。

命题3.2 ① $p_1^{W*} > p_1^{A*}$，$p_2^{W*} < p_2^{A*}$。② $\left|\dfrac{\partial p_1^{W*}}{\partial \rho_2}\right| < \left|\dfrac{\partial p_1^{A*}}{\partial \rho_2}\right|$，$\left|\dfrac{\partial p_2^{W*}}{\partial \rho_2}\right| < \left|\dfrac{\partial p_2^{A*}}{\partial \rho_2}\right|$；$\left|\dfrac{\partial p_1^{W*}}{\partial g_2}\right| < \left|\dfrac{\partial p_1^{A*}}{\partial g_2}\right|$，$\left|\dfrac{\partial p_2^{W*}}{\partial g_2}\right| < \left|\dfrac{\partial p_2^{A*}}{\partial g_2}\right|$。

证明：① 由定理3.1、定理3.2可得 $p_1^{W*} - p_1^{A*} = \dfrac{2g_2 X\left[4g_2(1-\gamma) + \gamma \rho_2^2\right] - 4c_1 \rho_2 g_2^2 (1+\gamma)}{(8g_2 - \rho_2^2)\left[4g_2(1-\lambda) - \rho_2^2\right]} < 0$。同理，可证明 $p_2^{W*} < p_2^{A*}$。② 对定理3.1、定理3.2中的最优零售价格求导可得 $\left|\dfrac{\partial p_1^{W*}}{\partial \rho_2}\right| - \left|\dfrac{\partial p_1^{A*}}{\partial \rho_2}\right| =$

$\dfrac{4\rho_2 f(c_1)}{(8\rho_2 - \rho_2^2)^2 \left[4g_2(1-\gamma) - \rho_2^2\right]^2}$，其中，$f(c_1) = \{c_1\left[-4g_2^2 \gamma^2 (8g_2 + \rho_2^2)\right.$ $\left. + g_2 \gamma \rho_2^2 (8g_2 - 3\rho_2^2) + 3g_2 \rho_2^2 (4g_2 - \rho_2^2) + 32g_2^3\right] + \rho_2 X\left[16g_2^2 \gamma^2 + \gamma(\rho_2^4 - 8g_2 \rho_2^2 + 32g_2^2)\right.$ $\left. + 8g_2 \rho_2^2 - 48g_2^2\right]\}$。由 $0 < \gamma < \dfrac{2g_2 - \rho_2^2}{2g_2}$ 易知 $-4g_2^2 \gamma^2 (8g_2 + \rho_2^2) + g_2 \gamma \rho_2^2 (8g_2 - 3\rho_2^2)$ $+ 3g_2 \rho_2^2 (4g_2 - \rho_2^2) + 32g_2^3 > 0$，即 $f(c_1)$ 是关于 c_1 的单调递增函数。易得 $f(\bar{c}) = \dfrac{\rho_2 X(8g_2 - \rho_2^2)\left[4g_2 \gamma^2 + \gamma(16g_2 - \rho_2^2) + 3\rho_2^2 - 20g_2\right]}{4} < 0$，因此 $f(c_1) < 0$ 恒成立。

因此，可得 $\left|\dfrac{\partial p_1^{W*}}{\partial \rho_2}\right| < \left|\dfrac{\partial p_1^{A*}}{\partial \rho_2}\right|$。同理可证命题3.2的剩余部分。

命题3.2①表明，与批发模式相比，线下服务商在代理模式下始终会制定一个较低的基本服务零售价格和一个较高的附加服务零售价格。这说明，代理模式下，线下服务商更有动力利用线上平台向线下引流。这主要是由不同合作模式下基本服务的定价权不同造成的。批发模式下，基本服务的零售价格由线上平台制定，线上平台通过赚取基本服务批发价格与零售价格之间的差价获得利润，因此不会制定一个较低的基本服务零售价格。代理模式下，基本服务的零售价格则由线下服务商自身制定，由于此时线下服务商需要与线上平台共享一部分基本服务的利润，而制定一个较低的基本服务零售价格既能有利于减少支付给线上平台的佣金，又能吸引更多的消费者到线下消费并带动附加服务的销售，因此线下服务商会制定一个较低的基本服务零售价格。相应地，由于基本服务的零售价格在代理模式下更低，到线下实体店的消费者也更多，使得附加服务的潜在市场需求增加，因此线下服务商会制定一个更高的附加服务零售价格以保证自身获得更多的利润。

命题3.2②揭示了随着附加服务购买比例和消费者对附加服务价格敏感程度的变化，基本服务与附加服务的零售价格在代理模式下波动幅度均更大。由 $\partial p_1^{W*}/\partial \rho_2 < 0$ 和 $\partial p_1^{A*}/\partial \rho_2 < 0$ 可知，无论是在批发模式还是代理模式下，随着附加服务购买比例的增加，线下服务商都会积极采取措施降低基本服务的零售价格来促进附加服务的销售。由于批发模式下，线下服务商需要通过降低基本服务的批发价格间接使得线上平台降低基本服务的零售价格，同时线上平台为保证自身利润，因此基本服务的降价幅度较低，变化更稳定。而代理模式下，线下服务商可以直接控制基本服务的价格，因此基本服务的零售价格波动相对较大，相应地对附加服务的需求产生较大的影响，最终导致附加服务的零售价格波动也较大。同理，由 $\partial p_1^{W*}/\partial g_2 > 0$ 和 $\partial p_1^{A*}/\partial g_2 > 0$ 可知，随着消费者对附加服务的敏感程度的降低，基本服务在代理模式下的降价幅度比批发模式下更大，这使得附加服务零售价格的变动也相对较大。

进一步地，分析不同合作模式对线上平台最优利润的影响，得到命题3.3。

命题3.3 $\dfrac{\partial \pi_o^{W*}}{\partial \rho_2} > 0$，$\dfrac{\partial \pi_o^{A*}}{\partial \rho_2} < 0$；$\dfrac{\partial \pi_o^{W*}}{\partial g_2} < 0$，$\dfrac{\partial \pi_o^{A*}}{\partial \rho_2} > 0$；$\dfrac{\partial \pi_o^{W*}}{\partial c_1} < 0$，$\dfrac{\partial \pi_o^{A*}}{\partial c_1} > 0$。

命题3.3表明，附加服务购买比例越大，消费者对附加服务的零售价格越不敏感，线下服务商提供附加服务所增加的额外成本越小，线上平台在批发模式下的利润就越大，在代理模式下的利润却越小。这意味着，当线下服务商能够通过附加服务赚取更多的利润时，对线上平台而言采取代理模式越不利。这是因为，对线下服务商而言，其利润是由基本服务与附加服务两部分组成的，且附加服务的利润不需要与线上平台共享,因此当通过附加服务获得的利润更多时,线下服务商可以通过牺牲基本服务的利润来增加附加服务的利润。批发模式下,由 $\partial w^{W*}/\partial \rho_2 < 0$、$\partial w^{W*}/\partial g_2 > 0$、$\partial w^{W*}/\partial c_1 > 0$ 可知,随着线下服务商通过附加服务获利的可能性增大,线下服务商会降低基本服务的批发价格,使得线上平台赚取基本服务批发价格与零售价格之间的差价空间增大,因此线上平台的利润会增加。代理模式下,线上平台通过获取一定比例基本服务的利润作为佣金实现利润,由 $\partial p_1^{A*}/\partial \rho_2 < 0$、$\partial p_1^{A*}/\partial g_2 > 0$、$\partial p_1^{A*}/\partial c_1 > 0$ 可知,随着线下服务商通过附加服务获利的可能性增大,线下服务商会大幅度地降低基本服务的零售价格,这使得基本服务的利润减少,从而导致线上平台获得的佣金减少。

3.1.3 最优合作模式选择

本节分析线上平台的最优合作策略,比较线上平台在批发模式与代理模式下的最优利润,得到命题3.4。

命题3.4 线上平台的最优合作策略为①当 $0 < \gamma \leqslant Z_3$ 或 $1.15\sqrt{g_2} < \rho_2 < 1$ 时,线上平台选择以批发模式与线下服务商合作;②当 $Z_3 < \gamma < (2g_2 - \rho_2^2)/2g_2$ 且 $0 < \rho_2 < \min(1.15\sqrt{g_2}, 1)$ 时,存在临界值 Z_4:当 $0 < c_1 \leqslant Z_4$ 时,若 $Z_5 < \gamma \leqslant Z_6$ 且 $0 < \rho_2 \leqslant 0.89\sqrt{g_2}$,线上平台选择以代理模式与线下服务商合作,否则选择批发模式;当 $Z_4 < c_1 < \bar{c}$ 时,线上平台选择以代理模式与线下服务商合作。

记 $f(c_1, \gamma) = \pi_O^{W*} - \pi_O^{A*}$,其中,$Z_3$ 表示 $f(\bar{c}, \gamma) = 0$ 在参数范围内的根;Z_4 表示 $f(c_1, \gamma) = 0$ 在参数范围内的根;Z_5、Z_6 表示 $f(0, \gamma) = 0$ 在参数范围内的根,且 $0 < Z_3 < Z_5 < Z_6 < (2g_2 - \rho_2^2)/2g_2$。

证明:证明过程与命题3.1的证明类似,故略。

命题3.4①表明,当佣金率较低或者附加服务购买比例足够高时,线上平台均会选择以批发模式与线下服务商合作。当佣金率处于较低水平时,线上平台在代理模式下所获得的佣金收入低于批发模式下的利润,会恒选择通过批发模式与线下服务商进行合作。当附加服务购买比例足够高时,附加服务的市场潜力巨大。由 $\partial w^{W*}/\partial \rho_2 < 0$、$\partial p_1^{A*}/\partial \rho_2 < 0$ 可知,当附加服务市场潜力巨大时,线下服务商为了促进附加服务的销售,在批发模式下会制定一个很低的基本服务批发价格使得线上平台制定一个有利于吸引消费者的基本服务零售价格,在代理模式下会直接制定一个很低的基本服务的零售价格来向线下引流,进而导致线上平台在代理模式下获得的基本服务的佣金小于批发模式下获得的利润,所以此时线上平台也将会选择以批发模式与线下服务商合作。

命题3.4②表明，当佣金率较高且附加服务购买比例在一定阈值内时，线上平台的选择还受到线下服务商提供附加服务所增加的额外成本的影响。由 $\partial \pi_o^{W*}/\partial c_1 < 0$ 和 $\partial \pi_o^{A*}/\partial c_1 > 0$ 可知，线下服务商提供附加服务所增加的额外成本越大，采取代理模式对线上平台越有利，这是因为提供附加服务会使线下服务商付出较大的成本，线下服务商在权衡基本服务与附加服务带来的收益后，会倾向于通过基本服务赚取更多的利润，因此在代理模式下会制定一个较高的基本服务零售价格，使得线上平台以代理模式与线下服务商合作时获得的利润更高。值得注意的是，当线下服务商提供附加服务所增加的额外成本较小时，如果佣金率处于中等偏上水平且附加服务购买比例较低，线上平台仍然会选择代理模式。这是因为：一方面，佣金比例处于中等偏上水平，线上平台在代理模式下获得的基本服务利润的比例较高；另一方面，附加服务购买比例较低，线下服务商通过降低基本服务零售价格增加的附加服务需求有限，因此即使提供附加服务付出的成本较低，线下服务商也会倾向于通过基本服务赚取更多的利润，故在代理模式下会制定一个较高的基本服务零售价格，使得基本服务的利润较高，两方面的原因导致线上平台获得的佣金收入较高，此时选择代理模式更有利。

3.1.4 小结

在O2O模式中，通过线上平台销售基本服务且通过自身实体店直接销售附加服务已经成为线下服务商提高收益的重要手段，但附加服务的存在可能导致线下服务商通过牺牲基本服务的利润来赚取更多附加服务的利润，进而使得线上平台利润受损，在此背景下，线上平台采取何种策略与线下服务商合作对其十分重要。本章研究了线上平台分别采取批发模式和代理模式与线下服务商合作时的最优定价问题，并根据线上平台利润最大化原则，分析了线上平台的最优合作策略。

研究发现：①代理模式下，线上平台的利润并不总是随着佣金率的升高而增加，一定条件下，当佣金率超过一定阈值时，线上平台的利润反而随着佣金率的升高而减小。②与批发模式相比，线下服务商在代理模式下更有动力通过降低基本服务的零售价格来促进附加服务的销售，因此会始终制定一个较低的基本服务零售价格和一个较高的附加服务零售价格。③当线下服务商能够通过附加服务获取更多利润时，采取代理模式对线上平台越不利，具体的合作策略为：当佣金率较低或附加服务的购买比例足够大时，线上平台会选择以批发模式与线下服务商合作；否则，线上平台的选择与单位附加服务成本有关，当单位附加服务成本较大时，线上平台会选择代理模式，当单位附加服务成本较小时，线上平台还需要权衡佣金率与附加服务购买比例的联合影响做出选择。

3.2 O2O模式下考虑营销努力投入的供应链合作模式选择

当线下服务商与线上平台进行O2O合作时，除了线下服务商向到店消费者销售附加服务以提高收益外，线上平台也会通过营销努力投入来吸引更多消费者"线上购买，线下消费"，如向消费者提供服务介绍、服务评价、商家位置等多种信息展示服务，通过优化搜索排名、个性化推送等帮助消费者寻找更匹配其需求的线下服务商等。然而，附加服务的存在可能会影响线上平台的营销努力投入，使得线上、线下之间的渠道合作问题变得复杂，如线下服务商有可能以低的基本服务价格通过线上平台向线下引流获得多的客流量，但却以高的价格销售附加服务以赚取高额利润，这会影响线上平台的利润进而抑制线上平台营销努力投入的积极性。因此，同时考虑线上平台营销努力投入与线下服务商的附加服务投入，研究线上平台与线下服务商间的合作模式选择具有重要的现实意义和理论价值。

鉴于此，本节以一个线下服务商与一个线上平台组成的供应链为研究对象，其中线下服务商通过线上平台销售基本服务且通过自身实体店直接销售附加服务，考虑线上平台营销努力投入影响需求时，分别构建批发模式与代理模式下线下服务商与线上平台的博弈模型，并分析不同模式下双方的最优决策。在此基础上，进一步分析基本服务佣金率、附加服务购买比例和线上平台营销努力投入影响系数对线下服务商合作模式选择的影响。

3.2.1 问题描述

考虑由一个拥有实体店的线下服务商与一个线上平台组成的O2O供应链。线下服务商向消费者提供两种服务：基本服务和附加服务。其中，基本服务是指能够满足消费者基本需求的服务，是线下服务商经营的核心业务，如电影院提供的观影服务；附加服务是线下服务商在基本服务之外提供给消费者的可选择的额外服务，如电影院提供的饮料零食服务。两种服务的销售方式不同，线下服务商通过线上平台以零售价格 p_1 销售基本服务，通过自身实体店以零售价格 p_2 直接销售附加服务。为便于表达，分别用下标 r、o 表示线下服务商和线上平台。

在基本服务销售阶段，线下服务商可以选择与线上平台以批发模式或代理模式的形式进行合作。批发模式下，线下服务商以批发价格 w 将基本服务销售给线上平台，线上平台对基本服务定价后再销售给消费者，如图3.3（a）。代理模式下，线下服务商自己制定基本服务的价格，通过线上平台将基本服务销售给消费者，此时线下服务商需要根据基本服务的销售情况支付给线上平台 γ 比例的佣金，如图3.3（b）所示。考虑现实生活中线上平台不会针对某一个线下服务商单独制定佣金比例，而是向同一类别的线下服务商收取相同比例的佣金，因此假设佣金率 γ

为外生变量。对线上平台而言，为了提高基本服务的线上销量，不仅会向用户提供服务介绍、服务评价、商家位置等多种信息展示服务，还会通过优化搜索排名、个性化推送等营销努力进行广告宣传，记线上平台的营销努力投入水平为 e_1。考虑到营销努力投入的边际成本递增性，与张旭梅等（2019a）类似，假设线上平台对应付出的营销努力成本为 $C(e_1) = e_1^2/2$。

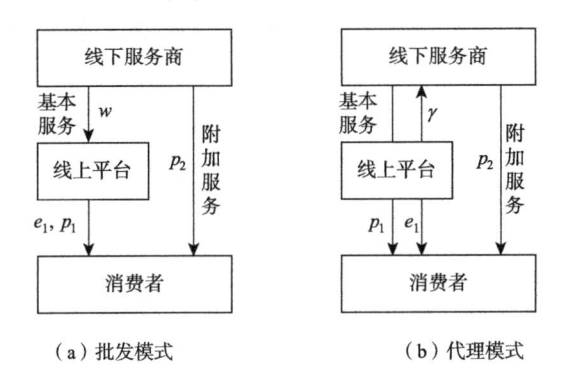

图 3.3 不同合作模式下的 O2O 供应链结构（二）

在附加服务销售阶段，只有购买了基本服务且对附加服务有需求的消费者才会购买附加服务，如对于购买了电影票的消费者，只有一部分人会购买爆米花和饮料。因此，假设到店消费者中购买附加服务的比例为 ρ_2，ρ_2 越大，代表附加服务的市场潜力越大。由此可得，基本服务与附加服务的需求分别为

$$D_1 = X - p_1 + \lambda_1 e_1 \tag{3.7}$$
$$D_2 = \rho_2 D_1 - g_2 p_2 \tag{3.8}$$

其中，下标1和2分别表示基本服务和附加服务；X 表示线下服务商所面临的潜在市场规模；λ_1 表示营销努力投入对需求的影响系数；g_2 表示消费者对附加服务的价格敏感系数。对线下服务商而言，向消费者提供服务所主要承担的是固定成本，如服务场所租赁费用、服务设施维护费用等，鉴于固定成本不影响本节的主要结论，为简化分析，本节将线下服务商的固定成本标准化为零。

3.2.2 不同合作模式下的均衡分析

本节分别对批发模式和代理模式下线下服务商与线上平台的最优决策进行分析，分别用上标 W、A 表示批发模式和代理模式。

1. 批发模式

在批发模式下，线下服务商与线上平台进行斯塔克尔伯格博弈过程，双方均以自身利润最大化为决策目标，具体的博弈顺序为：首先，线下服务商决策基本服务的批发价格 w 及附加服务的销售价格 p_2；其次，线上平台根据线下服务商制

定的批发价格决策基本服务的销售价格 p_1 与营销努力投入水平 e_1。此时,线下服务商与线上平台的利润函数分别为

$$\pi_r^W = wD_1 + p_2 D_2 \quad (3.9)$$

$$\pi_o^W = (p_1 - w)D_1 - e_1^2/2 \quad (3.10)$$

定理3.3 批发模式下,线下服务商和线上平台的最优决策及对应的最优利润如下:①线下服务商的最优基本服务批发价格和附加服务销售价格为

$$w^{W*} = \frac{X\left[2g_2(2-\lambda_1^2)-\rho_2^2\right]}{4g_2(2-\lambda_1^2)-\rho_2^2}, \quad p_2^{W*} = \frac{\rho_2 X}{4g_2(2-\lambda_1^2)-\rho_2^2};$$

②线上平台的最优基本服务销售价格和营销努力投入水平为

$$p_1^{W*} = \frac{X\left[2g_2(3-\lambda_1^2)-\rho_2^2\right]}{4g_2(2-\lambda_1^2)-\rho_2^2}, \quad e^{W*} = \frac{2\lambda_1 g_2 X}{4g_2(2-\lambda_1^2)-\rho_2^2};$$

③线下服务商与线上平台的最优利润为 $\pi_r^{W*} = \dfrac{g_2 X^2}{4g_2(2-\lambda_1^2)-\rho_2^2}$,

$$\pi_o^{W*} = \frac{2g_2^2 X^2 (2-\lambda_1^2)}{\left[4g_2(2-\lambda_1^2)-\rho_2^2\right]^2} \circ$$

证明: 采用逆向归纳法求解,首先,分析线上平台的决策问题,由式(3.10)可得 π_o^W 关于 p_1 和 e_1 的海塞矩阵为

$$H(p_1, e_1) = \begin{bmatrix} -2 & \lambda_1 \\ \lambda_1 & -1 \end{bmatrix}$$

由上式可知,海塞矩阵负定,π_o^W 表示关于 p_1 和 e_1 的联合凹函数,存在唯一最优解。联立求解 $\partial \pi_o / \partial p_1 = 0$、$\partial \pi_o / \partial e_1 = 0$,可得 p_1 和 e_1 关于 w 的最优反应函数分别为 $e_1^{W*}(w) = \dfrac{\lambda_1(X-w)}{2-\lambda_1^2}$,$p_1^{W*}(w) = \dfrac{X + w(1-\lambda_1^2)}{2-\lambda_1^2}$。其次,分析线下服务商的决策问题,将 $p_1^{W*}(w)$ 和 $e_1^{W*}(w)$ 代入式(3.9),可得 π_r^W 关于 w 和 p_2 的海塞矩阵为

$$H(w, p_2) = \begin{bmatrix} \dfrac{-2}{2-\lambda_1^2} & \dfrac{-\rho_2}{2-\lambda_1^2} \\ \dfrac{-\rho_2}{2-\lambda_1^2} & -2g_2 \end{bmatrix}$$

由上式可知,当且仅当 $4g_2(2-\lambda_1^2)-\rho_2^2 > 0$ 时,海塞矩阵负定,即 π_r^W 是关于 w 和 p_2 的联合凹函数,存在唯一最优解。联立求解 $\partial \pi_r^W / \partial w = 0$、$\partial \pi_r^W / \partial p_2 = 0$,

可得最优 w^{W*} 和 p_2^{W*}。再将 w^{W*} 代入反应函数 $p_1^{W*}(w)$ 和 $e_1^{W*}(w)$，可求得最优 p_1^{W*} 和 e_1^{W*}。最后，将 w^{W*}、p_2^{W*}、p_1^{W*} 和 e_1^{W*} 代入式（3.9）、式（3.10），即可得到批发模式下线下服务商与线上平台的最优利润为 π_r^{W*} 和 π_o^{W*}。

定理3.3揭示了线下服务商以批发模式与线上平台合作时双方的最优决策与最优利润。由定理3.3可知，$\partial w^{W*}/\partial \rho_2 < 0$、$\partial p_1^{W*}/\partial \rho_2 < 0$、$\partial p_2^{W*}/\partial \rho_2 > 0$，这表明当附加服务购买比例升高时，线下服务商为了获得更多的附加服务利润，一方面，会通过降低基本服务的批发价格来促使线上平台制定较低的基本服务零售价格以吸引更多的消费者购买基本服务，进而促进附加服务的销售；另一方面，会提高附加服务的零售价格。同理，由 $\partial w^{W*}/\partial \lambda_1 < 0$、$\partial e^{W*}/\partial \lambda_1 > 0$、$\partial p_2^{W*}/\partial \lambda_1 > 0$ 可知，当线上平台营销努力投入影响系数增加时，线下服务商会通过降低基本服务的批发价格来促使线上平台提高营销努力投入水平，进而使得附加服务的销量升高，与此同时线下服务商会提高附加服务的零售价格以保证自身获得更多的利润。进一步由 $\partial \pi_r^{W*}/\partial \rho_2 > 0$、$\partial \pi_r^{W*}/\partial \lambda_1 > 0$ 可知，批发模式下，线下服务商的利润随着附加服务购买比例和线上平台营销努力投入影响系数的升高而增加。

2. 代理模式

在代理模式下，线下服务商首先决策基本服务的销售价格 p_1 与附加服务的销售价格 p_2；其次，线上平台根据线下服务商制定的价格决策营销努力投入水平 e_1。此时，线下服务商与线上平台的利润函数分别为

$$\pi_r^A = (1-\gamma)p_1 D_1 + p_2 D_2 \tag{3.11}$$

$$\pi_o^A = \gamma p_1 D_1 - e_1^2/2 \tag{3.12}$$

定理3.4 代理模式下，线下服务商与线上平台的最优决策及最优利润如下：①线下服务商的最优基本服务销售价格和附加服务销售价格为 $p_1^{A*} = \dfrac{X\left[2g_2(1-\gamma) - \rho_2^2(1-\gamma\lambda_1^2)\right]}{(1-\gamma\lambda_1^2)\left[4g_2(1-\gamma) - \rho_2^2(1-\gamma\lambda_1^2)\right]}$，$p_2^{A*} = \dfrac{\rho_2 X(1-\gamma)}{4g_2(1-\gamma) - \rho_2^2(1-\gamma\lambda_1^2)}$；②线上平台的最优营销努力投入水平为 $e_1^{A*} = \dfrac{\gamma\lambda_1 X\left[2g_2(1-\gamma) - \rho_2^2(1-\gamma\lambda_1^2)\right]}{(1-\gamma\lambda_1^2)\left[4g_2(1-\gamma) - \rho_2^2(1-\gamma\lambda_1^2)\right]}$；③线下服务商与线上平台的最优利润为 $\pi_r^{A*} = \dfrac{g_2 X^2 (1-\gamma)^2}{(1-\gamma\lambda_1^2)\left[4g_2(1-\gamma) - \rho_2^2(1-\gamma\lambda_1^2)\right]}$，

$\pi_o^{A*} = \dfrac{\gamma X^2\left[2g_2(1-\gamma) - \rho_2^2(1-\gamma\lambda_1^2)\right]\left[2g_2(1-\gamma)(2-3\gamma\lambda_1^2) + \gamma\lambda_1^2\rho_2^2(1-\gamma\lambda_1^2)\right]}{2(1-\gamma\lambda_1^2)^2\left[4g_2(1-\gamma) - \rho_2^2(1-\gamma\lambda_1^2)\right]^2}$。

其中，为保证最优解为正，有 $2g_2(1-\gamma)-\rho_2^2(1-\gamma\lambda_1^2)>0$，即 $\gamma<(2g_2-\rho_2^2)/(2g_2-\lambda_1^2\rho_2^2)$。

证明：证明过程与定理3.3的证明类似，故略。

定理3.4揭示了线下服务商以代理模式与线上平台合作时双方的最优决策与最优利润。由定理3.4可知，$\partial p_1^{A*}/\partial\rho_2<0$、$\partial p_2^{A*}/\partial\rho_2>0$、$\partial \pi_r^{A*}/\partial\rho_2>0$，这表明代理模式下附加服务购买比例对基本服务与附加服务的零售价格和线下服务商的最优利润的影响与批发模式下一致。同时可知，代理模式下的最优决策还与佣金率有关，由 $\partial p_2^{A*}/\partial\gamma>0$、$\partial \pi_r^{A*}/\partial\gamma<0$ 可知，随着佣金率的升高，线下服务商会提高附加服务的零售价格，通过增加附加服务的利润来减小因基本服务佣金成本增加而带来的损失，但线下服务商的总利润还是会降低。进一步地，分析佣金率对基本服务零售价格和线上平台营销努力投入水平的影响，得到命题3.5。

命题3.5 代理模式下，佣金率对基本服务销售价格和线上平台营销努力投入水平的影响为：① 存在临界值 Z_1，当 $Z_2<\rho<1$ 且 $0<\gamma<Z_1$ 时，$\dfrac{\partial p_1^{A*}}{\partial\gamma}>0$，否则，$\dfrac{\partial p_1^{A*}}{\partial\gamma}<0$；② 存在临界值 Z_3，当 $0<\gamma<Z_3$ 时，$\dfrac{\partial e_1^{A*}}{\partial\gamma}>0$；当 $Z_3<\gamma<\bar{\gamma}$ 时，$\dfrac{\partial e_1^{A*}}{\partial\gamma}<0$。

其中，$Z_2=\dfrac{\sqrt{2g_2\rho_2^2(\rho_2^4-4g_2\rho_2^2+8g_2^2)}}{\rho_2^4-4g_2\rho_2^2+8g_2^2}$，$\bar{\gamma}=\dfrac{2g_2-\rho_2^2}{2g_2-\rho_2^2\lambda_1^2}$。

证明：对 p_1^{A*} 求关于 γ 的一阶偏导数为

$$\frac{\partial p_1^{A*}}{\partial\gamma}=\frac{Xf(\gamma)}{(1-\gamma\lambda_1^2)^2\left[4g_2(1-\gamma)-\rho_2^2(1-\gamma\lambda_1^2)\right]^2}$$

其中，$f(\gamma)=\begin{pmatrix}\lambda_1^2\gamma^2(2g_2-\rho_2^2\lambda_1^2)(4g_2-\rho_2^2\lambda_1^2)-2\gamma\lambda_1^2(4g_2-\rho_2^2\lambda_1^2)(2g_2-\rho_2^2)\\+\lambda_1^2(\rho_2^4-4g_2\rho_2^2+8g_2^2)-2g_2\rho_2^2\end{pmatrix}$，

则 $\partial p_1^{A*}/\partial\gamma$ 与 $f(\gamma)$ 同正负。由前文假设 $2g_2(1-\gamma)-\rho_2^2(1-\gamma\lambda_1^2)>0$ 易得 $\lambda_1^2(2g_2-\rho_2^2\lambda_1^2)(4g_2-\rho_2^2\lambda_1^2)>0$、$2\lambda_1^2(4g_2-\rho_2^2\lambda_1^2)(2g_2-\rho_2^2)>0$，则 $f(\gamma)$ 为开口向上的抛物线，且 $\bar{\gamma}$ 为 $f(\gamma)$ 的对称轴，因此 $f(\gamma)$ 在 $(0,\bar{\gamma})$ 内关于 γ 单调递减。当 $0<\lambda_1<\sqrt{\dfrac{2g_2\rho_2^2}{\rho_2^4-4g_2\rho_2^2+8g_2^2}}$ 时，$f(0)<0$，因此 $f(\gamma)<0$ 恒成立。当 $\sqrt{\dfrac{2g_2\rho_2^2}{\rho_2^4-4g_2\rho_2^2+8g_2^2}}<\lambda_1<1$ 时，$f(0)>0>f(\bar{\gamma})$，因此存在临界值 Z_1：当 $0<\gamma<Z_1$

时，$f(\gamma)>0$；当 $Z_1<\gamma<\bar{\gamma}$ 时，$f(\gamma)<0$。其中，Z_1 表示 $f(\gamma)=0$ 在参数范围内的根。整理可得命题3.5①中的结果。同理，可判断 $\partial e_1^{A*}/\partial \gamma$ 的正负性。

命题3.5①表明，代理模式下，当线上平台营销努力投入影响系数较大且佣金率较小时，基本服务的零售价格随着佣金率的升高而升高，否则，基本服务的零售价格随着佣金率的升高而降低。这是因为当佣金率较小时，若营销努力投入影响系数较大，线上平台提供的营销努力对基本服务需求的促进作用较大，为了吸引更多的消费者购买基本服务，线下服务商会通过提高基本服务的零售价格来激励线上平台提高营销努力投入水平；若营销努力投入影响系数较小，线上平台提供的营销努力作用有限，线下服务商则会通过降低基本服务的零售价格来增加基本服务的需求。当佣金率较高时，无论营销努力投入影响系数大小如何，随着佣金率的升高线下服务商都会降低基本服务的零售价格以减少支付给线上平台的佣金。

命题3.5②表明，代理模式下，随着佣金率的升高，线上平台的营销努力投入水平呈现先升高后降低的趋势。这是因为，当佣金率处于较低水平时，随着佣金率的升高，线上平台会通过提高营销服务努力水平来增加基本服务线上销量以进一步增加自身的利润；当佣金率处于较高水平时，线下服务商为了减少佣金率升高带来的利润损失，会降低基本服务的零售价格，使得线上平台获得的基本服务的佣金减少，从而抑制了线上平台提供营销努力的积极性，因此线上平台会降低营销努力投入水平。

3. 模式比较

首先，比较不同合作模式下线下服务商与线上平台的最优决策，得到命题3.6。

命题3.6 不同合作模式对线下服务商与线上平台最优决策的影响为：①存在临界值 Z_3、Z_4，当 $Z_5<\lambda_1<1$ 且 $Z_3<\gamma<Z_4$ 时，$p_1^{W*}<p_1^{A*}$，否则，$p_1^W>p_1^A$；② $p_2^{W*}<p_2^{A*}$；③存在临界值 Z_6、Z_7，当 $Z_8<\lambda_1<1$ 且 $Z_6<\gamma<Z_7$ 时，$e_1^{W*}<e_1^{A*}$，否则，$e_1^{W*}>e_1^{A*}$。

记 $f(\lambda_1)=\begin{pmatrix} 4g_2\rho_2^4\lambda_1^6+\lambda_1^4\left(\rho_2^6-8g_2\rho_2^4-16g_2^2\rho_2^2+16g_2^3\right) \\ +\lambda_1^2\left(-4g_2\rho_2^4+40g_2^2\rho_2^2-48g_2^3\right)-4g_2^2\rho_2^2+16g_2^3 \end{pmatrix}$，其中，$Z_5$ 表示 $f(\lambda_1)=0$ 在参数范围内的根，且 $Z_8=\dfrac{\sqrt{8g_2^2\rho_2^2-g_2\rho_2^4-2g_2^2\rho_2\sqrt{4g_2-\rho_2^2}}}{2g_2\rho_2}$。

证明：证明过程与命题3.5的证明类似，故略。

命题3.6①表明，当且仅当线上平台营销努力投入影响系数 λ_1 大于 Z_5 且佣金率 γ 在 (Z_3,Z_4) 内时，代理模式下基本服务的零售价格较高，否则，批发模式下基本服务的零售价格较高。由于线下服务商在代理模式下可以直接控制基本服务的零售价格，因此与批发模式相比一般会制定一个较低的基本服务零售价格以促进附加服务的销售。而当 $Z_5 < \lambda_1 < 1$ 且 $Z_3 < \gamma < Z_4$ 时，线上平台提供的营销努力对基本服务需求的促进作用较大，而且此时线上平台在代理模式下的营销努力投入水平较高，使得基本服务的需求增多，因此线下服务商会制定一个较高的基本服务零售价格以获得更多的基本服务的利润，从而使得代理模式下的基本服务零售价格较高。

命题3.6②表明，代理模式下附加服务的零售价格高于批发模式下附加服务的零售价格。这是因为线下服务商在代理模式下能够直接改变基本服务的零售价格，使得附加服务的需求达到最优，所以线下服务商在代理模式下更有动力通过附加服务来赚取更多的利润，因此相较于批发模式，代理模式会始终制定一个较高的附加服务零售价格。

命题3.6③表明，当且仅当线上平台营销努力投入影响系数 λ_1 大于 Z_8 且佣金率 γ 在 (Z_6, Z_7) 内时，代理模式下线上平台的营销努力投入水平较高，否则，批发模式下线上平台的营销努力投入水平较高。在代理模式下，线上平台仅通过收取基本服务的一部分利润作为佣金，提供营销努力的积极性不高，而在批发模式下为了提高自身收益则会主动制定一个较高的营销努力投入水平，因此一般情况下批发模式中线上平台的营销努力投入水平较高。而当 $Z_8 < \lambda_1 < 1$ 且 $Z_6 < \lambda < Z_7$ 时，线上平台提供营销努力对基本服务需求的促进作用较大且在代理模式下获取的基本服务单位利润较高，因此线上平台在代理模式下会制定一个较高的营销努力投入水平来促进基本服务的销售，以进一步提高自身的佣金收入，这使得此时代理模式下线上平台的营销努力投入水平较高。

接下来，比较不同合作模式下线上平台的最优营销努力投入水平与最优利润关于附加服务购买比例的变化情况，得到命题3.7。

命题3.7 $\dfrac{\partial e_1^{W*}}{\partial \rho_2} > 0$，$\dfrac{\partial \pi_o^{W*}}{\partial \rho_2} > 0$；$\dfrac{\partial e_1^{A*}}{\partial \rho_2} < 0$，$\dfrac{\partial \pi_o^{A*}}{\partial \rho_2} < 0$。

命题3.7表明，消费者购买附加服务的比例越高，线上平台的最优营销努力投入水平和最优利润在批发模式下越高，而在代理模式下越低。批发模式下，随着附加服务购买比例的升高，线下服务商为了促进附加服务的销售，会降低基本服务的批发价格以激励线上平台提高营销努力投入水平，此时线上平台赚取基本服务批发价格与零售价格之间的差价空间增大，因此线上平台的利润会增加；代理模式下，由 $\partial p_1^{A*}/\partial \rho_2 < 0$ 可知，随着附加服务购买比例的升高，线下服务商通过附加服务获利的可能性增大，因此会降低基本服务的零售价格来促进附加服务的销售，削弱了线上平台提供营销努力的积极性，所以线上平台会降低营销努力投

入水平,同时基本服务零售价格的降低使得线上平台获取的基本服务的佣金减少,进而造成线上平台利润减少。

3.2.3 最优合作模式选择

本节分析线下服务商的最优合作策略,比较线下服务商在批发模式与代理模式下的最优利润,得到命题3.8。

命题3.8 线下服务商的最优合作策略选择为:①当$0<\gamma\leqslant Z_9$时,线下服务商选择以代理模式与线上平台合作。②当$Z_9<\gamma<\bar{\gamma}$时,若$0.73\sqrt{g_2}<\rho_2<1$且$0<\lambda_1\leqslant Z_{10}$,线下服务商选择以代理模式与线上平台合作;否则,线下服务商选择以批发模式与线上平台合作。

其中,$Z_9=\dfrac{6g_2-\rho_2^2-\sqrt{\rho_2^4+4g_2\lambda_1^2\rho_2^2-8g_2\rho_2^2+4g_2^2}}{8g_2-\lambda_1^2\rho_2^2-\rho_2^2}$,$Z_{10}=\dfrac{\sqrt{4g_2^3+8g_2^2\rho_2^2-g_2\rho_2^4}}{2g_2\rho_2}$。

证明: 证明过程与命题3.5的证明类似,故略。

命题3.8①表明,当佣金率较低时,线下服务商会选择以代理模式与线上平台合作。这是因为当佣金率处于较低水平时,线下服务商在代理模式下支付给线上平台的佣金较小,且能够直接控制基本服务的零售价格以灵活调整基本服务与附加服务的需求实现总利润的增加。命题3.8②表明,当佣金率较高时,线下服务商不一定会选择以批发模式与线上平台合作,如果附加服务购买比例较高且线上平台营销努力投入影响系数较小时,线下服务商仍然会选择以代理模式与线上平台合作。与批发模式相比,线下服务商在代理模式下能够制定基本服务的零售价格,当佣金率处于较高水平时,线下服务商为了减少佣金支出并保证自身利益,会制定一个较低的基本服务零售价格来提升附加服务的销量,通过牺牲基本服务的利润来赚取更多附加服务的利润。如果附加服务购买比例较高且线上平台营销努力投入影响系数较小,虽然较低的基本服务零售价格会使得线上平台降低营销努力投入水平,但线上平台营销努力投入水平的降低对基本服务的需求产生的作用较小,此时线下服务商在代理模式下通过降低基本服务的零售价格可以吸引较多的消费者购买基本服务,同时较高的附加服务购买比例说明线下服务商能够从附加服务中赚取较高利润以弥补基本服务零售价格下降和较高的佣金率造成的损失,因此此时选择代理模式对线下服务商更有利。否则,线下服务商在代理模式下通过降低基本服务零售价格所吸引的附加服务需求有限,导致由附加服务增加的利润小于基本服务减少的利润,此时线下服务商总利润受损,因此线下服务商会选择以批发模式与线上平台合作。

命题3.8对线下服务商如何与线上平台进行渠道合作具有重要启示。当线上平台的佣金率较高时，线下服务商选择代理模式并不一定总是遭受利润损失，还应注意附加服务购买比例与线上平台的营销努力效应。当附加服务购买比例较高时，即使面临较高的佣金率，线下服务商也应该采取代理模式，进而通过牺牲部分基本服务收益以换取更高的附加服务收益。

进一步地，当最优合作策略为代理模式时，比较线下服务商获得的附加服务的利润与基本服务的利润的大小，得到推论3.1。

推论3.1 当最优合作策略为代理模式时，若$1.15\sqrt{g_2} < \rho_2 < 1$，或$0 < \rho_2 \leqslant \min(1.15\sqrt{g_2}, 1)$且$(4g_2 - 3\rho_2^2)/(4g_2 - 3\lambda_1^2\rho_2^2) < \gamma < \bar{\gamma}$，线下服务商获得的附加服务的利润大于基本服务的利润。

证明：证明过程与命题3.5的证明类似，故略。

推论3.1表明，当线下服务商的最优合作策略为代理模式时，如果附加服务购买比例超过一定阈值，或者附加服务购买比例在一定阈值内且佣金率较高，线下服务商通过附加服务获得的利润大于基本服务的利润。由于线下服务商的利润来源于基本服务与附加服务两个方面，且代理模式下附加服务的利润不用与线上平台共享，当线下服务商通过附加服务可以获得更多的利润时，线下服务商有动力通过牺牲基本服务的利润来增加附加服务的利润实现总利润的增加。当附加服务购买比例超过一定阈值时，附加服务的市场潜力巨大，线下服务商会制定一个很低的基本服务零售价格吸引消费者去线下消费，使得附加服务的销量大幅提升，进而使得附加服务的利润超过基本服务的利润。当附加服务购买比例在一定阈值内且佣金率较高时，由于此时线下服务商通过线上平台销售基本服务需要付出较高的佣金成本，线下服务商在权衡基本服务与附加服务带来的收益后，会倾向于通过附加服务赚取更多的利润，因此即使附加服务购买比例在一定阈值内，线下服务商也会制定一个很低的基本服务零售价格来促进附加服务的销售，使得线下服务商通过附加服务获得的利润大于基本服务的利润。这启示线下服务商在代理模式下可针对服务行业的特性制定不同的销售策略来实现自身利润的最大化。例如，对于旅游景区等附加服务购买比例较高的服务行业，可通过携程、飞猪等线上旅行平台上发布低价或免费门票来吸引大量的消费者前往游览观光，然后通过提供本土化的特色产品或服务来带动消费者的二次消费，从而利用附加服务的收入来弥补低价门票造成的低收益以实现总收益的增长。

3.2.4 数值仿真

为了更加直观地考察上述结论，令$X = 10$，$g_2 = 0.2$，本节将通过算例的方法分析不同合作策略下,线下服务商和线上平台最优决策与最优利润的变化。

首先,令 $\rho_2 = 0.4$,λ_1 分别取0.5和0.7,分析代理模式下佣金率 γ 对基本服务销售价格 p_1^{A*} 和线上平台营销努力投入水平 e_1^{A*} 的影响,如图3.4所示。观察图3.4可以发现:①代理模式下,当线上平台营销努力投入影响系数较小时,基本服务的零售价格随着佣金率的升高而降低;当线上平台营销努力投入影响系数较大时,基本服务的零售价格随着佣金率的升高先升后降。②在不同情形下,线上平台代理模式下的营销努力投入水平总会随着佣金率的升高而先升后降,表明佣金率的升高并不一定会促进线上平台提高营销努力投入水平,当佣金率较高时,提高佣金率反而会抑制线上平台提供营销努力的积极性。

(a) $\lambda_1 = 0.5$

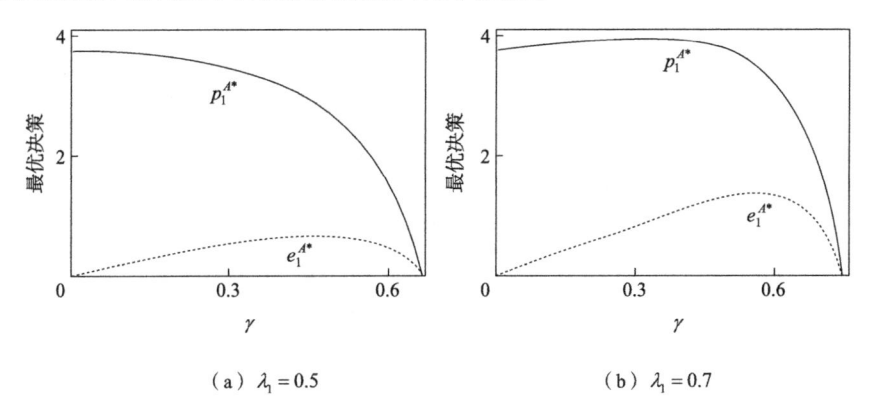

(b) $\lambda_1 = 0.7$

图3.4 佣金率对基本服务销售价格和线上平台营销努力投入水平的影响

其次,令 $\rho_2 = 0.3$,λ_1 分别取0.5和0.9,比较批发与代理模式下线下服务商和线上平台的最优决策的大小,如图3.5所示。观察图3.5可以发现:①当线上平台营销努力投入影响系数较大且佣金率在一定范围内($Z_3 < \gamma < Z_4$)时,基本服务的零售价格在代理模式下更高,否则在批发模式下更高;②附加服务的零售价格在代理模式下总是高于批发模式;③当线上平台营销努力投入影响系数较大且佣金率在一定范围内($Z_6 < \gamma < Z_7$)时,线上平台的营销努力投入水平在代理模式下更高,否则在批发模式下更高。这表明,一般情形下,线下服务商在代理模式下更有动力通过附加服务来赚取更多的利润,使得线上平台提供的营销努力投入水平较低;当满足一定条件时,线下服务商在代理模式下更容易通过基本服务获取利润,线下服务商则会制定一个较高的基本服务零售价格,并使得线上平台提高营销努力投入水平。

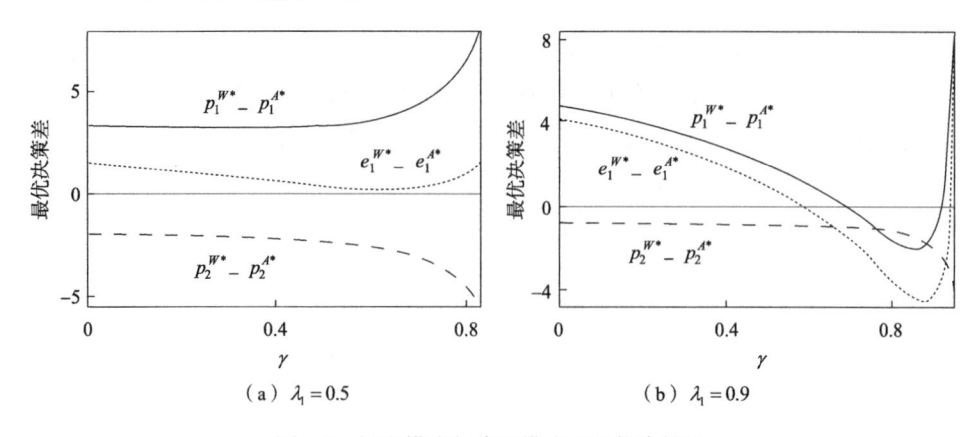

图 3.5　批发模式与代理模式下最优决策差

最后，令 $\lambda_1 = 0.5$，$\gamma = 0.15$，分析附加服务购买比例在不同合作模式下对线上平台营销努力投入水平和最优利润的影响，如图3.6所示。观察图3.6可以发现：批发模式下，线上平台营销努力投入水平和最优利润随着附加服务购买比例的升高而升高；代理模式下，线上平台营销努力投入水平和最优利润随着附加服务购买比例的升高而降低。这表明相较于批发模式，代理模式下附加服务购买比例的升高会抑制线上平台提供营销努力的积极性并对其利润造成不利影响。

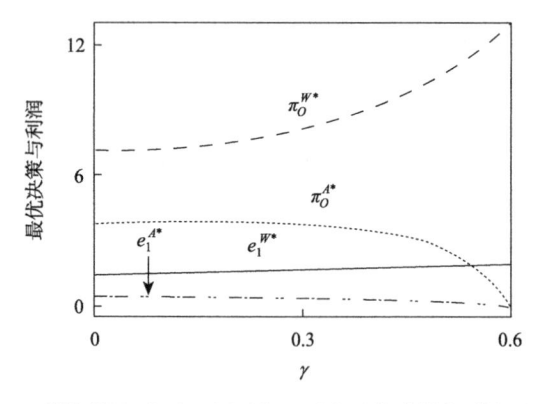

图 3.6　附加服务购买比例对线上平台最优决策与利润的影响

3.2.5　小结

为了提高自身收益，不少线上平台纷纷投入营销努力以吸引更多消费者"线上购买，线下消费"。在此背景下，本章针对一个线下服务商与一个线上平台组成的O2O供应链，考虑线上平台营销努力对需求的影响，研究了线下服务商分别采取批发模式和代理模式与线上平台合作时的最优决策问题，分析了线下服务商的最优合作模式选择。

研究发现：①对线上平台而言，附加服务在不同合作模式下对其最优营销努力投入水平决策的影响不一致，在代理模式下附加服务的存在会抑制线上平台提供营销努力的积极性；当佣金率超过一定阈值时，随着佣金率的升高线上平台在代理模式下反而会降低营销努力投入水平。②对线下服务商而言，当佣金率较低，或佣金率和附加服务购买比例都较高且线上平台营销努力投入影响系数较小时，线下服务商会采取代理模式与线上平台合作，否则选择批发模式对线下服务商更有利；此外，当线下服务商选择以代理模式与线上平台合作时，线下服务商获得的附加服务的利润可能会超过基本服务的利润。

3.3　O2O模式下考虑保鲜服务投入的供应链合作模式选择

随着电子商务的快速发展和居民网购生鲜农产品需求的增加，生鲜电商近年来发展迅速。数据显示，2018年生鲜农产品电商销售额超过2000亿元[1]。为进一步刺激需求，生鲜电商为消费者提供营养搭配、烹饪方法教学等增值服务以提升消费者购物体验。同时，众多生鲜电商与线下零售商合作，将线下零售商变为生鲜农产品的社区"前置仓"，由线下零售商完成生鲜农产品的保鲜配送工作，从而形成"线上购买，线下配送"的社区生鲜O2O供应链。生鲜电商与线下零售商的合作模式主要有两种：批发模式和代理模式。批发模式下，生鲜电商将生鲜农产品批发给线下零售商，线下零售商通过平台线上销售生鲜农产品，如鲜世纪、爱鲜蜂等。代理模式下，生鲜电商负责生鲜农产品的定价销售，线下零售商通过收取佣金负责生鲜农产品的保鲜配送，如每日优鲜。合作模式的不同可能导致生鲜农产品价格、增值服务投入水平和保鲜服务投入水平不同，从而影响生鲜电商和线下零售商利润。同时，生鲜电商选择的合作模式不一定是对供应链整体最有利的，可能会降低供应链绩效。因此，生鲜电商在两种模式中该如何进行选择，以及当生鲜电商的模式选择与供应链整体利益发生冲突时，如何设计契约实现供应链利润改善是值得研究的重要问题。

鉴于此，本节以一个生鲜电商和线下零售商组成的生鲜供应链为研究对象，考虑消费者需求主要受生鲜农产品的价格、新鲜度和增值服务投入水平的影响，构建生鲜农产品需求函数，分析批发和代理模式下生鲜电商与线下零售商的最优定价策略、线下零售商的最优保鲜策略及生鲜电商的最优服务策略，讨论生鲜电商的最优合作模式选择，针对可进行合作模式改善的情形设计契约以实现供应链利润改善，并探究合作模式的改善对生鲜电商和线下零售商最优决策的影响，以

---

[1] 艾瑞咨询. 2019. 2019 年中国生鲜电商行业研究报告[EB/OL]. http://report.iresearch.cn/report_pdf.aspx?id=3400[2021-08-12].

期更好地为企业的定价及保鲜和服务资源的投入策略提供参考。

3.3.1 问题描述

考虑由一个生鲜电商和线下零售商组成的生鲜供应链。生鲜电商与线下零售商的合作可以通过两种模式实现,分别为批发模式和代理模式。在批发模式下,生鲜电商以批发价格 w 将生鲜农产品销售给线下零售商,线下零售商以零售价格 p 通过生鲜电商将生鲜农产品销售给消费者;在代理模式下,生鲜电商以价格 p 在线销售生鲜农产品,同时委托线下零售商负责生鲜农产品的保鲜配送工作,每单位订单生鲜电商需向线下零售商支付 γ 比例的佣金。两种模式下,线下零售商的保鲜服务投入水平为 e_2。同时,为吸引更多消费者在平台上购买生鲜农产品,生鲜电商还会投入水平为 e_3 的增值服务,如提供与生鲜农产品相关的内容服务(推荐菜单搭配、在线咨询或烹饪方法推荐等)。为便于表达,分别用下标 r、o 表示线下零售商和生鲜电商。

为了不失一般性且不影响本节的计算结果,假设生鲜农产品的初始新鲜度为 1。考虑到生鲜农产品的新鲜度受保鲜服务投入水平的影响,保鲜服务投入水平越高,生鲜农产品新鲜度衰减得越慢。同时,结合Cai等(2010)的研究,考虑生鲜农产品在进行保鲜以后的新鲜度与保鲜服务投入水平呈线性关系,则保鲜服务投入水平以后新鲜度的减少为 $1-e_2$。生鲜农产品的需求主要受生鲜农产品的价格、新鲜度和生鲜电商增值服务投入水平的影响,与生鲜农产品的销售价格呈反比,与产品的新鲜度及生鲜电商的增值服务投入水平呈正比,故构建生鲜农产品的需求函数为

$$d = 1 - p - \lambda_2(1 - e_2) + \lambda_3 e_3 \qquad (3.13)$$

其中,λ_2 表示保鲜服务投入水平对需求的影响系数,以下简称"新鲜度敏感系数";$\lambda_2(1-e_2)$ 表示生鲜农产品新鲜度降低导致的需求流失;λ_3 表示增值服务投入水平对需求的影响系数,以下简称"增值服务敏感系数"。

考虑到保鲜服务投入水平和增值服务投入的边际成本递增性,假设保鲜服务投入与增值服务投入的成本函数分别为 $C(e_2) = \kappa_2 e_2^2/2$、$C(e_3) = \kappa_3 e_3^2/2$,其中,$\kappa_2$、$\kappa_3$ 分别表示保鲜服务投入的成本系数、增值服务投入的成本系数。

3.3.2 不同合作模式下的均衡分析

首先,分析生鲜电商和线下零售商在批发模式下的最优策略,求解其最优利润;其次,分析生鲜电商和线下零售商在代理模式下的最优策略,求解其最优利润。为便于表达,分别用上标 W、A 表示批发模式和代理模式。

1. 批发模式

批发模式下,生鲜电商与线下零售商的决策问题分别为

$$\max_{w,e_3} \pi_o^W = wd - \frac{1}{2}\kappa_3 e_3^2 \tag{3.14}$$

$$\max_{p,e_2} \pi_r^W = (p-w)d - \frac{1}{2}\kappa_2 e_2^2 \tag{3.15}$$

生鲜电商与线下零售商均根据自身利润最大化原则进行决策,决策过程遵从斯塔克尔伯格博弈,生鲜电商为博弈的主方,线下零售商为博弈的从方。决策顺序如下:首先,生鲜电商决策生鲜农产品的批发价格 w 与增值服务投入水平 e_3;其次,线下零售商决策销售价格 p 及保鲜服务投入水平 e_2。运用逆序求解法求解可得定理3.5。

定理3.5 ①批发模式下,生鲜电商与线下零售商的最优决策为 $w^{W*} = \frac{\kappa_3(1-\lambda_2)(2\kappa_2-\lambda_2^2)}{4\kappa_2\kappa_3 - 2\kappa_3\lambda_2^2 - \kappa_2\lambda_3^2}$,$e_3^{W*} = \frac{\kappa_2\lambda_3(1-\lambda_2)}{4\kappa_2\kappa_3 - 2\kappa_3\lambda_2^2 - \kappa_2\lambda_3^2}$,$p^{W*} = \frac{\kappa_3(1-\lambda_2)(3\kappa_2-\lambda_2^2)}{4\kappa_2\kappa_3 - 2\kappa_3\lambda_2^2 - \kappa_2\lambda_3^2}$,$e_2^{W*} = \frac{\kappa_3\lambda_2(1-\lambda_2)}{4\kappa_2\kappa_3 - 2\kappa_3\lambda_2^2 - \kappa_2\lambda_3^2}$;②批发模式下,生鲜电商和线下零售商的最优利润为 $\pi_o^{W*} = \frac{\kappa_2\kappa_3(1-\lambda_2)^2}{2(4\kappa_2\kappa_3 - 2\kappa_3\lambda_2^2 - \kappa_2\lambda_3^2)}$,$\pi_r^{W*} = \frac{\kappa_2\kappa_3^2(2\kappa_2-\lambda_2^2)(1-\lambda_2)^2}{2(4\kappa_2\kappa_3 - 2\kappa_3\lambda_2^2 - \kappa_2\lambda_3^2)^2}$。

证明: 采用逆序求解法,首先求解线下零售商在给定生鲜电商的批发价格和增值服务投入水平下的最优决策,容易得到,π_r^W 关于 e_2 和 p 的海塞矩阵为

$$H(e_2,p) = \begin{bmatrix} -2 & \lambda_2 \\ \lambda_2 & -\kappa_2 \end{bmatrix}$$

由上式可知,当且仅当 $\lambda_2^2 < 2\kappa_2$ 时,海塞矩阵负定,在此条件下令 $\partial \pi_r^W/\partial e_2 = 0$、$\partial \pi_r^W/\partial p = 0$ 可得 p_r^* 和 e_2^{W*} 关于 w 和 e_3 的反应函数,然后将 p^* 和 e_2^* 代入 π_o^W,容易得到,π_o^W 关于 w 和 e_3 的海塞矩阵为

$$H(w,e_3) = \begin{pmatrix} \dfrac{2\kappa_2}{\lambda_2^2 - 2\kappa_2} & \dfrac{-\kappa_2\lambda_3}{\lambda_2^2 - 2\kappa_2} \\ \dfrac{-\kappa_2\lambda_3}{\lambda_2^2 - 2\kappa_2} & -\kappa_3 \end{pmatrix}$$

由上式可知,当且仅当 $\lambda_2^2 < 2\kappa_2$ 且 $4\kappa_2\kappa_3 - 2\kappa_3\lambda_2^2 - \kappa_2\lambda_3^2 \geqslant 0$ 时,海塞矩阵负定,故当参数满足上述条件时存在唯一的最优解使得生鲜电商的利润最大,令 $\partial \pi_o^W/\partial w = 0$、$\partial \pi_o^W/\partial e_3 = 0$ 可求得生鲜电商的最优批发价格 w^* 和最优增值服务投入水平 e_3^{W*},进一步可得 p^* 和 e_2^{W*},最后将最优决策代入生鲜电商和线下零售商

的利润函数可得批发模式下生鲜电商和线下零售商的最优利润。

由定理3.5易知，$\partial e_3^{W*}/\partial \lambda_3 > 0$、$\partial w^{W*}/\partial \lambda_3 > 0$、$\partial p^{W*}/\partial \lambda_3 > 0$、$\partial e_2^{W*}/\partial \lambda_3 > 0$，表明随着消费者对增值服务敏感度的增加，生鲜电商会提高增值服务投入水平和批发价格，线下零售商会提高零售价格和保鲜服务投入水平。同时，可以发现，$\partial \pi_o^{W*}/\partial \lambda_3 > 0$、$\partial \pi_r^{W*}/\partial \lambda_3 > 0$。这是因为，由$\partial d^{W*}/\partial \lambda_3 > 0$说明生鲜农产品的市场需求随着消费者对增值服务敏感度的上升而增加，使得生鲜电商（线下零售商）的边际收益大于提高增值服务投入水平（保鲜服务投入水平）的边际成本，生鲜电商（线下零售商）的利润得以增加。

推论3.2 ①当$0 < \lambda_3 < Z_1$，$0 < \lambda_2 < \min\{Z_2, Z_3\}$时，$\dfrac{\partial w^{W*}}{\partial \lambda_2} < 0$，$\dfrac{\partial p^{W*}}{\partial \lambda_2} < 0$，$\dfrac{\partial e_2^{W*}}{\partial \lambda_2} > 0$；②当$\max\{0, Z_4\} < \lambda_3 < Z_1$，$Z_2 < \lambda_2 < \min\{Z_5, Z_6\}$时，$\dfrac{\partial w^{W*}}{\partial \lambda_2} < 0$，$\dfrac{\partial p^{W*}}{\partial \lambda_2} > 0$，$\dfrac{\partial e_2^{W*}}{\partial \lambda_2} > 0$；③当$\max\{Z_4, Z_7\} < \lambda_3 < Z_1$，$Z_5 < \lambda_2 < Z_6$时，$\dfrac{\partial w^{W*}}{\partial \lambda_2} > 0$，$\dfrac{\partial p^{W*}}{\partial \lambda_2} > 0$，$\dfrac{\partial e_2^{W*}}{\partial \lambda_2} > 0$；④当$0 < \lambda_3 < Z_4$，$Z_3 < \lambda_2 < 1$时，$\dfrac{\partial w^{W*}}{\partial \lambda_2} < 0$，$\dfrac{\partial p^{W*}}{\partial \lambda_2} < 0$，$\dfrac{\partial e_2^{W*}}{\partial \lambda_2} < 0$。

证明： 由$e_2^{W*} \in [0,1)$可得约束$\kappa_3 \lambda_2^2 + \kappa_3 \lambda_2 + \kappa_2 \lambda_3^2 - 4\kappa_2 \kappa_3 > 0$，容易验证存在$Z_1$、$Z_6$使得$\kappa_3 \lambda_2^2 + \kappa_3 \lambda_2 + \kappa_2 \lambda_3^2 - 4\kappa_2 \kappa_3 = 0$。则以下在$0 < \lambda_3 < Z_1$及$0 < \lambda_2 < Z_6$区间内分析批发模式下最优决策关于新鲜度敏感系数的变化情况。

由定理3.5可得$\dfrac{\partial p^{W*}}{\partial \lambda_2} = \dfrac{\kappa_3 f_1(\lambda_2)}{\left(4\kappa_2 \kappa_3 - 2\kappa_3 \lambda_2^2 - \kappa_2 \lambda_3^2\right)^2}$，$\dfrac{\partial w^{W*}}{\partial \lambda_2} = \dfrac{\kappa_3 f_2(\lambda_2)}{\left(4\kappa_2 \kappa_3 - 2\kappa_3 \lambda_2^2 - \kappa_2 \lambda_3^2\right)^2}$、$\dfrac{\partial e_2^{W*}}{\partial \lambda_2} = \dfrac{\kappa_3 f_3(\lambda_2)}{\left(4\kappa_2 \kappa_3 - 2\kappa_3 \lambda_2^2 - \kappa_2 \lambda_3^2\right)^2}$。其中，$f_1(\lambda_2) = -2\kappa_2 \lambda_2^4 - 3\kappa_2 \lambda_2^2 (\lambda_3^2 - 2\kappa_3) + 3\kappa_2^2 \lambda_3^2 - 12\kappa_2^2 \kappa_3 + 2\kappa_2 \lambda_2 (\lambda_3^2 + 2\kappa_3)$，$f_2(\lambda_2) = -2\kappa_2 \lambda_2^4 - \kappa_2 \lambda_2^2 (3\lambda_3^2 - 8\kappa_3) + 2\kappa_2 \lambda_2 \lambda_3^2 + 2\kappa_2^2 \lambda_3^2 - 8\kappa_3 \kappa_2^2$，$f_3(\lambda_2) = 2\kappa_3 \lambda_2^3 + 2\kappa_3 \lambda_2^2 (\lambda_3^2 - 2\kappa_3) - \kappa_2 \lambda_2 (\lambda_3^2 + 4\kappa_3) - 2\kappa_2^2 \lambda_3^2 + 8\kappa_2^2 \kappa_3$。

容易验证，在$0 < \lambda_3 < Z_1$及$0 < \lambda_2 < Z_6$内，存在Z_2为$f_1(\lambda_2) = 0$关于λ_2的解、Z_5为$f_2(\lambda_2) = 0$关于λ_2的解、Z_3为$f_3(\lambda_2) = 0$关于λ_2的解、$Z_4 = \sqrt{2\kappa_3(2\kappa_2 - 1)/\kappa_2}$、$Z_7 = \sqrt{\kappa_3\left(\sqrt{1 + 6\kappa_2} - 1 - 2\kappa_2\right)/\kappa_2}$。通过比较临界值大小及合并区间可得推论3.2。

推论3.2①表明，当新鲜度敏感系数低于一定阈值时（ $0<\lambda_2<\min\{Z_2,Z_3\}$ ），随着消费者对新鲜度敏感性的增加，新鲜度降低造成的需求流失逐渐增加，生鲜电商和线下零售商会降低价格来弥补该影响，同时线下零售商会提高保鲜服务投入水平以减缓需求流失。推论3.2②表明当新鲜度敏感系数相对较高时（ $Z_2<\lambda_2<\min\{Z_5,Z_6\}$ ），随着消费者对新鲜度敏感性的增加，批发价格会降低，销售价格和保鲜服务投入水平会增加。由于此时新鲜度敏感系数在相对较高的范围内变化，线下零售商提高保鲜服务投入水平对需求流失的缓解作用比较明显，会选择提高销售价格以攫取更多利润。推论3.2③表明当服务敏感系数和新鲜度敏感系数较高时（ $Z_5<\lambda_2<Z_6$ ），随着消费者对新鲜度敏感性的增加，批发价格、销售价格和保鲜服务投入水平都会增加，这是因为服务敏感系数较高会刺激保鲜服务投入水平的提高（ $\partial e_2^{W*}/\partial\lambda_3>0$ ），并且此时提高保鲜服务投入水平对需求流失的缓解较为明显，则生鲜电商和线下零售商会提高价格以攫取更多利润。此外，推论3.2④表明当服务敏感系数较低，新鲜度敏感系数很高时，随着消费者对新鲜度敏感性的增加，批发价格、销售价格和保鲜服务投入水平会降低。这是因为较低的服务敏感系数会抑制价格和保鲜服务投入水平的增加（ $\partial p^{W*}/\partial\lambda_3>0$ ），然后，此时的保鲜成本较高（ $\kappa_2>1/2$ ），线下零售商提高保鲜服务投入水平带来的边际收益不足以抵扣其边际成本，则生鲜电商和线下零售商更倾向通过降低价格的方式刺激需求，同时降低保鲜服务投入水平以节约成本。

2. 代理模式

代理模式下，生鲜电商与线下零售商的决策问题分别为

$$\max_{p,e_3}\pi_o^A=(1-\gamma)pd-\frac{1}{2}\kappa_3 e_3^2 \tag{3.16}$$

$$\max_{e_2}\pi_r^A=\gamma pd-\frac{1}{2}\kappa_2 e_2^2 \tag{3.17}$$

生鲜电商与线下零售商均根据自身利润最大化原则进行决策，其决策过程仍遵从斯塔克尔伯格博弈，生鲜电商为博弈的主方，线下零售商为博弈的从方。决策顺序如下：首先，生鲜电商决策生鲜农产品的销售价格 p、增值服务投入水平 e_3；其次，线下零售商决策保鲜服务投入水平 e_2。通过逆序求解可得定理3.6。

定理3.6 ①代理模式下，生鲜电商和线下零售商的最优决策为

$$p^{A*}=\frac{\kappa_2\kappa_3(1-\lambda_2)}{\gamma\kappa_2\lambda_3^2+2\kappa_2\kappa_3-2\gamma\kappa_3\lambda_2^2-\kappa_2\lambda_3^2}, \quad e_3^{A*}=\frac{\kappa_2\lambda_3(1-\lambda_2)(1-\lambda_3)}{\gamma\kappa_2\lambda_3^2+2\kappa_2\kappa_3-2\gamma\kappa_3\lambda_2^2-\kappa_2\lambda_3^2},$$

$$e_2^{A*}=\frac{\gamma\kappa_3\lambda_2(1-\lambda_2)}{\gamma\kappa_2\lambda_3^2+2\kappa_2\kappa_3-2\gamma\kappa_3\lambda_2^2-\kappa_2\lambda_3^2};$$ ②代理模式下，生鲜电商和线下零售商的最

优利润为 $\pi_o^{A*} = \dfrac{\kappa_2\kappa_3(1-\gamma)(1-\lambda_2)^2}{2(\gamma\kappa_2\lambda_3^2 + 2\kappa_2\kappa_3 - 2\gamma\kappa_3\lambda_2^2 - \kappa_2\lambda_3^2)}$,

$$\pi_r^{A*} = \dfrac{\gamma\kappa_2\kappa_3^2(1-\lambda_2)^2(2\kappa_2 - 3\gamma\lambda_2^2)}{2(\gamma\kappa_2\lambda_3^2 + 2\kappa_2\kappa_3 - 2\gamma\kappa_3\lambda_2^2 - \kappa_2\lambda_3^2)^2}。$$

证明： 采用逆序求解法，首先分析线下零售商的最优决策，由于 $\partial\pi_r^A/\partial e_2 = -\kappa_2 < 0$，表明存在唯一的最优解 e_2^{A*}。令 $\partial\pi_r^A/\partial e_2 = 0$，求解可得 $e_2^{A*}(p,e_3) = \gamma\lambda_2 p/\kappa_2$；然后将 $e_2^{A*}(p,e_3)$ 代入式（3.16）中进行求解可得 π_o^A 关于 p 和 e_3 的海塞矩阵为

$$H(e_3, p) = \begin{bmatrix} \dfrac{2(1-\gamma)(\gamma\lambda_2^2 - \kappa_2)}{\kappa_2} & (1-\gamma)\lambda_3 \\ (1-\gamma)\lambda_3 & -\kappa_3 \end{bmatrix}$$

为保证海瑟矩阵负定，需满足 $\kappa_2 - \gamma\lambda_2^2 > 0$，$2\kappa_3(\kappa_2 - \gamma\lambda_2^2) - \kappa_2\lambda_3^2(1-\gamma) > 0$。在此约束下联立求解 $\partial\pi_o^A/\partial p = 0$、$\partial\pi_o^A/\partial e_3 = 0$ 可得生鲜电商的最优决策 p_o^{A*}、e_3^{A*}。将 p_o^{A*}、e_3^{A*} 代入可得 e_2^{A*}。此外，为保证最优解满足 $p_o^{A*} > 0$、$e_3^{A*} > 0$、$e_2^{A*} > 0$，参数还需满足 $\lambda_2 < 1$。最后将求得的 p_o^{A*}、e_3^{A*} 和 e_2^{A*} 代入利润函数中可得代理模式下生鲜电商和线下零售商的最优利润。

由定理3.6可知，$\partial p^{A*}/\partial\lambda_3 > 0$、$\partial e_3^{A*}/\partial\lambda_3 > 0$、$\partial e_2^{A*}/\partial\lambda_3 > 0$、$\partial\pi_o^{A*}/\partial\lambda_3 > 0$、$\partial\pi_r^{A*}/\partial\lambda_3 > 0$。这表明随着消费者对增值服务敏感度的增加，增值服务投入水平和生鲜农产品的价格都会增加，保鲜服务投入水平也会提高，同时，生鲜电商和线下零售商的利润也会增加。

推论3.3 ①当 $0 < \lambda_3 < Z_8$ 且 $0 < \lambda_2 < \min\{Z_{10}, Z_{11}\}$ 时，$\dfrac{\partial p^{A*}}{\partial\lambda_2} < 0$，$\dfrac{\partial e_2^{A*}}{\partial\lambda_2} > 0$；②当 $\max\{0, Z_{12}\} < \lambda_3 < Z_8$ 且 $Z_{10} < \lambda_2 < Z_9$ 时，$\dfrac{\partial p^{A*}}{\partial\lambda_2} > 0$，$\dfrac{\partial e_2^{A*}}{\partial\lambda_2} > 0$；③当 $0 < \lambda_3 < Z_{12}$ 且 $Z_{11} < \lambda_2 < \min\{1, Z_9\}$ 时，$\dfrac{\partial p^{A*}}{\partial\lambda_2} < 0$，$\dfrac{\partial e_2^{A*}}{\partial\lambda_2} < 0$。

证明： 由 $e_2^{A*} \in [0,1)$ 可得 $-\gamma\kappa_3\lambda_2^2 - \gamma\kappa_3\lambda_2 + \gamma\kappa_2\lambda_3^2 - \kappa_2\lambda_3^2 + 2\kappa_2\kappa_3 \geqslant 0$，容易验证，存在 Z_8、Z_9 使得 $-\gamma\kappa_3\lambda_2^2 - \gamma\kappa_3\lambda_2 + \gamma\kappa_2\lambda_3^2 - \kappa_2\lambda_3^2 + 2\kappa_2\kappa_3 = 0$。则以下在 $0 < \lambda_3 < Z_8$ 及 $0 < \lambda_2 < Z_9$ 区间内分析佣金模式下最优决策关于新鲜度敏感系数的变化情况。

由定理3.6可得 $\dfrac{\partial p^{A*}}{\partial \lambda_2} = \dfrac{\kappa_2 \kappa_3 f_4(\lambda_2)}{\left(\gamma \kappa_2 \lambda_3^2 + 2\kappa_2 \kappa_3 - 2\gamma \kappa_3 \lambda_2^2 - \kappa_2 \lambda_3^2\right)^2}$,

$\dfrac{\partial e_2^{A*}}{\partial \lambda_2} = \dfrac{\gamma \kappa_3 f_5(\lambda_2)}{\left(\gamma \kappa_2 \lambda_3^2 + 2\kappa_2 \kappa_3 - 2\gamma \kappa_3 \lambda_2^2 - \kappa_2 \lambda_3^2\right)^2}$。

其中，$f_4(\lambda_2) = -2\gamma \kappa_3 \lambda_2^2 + 4\kappa_3 \lambda_2 - \gamma \kappa_2 \lambda_3^2 + \kappa_2 \lambda_3^2 - 2\kappa_2 \kappa_3$，$f_5(\lambda_2) = 2\gamma \kappa_3 \lambda_2^2 + 2\kappa_2 \lambda_2 (\lambda_3^2 - \gamma \lambda_3^2 - 2\kappa_3) + \gamma \kappa_2 \lambda_3^2 - \kappa_2 \lambda_3^2 + 2\kappa_2 \kappa_3$。

容易验证，在 $0 < \lambda_3 < Z_8$ 及 $0 < \lambda_2 < Z_9$ 内，存在 Z_{10} 为 $f_4(\lambda_2) = 0$ 关于 λ_2 的解、Z_{11} 为 $f_5(\lambda_2) = 0$ 关于 λ_2 的解、$Z_{12} = \sqrt{2\kappa_3 (\kappa_2 - \gamma)/\kappa_2 (1-\gamma)}$。通过比较临界值大小并合并区间可得推论3.3。

推论3.3①表明，当新鲜度敏感系数低于一定阈值时（$0 < \lambda_2 < \min\{Z_{10}, Z_{11}\}$），随着消费者对新鲜度敏感性的增加，新鲜度降低造成的需求流失逐渐增加，生鲜电商会降低价格来弥补该影响，同时线下零售商会提高保鲜服务投入水平以缓解需求流失。推论3.3②表明，当新鲜度敏感系数相对较高时（$Z_{10} < \lambda_2 < Z_9$），随着消费者对新鲜度敏感性的增加，保鲜服务投入水平和销售价格都会增加。这是因为当新鲜度敏感系数在较高范围内变化时，提升保鲜服务投入水平对需求流失的缓解作用较强，此时生鲜电商会提升价格以攫取更多利润。推论3.3③表明，当服务敏感系数较低、新鲜度敏感系数很高时（$0 < \lambda_3 < Z_{12}$ 且 $Z_{11} < \lambda_2 < \min\{1, Z_9\}$），随着消费者对新鲜度敏感性的增加，价格和保鲜服务投入水平都会降低。这是因为较低的服务敏感系数会抑制价格和保鲜服务投入水平的增加（$\partial p^{A*}/\partial \lambda_3 > 0$，$\partial e_2^{A*}/\partial \lambda_3 > 0$），然后，保鲜成本较高（$\kappa_2 > \gamma$）使得线下零售商提高保鲜服务投入水平获得的边际收益不足以抵扣其边际成本，则生鲜电商和线下零售商更倾向通过降低价格的方式刺激需求，同时降低保鲜服务投入水平以节约成本。

3.3.3 最优合作模式选择

本节主要讨论生鲜电商的合作策略及生鲜电商的合作模式选择可能对线下零售商佣金策略产生的影响，为便于分析，令 $\varLambda_1 = \lambda_2^2/\kappa_2$ 表示保鲜服务投入水平对需求的提升与保鲜成本之间的关系，称为保鲜效率；令 $\varLambda_2 = \lambda_3^2/\kappa_3$ 表示增值服务投入水平对需求的提升及服务成本之间的关系，称为服务效率。

1. 生鲜电商的合作策略

首先分析生鲜电商的合作策略选择问题，通过对比两种模式下生鲜电商的最优利润，得到命题3.9。

命题3.9 生鲜电商的最优合作策略为①当$0<\gamma<1/2$时,若$0<\varLambda_1<1$,$\pi_o^{A*}>\pi_o^{W*}$,生鲜电商选择代理模式;若$1<\varLambda_1<\min\{2,2/3\gamma\}$,$\pi_o^{A*}<\pi_o^{W*}$,生鲜电商选择批发模式。②当$1/2<\gamma<1$时,若$0<\varLambda_1<\min\{1,2/3\gamma\}$,$\pi_o^{A*}<\pi_o^{W*}$,生鲜电商选择批发模式;若$1<\varLambda_1<2/3\gamma$,$\pi_o^{A*}>\pi_o^{W*}$,生鲜电商选择代理模式。

为了更直观地表示命题3.9,绘制图3.7表示上述区域。

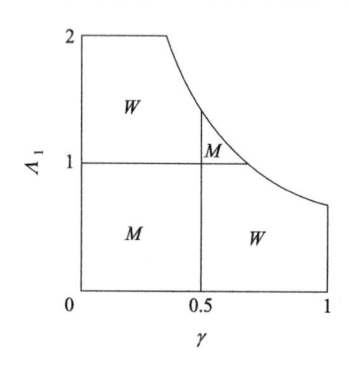

图3.7 生鲜电商的最优合作模式

命题3.9①表明,当佣金率低于1/2时,若保鲜效率较低,生鲜电商会选择代理模式与线下零售商合作;若保鲜效率较高,生鲜电商会选择批发模式。这是因为,若保鲜效率较低,意味着新鲜度提高带来的需求增长效果较弱,需更多地依靠价格和增值服务来刺激需求。此时较低的佣金率使得生鲜电商在代理模式下能保留大部分利润,则生鲜电商更希望通过代理模式直接掌握生鲜农产品的定价权,从而通过调整价格和增值服务投入水平来刺激需求。若保鲜效率较高,新鲜度提高带来的需求增长效果较强,此时较低的佣金率使得线下零售商在代理模式下提高保鲜服务投入水平的动机不足,因此生鲜电商会选择批发模式,将生鲜农产品的定价权转移给线下零售商以刺激其提高保鲜服务投入水平,从而较大地提高生鲜农产品的市场需求。

命题3.9②表明,当佣金率高于1/2时,若保鲜效率较低,生鲜电商会选择批发模式;若保鲜效率较高,生鲜电商会选择代理模式。这是因为,若保鲜效率较低,新鲜度提高带来的需求增长效果较弱,而较高的佣金率使得生鲜电商在代理模式下需向线下零售商支付大部分利润作为佣金,显然生鲜电商在这种情形下会选择批发模式;若保鲜效率较高,新鲜度提高带来的需求增长效果较强,并且较高的佣金率能进一步刺激线下零售商提高保鲜服务投入水平,使得生鲜电商由于需求增加所增长的利润大于其向线下零售商支付的高佣金成本,生鲜电商更倾向于选择代理模式。

由于不同种类的生鲜农产品的保鲜效率不同,结合实际,针对具有不同保鲜效率的生鲜农产品，生鲜电商的模式选择取决于佣金率的大小。针对保鲜效率较低的生鲜农产品，如苹果、梨、牛油果等易腐性较低的水果，这些生鲜农产品新鲜度提高带来的需求增长效果较弱，当佣金率低于1/2时，生鲜电商应选择代理模式与线下零售商进行合作；当佣金率高于1/2时，生鲜电商应选择批发模式与线下零售商进行合作。而针对保鲜效率较高的生鲜农产品，如菠菜、生菜等叶类蔬菜，或香蕉、樱桃等易腐性较高的水果，这些生鲜农产品新鲜度提高带来的需求增长效果较强，当佣金率低于1/2时，生鲜电商应选择批发模式与线下零售商进行合作；当佣金率高于1/2时，生鲜电商应选择代理模式与线下零售商进行合作。

2. 线下零售商佣金策略

给定生鲜电商的模式选择，通过对比线下零售商和供应链利润，可以发现对生鲜电商和供应链最有利的合作模式对线下零售商并不总是最优的。分析线下零售商佣金策略的改变对生鲜电商最优的合作模式选择的影响，可得命题3.10。

命题3.10 当 $0 < \varLambda_1 < Z_{13}$ 且 $\max\{0, Z_{14}\} < \varLambda_2 < Z_{15}$ 时，若 $1/2 < \gamma < 1$，则 $\pi_o^{A*} < \pi_o^{W*}$、$\pi_r^{A*} > \pi_r^{W*}$、$\pi_{sc}^{A*} < \pi_{sc}^{W*}$（SC表示供应链整体），生鲜电商选择批发模式，但此时线下零售商的最优选择为代理模式，则线下零售商有动机将佣金率降低至 $0 < \gamma < 1/2$ 内，使得 $\pi_o^{A*} > \pi_o^{W*}$、$\pi_r^{A*} > \pi_r^{W*}$、$\pi_{sc}^{A*} > \pi_{sc}^{W*}$，生鲜电商和线下零售商的最优选择都为代理模式。

其中，$Z_{13} = (\gamma^2 - \gamma + 1 - \sqrt{\gamma^4 - 2\gamma^3 + 5\gamma^2 - 4\gamma + 1})/(2\gamma - 2\gamma^2)$，$Z_{14} =$

$$\frac{2\begin{bmatrix} 12\varLambda_1\gamma^2 + 3\gamma\varLambda_1^2 + 2\gamma + 3\varLambda_1 - 4\varLambda_1^2\gamma^2 - 4\gamma^2 - 9\gamma\varLambda_1 - \varLambda_1^2 - 1 \\ +(\varLambda_1 - 1)(2\gamma - 1)\sqrt{(7\gamma^2\varLambda_1^2 - 14\gamma^2\varLambda_1 - 4\gamma\varLambda_1^2 + 4\gamma^2 + 6\gamma\varLambda_1 + \varLambda_1^2 - 2\varLambda_1 + 1)} \end{bmatrix}}{6\varLambda_1\gamma^2 - 2\gamma^2 - 4\gamma\varLambda_1 + \varLambda_1}$$，$Z_{15} =$

$$\frac{2\left(8\varLambda_1\gamma^2 + \gamma\varLambda_1^2 + \gamma\varLambda_1 + 2 - 4\varLambda_1^2\gamma^2 - 6\gamma - \lambda_2 + \sqrt{\gamma(\varLambda_1 - 2)(\varLambda_1 - 1)^2(2\gamma - 1)^2(3\gamma\varLambda_1 - 2)}\right)}{2\varLambda_1\gamma^2 + 2\gamma^2 + 2\gamma\varLambda_1 - 6\gamma - \varLambda_1 + 2}$$。

命题3.10表明，当保鲜效率很低，服务效率相对较高时，若生鲜电商与线下零售商协商佣金率的过程中，线下零售商要求的佣金率高于1/2，则生鲜电商会选择批发模式，线下零售商实际无法得到较高的佣金，被迫在次优的批发模式下合作。若线下零售商主动要求将佣金率降低至1/2以内，则生鲜电商会选择代理模式，此时生鲜电商和线下零售商的利润都在代理模式下更高，双方在代理模式下实现共赢。这是因为，对线下零售商而言，由于保鲜效率很低，新鲜度的提升对需求的增长效果很弱，若以批发模式合作，线下零售商只能通过低价策略刺激需求。不过，双重边际效应的存在使线下零售商很难采取低价策略，线下零售商在批发模式下的销售风险较大，进而更愿意选择代理模式降低风险。对生鲜电商而言，服务效率较高说明增值服务投入水平的提高对需求的增长效果较强，生鲜电商需投入较高的增值服务投入水平，若此时线下零售商在代理模式下要求分得一大半的收入，显然生鲜电商不愿意让线下零售商搭便车，会选择批发模式。若线下零售商要求的佣金率在 $0<\gamma<1/2$ 内，代理模式下生鲜电商可以保留大部分利润，在保鲜效率很低时其会选择代理模式。进一步地，命题3.10表明，当销售保鲜效率很低，服务效率相对较高的生鲜农产品时，如木瓜、牛油果等，这类生鲜农产品新鲜度衰减较慢，但消费者对营养推荐、食疗菜谱等增值服务较为敏感，线下零售商在与生鲜电商协商佣金率时不应要求太高的佣金率，否则生鲜电商会选择对线下零售商次优的批发模式。

3. 生鲜O2O供应链的合作模式改善

通过对比生鲜电商、线下零售商在代理模式和批发模式下的利润大小，我们发现生鲜电商和线下零售商的模式偏好并不总是一致的。针对这一问题，本节将分析生鲜电商和线下零售商组成的生鲜O2O供应链中存在的合作模式改善情形并设计合作模式改善的契约。先通过比较生鲜电商、线下零售商和供应链利润在两种模式下的大小，得到命题3.11。

命题3.11 生鲜电商和线下零售商在合作模式选择上存在两种可改善的情形 ①情形 I (i)：当 $0<\gamma<1/2$、$Z_{23}<\Lambda_1<1$ 且 $0<\Lambda_2<Z_{26}$ 时，$\pi_o^{A*}>\pi_o^{W*}$，$\pi_r^{A*}<\pi_r^{W*}$，$\pi_{sc}^{A*}<\pi_{sc}^{W*}$。②情形 I (ii)：当 $1/2<\gamma<2/3$、$1<\Lambda_1<2/3\gamma$ 且 $0<\Lambda_2<Z_{26}$ 时，$\pi_o^{A*}>\pi_o^{W*}$，$\pi_r^{A*}<\pi_r^{W*}$，$\pi_{sc}^{A*}<\pi_{sc}^{W*}$。③情形 II：当 $1/2<\gamma<1$、$0<\Lambda_1<Z_{23}$ 且 $0<\Lambda_2<Z_{24}$ 时，$\pi_o^{A*}<\pi_o^{W*}$，$\pi_r^{A*}>\pi_r^{W*}$，$\pi_{sc}^{A*}>\pi_{sc}^{W*}$。

其中，$Z_{26}=\dfrac{2\left[\begin{array}{l}12\Lambda_1\gamma^2+3\gamma\Lambda_1^2+2\gamma+3\Lambda_1-4\Lambda_1^2\gamma^2-4\gamma^2-9\gamma\Lambda_1-\Lambda_1^2-1\\ -(\Lambda_1-1)(2\gamma-1)\sqrt{7\gamma^2\Lambda_1^2-14\gamma^2\Lambda_1-4\gamma\Lambda_1^2+4\gamma^2+6\gamma\Lambda_1+\Lambda_1^2-2\Lambda_1+1}\end{array}\right]}{6\Lambda_1\gamma^2-2\gamma^2-4\gamma\Lambda_1+\Lambda_1}$。

命题3.11中的情形 I 表明，生鲜电商选择代理模式的利润更高，而线下零售商利润和供应链利润在批发模式下更高。这是因为，在情形 I (i) 下，由于佣金率较低，生鲜电商会选择代理模式，此时由于服务效率和保鲜效率较低，提高增值服务和保鲜服务投入水平对需求的增长效果较弱，生鲜电商将降低价格刺激需求，这使得线下零售商在低佣金率下分得的佣金很少，线下零售商更偏好批发模式。对供应链来说，批发模式下双重边际效应的存在使得供应链整体的边际收入较高，与以低价刺激需求的代理模式相比，边际收入提高对利润的正向影响更大，供应链利润在批发模式下更大。在情形 I (ii) 下，生鲜电商会选择代理模式，较高的佣金率使得生鲜电商会提高价格以增加保留收入，对需求造成负向影响。而批发模式可以消除高佣金率对需求的负向影响，同时保鲜效率较高表明新鲜度提高对需求的增长效果较强。与代理模式相比，批发模式下的需求更大，需求增加给线下零售商和供应链带来了更多利润。情形Ⅰ意味着生鲜电商和线下零售商在合作过程中可设计一定的契约进行合作模式改善，使双方在批发模式下达成合作，实现双方利润改善。

命题3.11中的情形Ⅱ表明，生鲜电商选择批发模式的利润更大，而线下零售商利润和供应链利润在代理模式下更大。这是因为，在情形Ⅱ下生鲜电商会选择批发模式。由于保鲜效率很低并且服务效率较低，提高新鲜度和增值服务投入水平对需求的增长效果较弱，线下零售商应降低价格刺激需求，但由于双重边际效应的存在，线下零售商若降低价格将使得边际收入较低。而代理模式下由于佣金率较高，线下零售商可分得大部分利润，则较高佣金收入的代理模式更受线下零售商青睐。对供应链来说，由于代理模式是由生鲜电商直接掌握生鲜农产品的定价权，有较大的成本空间降低价格刺激需求，则供应链利润在代理模式下更高。与情形Ⅰ类似，生鲜电商和线下零售商在情形Ⅱ下仍可设计契约使双方在代理模式下合作，实现双方利润改善。

下面将分别针对这两种情形设计契约改善合作模式，用上标T表示通过契约进行合作模式改善的情形。

1）情形Ⅰ的合作模式改善

在情形Ⅰ下，生鲜电商和线下零售商可通过一定契约进行合作模式改善，从而使双方在供应链利润更高的批发模式下进行合作，实现双方利润改善。在固定转移支付契约下，生鲜电商和线下零售商的利润函数分别为

$$\pi_o^T = wd - \kappa_3 e_3^2 / 2 + f \quad (3.18)$$

$$\pi_r^T = (p-w)d - \kappa_2 e_2^2 / 2 - f \quad (3.19)$$

此时供应链成员的最优利润需满足$\pi_r^{T*} > \pi_r^{A*}$、$\pi_o^{T*} > \pi_o^{A*}$。求解式（3.18）和式（3.19）可得命题3.12。

命题3.12 在情形Ⅰ下，当生鲜电商向线下零售商收取的固定转移支付f满足$f \in (f_{\min}, f_{\max})$时，生鲜电商和线下零售商能够转换到批发模式下达成合作，其中，$f_{\min} = \pi_o^{A*} - \pi_o^{W*}$，$f_{\max} = \pi_r^{W*} - \pi_r^{A*}$。

命题3.12表明，在情形Ⅰ下，当生鲜电商收取的固定转移支付满足上述区间条件时，转移支付契约能实现双方的利润改善，使得双方在供应链利润更高的批发模式下达成合作，其具体大小由生鲜电商和线下零售商讨价还价决定。

通过以上分析可知，合作模式的改变不仅能实现供应链成员的利润改善，同时对最优决策也会产生一定影响，因此有必要分析合作模式转换后最优决策的变化情况，以期为企业实践带来更多启示。通过对比合作模式转换前后的生鲜农产品销售价格、增值服务投入水平、保鲜服务投入水平，可以得到推论3.4。

推论3.4 情形I的合作模式改善给供应链最优决策带来的影响为①情形I（i）：$p^{W*} > p^{A*}$，$e_3^{W*} < e_3^{A*}$，$e_2^{W*} > e_2^{A*}$。②情形I（ii）：$p^{W*} < p^{A*}$，$e_3^{W*} < e_3^{A*}$，$e_2^{W*} < e_2^{A*}$。

推论3.4①表明，当生鲜电商和线下零售商转换到批发模式进行合作后，在情形I（i）下，由于服务效率较低，为节约成本生鲜电商会降低增值服务投入水平。同时，我们发现在情形I（i）下，线下零售商会提高价格和保鲜服务投入水平，即实行优质优价策略。这是因为，相比低佣金率下的代理模式，批发模式下，线下零售商负责销售生鲜农产品，其保鲜动机更高，因此线下零售商会提高保鲜服务投入水平，进一步地，线下零售商会提高价格以弥补保鲜成本的增加。推论3.4②表明在情形I（ii）下，生鲜电商会降低增值服务投入水平，线下零售商会降低价格和保鲜服务投入水平，即实行低价促销策略。这是因为，在代理模式下，较高的佣金率使得生鲜电商会制定较高的销售价格以提高保留收入，对生鲜农产品需求的负向影响较大，生鲜电商需提供较高水平的增值服务以降低该负向影响。不过，以批发模式合作可以消除高佣金率导致的负向影响。因此，生鲜电商会降低增值服务投入水平以节约成本，线下零售商会降低价格刺激需求，同时降低保鲜服务投入水平以节约成本。

2）情形Ⅱ的合作模式改善

在情形Ⅱ下，生鲜电商和线下零售商可设计一定契约进行合作模式改善，从而使双方在供应链利润更高的代理模式下进行合作，实现双方利润改善。在固定转移支付契约下，生鲜电商和线下零售商的利润函数分别为

$$\pi_o^T = (1-\gamma)pd - \kappa_3 e_3^2/2 + f \quad (3.20)$$

$$\pi_r^T = \gamma pd - \kappa_2 e_2^2/2 - f \quad (3.21)$$

此时供应链成员的最优利润需满足 $\pi_r^{T*} > \pi_r^{W*}$、$\pi_o^{T*} > \pi_o^{W*}$。求解式（3.20）和式（3.21）可得命题3.13。

命题3.13 在情形Ⅱ下，当生鲜电商向线下零售商收取的固定转移支付 f 满足 $f \in (f_{\min}, f_{\max})$ 时，生鲜电商和线下零售商能够转换到代理模式下达成合作。其中，$f_{\min} = \pi_o^{W*} - \pi_o^{A*}$，$f_{\max} = \pi_r^{A*} - \pi_r^{W*}$。

命题3.13表明，在情形Ⅱ下，当生鲜电商收取的固定转移支付满足上述区间条件时，转移支付契约能实现双方的利润改善，使得双方在供应链利润更高的代理模式下达成合作，其具体大小由双方讨价还价决定。

推论3.5 情形Ⅱ的合作模式改善给供应链最优决策带来的影响为①情形Ⅱ（i）：当 $1/2 < \gamma < 1$、$0 < \Lambda_1 < Z_{13}$ 且 $\max\{0, Z_{19}\} < \Lambda_2 < \min\{2, Z_{14}\}$ 时，$p^{A*} < p^{W*}$，$e_3^{A*} < e_3^{W*}$，$e_2^{A*} > e_2^{W*}$。②情形Ⅱ（ii）：当 $1/2 < \gamma < 1$、$Z_{17} < \Lambda_1 < Z_{13}$ 且

$0<\varLambda_2<Z_{19}$ 时，$p^{A*}>p^{W*}$，$e_3^{A*}<e_3^{W*}$，$e_2^{A*}>e_2^{W*}$。③情形Ⅱ(ⅲ)：当 $1/2<\gamma<2/3$、$0<\varLambda_1<Z_{18}$ 且 $2<\varLambda_2<Z_{14}$ 时，$p^{A*}<p^{W*}$，$e_3^{A*}<e_3^{W*}$，$e_2^{A*}<e_2^{W*}$。其中，$Z_{17}=(2-3\gamma)/(1-\gamma)$，$Z_{18}=\left(3\gamma-\sqrt{9\gamma^2-4\gamma}\right)/2\gamma$，$Z_{19}=2\left(\gamma\varLambda_1^2-3\gamma\varLambda_1+1\right)/(\gamma\varLambda_1-3\gamma-\varLambda_1+2)$。

推论3.5表明，在情形Ⅱ下，由于佣金率较高且服务效率较低，生鲜电商为节约成本总是会降低增值服务投入水平。在情形Ⅱ(ⅰ)下，生鲜农产品的销售价格会降低，保鲜服务投入水平会提高，即采取优质低价策略。由于情形Ⅱ(ⅰ)下保鲜效率很低并且服务效率较低，提高保鲜服务投入水平和增值服务投入水平对需求的增长效果较弱，此时生鲜电商会降低价格刺激需求，而线下零售商由于较高的佣金收入会选择提高保鲜服务投入水平以减缓需求流失，这意味着此时消费者能够以较低的价格购买到更新鲜的生鲜农产品，显然能增加消费者剩余。在情形Ⅱ(ⅱ)下价格和保鲜服务投入水平都会提高，即采取优质优价策略。这是因为高佣金率下生鲜电商会提高价格以提高保留收入。此时由于保鲜效率高于一定水平，则高佣金收入和保鲜效率的提高会刺激线下零售商提高保鲜服务投入水平。在情形Ⅱ(ⅲ)下价格和保鲜服务投入水平都会降低，即采取低价促销策略。由于过低的保鲜效率使得提高新鲜度对需求的增长效果很弱，生鲜电商需采取低价策略刺激需求，同时过低的保鲜效率也意味着保鲜服务投入的需求增长效果很弱，则线下零售商会降低保鲜服务投入水平以节约成本。

3.3.4 数值仿真

为了更直观地验证上述结论，本节采用数值算例的方法进一步分析新鲜度敏感系数对供应链最优决策、生鲜电商和线下零售商利润的影响，并考察供应链中存在的合作模式改善情形。结合模型，本节设置 $\kappa_3=1$。

首先分析两种模式下新鲜度敏感系数的变化对供应链成员的最优决策和利润产生的影响，如图3.8所示。随着消费者对新鲜度的敏感性增加，生鲜电商和线下零售商的最优决策及利润在批发模式和代理模式下的变化趋势相同。由图3.8(a)、图3.8(c)可以看出，当 λ_3 较小时，保鲜服务投入水平随 λ_2 增加先增加后减少，生鲜农产品的销售价格、增值服务投入水平、生鲜电商和线下零售商利润均随 λ_2 的增加而减少，说明当消费者对增值服务的敏感性较低时，随着消费者对新鲜度的敏感性增加，生鲜电商和线下零售商应先采取优质低价策略，当消费者对新鲜度的敏感性增加到较高水平时，应采取降价促销策略。由图3.8(b)、图3.8(d)可以看出，当 λ_3 较大时，保鲜服务投入水平随 λ_2 的增加而增加，生鲜农产品的销售价格、增值服务投入水平、生鲜电商和线下零售商利润随 λ_2 的增加先减少后增加，说明当消费者对增值服务敏感性较高时，随着消费者对新鲜度的敏感性增加，生鲜电商和线下零售商应先采取优质低价策略，当消费者对新鲜度的敏感性增加到较高水平时，应采取优质高价策略。进一步地，通过对比图3.8（a）与图3.8（b）可以发现，当消费者对增值服务的敏感性增加至较高水平时，若消费者对新鲜度的敏感性也处于较高水平，服务敏感系数对价格、增值服务投入水平、保鲜服务投入水平及生鲜电商和线下零售商利润的正向影响可以削弱新鲜度敏感系数对上述变量的负向影响，从而随着消费者对新鲜度敏感性的增加，价格、增值服务投入水平、保鲜服务投入水平及生鲜电商和线下零售商利润都增加。

（a）$k_2=1, \lambda_3=1$

（b）$k_2=1, \lambda_3=1.5$

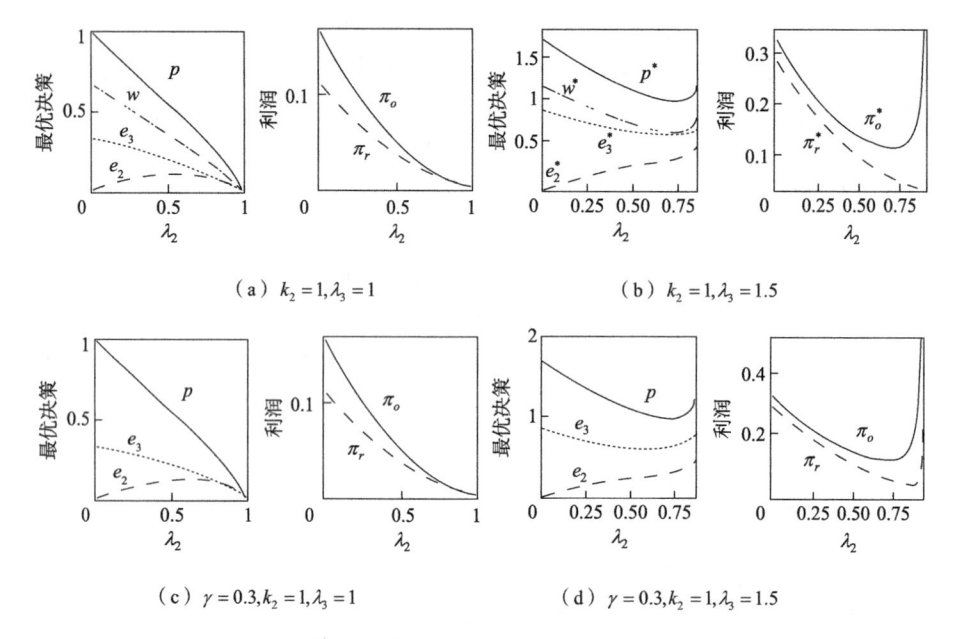

（c）$\gamma=0.3, k_2=1, \lambda_3=1$

（d）$\gamma=0.3, k_2=1, \lambda_3=1.5$

图 3.8　新鲜度敏感系数对最优决策与最优利润的影响

接下来分析在情形Ⅰ和情形Ⅱ下生鲜电商、线下零售商的利润及供应链利润，从而验证在这两种情形下，生鲜电商和线下零售商通过契约转换合作模式可实现供应链利润改善，如图3.9所示。其中 $\Delta\pi_o = \pi_o^{A*} - \pi_o^{W*}$，$\Delta\pi_r = \pi_r^{A*} - \pi_r^{W*}$，$\Delta\pi = \pi_{sc}^{A*} - \pi_{sc}^{W*}$，图3.9（a）表示情形Ⅰ，图3.9（b）表示情形Ⅱ。从图3.9（a）可知，情形Ⅰ下，生鲜电商在代理模式下获得更高的利润，但线下零售商和供应链在批发模式下获得的利润更大，说明此时生鲜电商和线下零售商若通过一定的契约使双方转换到批发模式下达成合作，可以实现供应链利润地提高。由图3.9（b）可知，在情形Ⅱ下，生鲜电商在批发模式下获得更高利润，但线下零售商和供应链在代理模式下获得的利润更大，说明此时若生鲜电商和线下零售商通过一定的契约使双方转换到代理模式下达成合作，可以实现供应链利润改善。

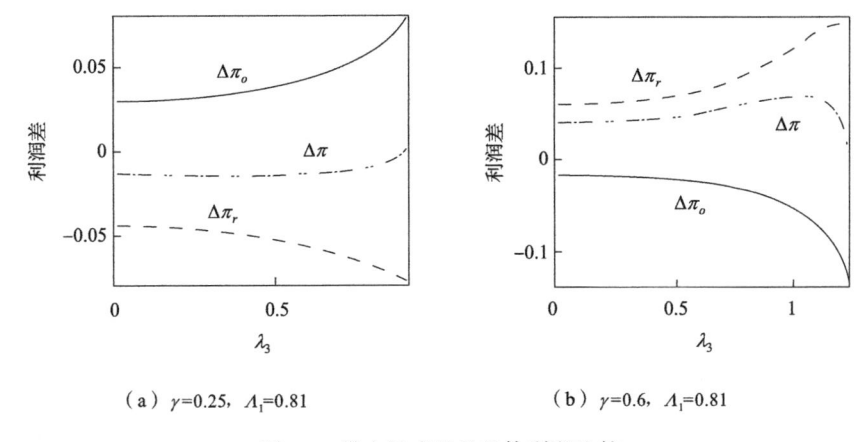

(a) $\gamma=0.25$, $\varLambda_1=0.81$ (b) $\gamma=0.6$, $\varLambda_1=0.81$

图 3.9　供应链成员及整体利润比较

3.3.5　小结

随着"线上购买，线下配送"的生鲜O2O模式的流行，生鲜电商和线下零售商主要以批发模式和代理模式进行合作。生鲜电商和线下零售商的保鲜服务投入和增值服务投入对生鲜农产品需求会产生较大影响，但其投入水平又会因两者合作模式的不同发生改变。在此背景下，本章针对由一个生鲜电商和线下零售商组成的生鲜O2O供应链，分别构建了批发模式和代理模式下供应链成员间的博弈模型，分析了消费者对生鲜农产品新鲜度和增值服务的敏感度变化在两种模式下对生鲜电商和线下零售商的最优决策的影响，讨论了生鲜电商的最优合作模式选择，针对生鲜电商和线下零售商可进行合作模式改善的情形设计了固定转移支付契约进行改善，并分析了合作模式的改善对价格、保鲜服务投入水平和增值服务水平的影响。

研究发现：①消费者对增值服务水平敏感度的增加总是会促进价格、增值服务投入水平、保鲜服务投入水平和利润的增加；消费者对农产品新鲜度敏感度的增加对最优决策的影响并不是单调的，特别地，当服务敏感系数较低但新鲜度敏感系数很高时，随着消费者对新鲜度的敏感性增加，线下零售商反而会做出降低保鲜服务投入水平的决策。②生鲜电商的合作模式选择主要受佣金率和保鲜效率的影响，在佣金率低于（高于）1/2时，若保鲜效率较低，生鲜电商选择佣金（批发）模式，若保鲜效率较高，生鲜电商选择批发（佣金）模式。③当保鲜效率很低、服务效率相对较高时，线下零售商的最优合作模式为代理模式，但线下零售商要求的佣金率不应过高，否则生鲜电商会选择对线下零售商次优的批发模式，反而使线下零售商利益受损。④当保鲜效率和服务效率相对较低时，合作模式的改善不仅对生鲜电商和线下零售商有利，还可以使消费者以更低的价格买到更新鲜的生鲜农产品，提高消费者剩余。

第4章 O2O 模式下的供应链合作契约设计

随着线上购物逐渐成为消费者最重要的购物方式之一，线上零售业得以蓬勃发展。然而，由于在线上购物过程中缺少实物体验，消费者收到的产品可能与其预期不匹配，从而导致线上零售商较高的退货率。在此背景下，越来越多的线上零售商意识到实体体验的重要性，"线下体验，线上购买"作为一种重要的O2O模式应运而生，如Google与英国最大的IT连锁经销商Currys PC World合作开设线下体验区，天猫国际通过银泰商业在杭州开设跨境体验店为其直营商品提供体验服务。线下体验店的体验服务投入能够满足消费者的体验需求，有效降低线上零售商的产品退货率。然而在这种合作模式中，线上零售商往往很难观测到线下体验店的体验服务投入水平与私有成本信息等，这在一定程度上会降低供应链绩效、加剧供应链成员间的激励难度，使得线上零售商对线下体验店的合作契约设计问题变得复杂。因此，本章拟研究"线下体验，线上购买"模式中线上零售商与线下体验店的合作契约设计，针对存在道德风险、信息不对称、交叉销售、体验服务投入影响匹配率等四种情形，构建供应链成员间的博弈模型，设计线上零售商对线下体验店的最优合作契约。

4.1 O2O模式下存在道德风险的供应链合作契约设计

在"线下体验，线上购买"O2O模式中，线下体验店投入体验服务以吸引消费者购买线上零售商的产品，然而，在这一合作过程中，线下体验店提供的体验服务投入水平往往具有不可观测性，此时以自身利润最大化为目标的线下体验店可能会利用其拥有的信息优势降低体验服务投入水平，从而导致线上零售商的利润受损，即线下体验店可能存在道德风险的行为。此外，线上零售商与线下体验店间的合作还受到市场不确定性、线下体验店风险态度等因素的影响。这些因素可能进一步加剧线上零售商合作契约设计的难度。因此，考虑不确定市场环境下线下体验店的道德风险行为，研究线上零售商与线下体验店间的激励契约设计问题，对于确保和推动线上零售商O2O模式的实施具有重要的现实意义。

鉴于此，本节针对线下到线上O2O模式的特点和消费者对产品体验的差异性，拟建立受体验服务投入水平、价格和市场随机因素影响的需求函数，分析和比较体验服务投入水平可观测情形下和不可观测情形下线上线下主体的利润水平和最优决策，并分析最优线上销售商最优产品定价、佣金契约和代理成本及线下体验店最优努力水平分别受市场不确定性、线下体验店风险规避度、服务成本系数等因素的影响。

4.1.1 问题描述

考虑由一个线上零售商和一个线下体验店组成的供应链。其中，线上零售商以零售价格 p 在线上渠道销售产品，线下体验店在线下渠道为线上零售商销售的产品提供产品体验服务。在此情形下，存在两种消费者购买行为：一是消费者不体验，直接在线上渠道购买产品，此时若产品不符合其需求，则会发生退货现象；二是消费者到线下体验店体验产品，然后再决策是否购买，此时若产品不符合其需求，则放弃购买。为便于表达，分别用下标 o、s 表示线上零售商和线下体验店，分别用下标 O、S 表示线上渠道和体验渠道。

消费者在收到线上零售商配送的产品或在线下体验店体验产品前，对于产品是否符合其需求不确定，依据文献Gao和Su（2017b）、McWilliams（2012），用概率 τ_1 来表示产品符合消费者需求的可能性，以下将 τ_1 简称为匹配率。若产品符合消费者需求，则获得效用 $v-p$，其中，v 表示消费者对产品符合其需求时的支付意愿；若产品不符合消费者需求（概率为 $1-\tau_1$），则 $v=0$。

当消费者选择直接在线上渠道购买产品时，若产品不符合其需求，消费者将选择退货，并能够获得线上零售商的全额退款，但消费者会产生退货成本 η，如退货的物流费用等（Chen B T and Chen J, 2017），且 η 需满足条件 $\eta < \tau_1(v-p)/(1-\tau_1)$，否则市场上的潜在消费者都不会选择直接在线上渠道购买产品。由此，可得消费者直接在线上渠道购买产品获得的效用为

$$U_O = \tau_1(v-p) + (1-\tau_1)(p-p) - (1-\tau_1)\eta = \tau_1(v-p) - \eta(1-\tau_1) \quad (4.1)$$

当消费者选择到线下体验店体验产品时，不管消费者是否购买产品均会发生额外的线下麻烦成本 h_R（如参观线下体验店的时间成本、交通成本等），且 h_R 服从区间 $[0,1]$ 上的均匀分布。当产品符合消费者需求时，考虑线下体验店能够为消费者提供直观的产品试穿、试用等体验服务，且销售人员对产品的使用介绍可降低消费者的学习成本，让消费者获得更多的产品使用价值，因此消费者获得效用 $v-p+e_4$，其中，e_4 表示线下体验店提供的体验服务投入水平；当产品不符合消费者需求时，体验服务对消费者不产生影响，消费者将会放弃购买产品。由此，可得消费者从体验渠道购买产品获得的效用为

$$U_S = \tau_1(v-p+e_4-h_R) - (1-\tau_1)h_R = \tau_1(v-p+e_4) - h_R \quad (4.2)$$

假定线上零售商市场规模为1，且市场上每个消费者至多购买一单位产品。消费者依据 $\max\{U_O, U_S, 0\}$ 原则选择购买方式。当 $U_O \geq U_S$ 且 $U_O \geq 0$，即 $h_R \geq \tau_1 e_4 + \eta(1-\tau_1)$ 时，消费者会选择直接在线上渠道购买产品；当 $U_S > U_O$ 且 $U_S \geq 0$，即 $h_R < \tau_1 e_4 + \eta(1-\tau_1)$ 时，消费者会选择体验渠道购买产品。为了保证线上渠道和体验渠道非负，假设 $e_4 \leq [1-\eta(1-\tau_1)]/\tau_1$。由此，可以得到通过线上渠道、体验渠道购买产品的消费者数量分别为

$$\tilde{d}_O = 1 - \tau_1 e_4 - \eta(1-\tau_1) \tag{4.3}$$

$$\tilde{d}_S = \tau_1 [\tau_1 e_4 + \eta(1-\tau_1)] \tag{4.4}$$

进一步考虑消费者需求还受到市场随机因素的影响，参考文献Dumrongsiri等（2008）、Xue等（2014）的假设，可以得到线上渠道、体验渠道的产品需求分别为 $d_O = \tilde{d}_O + \varepsilon$、$d_S = \tilde{d}_S + \varepsilon$，其中，$\varepsilon$ 表示市场不确定引起的需求波动，且 ε 表示随机变量，服从均值为0，方差为 σ^2 的正态分布。

在线上零售商与线下体验店合作过程中，线下体验店的体验服务投入水平为其私有信息，线上零售商难以观测。线上零售商为激励线下体验店投入努力，提供契约 (f, γ)，其中，f 表示固定转移支付；γ 表示佣金率。当消费者需要退货时，考虑到线上零售商往往要求消费者退货产品无损坏且不影响二次销售、消费者承担运费等原因（Gu and Tayi, 2015），或消费者退货给线上零售商带来的损失包含在产品销售成本中，故假定消费者退货并不会给线上零售商带来额外损失。此外，线上零售商在销售产品时还需承担包括产品采购、线上销售的网络平台维护、网络咨询等在内的销售成本，记 c_2 表示线上零售商的单位销售成本。考虑到体验服务投入的边际成本递增性，假设线下体验店的体验服务成本函数为 $C(e_4) = e_4^2/2$。因此，可以得到线上零售商和线下体验店的利润分别为

$$\pi_O = p(\tau_1 d_O + d_S) - c_2(d_O + d_S) - f - \gamma p d_S \tag{4.5}$$

$$\pi_S = f + \gamma p d_S - C(e_4) \tag{4.6}$$

对于线下体验店而言，与线上零售商的企业规模相比，线下体验店的企业规模往往相对较小，且线下体验店仅为线上零售商的产品提供线下体验服务，不销售产品，故假设线上零售商是风险中性的，而线下体验店则是风险规避的。本章假设线下体验店的效应函数采用负指数效用形式（Yoo, 2014; Avinadav et al., 2017），即常数绝对风险规避效用函数（constant absolute risk aversion utility function, CARA），效用函数 $U(\pi_S) = -\exp(-\varsigma \pi_S)$，其中，$\varsigma > 0$ 为线下体验店风险规避度，表示线下体验店对风险的态度，ς 越大，说明线下体验店风险规避程度越高。进而可得线下体验店的确定性等价收益为

$$\mathrm{CE}[\pi_S] = E[\pi_S] - \varsigma \mathrm{Var}[\pi_S]/2 \tag{4.7}$$

4.1.2 最优合作契约设计

线上零售商和线下体验店合作过程分为三个阶段：第一阶段为契约设计，线上零售商向线下体验店提供契约(f,γ)；第二阶段为契约签订，若线下体验店的确定性等价收益不小于保留收益R，则接受该契约并确定体验服务投入水平e_4，反之拒绝合作；第三阶段为契约支付，服务过程结束，线上零售商按照契约向线下体验店进行支付。下面分体验服务投入水平可观测和不可观测两种情形进行分析，并分别用上标N、A表示上述两种情形。

1. 体验服务投入水平可观测情形

在体验服务投入水平可观测情形下，线上零售商可以决定任意的体验服务投入水平，并补偿线下体验店相应的服务成本。得到线上零售商的优化问题为

$$\begin{cases} \max E\left[\pi_o^N\right] = p\left(\tau_1\tilde{d}_O + \tilde{d}_S\right) - c_2\left(\tilde{d}_O + \tilde{d}_S\right) - f - \gamma p \tilde{d}_S \\ \text{s.t. (IR) } CE\left[\pi_s^N\right] \geq R \\ \quad\quad e_4 \leq \left[1-\eta(1-\tau_1)\right]/\tau_1 \end{cases} \quad (4.8)$$

其中，约束式（IR）表示个体理性约束（individual rational constraint），代表线下体验店的确定性等价收益不能低于其保留收益（R）。同时，考虑到线上零售商可以任意决定线下体验店的体验服务投入水平，且不会给予线下体验店更多佣金支付，故约束式（IR）为紧约束。

采用库恩塔克（Kuhn-Tucker，KT）方法求解上述优化问题，得到定理4.1。

定理4.1 在体验服务投入水平可观测情形下，线上零售商的最优契约设计$\left(f^{N*},\gamma^{N*}\right)$存在以下两种情形：①当$c_2 \leq Z_1$时，$f^{N*} = R + \tau_1^2 c_2^2 (1-\tau_1)^2/2$，$\gamma^{N*} = 0$；②当$c_2 > Z_1$时，$f^{N*} = R + \left[1-\eta(1-\tau_1)\right]^2/2\tau_1^2$，$\gamma^{N*} = 0$。其中，$Z_1 = \left[1-\eta(1-\tau_1)\right]/\tau_1(1-\tau_1)$。

证明： 由于约束式（IR）为紧约束可得$f^{N*} = R - \gamma p\tilde{d}_S + e_4^2/2 + \varsigma\gamma^2 p^2 \sigma^2 \tau_1^2/2$。将$f^{N*}$代入目标函数式$E\left[\pi_o^N\right]$，容易验证，$E\left[\pi_o^N\right]$关于$e_4$与$\gamma$的海塞矩阵负定，这说明$E\left[\pi_o^N\right]$是关于$e_4$与$\gamma$的联合凹函数，即存在唯一最优解。构建拉格朗日函数：

$$L(\gamma,e_4;\iota) = E\left[\pi_o^N\right] + \iota\left[\frac{1-\eta(1-\tau_1)}{\tau_1} - e_4\right]$$

从而得到KT条件：$\frac{\partial L}{\partial \gamma} = 0$，$\frac{\partial L}{\partial e_4} = 0$，$\frac{\partial L}{\partial \iota} \geq 0$，$\iota \geq 0$，$\iota\frac{\partial L}{\partial \iota} = 0$。联立求解可得定理4.1。

定理4.1依据线上零售商单位销售成本的变化得到两组最优解。可以知道，由

于线下体验店体验服务投入水平可观测,线上零售商根据体验服务投入水平设计激励契约,总是会设置为零的佣金率。并且,最优固定转移支付正好等于线下体验店的保留收益加上体验服务成本,线下体验店仅能够获得其保留收益。该定理表明,线下体验店不用承担由于市场不确定性带来的风险。

2. 体验服务投入水平不可观测情形

当线下体验店体验服务投入水平不可观测时,线下体验店需要决策最优体验服务投入水平,激励相容约束(incentive compatible constraint,IC)起作用。得到线上零售商与线下体验店的优化问题分别为

$$\begin{cases} \max E\left[\pi_o^A\right] = p(\tau_1 d_O + d_S) - c_2(d_O + d_S) - f - \gamma p d_S \\ \text{s.t. (IR)} \quad CE\left[\pi_s^A\right] \geqslant R \end{cases} \quad (4.9)$$

其中,$e_4^{A*} = \underset{e_4 \leqslant [1-\eta(1-\tau_1)]/\tau_1}{\arg\max} \left(f + \gamma p d_S - \frac{e_4^2}{2} - \frac{\varsigma \gamma^2 p^2 \sigma^2 \tau_1^2}{2} \right)$。

采用逆向归纳法的求解,得到定理4.2。

定理4.2 在体验服务投入水平不可观测情形下,线上零售商的最优契约设计(f^{A*}, γ^{A*})存在以下两种情形:① 当$c_2 \leqslant Z_2$时,$f^{A*} = R + \dfrac{\tau_1 p \gamma^{A*}\left[\tau_1 p \gamma^{A*}(\varsigma \sigma^2 - \tau_1^2) - 2\eta(1-\tau_1)\right]}{2}$,$\gamma^{A*} = \dfrac{\tau_1 c_2 (1-\tau_1)}{p(\varsigma \sigma^2 + \tau_1^2)}$;② 当$c_2 > Z_2$时,

$f^{A*} = R + \dfrac{\tau_1 p \gamma^{A*}\left[\tau_1 p \gamma^{A*}(\varsigma \sigma^2 - \tau_1^2) - 2\eta(1-\tau_1)\right]}{2}$,$\gamma^{A*} = \dfrac{1-\eta(1-\tau_1)}{p \tau_1^3}$。

其中,$Z_2 = (\varsigma \sigma^2 + \tau_1^2)[1-\eta(1-\tau_1)]/\tau_1^4(1-\tau_1)$。

证明: 证明过程与定理4.1的证明类似,故略。

定理4.2表明,线上零售商通过设置大于零的佣金率来激励线下体验店付出努力,且佣金率的大小与线下体验店体验服务投入水平正相关。对于固定转移支付而言,作为调动线下体验店参与合作积极性的激励参数,需要补偿线下体验店的服务成本和风险成本,并使线下体验店达到其保留收益水平。

命题4.1 消费者退货成本对线上零售商和线下体验店最优决策存在如下影响:① 当$c_2 \leqslant Z_2$时,$\dfrac{\partial f^{A*}}{\partial \eta} < 0$,$\dfrac{\partial \gamma^{A*}}{\partial \eta} = 0$,$\dfrac{\partial e_4^{A*}}{\partial \eta} = 0$。② 当$c_2 > Z_2$时,若$\varsigma > \dfrac{\eta \tau_1^2 (1-\tau_1)}{\sigma^2 [1+\eta(1-\tau_1)]}$则$\dfrac{\partial f^{A*}}{\partial \eta} < 0$,$\dfrac{\partial \gamma^{A*}}{\partial \eta} < 0$,$\dfrac{\partial e_4^{A*}}{\partial \eta} < 0$。

命题4.1表明,在不同情形下,消费者退货成本对线上零售商最优契约设计和

线下体验店最优体验服务投入水平决策的影响存在一定差异。当 $c_2 \leq Z_2$ 时，固定转移支付会随着消费者退货成本的增大而减小，而佣金率和体验服务投入水平则不会受到消费者退货成本的影响；当 $c_2 > Z_2$ 时，则佣金率和体验服务投入水平均会随消费者退货成本的增大而减小；对于固定转移支付，若线下体验店风险规避程度还满足一定条件，则固定转移支付也会随消费者退货成本的增大而减小。

4.1.3 不同情形下的均衡比较分析

本节先比较不同情形下供应链成员最优决策及线上零售商利润的变化，然后再考察线下体验店的价值。

1. 绩效比较分析

依据定理4.1和定理4.2，仅当 $c_2 \leq \max\{Z_1, Z_2\}$，即 $c_2 \leq Z_1$ 时，直接在线上渠道购买产品和到线下体验店体验产品的消费者才会同时存在。因此，本节仅针对两种消费者购买行为均存在的情况，通过比较不同情形下供应链成员最优决策及线上零售商利润的变化，分析体验服务投入水平不可观测的影响，可得命题4.2和命题4.3。

命题4.2 当 $c_2 \leq Z_1$ 时，不同情形下供应链成员的均衡决策具有以下性质：① $\text{sign}\{f^{A*} - f^{N*}\} = \text{sign}\{Z_3\}$，$\gamma^{A*} > \gamma^{N*}$；② $e_4^{A*} < e_4^{N*}$。

其中，$Z_3 = \dfrac{c_2^2 \tau_1^4 (1-\tau_1)^2 (\varsigma\sigma^2 - \tau_1^2)}{2(\varsigma\sigma^2 + \tau_1^2)^2} - \dfrac{c_2 \eta \tau_1^2 (1-\tau_1)^2}{\varsigma\sigma^2 + \tau_1^2} - \dfrac{[1-\eta(1-\tau_1)]^2}{2\tau_1^4}$。

命题4.2表明，由于道德风险的存在，即当线下体验店体验服务投入水平不能被线上零售商观测时，最优固定转移支付变化情况与匹配率、单位销售成本、线下体验店风险规避度、市场不确定性等因素有关联。并且，固定转移支付包含考虑线下体验店体验服务成本和风险成本，以满足线下体验店参与约束。而道德风险的存在总是会使佣金率"向上扭曲"，表示线上零售商侧重对线下体验店努力付出的激励。对于线下体验店而言，道德风险的存在使得线下体验店降低其努力付出（$e_4^{A*} < e_4^{N*}$）。这也意味着，线上零售商要使线下体验店付出努力，需给予线下体验店一定的激励。此外，从风险分担的角度，可以知道，大于零的佣金率也让线下体验店分担了部分市场不确定风险。

命题4.3 当 $c_2 \leq Z_1$ 时，不同情形下线上零售商的最优利润具有以下性质：

当 $c_2 \leq \dfrac{[1-\eta(1-\tau_1)]^2}{\tau_1^4(1-\tau_1)} \sqrt{\dfrac{\varsigma\sigma^2 + \tau_1^2}{2\varsigma\sigma^2 + \tau_1^2}}$ 时，$\pi_o^{A*} \geq \pi_o^{N*}$；反之，$\pi_o^{A*} < \pi_o^{N*}$。

命题4.3表明体验服务投入水平的降低并不一定会导致线上零售商利润受损，

这取决于消费者退货行为给线上零售商带来的退货损失。容易知道,当消费者直接在线上渠道购买产品时,可能发生的退货行为会给线上零售商带来退货损失,即线上零售商销售产品时发生的产品销售成本。因此,仅当线上零售商单位销售成本较高时,消费者退货给线上零售商带来的退货损失也较大,体验服务投入水平不可观测才会造成线上零售商利润损失。

2. 线下体验店价值分析

为分析线下体验店的价值,本节先给出不存在线下体验店时线上零售商的利润,为便于表达,本节将该情形简称为基准情形,并用上标 B 表示。由前文假设 $\eta < \tau_1(v-p)/(1-\tau_1)$,故 $U_O \geq 0$ 恒成立,即市场上的潜在消费者将全部在线上渠道购买产品。因此,线上零售商获得的利润为产品销售收益减去销售成本,即 $\pi_o^{B*} = \tau_1 p - c_2$。

命题4.4 线下体验店对线上零售商利润的影响为:当

$$R < \frac{(1-\tau_1)^2 \left[\tau_1^4 + 2\eta(\varsigma\sigma^2 + \tau_1^2)\right]}{2(\varsigma\sigma^2 + \tau_1^2)} \text{ 且 } c_2 > Z_4 \text{ 时},\ \pi_o^{A*} > \pi_o^{B*}。$$

其中,$Z_4 = \dfrac{\sqrt{\eta^2(1-\tau_1)^2(\varsigma\sigma^2+\tau_1^2)^2 + 2\tau_1^4 R(\varsigma\sigma^2+\tau_1^2)} - \eta(1-\tau_1)(\varsigma\sigma^2+\tau_1^2)}{\tau_1^4(1-\tau_1)}$。

命题4.4表明,线上零售商引入线下体验渠道存在可行条件,且与线上零售商单位销售成本和线下体验店保留收益有关联。这是因为线上零售商为了保证线下体验店能够参与合作,必须满足线下体验店的参与约束,即约束式(IR),使得线下体验店确定性等价收益不能低于其保留收益;此外,从线上零售商的角度,线上零售商开辟线下体验店可以有效降低其退货损失,可以知道,当发生消费者退货行为时,线上零售商销售产品时发生的产品销售成本即为其退货损失,因此仅当消费者退货给线上零售商带来的损失较大时,线上零售商才有动机引入线下体验渠道。综合上述两方面的影响,当消费者退货行为给线上零售商带来的损失较大,且线下体验店保留收益较低时,线上零售商与线下体验店才能达成合作并获得更多利润。

命题4.5 环境参数对线下体验店价值的影响为① $\dfrac{\partial(\pi_o^{A*} - \pi_o^{B*})}{\partial c_2} > 0$,$\dfrac{\partial(\pi_o^{A*} - \pi_o^{B*})}{\partial \varsigma} < 0$,$\dfrac{\partial(\pi_o^{A*} - \pi_o^{B*})}{\partial \sigma^2} < 0$;② $\dfrac{\partial(\pi_o^{A*} - \pi_o^{B*})}{\partial \varsigma \partial c_2} < 0$,$\dfrac{\partial(\pi_o^{A*} - \pi_o^{B*})}{\partial \sigma^2 \partial c_2} < 0$。

命题4.5表明,当线上零售商与线下体验店合作能够为线上零售商带来正的收益时,线下体验店的价值总是会随线上零售商单位销售成本的增大而减小,表明体验渠道的引入有利于缓解消费者退货给线上零售商造成的不利影响,且线上零售商退货损失越大,线下体验店的这种作用越显著。而对于线下体验店风险规避度和市场不确定性而言,则会缓解体验渠道的引入对线上零售商利润的有利影响。此外,还可以发现,线上零售商单位销售成本虽然对线上零售商引入体验渠道有利,但也会加剧线下体验店风险规避度和市场不确定性对线下体验店价值的不利影响。

4.1.4 数值仿真

在上述理论研究的基础上,为进一步揭示匹配率对契约参数、线上零售商利润的影响,本节将通过数值算例,对上述研究结果进行直观分析。同时,考虑不同参数取值并不会影响曲线的变化趋势,设置参数:$v=1.5$,$p=1$,$c_2=0.15$,$\eta=0.1$,$\sigma=\sqrt{0.5}$,$\varsigma=5$,$R=0.3$。以 τ_1 为横坐标,绘制图4.1、图4.2。

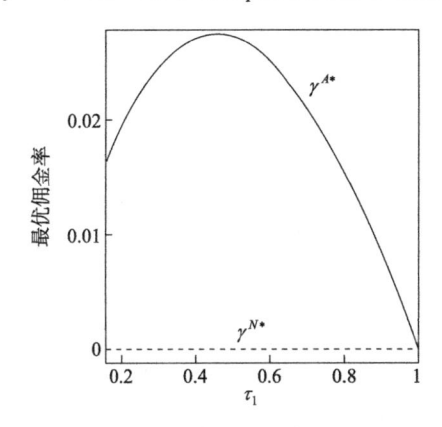

图 4.1 匹配率对佣金率的影响

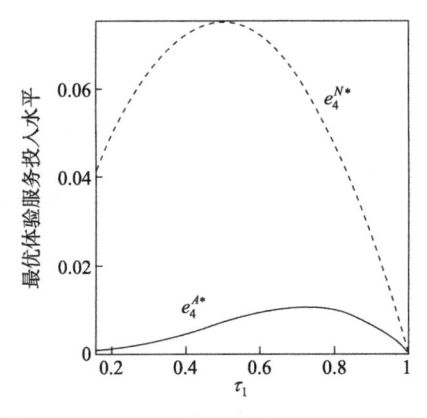

图 4.2 匹配率对体验服务投入水平的影响

观察图4.1可以发现：①在线下体验店体验服务投入水平可观测的情形下，最优佣金率 $\gamma^{A*} > \gamma^{N*} = 0$，表明道德风险的存在会导致最优佣金率向上扭曲，线上零售商需要给予线下体验店更多的努力付出激励。②在线下体验店体验服务投入水平不可观测的情形下，随着匹配率的增大，线上零售商设置的最优佣金率先增大后减小，表明当匹配率较小时，线上零售商需要激励线下体验店提供更高的服务水平来吸引消费者到线下体验店体验产品，但随着匹配率的增大，零售商将减小给予线下体验店的努力付出激励。③当 $\tau_1 \to 1$ 时，$\gamma^{A*} = \gamma^{N*} = 0$，表明当线上零售商销售的产品在理想状态下均符合消费者需求时，不存在消费者退货现象，此时体验渠道的引入对线上零售商不存在任何价值。

观察图4.2可以发现：①线下体验店体验服务投入水平不可观测下的最优体验服务投入水平总是低于体验服务投入水平可观测下的值，即 $e_4^{A*} < e_4^{N*}$，表明道德风险的存在会使线下体验店降低其努力付出。②在不同情形下，随着匹配率的增大，最优体验服务投入水平先增大后减小，并且，e_4^{A*} 与 e_4^{N*} 的大小差异也先增大后减小，当 $\tau_1 \to 1$ 时，$e_4^{A*} = e_4^{N*} = 0$。

4.1.5 小结

本节针对由一个线上零售商和一个线下体验店组成的线下到线上供应链，考虑线下体验店为线上零售商产品提供线下体验服务，分别构建了线下体验店体验服务投入水平可观测和不可观测两种情形下的模型。通过模型求解，分析了产品符合消费者需求的概率、消费者退货成本、线上零售商单位销售成本及线下体验店风险规避等因素对线上零售商激励契约设计和线下体验店体验服务投入水平决策的影响。

研究发现：①在不同情形下，依据线上零售商单位销售成本的变化，可以得到两组最优解；当线下体验店体验服务投入水平可观测时，线上零售商总是会设置为零的佣金率，并通过调整固定转移支付的大小来满足线下体验店的参与合作，此时线下体验店也不用承担由于市场不确定性带来的风险；当线下体验店体验服务投入水平不可观测时，线上零售商通过设置大于零的佣金率来激励线下体验店付出努力，消费者退货成本对线上零售商契约设计和线下体验店最优体验服务投入水平的影响存在一定差异。②道德风险的存在会使线上零售商提高最优佣金率，线下体验店则会降低其最优体验服务投入水平，但却不一定会给线上零售商利润造成损失，这取决于消费者退货行为给线上零售商带来的退货损失的大小；线上零售商引入线下体验渠道存在可行条件，且与线上零售商单位销售成本、线下体验店保留收益等因素有关联。当线上零售商与线下体验店合作能够为线上零售商带来正的收益时，体验渠道的引入有利于缓解消费者退货行为给线上零售商带来的不利影响,且消费者退货行为给线上零售商造成的损失越大,体验渠道的价值越大。

4.2 O2O模式下考虑信息不对称的供应链合作契约设计

在线下体验店和线上零售商的合作中,线上零售商除了无法观测到线下体验店的体验服务投入水平外,往往还无法观测到线下体验店体验服务投入的成本信息。而且,为了自身利益最大化,具有成本信息优势的线下体验店往往不愿意主动向线上零售商披露其拥有的私有信息,这可能会导致线上零售商决策失误。道德风险和逆向选择的同时存在会加剧供应链成员间合作契约设计的难度、增加决策激励失调的可能性。因此,在4.1节研究的基础上,本节进一步考虑线下体验店的体验服务成本为其私有信息,研究体验服务成本信息不对称对线上零售商合作契约设计会造成何种影响、线上零售商能否通过谈判来促使线下体验店自愿披露其拥有的私有信息等问题。

鉴于此,本节考虑由一个线上零售商和一个线下体验店组成的供应链,分别构建信息对称和信息不对称下的委托代理模型,研究线上零售商的佣金契约设计问题,并分析佣金契约性质和消费者退货行为对线下体验店体验服务投入水平的影响,考察信息不对称对佣金契约、体验服务投入水平及线上零售商、线下体验店和O2O供应链系统绩效的影响。

4.2.1 问题描述

考虑由一个线上零售商和一个线下体验店组成的供应链,其中线上零售商以零售价格 p 在线上渠道销售产品,线下体验店在线下渠道为线上零售商销售的产品提供产品体验服务。由此,可知存在两种消费者购买行为:一是消费者不体验,直接在线上渠道购买产品,此时若产品不符合其需求,则会发生退货现象;二是消费者到线下体验店体验产品,再决策是否购买,此时若产品不符合其需求,则放弃购买。为便于表达,分别用下标 o、s 表示线上零售商和线下体验店,分别用下标 O、S 表示线上渠道和体验渠道。

消费者在收到线上零售商配送的产品或在线下体验店体验产品前,对于产品是否符合其需求不确定,故依据文献Gao和Su(2017b),用概率 τ_1 来表示产品符合消费者需求的可能性,以下将 τ_1 简称为匹配率。若产品符合消费者需求,则获得效用 $v-p$,其中,v 表示消费者对产品符合其需求时的支付意愿;若产品不符合消费者需求(概率为 $1-\tau_1$),则 $v=0$。

当消费者选择直接在线上渠道购买产品时,若产品不符合其需求,消费者将选择退货,并能够获得线上零售商的全额退款,但消费者会产生退货成本 η(如退货的物流费用等)(Chen B T and Chen J, 2017), 且 η 需满足条件 $\eta < \tau_1(v-p)/(1-\tau_1)$, 否则消费者不会选择直接在线上渠道购买产品。由此，可以得到消费者直接在线上渠道购买产品获得的效用为

$$U_O = \tau_1(v-p) + (1-\tau_1)(p-p) - (1-\tau_1)\eta = \tau_1(v-p) - \eta(1-\tau_1) \quad (4.10)$$

当消费者选择到线下体验店体验产品时，不管消费者是否购买产品均会发生额外的线下麻烦成本 h_R（如参观线下体验店的时间成本、交通成本等），且 h_R 服从区间 $[0,1]$ 上的均匀分布。当产品符合消费者需求时，考虑线下体验店能够为消费者提供直观的产品试穿、试用等体验服务，且销售人员对产品的使用介绍可降低消费者学习成本，让消费者获得更多的产品使用价值，因此消费者获得效用 $v-p+e_4$，其中，e_4 表示线下体验店提供的体验服务投入水平；当产品不符合消费者需求时，体验服务对消费者不产生影响，消费者将会放弃购买产品。由此，可得消费者从体验渠道购买产品获得的效用为

$$U_S = \tau_1(v-p+e_4-h_R) - (1-\tau_1)h_R = \tau_1(v-p+e_4) - h_R \quad (4.11)$$

假定线上零售商产品市场规模为1，且市场上的每个消费者至多购买一单位产品。消费者依据效用最大化原则 $\max\{U_O, U_S, 0\}$ 选择购买方式。当 $U_O \geq U_S$ 且 $U_O \geq 0$，即 $h_R \geq \tau_1 e_4 + \eta(1-\tau_1)$ 时，消费者会选择直接在线上渠道购买产品；当 $U_S > U_O$ 且 $U_S \geq 0$，即 $h_R < \tau_1 e_4 + \eta(1-\tau_1)$ 时，消费者会选择体验渠道购买产品。为了保证线上渠道和体验渠道非负，假设 $e_4 \leq [1-\eta(1-\tau_1)]/\tau_1$。由此，可以得到通过线上渠道、体验渠道购买产品的消费者数量分别为

$$d_O = 1 - \tau_1 e_4 - \eta(1-\tau_1) \quad (4.12)$$

$$d_S = \tau_1[\tau_1 e_4 + \eta(1-\tau_1)] \quad (4.13)$$

当直接去线上购物的消费者收到产品发现不匹配自身需求时会选择退货，此时线上零售商需承担一定的退货处理成本，如重新包装成本、重新储存的库存成本或降价销售时的价值损失等 (Ofek et al., 2011; Xia et al., 2017)，假设线上零售商的单位退货处理成本为 c_3。此外，考虑到体验服务边际成本投入的递增性，假设线下体验店的体验服务成本函数为 $C(e_4) = \kappa_4 e_4^2/2$，其中，$\kappa_4$ 表示体验服务成本系数。在线上零售商与线下体验店合作过程中，线下体验店的体验服务投入水平及服务成本均为其私有信息。为刻画这一特点，假设体验店服务成本系数 κ_4 以 β 的概率为高类型 κ_H、以 $1-\beta$ 的概率为低类型 κ_L，且 $\kappa_L < \kappa_H$，线上零售商不知晓体验店服务成本系数的类型，但知晓其分布的先验概率。这是文献中用来刻画信息不对称的常用假设(Kong et al., 2013; Li et al., 2014; Huang et al., 2016)。

在信息不对称下，为诱使线下体验店披露其拥有的私有信息，并激励线下体验店提供体验服务，线上零售商设计一组契约菜单 (f_i, γ_i)，其中，$i = H, L$；f_i 表

示固定转移支付；γ_i 表示佣金率。

4.2.2 最优合作契约设计

为便于表达，分别用上标 N、A 表示信息对称和信息不对称。

1. 线下体验店的最优体验服务投入水平决策

给定线上零售商的契约 (f_i,γ_i)，线下体验店以最大化自身利润为目标决策体验服务投入水平 e_{4i}。由此，得到线下体验店的优化问题为

$$\begin{cases} \max \pi_{si} = f_i + \gamma_i p d_S - \dfrac{1}{2}\kappa_i e_{4i}^2 \\ \text{s.t.} \quad e_{4i} \leq \dfrac{1-\eta(1-\tau_1)}{\tau_1} \end{cases} \quad (4.14)$$

采用KT方法求解式（4.14）中的优化问题，可得唯一最优解，如定理4.3所示。

定理4.3 给定契约 (f_i,γ_i)，线下体验店最优体验服务努力水平为

$$e_{4i}^* = \begin{cases} \dfrac{\gamma_i p \tau_1^2}{\kappa_i}, & \gamma_i \leq \dfrac{\kappa_i[1-\eta(1-\tau_1)]}{p\tau_1^3} \\ \dfrac{1-\eta(1-\tau_1)}{\tau_1}, & \dfrac{\kappa_i[1-\eta(1-\tau_1)]}{p\tau_1^3} < \gamma_i < 1 \end{cases}$$

定理4.3表明，给定契约 (α_i,β_i)，线下体验店决策的最优体验服务投入水平与固定转移支付无关。当线上零售商设置较低的佣金率时，线下体验店最优体验服务投入水平 e_{4i}^* 取决于佣金率的大小，即随着佣金率的增大而提高（$\partial e_{4i}^*/\partial \gamma_i > 0$）。随着佣金率的增大，当其超过某一阈值时，由于市场上的潜在消费者将全部到线下体验店体验产品，故线下体验店没有必要付出更多努力，e_{4i}^* 将为确定的值，此时 e_{4i}^* 取决于产品符合消费者需求的概率 τ_1 和消费者退货成本 η。

2. 信息对称下的最优契约设计

信息对称下，给定线下体验店类型和线上零售商的契约 (f_i,γ_i)，线上零售商的优化问题为

$$\begin{cases} \max \pi_{oi}^N = p(\tau_1 d_O + d_S) - c_3(1-\tau_1)d_O - f_i - \gamma_i p d_S \\ \text{s.t.} \quad (\text{IR}) \; \pi_{si}^N \geq R \end{cases} \quad (4.15)$$

其中，R 表示线下体验店的保留收益。

采用KT方法求解式（4.15）中的优化问题，得到定理4.4。

定理4.4 信息对称下，线上零售商设计的最优契约 (f_i^{N*},γ_i^{N*}) 及线下体验店决策的最优体验服务投入水平 e_{4i}^{N*} 为①当 $\kappa_i \geq Z_1$ 时，$f_i^{N*}=$

$$R - \frac{c_3\left(c_3\tau_1^2 + 2\eta\kappa_i\right)(2-\tau_1)^2}{2\kappa_i}, \quad \gamma_i^{N*} = \frac{c_3(1-\tau_1)}{\tau_1 p}, \quad e_{4i}^{N*} = \frac{c_3\tau_1(1-\tau_1)}{\kappa_i}; \quad ②当 \kappa_i < Z_1 时,$$

$$f_i^{N*} = R - \frac{\kappa_i - \kappa_i\eta^2(1-\tau_1)^2}{2\tau_1^2}, \quad \gamma_i^{N*} = \frac{\kappa_i\left[1-\eta(1-\tau_1)\right]}{\tau_1^3 p}, \quad e_{4i}^{N*} = \frac{1-\eta(1-\tau_1)}{\tau_1}。$$

其中，$Z_1 = \frac{c_3\tau_1^2(1-\tau_1)}{1-\eta(1-\tau_1)}$。

证明：依据定理4.3，分以下（C1）和（C2）两种情形求解式（4.15）中的优化问题。

（C1）当 $\gamma_i \leq \kappa_i\left[1-\eta(1-\tau_1)\right]/p\tau_1^3$ 时，将 e_{4i}^* 代入式（4.15）。容易发现，π_{oi}^N 是关于 f_i 的一次函数、关于 γ_i 的二次函数，且 $\partial^2\pi_{oi}^N/\partial\gamma_i^2 < 0$，即 π_{oi}^N 为关于 γ_i 的凹函数。因此，在约束式（IR）约束下，存在角点解 f_i^{N*} 和内点解 γ_i^{N*}，即存在唯一最优解。构建拉格朗日函数：

$$L(f_i,\gamma_i;\iota_1,\iota_2) = \pi_{oi}^N + \iota_1\left(\pi_{si}^N - R\right) + \iota_2\left\{\kappa_i\left[1-\eta(1-\tau_1)\right]/p\tau_1^3 - \gamma_i\right\}$$

从而得到KT条件：$\frac{\partial L}{\partial f_i} = 0$，$\frac{\partial L}{\partial \gamma_i} = 0$，$\frac{\partial L}{\partial \iota_1} \geq 0$，$\frac{\partial L}{\partial \iota_2} \geq 0$，$\iota_1 \geq 0$，$\iota_2 \geq 0$，$\iota_1\frac{\partial L}{\partial \iota_1} = 0$，$\iota_2\frac{\partial L}{\partial \iota_2} = 0$。联立求解得到两组有效解：当 $\iota_1 = 1$，$\iota_2 = 0$ 时，可得 $f_i^{N*} = R - \frac{c_3\left(c_3\tau_1^2 + 2\eta\kappa_i\right)(2-\tau_1)^2}{2\kappa_i}$，$\gamma_i^{N*} = \frac{c_3(1-\tau_1)}{\tau_1 p}$，由约束条件 $\frac{\partial L}{\partial \iota_2} \geq 0$ 可以得到 $\kappa_i \geq Z_1$；当 $\iota_1 = 1$，$\iota_2 \neq 0$ 时，$f_i^{N*} = R - \frac{\kappa_i - \kappa_i\eta^2(1-\tau_1)^2}{2\tau_1^2}$，$\gamma_i^{N*} = \frac{\kappa_i\left[1-\eta(1-\tau_1)\right]}{\tau_1^3 p}$，由约束条件 $\iota_2 > 0$ 可以得到 $\kappa_i < Z_1$。

（C2）情形中的证明过程与上述过程类似，故略。综合上述（C1）和（C2）两种情形，即可得定理4.4。

定理4.4表明，随着体验服务成本系数 κ_i 的变化，线上零售商设计的最优契约存在两种情形。具体分析，当体验服务成本系数较大时，线下体验店提供体验服务的成本较高，最优佣金率的大小取决于线上零售商退货损失与收益之间的大小；而当体验服务成本系数较小时，线下体验店提供体验服务的成本较低，最优佣金率将会随着体验服务成本系数的增大而增大。

命题4.6 信息对称下，线下体验店决策的最优体验服务投入水平能达到集中式决策下的最优水平，即 $e_{4i}^{N*} = e_{4i}^{C*}$（$i = H, L$）。此时，线上零售商通过设计契约 $\left(f_i^{N*}, \gamma_i^{N*}\right)$，可实现集中式决策下的供应链利润，即 $\pi_{\text{sci}}^{N*} = \pi_{\text{sci}}^{C*}$。其中，上标 C 表示集中式决策情形。

命题4.6表明,当线下体验店服务成本为信息对称时,线上零售商通过设计"固定转移支付+佣金率"的激励契约能够实现O2O供应链的完美协调。可以发现,当体验服务成本系数较大($\kappa_i \geq Z_1$)时,线下体验店决策的最优体验服务投入水平总会随着线上零售商退货损失的增大而增大($\partial e_{4i}^{N*}/\partial c_3 > 0$,$\partial e_{4i}^{C*}/\partial c_3 > 0$);当体验服务成本系数较小($\kappa_i < Z_1$)时,最优体验服务投入水平则不受其服务成本系数的影响,但总是会随消费者退货成本的增大而减小($\partial e_{4i}^{N*}/\partial \eta < 0$,$\partial e_{4i}^{C*}/\partial \eta < 0$)。

3. 信息不对称下的最优契约设计

信息不对称下,由于线上零售商不知道确切的线下体验店服务成本信息,故线上零售商在设计激励契约时除了需要满足线下体验店的个体理性约束外,还需满足线下体验店的激励相容约束。此时,给定契约(f_i, γ_i)($i=H,L$),线上零售商面临的优化问题为

$$\begin{cases} \max \pi_o^A = \beta \left[p(\tau_1 d_O + d_S) - c_3(1-\tau_1)d_O - f_H - \gamma_H p d_S \right] \\ \qquad + (1-\beta) \left[p(\tau_1 d_O + d_S) - c_3(1-\tau_1)d_O - f_L - \gamma_L p d_S \right] \\ \text{s.t.} \quad \text{(IRL)} \ \pi_{sL}^A \geq R \\ \qquad \text{(IRH)} \ \pi_{sH}^A \geq R \\ \qquad \text{(ICL)} \ \pi_{sL}^A(f_L, \gamma_L) \geq \pi_{sL}^A(f_H, \gamma_H) \\ \qquad \text{(ICH)} \ \pi_{sH}^A(f_H, \gamma_H) \geq \pi_{sH}^A(f_L, \gamma_L) \end{cases} \quad (4.16)$$

引理4.1 个体理性约束式(individual rational constraint,IRH)和激励相容约束式(incentive compatible constraint,ICL)均为紧约束,并由此可得

① $f_H^{A*} = R - \gamma_H^{A*} p \tau_1 \left[\tau_1 e_{4H}^{A*}(\gamma_H^{A*}) + \eta(1-\tau_1) \right] + \kappa_H \left[e_{4H}^{A*}(\gamma_H^{A*}) \right]^2 / 2$;② $f_L^{A*} = f_H^{A*} + p\tau_1^2 \left[\gamma_H^{A*} e_{4L}^{A*}(\gamma_H^{A*}) - \gamma_L^{A*} e_{4L}^{A*}(\gamma_L^{A*}) \right] + p\eta\tau_1(1-\tau_1)(\gamma_H^{A*} - \gamma_L^{A*}) - \kappa_L \left[e_{4L}^{A*}(\gamma_H^{A*}) \right]^2 / 2 + \kappa_L \left[e_{4L}^{A*}(\gamma_L^{A*}) \right]^2 / 2$。

采用KT方法求解式(4.16)中的优化问题,得到定理4.5。

定理4.5 信息不对称下,线上零售商的最优佣金率γ_i^{A*}与线下体验店决策的最优体验服务投入水平e_{4i}^{A*}为①区间C_1:当$\kappa_H \geq Z_2 > \kappa_L \geq Z_1$时,$\gamma_L^{A*} = \dfrac{c_3(1-\tau_1)}{\tau_1 p}$,$\gamma_H^{A*} = \dfrac{\beta \kappa_L c_3(1-\tau_1)}{\tau_1 p Z_2}$,$e_{4L}^{A*} = \dfrac{c_3 \tau_1(1-\tau_1)}{\kappa_L}$,$e_{4H}^{A*} = \dfrac{\beta \kappa_L c_3 \tau_1(1-\tau_1)}{\kappa_H Z_2}$。②区

间 C_2：当 $\kappa_H \geq Z_2 > Z_1 \geq \kappa_L$ 时，$\gamma_L^{A*} \in \left(\dfrac{\kappa_L\left[1-\eta(1-\tau_1)\right]}{p\tau_1^3}, 1 \right)$，$\gamma_H^{A*} = \dfrac{\beta\kappa_L c_3(1-\tau_1)}{\tau_1 p Z_2}$，

$e_{4L}^{A*} = \dfrac{1-\eta(1-\tau_1)}{\tau_1}$，$e_{4H}^{A*} = \dfrac{\beta\kappa_L c_3 \tau_1(1-\tau_1)}{\kappa_H Z_2}$。③区间 C_3：当 $Z_2 \geq \kappa_H > Z_1 \geq \kappa_L$ 时，

$\gamma_L^{A*} \in \left(\dfrac{\kappa_L\left[1-\eta(1-\tau_1)\right]}{p\tau_1^3}, 1 \right)$，$\gamma_H^{A*} = \dfrac{Z_3}{(2\beta-1)p\tau_1^3}$，$e_{4L}^{A*} = \dfrac{1-\eta(1-\tau_1)}{\tau_1}$，$e_{4H}^{A*} =$

$\dfrac{Z_3}{(2\beta-1)p\tau_1^3}$。④区间 C_4：当 $Z_1 \geq \kappa_H > \kappa_L$ 时，$\gamma_L^{A*} \in \left(\dfrac{\kappa_H\left[1-\eta(1-\tau_1)\right]}{p\tau_1^3}, 1 \right)$，

$\gamma_H^{A*} \in \left(\dfrac{\kappa_H\left[1-\eta(1-\tau_1)\right]}{p\tau_1^3}, 1 \right)$，$e_{4L}^{A*} = \dfrac{1-\eta(1-\tau_1)}{\tau_1}$，$e_{4H}^{A*} = \dfrac{1-\eta(1-\tau_1)}{\tau_1}$。

其中，$Z_1 = \dfrac{\beta\tau_1^2 c_3(1-\tau_1) + \kappa_L(1-2\beta)\left[1-\eta(1-\tau_1)\right]}{(1-\beta)\left[1-\eta(1-\tau_1)\right]}$，$Z_2 = (1-\beta)(\kappa_H - \kappa_L) + \beta\kappa_L$

且 $Z_1 < Z_2$，$Z_3 = \beta c_3 \tau_1^2(1-\tau_1) - \kappa_H(1-\beta) + \kappa_H \eta(1-\beta)(1-\tau_1)$。

证明：证明过程与定理4.4的类似，故略。

定理4.5表明，针对两种类型线下体验店，线上零售商决策的最优佣金率取决于线下体验店的服务成本系数。依据两种类型体验服务成本系数的差异，线上零售商设计四种契约，且这四种情形下的最优佣金率均与匹配率、消费者退货成本及线上零售商退货损失有关。为便于分析，本章定义了与线下体验店体验服务投入水平 e_{4i}^{A*}（$i=H,L$）有关的两个概念来描述线下体验店的情况。当 i 类型线下体验店的服务水平均小于 $\left[1-\eta(1-\tau_1)\right]/\tau_1$ 时，称该类型线下体验店为不积极线下体验店；当 i 类型线下体验店的服务水平均等于 $\left[1-\eta(1-\tau_1)\right]/\tau_1$ 时，称该类型线下体验店为积极线下体验店。

命题4.7 信息不对称下，阈值 Z_1 和 Z_2 将 i（$i=H,L$）类型线下体验店划分为不积极和积极两种情况。具体来说，若 $\kappa_H \geq Z_2 > \kappa_L \geq Z_1$，则两种类型线下体验店均为不积极线下体验店；若 $\min\{\kappa_H, Z_2\} > Z_1 \geq \kappa_L$，则低类型线下体验店为积极线下体验店，高类型线下体验店为不积极线下体验店；若 $Z_2 \geq \kappa_H > \kappa_L$，则两种类型线下体验店均为积极线下体验店。

由命题4.7可知，在取值区间 C_1 内，两种类型线下体验店均属于不积极线下体验店，此时市场上的潜在消费者会同时考虑直接在线上渠道购买产品，还是到线下体验店体验产品；在取值区间 C_2 和 C_3 内，仅低类型线下体验店属于积极线下体验店，故当线下体验店为 L 类型时，市场上的潜在消费者将全部选择到线下体验店体验产品；在取值区间 C_4 内，两种类型的线下体验店均属于积极线下体验店，

此时市场上的潜在消费者总是会选择到线下体验店体验产品。

依据定理4.4，在信息对称下，i（$i=H,L$）类型线下体验店仅区分为两种情形，即当$\kappa_i \geqslant Z_1$时，i类型线下体验店属于不积极体验店；当$\kappa_i \leqslant Z_1$时，i类型线下体验店则属于积极体验店。由此可见，信息不对称的存在增加了线上零售商激励契约设计的难度，并有可能会导致线上零售商的利润损失。这是因为线下体验店的私有信息和隐藏行动会引发信息租金。

4.2.3 不同情形下的均衡比较分析

本节首先比较信息对称与信息不对称下的线上零售商、线下体验店利润，分析信息价值；其次再考察线下体验店对线上零售商及O2O供应链系统利润的影响。

1. 信息价值分析

依据定理4.4和定理4.5，可以知道，当$\kappa_i \geqslant Z_1$（$i=H,L$）时，在信息对称与信息不对称两种情形下，两种类型线下体验店均为不积极线下体验店；当$\kappa_i < Z_1$时，在信息对称与信息不对称两种情形下，两种类型线下体验店均为积极线下体验店。鉴于此，本节将仅分析当两种类型线下体验店同为积极线下体验店或者同为不积极线下体验店时的信息价值。为便于分析，令$\Delta \pi_{sc} = \pi_{sc}^{N*} - \pi_{sc}^{A*}$、$\Delta \pi_o = \pi_o^{N*} - \pi_o^{A*}$、$\Delta \pi_s = \pi_s^{A*} - \pi_s^{N*}$，并得到命题4.8。

命题4.8 O2O供应链成员与整体的信息价值分别为①当$\kappa_i \geqslant Z_1$时，$\Delta \pi_o > 0$，$\Delta \pi_s > 0$，$\Delta \pi_{sc} > 0$；②当$\kappa_i < Z_1$时，$\Delta \pi_o = \Delta \pi_s > 0$，$\Delta \pi_{sc} = 0$。

命题4.8给出了两种类型线下体验店均为积极体验店或者不积极体验店时的供应链成员与整体的信息价值。可以发现，不管线下体验店是否为积极体验店，信息不对称的存在均会导致线上零售商利润受损；而由于线下体验店拥有私有信息，因而总是能够获得额外的信息租金。对于O2O供应链系统而言，当两种类型线下体验店均为不积极线下体验店时，信息不对称对O2O供应链成员的影响会造成供应链利润受损，但当两种类型线下体验店均为积极线下体验店时，信息不对称的存在并不会造成供应链损失。该命题表明，包含线下体验店隐藏行动的信息不对称不一定会导致O2O供应链系统损失，有可能仅导致利润在O2O供应链系统内部的重新分配。

从信息价值的角度，该命题也表明，线上零售商可以通过权衡信息租金和供应链损失来最小化其信息价值，从而最大化在信息不对称下的线上零售商利润。考虑在线上零售商与线下体验店签订长期合同之后，二者还可以进一步进行谈判以提高供应链成员利润。假设线下体验店的谈判力为ϑ（$0<\vartheta<1$），则线上零售商的谈判力为$1-\vartheta$。不考虑线上零售商与线下体验店的谈判成本，得到命题4.9。

命题4.9 ①当两种类型线下体验店均为积极线下体验店时,若线下体验店的谈判力满足 $\vartheta \in (\underline{\vartheta}, \overline{\vartheta})$,则具有信息优势的线下体验店才会愿意与线上零售商谈判而自愿披露其拥有的私有信息,从而与线上零售商分享整个O2O供应链的利润;②当两种类型线下体验店均为不积极线下体验店时,线上零售商通过"信息共享费"可以实现O2O供应链系统最优,因而此时线下体验店总是不会与线上零售商进行谈判而披露其拥有的私有信息。

其中,$\underline{\vartheta} = \dfrac{2\kappa_H \kappa_L R Z_2^2 + \beta^2 \kappa_L^2 \tau_1^2 c_3^2 (1-\tau_1)^2 (1-\beta)(\kappa_H - \kappa_L)}{Z_4 Z_2^2}$,

$\overline{\vartheta} = \dfrac{\kappa_L \left[\beta \tau_1^2 c_3^2 (1-\beta)(\kappa_H - \kappa_L)(1-\tau_1)^2 + 2\kappa_H R Z_2 \right]}{Z_2 Z_4}$,

$Z_4 = \left[\beta \kappa_L + (1-\beta)\kappa_H \right] (1-\tau_1)^2 \tau_1^2 c_3^2 - 2c_3 \kappa_H \kappa_L (1-\tau_1)\left[1 - \eta(1-\tau_1)\right] + 2\tau_1 p \kappa_H \kappa_L$。

证明: ①依据定理4.4和定理4.5,当两种类型线下体验店均为积极型时,假设线下体验店自愿披露其成本信息,而线上零售商也愿意与其进行谈判,整个O2O供应链将实现信息对称下的利润。进而得到线下体验店与线上零售商达成谈判的条件为:一是线上零售商参与谈判所得的利润需要大于谈判前得到的利润,即 $(1-\vartheta)\pi_{sc}^{N*} > \pi_o^{A*}$,由此可得 $\vartheta < \overline{\vartheta}$;二是线下体验店谈判所得的利润需要大于谈判前得到的利润,即 $\vartheta \pi_{sc}^{N*} > \pi_s^{A*}$,由此可得 $\vartheta > \underline{\vartheta}$。并且,当 $\kappa_i \geq Z_1$ 时,可以验证,$\underline{\vartheta} < \overline{\vartheta}$。因此,当 $\vartheta \in (\underline{\vartheta}, \overline{\vartheta})$ 时,拥有私有信息的线下体验店才会愿意披露其拥有的私有信息,从而与线上零售商分享整个O2O供应链的利润。②依据命题4.8可知,当两种类型线下体验店均为不积极型时,线上零售商的信息价值等于线下体验店的信息租金,O2O供应链利润不会发生变化,因此,线下体验店不会与线上零售商进行谈判而自愿披露其私有信息。

命题4.9表明,在线下到线上O2O供应链中,线上零售商与线下体验店并非总能达成谈判。当两种类型线下体验店均为积极线下体验店时,若线下体验店的谈判力满足条件 $\vartheta \in (\underline{\vartheta}, \overline{\vartheta})$,则线下体验店会愿意与线上零售商进行谈判而自愿披露其拥有的私有信息,二者共同分享整个供应链的利润。此时,线上零售商和线下体验店的利润均得到有效提升,高于谈判前的利润。然而,当两种类型线下体验店为不积极线下体验店时,信息不对称的存在只是导致利益在O2O供应链系统内部的重新分配,并不会对O2O供应链系统造成损失,即线上零售商通过支付给线下体验店一定的信息共享费即可实现供应链系统的最优利润水平(信息对称下的值),故而线上零售商与线下体验店间的谈判总是难以达成。

2. 线下体验店价值分析

为分析线下体验店的价值，本节先给出不存在线下体验店时线上零售商的利润，为便于表达，本节将该情形简称为基准情形，并用上标 B 表示。由前文假设 $\eta < \tau_1(v-p)/(1-\tau_1)$，故 $U_O \geq 0$ 恒成立，即市场上的潜在消费者将全部会在线上渠道购买产品。因此，线上零售商获得的利润为产品销售收益减去销售成本，即 $\pi_o^{B*} = \tau_1 p - c_3(1-\tau_1)$。

命题4.10 线上零售商引入线下体验渠道并不一定对其有利，仅当线下体验店的保留收益较低时，线上零售商与线下体验店建立基于契约的合作才能有效提升线上零售商的利润水平，表现为当 $R < R_j$（$j \in \{1,2,3,4\}$）时，$\pi_o^{A*} > \pi_o^{B*}$。其中，$j \in \{1,2,3,4\}$ 分别表示定理4.5中的体验服务成本系数在区间 C_1、C_2、C_3 和 C_4 内的情形。

其中，$R_1 = \dfrac{c_3(1-\tau_1)^2 \left[\kappa_H Z_2 \left(c_3\tau_1^2 - \beta c_3\tau_1^2 + 2\eta\kappa_L \right) + c_3\beta^2\tau_1^2\kappa_L^2 \right]}{2\kappa_H \kappa_L Z_2}$,

$R_2 = \dfrac{\kappa_H Z_2 \left[2c_3\tau_1^2(1-\tau_1)(1-\beta+\beta\eta-\beta\eta\tau_1) - \kappa_L Z_5 \right] + \kappa_L c_3^2\beta^2\tau_1^4(1-\tau_1)^2}{4k_H \tau_1^2 Z_2}$,

$R_3 = \dfrac{Z_5 \kappa_H^2 (1-\beta) - 2\kappa_H \tau_1^2 c_3 (1-\tau_1) \left[(1-\beta)^2 - \eta\beta^2(1-\tau_1) \right] + c_3^2\beta^2\tau_1^4(1-\tau_1)^2}{2\kappa_H \tau_1^2 (2\beta-1)}$,

$R_4 = \dfrac{2c_3\tau_1^2(1-\tau_1) - \kappa_H \left[1-\eta(1-\tau_1) \right]^2}{2\tau_1^2}$, $Z_5 = (1-\beta)\left[1-\eta(1-\tau_1) \right]^2$。

命题4.10表明，无论线下体验店是否为积极体验店，线上零售商与线下体验店合作获得的利润取决于线下体验店保留收益的大小。可以知道，在不同情形下，线下体验店保留收益的临界条件 R_j 与线上零售商退货损失相关，且 R_j 总是会随线上零售商退货损失的增大而增大，这意味着当线上零售商引入线下体验渠道时，需要在给予线下体验店的转移支付与消费者退货给其带来退货损失之间进行权衡，从而最大化自身利润。命题4.10给出了不同情形下线上零售商开辟线下体验渠道的可行条件，由于到线下体验店体验产品的消费者通过产品体验，可以避免购买到不符合其需求的产品，因而体验渠道的开辟还会影响产品退货率。

进一步分析开辟体验渠道前后产品退货率的变化情况。得到命题4.11。

命题4.11 线上零售商开辟线下体验店渠道在一定程度上能够降低产品退货率。在信息对称与信息不对称情形下，当线下体验店为不积极线下体验店时，$(1-\tau_1)d_{Oi}^{N*}/\left(d_{Oi}^{N*} + d_{Si}^{N*} \right) < 1-\tau_1$，$(1-\tau_1)d_{Oi}^{A*}/\left(d_{Oi}^{A*} + d_{Si}^{A*} \right) < 1-\tau_1$（$i = H$ or L）；当

线下体验店为积极线下体验店时，$(1-\tau_1)d_{Oi}^{N*}/(d_{Oi}^{N*}+d_{Si}^{N*}) = (1-\tau_1)d_{Oi}^{A*}/(d_{Oi}^{A*}+d_{Si}^{A*}) = 0 < 1-\tau_1$。

其中，$(1-\tau_1)d_{Oi}^{N*}/(d_{Oi}^{N*}+d_{Si}^{N*}) < 1-\tau_1$、$(1-\tau_1)d_{Oi}^{A*}/(d_{Oi}^{A*}+d_{Si}^{A*}) < 1-\tau_1$ 分别表示信息对称情形和信息不对称情形下线上零售商开辟体验渠道后的产品退货率。

命题4.11表明，当线上零售商引入体验渠道时，部分参观线下体验店麻烦成本较低的消费者会选择到线下体验店体验产品，并且，这部分消费者能够在购买前确定产品是否符合其需求，因而不存在退货行为。但对于直接在线上渠道购买产品的消费者，由于事前不能对产品有所体验，在收到线上零售商配送的产品之后才能确定产品是否符合其需求，因而这部分消费者有可能产生退货行为。因此，体验渠道的引入有助于降低产品退货率。特别地，当线下体验店为积极线下体验店时，市场潜在消费者将全部到线下体验店体验产品，因而不存在消费者退货行为。

4.2.4 数值仿真

本节将通过数值算例直观考察上述理论分析结果，以得到更多管理学启示。同时，考虑不同参数取值并不会影响曲线的变化趋势，根据前文所得条件设置参数：$p=1$，$c_3=0.1$，$\eta=0.02$，$R=0.2$，$\kappa_H=0.2$，$\kappa_L=0.1$，取 $\tau_1=(0.5,0.9)$ 分别刻画匹配率较低、较高两种情形。仿真结果见图4.3、图4.4。

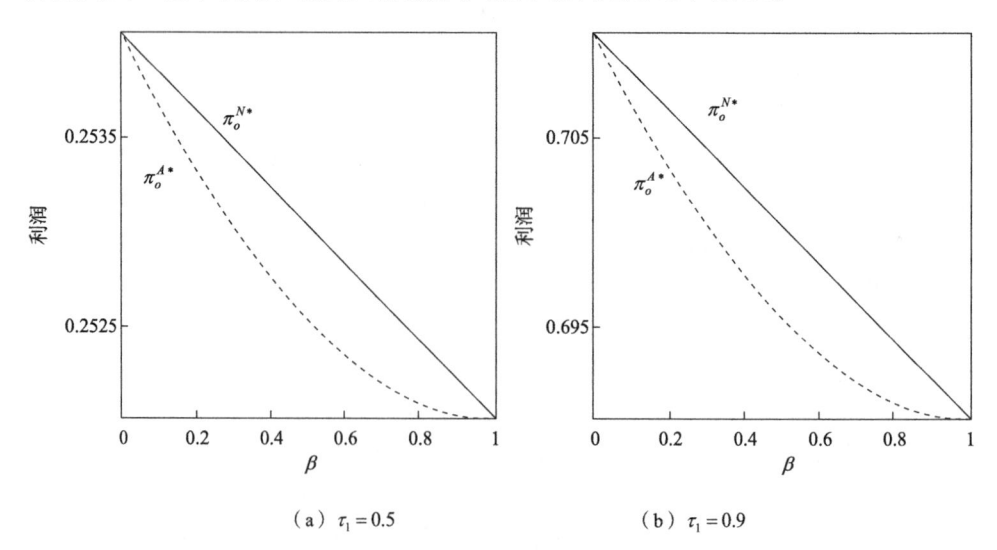

（a）$\tau_1=0.5$　　　　　（b）$\tau_1=0.9$

图4.3　参数变化对线上零售商利润的影响

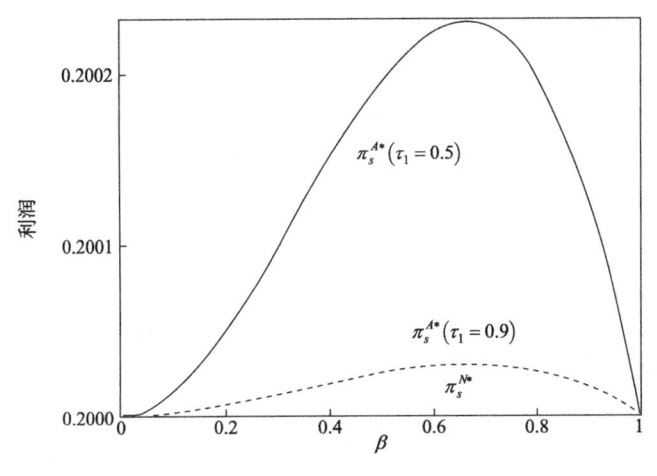

图 4.4 参数变化对线下体验店利润的影响

π_s^{N*} 与 X 轴重合

观察图4.3可以发现：①在不同情形下，信息不对称下的线上零售商利润总是要小于信息对称下的值，表明信息不对称的存在会导致线上零售商的利润损失，这一损失即为线上零售商信息价值。②π_o^{N*} 和 π_o^{A*} 均会随 β 的增大而减小，表明线下体验店为高类型的概率越大，线上零售商得到的利润越少，即较高的线下体验店服务成本对线上零售商不利。③π_o^{N*} 和 π_o^{A*} 均会随 τ_1 的增大而增大，表明产品越是符合消费者的需求，线上零售商得到的利润越多。④曲线 π_o^{N*} 和曲线 π_o^{A*} 的间隔会随 β 的增大，先增大后减小，并且，当 $\beta \to 0$ 或 $\beta \to 1$ 时，信息对称和信息不对称下的线上零售商利润趋于相等。

观察图4.4可以发现：①在不同情形下，信息不对称下的线下体验店利润总是要大于信息对称下的值，表明线下体验店拥有私有信息可以为其带来额外收益，这一收益即为线下体验店信息租金。②当 $\tau_1 = 0.5$ 时，信息不对称下的线下体验店利润要高，即要高于 $\tau_1 = 0.9$ 时的值。③随着 β 的增大，π_s^{N*} 不会发生变化，π_s^{A*} 会先增大后减小，由此也使得曲线 π_s^{N*} 与曲线 π_s^{A*} 的间隔随着 β 的增大，先增大后减小；并且，当 $\beta \to 0$ 或 $\beta \to 1$ 时，信息对称和信息不对称下的线下体验店利润趋于相等。

4.2.5 小结

本节针对由一个线上零售商和一个线下体验店组成的线下到线上供应链，考虑线下体验店体验服务投入水平及服务成本均为其私有信息，构建了供应链成员间的委托代理模型，设计了信息对称与信息不对称下线上零售商对线下体验店的最优合作契约，分析了供应链成员与供应链整体的信息价值，探讨了线下体验店对线上零售商利润和产品退货率的影响。

研究发现：①信息不对称下，随着体验服务成本系数的变化，线上零售商设计的激励契约存在四种情形；依据体验服务成本系数的差异，将线下体验店区分为积极线下体验店和不积极线下体验店。②信息不对称的存在总是导致线上零售商利润损失，线下体验店获得信息租金；对于O2O供应链系统而言，当两种类型线下体验店均为不积极线下体验店时，信息不对称对O2O供应链成员的影响会造成供应链的利润损失，此时若线下体验店的谈判力满足一定条件，则拥有私有信息的线下体验店才会愿意与线上零售商谈判而愿意披露其拥有的私有信息，从而与线上零售商分享整个O2O供应链的利润；当两种类型线下体验店均为积极线下体验店时，信息不对称的存在并不会造成供应链损失；此时线上零售商通过"信息共享费"可以实现O2O供应链系统最优，故线下体验店总是不会与线上零售商进行谈判而自愿披露其拥有的私有信息。③体验渠道的引入并不一定对线上零售商有利，仅当线下体验店的保留收益较低时，线上零售商与线下体验店建立合作才能有效提升线上零售商的利润水平；线上零售商开辟线下体验店渠道在一定程度上能够降低产品退货率，当线下体验店为积极线下体验店时，由于消费者将全部到线下体验店体验产品，因而不存在消费者退货现象。

4.3 O2O模式下考虑交叉销售的供应链合作契约设计

为应对来自线上的竞争，一部分线下实体店开始与线上零售商合作实施"线下体验，线上购买"模式。这些线下实体店一方面为线上零售商提供体验服务以吸引消费者到店体验后转移至线上渠道购买；另一方面还经营自己的零售业务。当消费者到线下实体店体验产品时，消费者对其他产品的额外购买行为能够为线下实体店带来额外的交叉销售收益（Gallino and Moreno，2014）。在此情形下，线下实体店的交叉销售必然会对其最优决策产生影响，而这种交叉销售信息往往又不能为线上零售商所观测，这使得线上零售商的合作激励问题变得困难，从而不利于提升供应链整体绩效。因此，针对线下实体店的交叉销售行为，线上零售商如何策略性地设计合作契约是供应链需要研究和解决的问题。

鉴于此，本节针对由一个线上零售商和一个线下实体店构成的线下到线上供应链，考虑线下实体店存在交叉销售且交叉销售收益信息不对称，研究逆向选择和道德风险并存情况下的线上零售商契约设计问题。以线上零售商为委托方、线下实体店为代理方，分别构建信息对称和信息不对称下的委托代理模型，分析佣金契约的性质，尤其是消费者退货行为与信息不对称对线上零售商最优佣金契约设计的影响，考察信息不对称对线上零售商、线下实体店及O2O供应链系统的影响（信息价值）及交叉销售对线上零售商、线下实体店的影响（交叉销售价值）。

4.3.1 问题描述

考虑由一个线上零售商和一个线下实体店组成的线下到线上供应链。其中，线上零售商通过线上渠道销售产品，同时线上零售商还与线下实体店合作，线下实体店为线上零售商的产品提供体验服务。此外，线下实体店还有自己的零售业务，销售与线上产品无关联的产品。在此情形下，消费者既可以选择不体验产品，直接在线上渠道下单购买，即直接购买的消费者；也可以选择先到实体店体验产品再决策是否购买，即线下体验的消费者。为便于表达，分别用下标 o、s 表示线上零售商和线下体验店，分别用下标 O、S 表示线上渠道和体验渠道。

当消费者选择直接在线上渠道购买产品时，消费者在收到线上零售商配送的产品前不能确定产品是否符合其需求，用概率 τ_1 来表示产品符合消费者需求的可能性，以下将 τ_1 简称为匹配率。若消费者收到的产品不符合其需求，会选择退货（Balakrishnan et al., 2014），线上零售商给予消费者全额退款，但消费者会发生退货成本，用 η 来表示消费者退货成本，如退货的物流成本等（Gu and Tayi, 2015）；若产品符合消费者的需求则获得效用 $v-p$，其中，v 表示消费者对产品符合其需求时的支付意愿；p 表示产品销售价格，是由市场确定的外生变量（Gao and Su, 2017b）。故消费者直接在线上渠道购买产品获得的效用为

$$U_O = \tau_1(v-p) + (1-\tau_1)(p-p) - (1-\tau_1)\eta = \tau_1(v-p) - \eta(1-\tau_1) \quad (4.17)$$

若消费者选择到线下实体店体验产品，考虑到线下实体店购物环境、销售人员产品介绍、实物体验等均能增加消费者对产品了解，并在一定程度上改善消费者的产品感知（黄宗盛等，2016；Chen B T and Chen J, 2017），因此假设通过实物体验能够提高产品符合消费者需求的概率，用 τ_2（$\tau_1 \leq \tau_2 < 1$）来表示，简称改善后匹配率。若体验后产品符合消费者需求，考虑到销售人员对产品的使用介绍可降低消费者学习成本，让消费者获得更多的产品使用价值，因此消费者获得效用 $v-p+e_4$，其中，e_4 表示线下实体店提供的体验服务努力水平；若产品不符合消费者需求，体验服务对消费者不产生效果，消费者放弃购买。但不管消费者是否购买均发生参观实体店的线下麻烦成本 h_R，且 h_R 服从区间 $[0,1]$ 上的均匀分布。故消费者从体验渠道购物产品获得的效用为

$$U_S = \tau_2(v-p+e_4-h_R) - (1-\tau_2)h_R = \tau_2(v-p+e_4) - h_R \quad (4.18)$$

假定线上零售商产品市场规模为1，且市场上的每个消费者至多购买一单位产品。消费者依据效用最大化原则 $\max\{U_O, U_S, 0\}$ 选择购买方式。当 $U_O \geq U_S$ 且 $U_O \geq 0$ 时，消费者会选择直接在线上渠道购买产品；当 $U_S > U_O$ 且 $U_S \geq 0$ 时，消费者会选择体验渠道购买产品。因此，可以得到两类消费者均存在的条件为 $0 < (\tau_2-\tau_1)(v-p) + \tau_2 e_4 + \eta(1-\tau_1) < 1$，且 $\tau_1(v-p) \geq \eta(1-\tau_1)$。由此，可以得到

通过线上渠道、体验渠道购买产品的消费者数量分别为

$$d_O = 1-(\tau_2-\tau_1)(v-p)-\tau_2 e_4 - \eta(1-\tau_1) \quad (4.19)$$

$$d_S = \tau_2\left[(\tau_2-\tau_1)(v-p)+\tau_2 e_4 + \eta(1-\tau_1)\right] \quad (4.20)$$

在线上零售商与实体店合作过程中，考虑实体店接待的线下体验消费者数量越多，实体店所要支出的人工成本、店铺维护成本等也越高，故假设实体店体验服务成本为 $C(e_4) = \kappa_4 e_4 d_S/\tau_2$，其中，$\kappa_4$ 表示体验服务成本系数；d_S/τ_2 表示到线下实体店体验的消费者数量。此外，考虑到线下体验消费者在参观实体店时，往往会伴随其他购买行为，给线下实体店带来额外的交叉销售收益（Gao and Su，2017b），故假设每个线下体验消费者为实体店带来的交叉销售收益为 r。并且，线下实体店的交叉销售收益为其私有信息，线上零售商难于观测，故假设线下实体店交叉销售收益 r 存在两种可能：高交叉销售收益类型（r_H，高类型）和低交叉销售收益类型（r_L，低类型），$r_H > r_L$。在信息不对称下，线上零售商不知晓实体店交叉销售收益类型，仅知道实体店交叉销售收益为高或低类型的先验概率，为使本节聚焦于O2O特征，且不失一般性，假设线上零售商关于实体店交叉销售收益为高或低类型的先验概率相等。为激励实体店投入努力，线上零售商设计合作契约 (f_i, γ_i)，其中，$i=H,L$；f_i 表示固定转移支付；γ_i 表示佣金率。

当消费者选择退货时，考虑到线上零售商往往承担退货产品的再次库存、再次包装等成本，假定线上零售商将发生退货处理成本为 c_3。因此，可以得到线下实体店、线上零售商的利润函数分别为

$$\pi_s = f + \gamma p q_S + r q_S/\tau_2 - C(e_4) \quad (4.21)$$

$$\pi_o = -f + (1-\gamma) p d_S + p\tau_1 d_O - c_3(1-\tau_1)d_O \quad (4.22)$$

考察单个销售周期，在销售季来临前线上零售商和实体店建立合作，并在销售季来临时线上零售商在线上渠道销售产品，线下实体店为线上零售商产品提供体验服务。主要事件与决策顺序如下：在销售周期开始前，线下实体店了解其交叉销售收益类型 r_i（$i=H,L$），而线上零售商不知晓；线上零售商知道线下实体店交叉销售收益类型的先验概率，设计合作契约菜单 (f_i, γ_i)；线下实体店选择契约，若获得的利润不低于其保留收益（R）则接受合作，并确定所要提供的体验服务努力水平 e_4，否则拒绝；销售周期来临，线下实体店根据所选择的契约决策体验服务努力水平和发生交叉销售，线上零售商以销售价格 p 在线上渠道销售产品；销售周期结束，线上零售商按照线下实体店选择的契约向线下实体店进行支付。

4.3.2 最优合作契约设计

为便于表达，分别用上标 N、A 表示信息对称和信息不对称。

1. 信息对称下的最优合作契约设计

在信息对称下，当实体店交叉销售收益类型为 i（$i=H,L$）时，给定契约 (f_i,γ_i)，线上零售商面临的优化问题为

$$\begin{cases} \max \pi_{oi}^N = p\tau_1 d_O - c_3(1-\tau_1)d_O - f_i + (1-\gamma_i)pd_S \\ \text{s.t. (IR)} \ \pi_{si}^N \geq R \end{cases} \quad (4.23)$$

其中，$e_{4i}^{N*} = \arg\max\left[f_i + \gamma_i pd_S + r_i d_S/\tau_2 - C(e_{4i})\right]$。

采用逆向归纳法求解式（4.23）中的优化问题，得到定理4.6。

定理4.6 信息对称下，线上零售商设计的最优契约 (f_i,γ_i)（$i=H,L$）为

$$f_i^{N*} = R - \frac{\left(\tau_2^2 \gamma_i^{N*} p + \tau_2 r_i - \kappa Z_1\right)^2}{4\tau_2 \kappa}, \quad \gamma_i^{N*} = \frac{Z_2}{\tau_2 p}。$$

其中，$Z_1 = (\tau_2-\tau_1)(v-p) + \eta(1-\tau_1)$，$Z_2 = p(\tau_2-\tau_1) + c_3(1-\tau_1)$。

证明： 证明过程与定理4.4的证明类似，故略。

定理4.6给出了信息对称下的最优契约设计。容易发现，γ_i^{N*} 与线下实体店交叉销售无关。当匹配率较高时，线上零售商将降低给予线下实体店的佣金率；当线上零售商单位退货处理成本 c_3 较高时，线上零售商将提高 γ_i^{N*} 以激励线下实体店提供更高的体验服务努力水平，但线上零售商单位退货处理成本会加剧匹配率对佣金率的不利影响。特别地，存在一种极端情形：当 $\tau_2 = \tau_1$ 时，即线下体验并不会改变线下体验消费者的匹配率时，线上零售商将仅根据其自身条件来决策最优佣金率。但 f_i^{N*} 总是需要大于零，从而确保线下实体店能够参与合作。

2. 信息不对称下的最优合作契约设计

信息不对称下，由于线上零售商不知道确切的线下实体店交叉销售收益类型，故线上零售商在设计激励契约时除了需要满足线下体验店的个体理性约束外，还需满足线下体验店的激励相容约束。此时，给定契约 (f_i,γ_i)（$i=H,L$），线上零售商面临的优化问题为

$$\begin{cases} \max \pi_o^A = \frac{1}{2}\left[p\tau_1 d_O - c_3(1-\tau_1)d_O - f_H + (1-\gamma_H)pd_S\right] \\ \qquad\quad + \frac{1}{2}\left[p\tau_1 d_O - c_3(1-\tau_1)d_O - f_L + (1-\gamma_L)pd_S\right] \\ \text{s.t. (IRH)} \ \pi_{sH}^A \geq R \\ \qquad\ \text{(IRL)} \ \pi_{sL}^A \geq R \\ \qquad\ \text{(ICH)} \ \pi_{sH}^A(f_H,\gamma_H) \geq \pi_{sH}^A(f_L,\gamma_L) \\ \qquad\ \text{(ICL)} \ \pi_{sL}^A(f_L,\gamma_L) \geq \pi_{sL}^A(f_H,\gamma_H) \end{cases} \quad (4.24)$$

其中，$e_{4i}^{A*} = \arg\max\left(f_i + \gamma_i p d_S + r_i d_S/\tau_2 - C(e_i)\right)$。

采用逆向归纳法求解式（4.24）中的优化问题，得到定理4.7。

定理4.7 信息不对称下，线上零售商设计的最优契约$\left(f_i^{A*}, \gamma_i^{A*}\right)$（$i = H, L$）

为 $\gamma_L^{A*} = \dfrac{Z_2 - r_H + r_L}{\tau_2 p}$，$f_L^{A*} = R - \dfrac{\left(\tau_2^2 \gamma_i^{N*} p + \tau_2 r_i - \kappa Z_1\right)^2}{4\tau_2 \kappa}$；$\gamma_H^{A*} = \dfrac{Z_2}{\tau_2 p}$，$f_H^{A*} = f_L^{A*}$

$- \dfrac{\tau_2 p \left(\gamma_H^{A*} - \gamma_L^{A*}\right)\left[p\tau_2^2\left(\gamma_H^{A*} + \gamma_L^{A*}\right) + 2\tau_2 r_L + 2\kappa Z_1\right]}{4\kappa}$。

证明：证明过程与定理4.4的证明类似，故略。

定理4.7表明，针对不同交叉销售收益类型的线下实体店，线上零售商设计契约的激励目的不一样。当线下实体店为高类型时，线上零售商应设置较高的佣金率（$\gamma_H^{A*} > \gamma_L^{A*}$），侧重于对线下实体店努力付出的激励；当线下实体店为低类型时，线上零售商侧重于对线下实体店参与合作积极性的激励，将设置较高的固定转移支付，即$f_H^{A*} < f_L^{A*}$。这是因为线下实体店努力付出除了受到佣金率的影响之外，还与其交叉销售收益呈正相关关系（$\partial e_{4i}^{A*}/\partial r_i > 0$），相对于低类型的线下实体店，佣金率对高类型线下实体店的激励效率更高；此外，线下实体店交叉销售收益可弥补其体验服务的成本支出，但在高类型线下实体店下，更高的体验服务成本需要线上零售商支付更多的固定转移支付，以调动线下实体店参与合作的积极性。进一步分析还可以发现，线下实体店的产品展示通过缓解消费者对产品价值（即产品是否符合消费者需求）的不确定性，有效降低线上零售商线上销售的退货率。

4.3.3 不同情形下的均衡比较分析

1. 决策比较分析

依据定理4.6和定理4.7，比较分析信息对称和信息不对称下的契约参数。为便于分析，先定义：$\Delta f_i = f_i^{A*} - f_i^{N*}$、$\Delta \gamma_L = \gamma_L^{A*} - \gamma_L^{N*}$分别表示信息不对称对最优固定转移支付和佣金率的影响，得到命题4.12。

命题4.12 比较信息对称和信息不对称下的契约参数，可以得到① $f_i^{A*} > f_i^{N*}$；$\gamma_H^{A*} = \gamma_H^{N*}$，$\gamma_L^{A*} < \gamma_L^{N*}$。② $\dfrac{\partial |\Delta f_H|}{\partial r_H} > 0$，$\dfrac{\partial |\Delta f_L|}{\partial r_L} < 0$；$\dfrac{\partial |\Delta \gamma_L|}{\partial r_L} < 0$。

命题4.12表明，信息不对称下，线上零售商设计的契约具有更为复杂的特性。其中，无论线下实体店为何种类型，线上零售商总是要设置更高的固定转移支付来调动线下实体店参与合作的积极性。若线下实体店为高类型，线上零售商还需设置更高的佣金率来激励线下实体店付出努力，并能达到信息对称下的最优值，即呈现高端不扭曲的特性，此时线下实体店依靠向上扭曲的固定转移支付能够获得额外的信息租金；若线下实体店为低类型，线上零售商则缺乏动机去激励线下实体店付出更大的努力，佣金率呈现向下扭曲的特性，信息不对称下更高的固定转移支付仅为弥补线下实体店的服务成本支出。同时，信息不对称对实体店最优体验服务努力水平的影响与信息不对称对佣金率的影响类似，可以验证，$e_{4H}^{A*} = e_{4H}^{N*}$，$e_{4L}^{A*} < e_{4L}^{N*}$。

命题4.12还揭示了交叉销售收益对契约参数扭曲程度的影响。可以发现，当线下实体店为高类型时，交叉销售收益会加剧信息不对称对固定转移支付向上扭曲的影响；若线下实体店为低类型，交叉销售收益则会抵消信息不对称对固定转移支付向上扭曲的影响。这是因为信息对称下，最优固定转移支付总是会随交叉销售收益的增大而减小（$\partial f_i^{N*}/\partial r_i < 0$）；而信息不对称下，不同类型线下实体店下的最优固定转移支付存在一定差异，当线下实体店为高类型时，交叉销售收益并不会对最优固定转移支付产生影响，可以验证：$\partial f_H^{A*}/\partial r_H = 0$，从而可得$\partial |\Delta f_H|/\partial r_H > 0$；当线下实体店为低类型时，$f_L^{A*}$总是会随$r_L$的增大而减小（$\partial f_L^{A*}/\partial r_L < 0$），且$r_L$对$f_L^{A*}$的不利影响要大（$|\partial f_L^{A*}/\partial r_L| > |\partial f_L^{N*}/\partial r_L|$），由此导致$\partial |\Delta f_L|/\partial r_L < 0$。此外，当线下实体店为低类型时，较低的交叉销售收益还会抵消信息不对称对佣金率向下扭曲的影响。

2. 信息价值分析

本节将分析信息不对称对线上零售商、实体店及供应链系统利润的影响。为简化模型表达，先给出定义：$\Delta \pi_{oi}^I = \pi_{oi}^{A*} - \pi_{oi}^{N*}$、$\Delta \pi_{si}^I = \pi_{si}^{A*} - \pi_{si}^{N*}$（$i = H, L$）分别表示信息不对称对线上零售商和实体店利润的影响；$\Delta \pi_{sci}^I = \Delta \pi_{oi}^I + \Delta \pi_{si}^I$表示信息不对称对供应链系统绩效的影响。

命题4.13 信息不对称对供应链成员及供应链系统利润的影响：①$\Delta \pi_{oi}^I < 0$；②$\Delta \pi_{sH}^I > 0$，$\Delta \pi_{sL}^I = 0$；③$\Delta \pi_{scH}^I = 0$，$\Delta \pi_{scL}^I < 0$。

命题4.13表明，线上零售商的信息劣势总是会对其产生不利影响，但在不同交叉销售收益类型实体店下，信息不对称对线上零售商的影响机理不同。具体分析，当线下实体店为高类型时，依据命题4.12，尽管佣金率高端不扭曲，但向上扭曲的固定转移支付会导致线上零售商利润损失；当线下实体店为低类型时，佣金率与固定转移支付呈现出相反的扭曲方向，信息不对称对线上零售商利润的影响取决于二者的扭曲程度，可以验证，线上零售商给予线下实体店的固定转移支付增量大于收益共享部分（即佣金率部分）支出的节约量，从而造成线上零售商的利润损失。对于线下实体店而言，其拥有的私有信息并不总是会产生信息租金，仅当线下实体店为高类型时才能获得额外的信息租金。通过比较分析两种类型线下实体店在信息对称和信息不对称下的利润，可以知道，在信息不对称下，高类型线下实体店的利润要高于信息对称下的值，而低类型线下实体店的利润则保持不变。其原因是，信息对称下，线下实体店无论为何种类型均只能获得其保留收益；但信息不对称下，高类型线下实体店不仅能够获得其保留收益，还可以获得比信息对称下更高的固定转移支付，而低类型线下实体店则与信息对称情形类似，也仅能获得其保留收益。

命题4.13还揭示了信息不对称的存在不一定会对供应链系统利润造成损失。当线下实体店为高类型时，由于线下实体店获得的信息租金与线上零售商的利润损失相等，因而信息不对称并不会对供应链系统利润产生影响，这也意味着，对于供应链系统而言，信息不对称的存在仅导致利益在供应链系统内部的重新分配。当线下实体店为低类型时，由于线下实体店信息优势并未为其带来额外收益，但是信息不对称却给线上零售商带来了损失，结果就导致供应链系统利润的损失。并且，容易知道，供应链绩效损失等于线上零售商的利润损失。

推论4.1 信息价值受到如下因素的影响：① $\dfrac{\partial \left|\Delta \pi_{oH}^I\right|}{\partial r_H} > 0$，$\dfrac{\partial \left|\Delta \pi_{sH}^I\right|}{\partial r_H} > 0$，$\dfrac{\partial \left|\Delta \pi_{oL}^I\right|}{\partial r_L} < 0$。② 当 $r_H > \tau_2 c_3 + \kappa \eta - Z_2$ 时，$\dfrac{\partial^2 \left|\Delta \pi_{oH}^I\right|}{\partial r_H \partial \tau_1} > 0$，$\dfrac{\partial^2 \left|\Delta \pi_{sH}^I\right|}{\partial r_H \partial \tau_1} > 0$；$\dfrac{\partial^2 \left|\Delta \pi_{oL}^I\right|}{\partial r_L \partial \tau_1} < 0$。

推论4.1表明，当线下实体店为高类型时，交叉销售收益会加剧信息不对称对线上零售商和线下实体店利润的影响；当线下实体店为低类型时，交叉销售收益则会缓解信息不对称对线上零售商产生的不利影响。这是因为在高类型线下实体店下，信息不对称对线上零售商造成的损失即为向上扭曲的固定转移支付，且 $\partial \left|\Delta f_H\right|/\partial r_H > 0$，因而交叉销售收益会加剧线上零售商信息劣势给其带来的不利影响。同时，由 $\left|\Delta \pi_{oH}^I\right| = \left|\Delta \pi_{sH}^I\right|$ 可知 $\partial \left|\Delta \pi_{sH}^I\right|/\partial r_H > 0$。但当 r_H 较大时，匹配率却也会抑制 r_H 对信息价值的不利影响。当线下实体店为低类型时，随着 r_L 的增大，线上零售商给予线下实体店的固定转移支付增加速率高于收益共享部分（即佣金率

部分）减小速率，故 $\left|\Delta\pi_{oL}^{I}\right|$ 会随 r_L 的增大而减小。此外，匹配率却也会加强 r_L 对线上零售商信息价值的缓解作用。

3. 交叉销售价值分析

为分析实体店交叉销售价值，先给出实体店不存在交叉销售（$r_i=0$）下的线上零售商契约设计，为便于表达，本节将该情形简称为基准情形，并用上标 B 表示。与定理4.4证明过程类似，容易得到 $\beta^{B*}=\dfrac{Z_1}{\tau_2 p}$，$f^{B*}=R-\dfrac{\left(\gamma^{B*}\tau_2^2 p-\kappa Z_2\right)^2}{4\tau_2\kappa}$，$e_4^{B*}=\dfrac{\gamma^{B*}\tau_2^2 p-\kappa Z_2}{2\tau_2\kappa}$。

为简化模型表达，先定义：$\Delta\pi_{oi}^{R}=\pi_{oi}^{A*}-\pi_{o}^{B*}$、$\Delta\pi_{si}^{R}=\pi_{si}^{A*}-\pi_{s}^{B*}$ 分别表示在 i（$i=H,L$）类型线下实体店下，交叉销售对线上零售商、线下实体店的影响（即交叉销售价值），得到命题4.14。

命题4.14 交叉销售的存在对线上零售商和线下实体店存在如下影响：① $\Delta\pi_{oH}^{R}>0$；当 $r_L>\dfrac{\tau_2 r_H^2}{2\left[\kappa Z_1+\tau_2\left(Z_2+r_H\right)\right]}$ 时，$\Delta\pi_{oL}^{R}>0$。② $\Delta\pi_{sH}^{R}>0$；$\Delta\pi_{sL}^{R}=0$。

命题4.14表明，线下实体店交叉销售不总是对线上零售商有利。若线下实体店为高类型，线上零售商获得的交叉销售价值总是为正；若线下实体店为低类型，仅当交叉销售收益大小超过某一阈值时，线上零售商才能获得正的交叉销售价值。这是因为在高交叉销售收益类型线下实体店下，尽管与不存在交叉销售情形下的佣金率相等，但交叉销售的存在会对实体店努力付出产生额外激励（$e_{4H}^{A*}>e_4^{B*}$）；另外，交叉销售的存在降低了线下实体店参与合作的门槛，故线上零售商较小的固定转移支付即可达到激励线下实体店参与合作的目的。也就是说，交叉销售收益能够部分替代固定转移支付的激励作用，线上零售商固定转移支付的支出得到节约（$f_H^{A*}<f^{B*}$），这两方面共同决定了 $\Delta\pi_{oH}^{R}>0$。此外，即使不存在信息不对称，线上零售商也能够获得正的交叉销售价值。当线下实体店为低类型时，交叉销售收益对线上零售商存在三方面的影响：其一，线上零售商更低的佣金率（$\gamma_L^{A*}<\gamma^{B*}$）导致线下实体店努力付出的降低；其二，线上零售商降低给予线下实体店的固定转移支付（$f_L^{A*}<f^{B*}$）；其三，交叉销售的存在会激励实体店努力付出（$e_{4L}^{A*}>e_4^{B*}$）。平衡这三方面的影响取决于交叉销售收益的大小，当交叉销售收益较大时，交叉销售收益对线下实体店努力付出的激励作用和固定转移支付的节约占主导，线上零售商的利润增加；当交叉销售收益较小时，佣金率的降低对线下实体店努力付出的不利影响占主导，线上零售商的利润降低。

命题4.14也表明，线下实体店交叉销售并不能为其带来额外的收益。若线下实体店为高类型，尽管存在$\Delta \pi_{sH}^{R} > 0$，但这只是线下实体店从交叉销售收益信息优势中获取的信息租金（$\Delta \pi_{sH}^{R} = \Delta \pi_{sH}^{I}$）；若线下实体店为低类型，则$\Delta \pi_{sL}^{R} = 0$。究其原因，由于交叉销售的存在，线上零售商总是策略性地设计激励契约，利用线下实体店交叉销售的自我激励作用而节约佣金支付。具体分析，在高类型线下实体店下，线下实体店获得的交叉销售收益和增加的收益共享部分收入等于固定转移支付的减少和体验服务努力成本的支出；在低类型线下实体店下，线下实体店交叉销售除了需要替代部分佣金率的激励作用，还要弥补固定转移支付的减少和体验服务努力的成本支出。从另一个角度来看，该命题所呈现的实体店交叉销售价值实质上均为信息价值，交叉销售收益对线下实体店并无益处，容易验证，$\pi_{si}^{A*} = \pi_{si}^{B*}$。尽管如此，但交叉销售的存在可能对供应链系统有利。在高类型线下实体店下，交叉销售能够提高供应链系统利润。而在低类型线下实体店下，交叉销售对供应链系统的影响则取决于r_L的大小。

4.3.4　数值仿真

在上述理论研究的基础上，为进一步揭示匹配率、线下匹配率增量、线上零售商退货损失及交叉销售收益等参数对契约设计、线上零售商及实体店的影响，通过数值算例，对上述结果进行直观分析。同时，考虑不同参数取值并不会影响曲线的变化趋势，不妨设置参数：$v = 1.5$，$p = 1$，$\tau_1 = 0.7$，$\tau_2 = 0.775$，$\eta = 0.02$，$c_3 = 0.1$，$\kappa_4 = 0.6$，$r_H = 0.2$，$r_L = 0.15$，$R = 0.3$。

首先，在不同类型实体店下，分别考察单位退货处理成本c_3对线上零售商和线下实体店利润的影响。观察图4.5（b）可以发现：①在不同情形下，当线下实体店为高类型时，线上零售商的利润总是会随其单位退货处理成本的增大而减小，并且，信息不对称下的线上零售商利润总是要小于信息对称下的值（$\pi_{oH}^{A*} < \pi_{oH}^{N*}$），这表明信息不对称的存在会给线上零售商造成损失。②对于高类型实体店而言，在信息不对称下，线下实体店利润总是会随单位退货处理成本的增大而增大，并且，信息不对称下的线下实体店利润总是要大于信息对称下的值（$\pi_{SH}^{A*} > \pi_{SH}^{N*}$），表明信息不对称的存在会给高类型实体店带来额外的信息租金。观察图4.5（a）可以发现：①当线下实体店为低类型时，线上零售商利润呈现出与图4.5（b）相似的变化趋势（$\pi_{oL}^{A*} < \pi_{oL}^{N*}$），表明线上零售商信息劣势会给其造成损失。②对于低类型实体店而言，信息对称与不对称情形下的利润相等（$\pi_{sL}^{A*} = \pi_{sL}^{N*}$），表明低类型实体店并不能从其信息优势中获取信息租金，且线上零售商的单位退货处理成本不会对实体店利润产生影响。

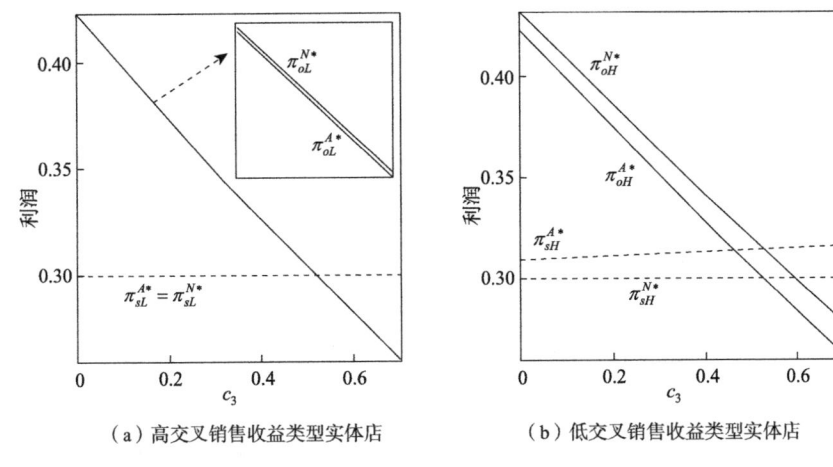

图 4.5 单位退货处理成本对线上零售商和线下实体店利润的影响

其次，针对不同类型实体店，分别考察线下实体店交叉销售收益（r_i）对线上零售商和线下实体店利润的影响。图4.6（a）描述了在高类型实体店下，取$r_L = 0.15$，r_H在区间$(0.15, 0.65]$内变化时，r_H对线上零售商和线下实体店利润的影响。观察图4.6（a）可以发现：①在不同情形下，当线下实体店为高类型时，信息不对称下的线上零售商利润总是要小于信息对称下的值，而信息不对称下的线下实体店的利润总是大于信息对称下实体店的利润，表明信息不对称的存在会造成线上零售商利润损失，但对线下实体店有利。②在信息不对称下，高类型实体店的利润（π_{sH}^{A*}）总是会随r_H的增大而增大，表明交叉销售的存在有利于提升高类型实体店的利润。③在高类型实体店下，曲线π_{oH}^{A*}与曲线π_{oH}^{N*}的间隔及曲线π_{sH}^{A*}与曲线π_{sH}^{N*}的间隔均会随r_H的增大而增大，表明线下实体店较高的交叉销售收益会加剧信息不对称对线上零售商和线下实体店利润的影响。图4.6（b）描述了在低类型实体店下，取$r_H = 0.2$，r_L在区间$(0, 0.2]$内变化时，r_L对线上零售商和线下实体店利润的影响。观察图4.6（b）可以发现：①在不同情形下，若线下实体店为低类型，则线上零售商利润均会随r_L的增大而增大，表明较低的交叉销售收益有利于提升线上零售商的利润。②曲线π_{oL}^{A*}与曲线π_{oL}^{N*}的间隔总是随着r_L的增大而减小，表明较低的交叉销售收益有利于缓解信息不对称对线上零售商的不利影响。③在不同情形下，低类型实体店均只能获得保留收益，因而信息对称与不对称情形下的线下实体店利润并不会随r_L的变化而发生变化，表明低类型实体店的交叉销售并不能为线下实体店带来额外收益，这也意味着低类型实体店并不能利用其信息优势而获得额外的信息租金。

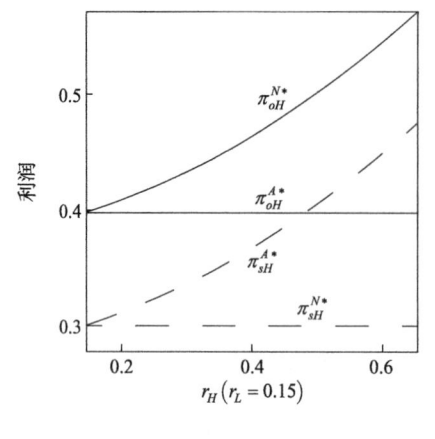

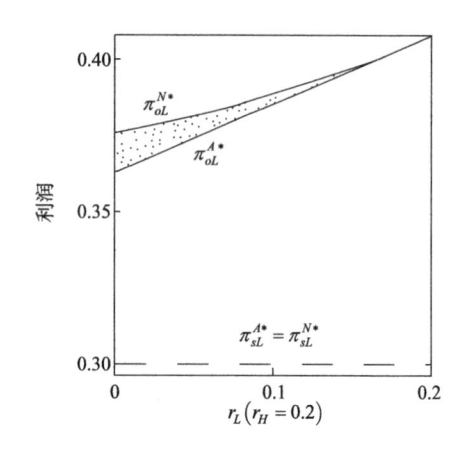

(a) 高交叉销售收益类型实体店

(b) 低交叉销售收益类型实体店

图 4.6 交叉销售收益对线上零售商和线下实体店利润的影响

4.3.5 小结

本节针对由一个线上零售商和一个线下体验店组成的线下到线上供应链，考虑线下体验店存在交叉销售且交叉销售收益信息为线下体验店的私有信息，构建了信息对称和信息不对称下供应链成员间的博弈模型，设计了线上零售商对线下体验店的合作契约，通过对比信息对称和信息不对称下供应链成员均衡决策和利润的变化分析了信息不对称的影响，进一步探讨了交叉销售对供应链成员与供应链整体的影响。

研究发现：①信息不对称下，基于不同交叉销售收益类型的线下实体店，线上零售商契约设计目的存在一定的差异；信息不对称的存在会导致契约参数的变化，在高交叉销售收益类型线下实体店下，佣金率呈现高端不扭曲特性，固定转移支付向上扭曲；在低交叉销售收益类型线下实体店下，佣金率向下扭曲，固定转移支付向上扭曲。线上零售商的信息劣势总是会给其带来损失，线下实体店的信息优势并不一定能为其带来额外的信息租金，只有高交叉销售收益类型线下实体店才能够获得信息租金。②当线下实体店为高交叉销售收益类型时，信息不对称并不会给供应链系统造成损失，信息不对称的存在仅导致了利益在供应链系统内部的重新分配。③交叉销售能够部分替代契约对线下实体店的激励作用，在高交叉销售收益类型线下实体店下，线上零售商总是能够获得正的交叉销售价值；当线下实体店为低交叉销售收益类型时，线上零售商的交叉销售价值取决于交叉销售收益的大小；对于线下实体店而言，虽然交叉销售不能为其带来额外收益，但交叉销售的存在使其具有信息优势，尤其是高交叉销售收益类型线下实体店能够获得信息租金。

4.4 O2O模式下考虑服务影响匹配率的供应链合作契约设计

在线上零售商与线下体验店合作过程中，线下体验店可以通过加大投入，如对线下体验店环境进行改造、对导购人员进行培训、增加产品品类等措施来投资店铺辅助服务，提高体验服务投入水平和消费者对产品的满意程度，进而提高产品符合消费者需求的概率，降低退货率（Bell et al.，2015；Xia et al.，2017）。然而，在与线下体验店合作过程中，线上零售商往往难以观测到线下体验店体验服务投入水平，这使得二者合作的难度和决策的复杂程度均增大。因此，考虑体验服务投入影响消费者的产品匹配率，研究线下到线上供应链中的合作契约设计问题对线上零售商与线下体验店间的渠道合作具有重要意义。

鉴于此，本节针对由一个线上零售商和一个线下体验店构成的线下到线上供应链，考虑店铺辅助服务投入影响消费者的产品匹配率，分别构建信息对称和不对称下的委托代理模型，研究线上零售商对线下体验店的合作契约设计问题，分析线下体验店价值，进一步探讨线上零售商与线下体验店之间的信息共享谈判问题。

4.4.1 问题描述

考虑由一个线上零售商和一个线下体验店组成的线下到线上供应链，线上零售商通过其线上渠道销售产品，线下体验店在线下展示线上零售商销售的产品，并可以通过加大投入来提高体验服务投入水平（Xia et al.，2017）。在此情形下，存在两种消费者购买行为：一是消费者直接在线上渠道购买产品，若产品不符合其需求，则会发生退货（以下将此类消费者称为直接购买消费者）；二是消费者到线下体验店体验产品，然后再决策是否购买，若产品不符合其需求，则放弃购买（以下将此类消费者称为线下体验消费者）。为便于表达，分别用下标 o、s 表示线上零售商和线下体验店，分别用下标 O、S 表示线上渠道和体验渠道。

消费者在收到零售商配送的产品或在体验店体验产品前，消费者对产品是否符合其需求不确定，依据文献Balakrishnan等（2014）、Gu和Tayi（2017），用匹配率表示产品符合消费者需求的概率，此时消费者获得正效用 v，且 v 服从区间 $[0,1]$ 上的均匀分布；若产品不符合消费者需求（概率为 $1-\tau_1$），则消费者获得的效用为零。下面将分两个阶段来分析消费者的购买行为。

第二阶段事后信念：消费者检查产品是否符合其需求。对于直接购买消费者，在收到零售商配送的产品后，若产品符合其需求，则获得效用 $v-p$，其中，p 表示产品零售价格；若产品不符合消费者需求，则消费者选择退货，线上零售商给予消费者全额退款（Chen B T and Chen J，2017），但消费者会产生退货成本（如退货的物流费用等），用 η 来表示消费者退货成本。而对于线下体验消费者，不管消费者是否购买均发生参观线下体验店的线下麻烦成本 h_R，且 h_R 服从区间 $[0,1]$ 上的均匀分布。通过产品体验，若产品符合消费者需求，则消费者购买产品并获得效用 $v-p-h$；若产品不符合消费者需求，则放弃购买。通过产品体验，若产品不符合其需求，消费者将放弃购买（Xia et al.，2017）。

第一阶段事前信念：消费者选择购买方式。消费者理性预期第二阶段事后信念。可得消费者直接通过线上渠道购买、从体验渠道购买产品获得的效用分别为

$$U_O = \tau_1(v-p) + (1-\tau_1)(p-p) - (1-\tau_1)\eta = \tau_1(v-p) - \eta(1-\tau_1) \quad (4.25)$$

$$U_S = \tau_1(v-p-h_R) - (1-\tau_1)h_R = \tau_1(v-p) - h_R \quad (4.26)$$

当消费者到店体验时，考虑线下体验店可以通过加大店铺辅助服务投资，如对导购人员进行培训、增加产品品类、改造线下体验店环境等，即通过加大服务投资来提升消费者对产品的了解和满意程度。依据文献Ofek等（2011）、Xia等（2017），假设线下体验店通过加大投入能够提高产品匹配率，并用 τ_2 来表示改善后的匹配率。假定每个消费者至多购买1单位产品。消费者依据效用最大化原则选择购买方式，具体分析：当 $U_O \geq U_S$ 且 $U_O \geq 0$，即 $h_R > \eta(1-\tau_1)$ 且 $v \geq p + \eta(1-\tau_1)/\tau_1$ 时，消费者选择直接在线上渠道购买产品；当 $U_S > U_O$ 且 $U_S \geq 0$，即 $h_R \leq \min\{\tau_1(v-p), \eta(1-\tau_1)\}$ 时，消费者选择到线下体验店体验产品。依据上述分析，可以得到通过线上渠道、体验渠道购买产品的消费者数量分别为

$$d_O = \left[1 - \eta(1-\tau_1)\right]\left[1 - p - \frac{\eta(1-\tau_1)}{\tau_1}\right] \quad (4.27)$$

$$d_S = \tau_2\eta(1-\tau_1)\left[1 - p - \frac{\eta(1-\tau_1)}{2\tau_1}\right] \quad (4.28)$$

线上零售商在销售产品时还需承担包括产品采购成本、线上销售的网络平台维护、网络咨询等在内的销售成本，记 c_2 表示线上零售商的单位销售成本。此外，综合考虑文献Ofek等（2011）、陈敬贤等（2016）、Xia等（2017）关于店铺辅助服务投入成本的设定，假设线下体验店投入成本 I 与改善后匹配率之间存在关系：$I = \kappa_\tau(\ln(1-\tau_1) - \ln(1-\tau_2))$，其中，$\kappa_\tau$ 表示店铺辅助服务投入的成本系数；I 连续可微，且满足：$I(\tau_1) = 0$，$I(1) = +\infty$，$\partial I(\tau_2)/\partial \tau_2 > 0$，$\partial^2 I(\tau_2)/\partial \tau_2^2 > 0$。

考虑线上零售商在与线下体验店合作过程中，线下体验店的投入成本为其私有信息，线上零售商不知晓。因此，假设线下体验店店铺辅助服务投入的成本系数 κ_τ 存在两种可能，分别用 κ_H 和 κ_L 来表示（$\kappa_H > \kappa_L$)，并将线下体验店称为高类型（κ_H）和低类型（κ_L）。在信息不对称下，线上零售商仅知晓线下体验店为

高类型的概率为 β，为低类型的概率为 $1-\beta$，线上零售商通过设计有效的激励契约，诱使线下体验店披露其拥有的私有信息，实现自身利润最大化。为此，线上零售商设计合作契约 (f,γ)，其中，f 表示固定转移支付；γ 表示佣金率。因此，可以得到线上零售商、线下体验店与供应链整体的利润分别为

$$\pi_o = p(\tau_1 d_O + d_S) - c_2(d_O + d_S) - f - \gamma p d_S \quad (4.29)$$

$$\pi_s = f + \gamma p d_S - I \quad (4.30)$$

$$\pi_{sc} = p(\tau_1 d_O + d_S) - c_2(d_O + d_S) - I \quad (4.31)$$

考察单个销售周期，在销售季来临前线上零售商和线下体验店合作，并在销售季来临时线上零售商通过线上渠道销售产品，线下体验店为线上零售商产品提供线下体验服务。主要事件与决策顺序如下：在销售周期开始前，线下体验店了解其投入成本信息，即为高类型（κ_H）或低类型（κ_L），而线上零售商不知晓；线上零售商知道线下体验店为高类型或低类型的先验概率，设计一组包括固定转移支付和佣金率的契约 (f_i,γ_i)（$i=H,L$）；线下体验店选择契约，若获得的利润不低于其保留收益（R），则接受契约参与合作，否则拒绝合作；线下体验店选择契约并决策最优的服务投入成本 I，由此线下匹配率 τ_2 也是确定的；销售周期来临，线下体验店在线下展示线上零售商销售的产品，供消费者体验，线上零售商以销售价格 p 在线上渠道销售产品；销售周期结束，线上零售商按照线下体验店选择的契约向线下体验店进行支付。

4.4.2 最优合作契约设计

本节首先分析线下体验店的最优投入水平决策；其次再设计信息对称与信息不对称下的合作契约。分别用上标 N、A 表示信息对称和信息不对称。

1. 线下体验店的最优投入成本决策

给定契约 (f_i,γ_i)（$i=H,L$），线下体验店面临的优化问题为

$$\begin{cases} \max \pi_{si} = f_i + \gamma_i p d_S - I_i \\ \text{s.t.} \quad I_i \geqslant 0 \end{cases} \quad (4.32)$$

采用 KT 方法求解式（4.32）中的优化问题，得到定理 4.8。

定理 4.8 给定契约 (f_i,γ_i)（$i=H,L$），线下体验店的最优服务投入成本为

$$I_i^* = \begin{cases} 0, & \gamma_i < \dfrac{\tau_1 \kappa_i}{Z_1(1-\tau_1)} \\ \kappa_i \ln\left[\dfrac{Z_1 \gamma_i (1-\tau_1)}{\tau_1 \kappa_i}\right], & \dfrac{\tau_1 \kappa_i}{Z_1(1-\tau_1)} \leqslant \gamma_i < 1 \end{cases}$$

其中，$Z_1 = p\eta(1-\tau_1)[2\tau_1(1-p) - \eta(1-\tau_1)]/2$。

证明：证明过程与定理4.3类似，故略。

定理4.8表明给定契约(f_i,γ_i)，当佣金率较低（$\gamma_i < \tau_1\kappa_i/Z_1(1-\tau_1)$）时，线下体验店获得的佣金收入不足以弥补其加大服务投入的成本支出，线下体验店将不会选择加大投入（$I_i^* = 0$）。相比之下，若线上零售商设置的佣金率满足$\tau_1\kappa_i/Z_1(1-\tau_1) \leqslant \gamma_i < 1$，则线下体验店会加大投入。该定理表明，线下体验店在佣金收入与服务投入成本支出之间进行权衡来使自身利润最大化，且线下体验店的加大投入决策取决于服务投入成本系数与佣金率之间的关系。此外，依据定理4.8还可知道，线上零售商设置的佣金率越高，线下体验店越有可能选择加大投入。

2. 信息对称下的最优合作契约设计

信息对称下，若线下体验店为i（$i=H,L$）类型，线上零售商向该线下体验店提供契约(f_i,γ_i)。线上零售商面临的优化问题为

$$\begin{cases} \max \pi_{oi} = p(\tau_1 d_O + d_S) - c_2(d_O + d_S) - f_i - \gamma_i p d_S \\ \text{s.t.} \ (\text{IR}) \ \pi_{si} \geqslant R \end{cases} \quad (4.33)$$

采用KT方法求解式（4.33）中的优化问题，可得定理4.9。

定理4.9 信息对称下，给定线下体验店类型为i（$i=H,L$），线上零售商设计的最优契约$(f_i^{N*}, \gamma_i^{N*})$分为以下两种情形：①当$\kappa_i > \dfrac{Z_1(1-\tau_1)(p-c_2)}{\tau_1 p}$时，$\gamma_i^{N*} \in \left[0, \dfrac{\tau_1 \kappa_i}{Z_1(1-\tau_1)}\right]$，$f_i^{N*} = R - Z_1\gamma_i^{N*}$；②当$\kappa_i \leqslant \dfrac{Z_1(1-\tau_1)(p-c_2)}{\tau_1 p}$时，$\gamma_i^{N*} = \dfrac{p-c_2}{p}$，$f_i^{N*} = R - \dfrac{Z_1\gamma_i^{N*}}{\tau_1} + \kappa_i\left\{1 + \ln\left[\dfrac{Z_1\gamma_i^{N*}(1-\tau_1)}{\tau_1\kappa_i}\right]\right\}$。

证明：证明过程与定理4.4类似，故略。

定理4.9给出了信息对称下的线上零售商最优激励契约设计。可以知道，随着线下体验店投入成本系数κ_i的变化，线上零售商的最优契约设计存在两种情形。具体分析，当线下体验店投入成本系数较大时，线上零售商支付的佣金不足以弥补线下体验店的投入成本支出，线下体验店将不会选择加大投入（$I_i^{N*}=0$）。当线下体验店投入成本系数较低时，线上零售商设计的契约可以激励线下体验店加大服务投入成本。

依据定理4.9，还可以发现，当$\kappa_i \leqslant Z_1(1-\tau_1)(p-c_2)/\tau_1 p$时，线上零售商将通过佣金率来激励线下体验店加大服务投入，此时最优佣金率与产品销售价格、销售成本有关联。并且，线下体验店具有两方面的价值：其一，可以缓解消费者对产品是否符合其需求的不确定性，当产品不符合线下体验消费者的需求时，消费者放弃购买；其二，能够通过加大投入来提高体验服务投入水平，从而提升匹

配率来增加"线下体验，线上购买"的消费者数量。当 $\kappa_i > Z_1(1-\tau_1)(p-c_2)/\tau_1 p$ 时，线上零售商设计的佣金率可以在一定区间内变化，只要固定转移支付与共享收益部分（即佣金率部分）共同满足线下体验店的参与约束即可，此时线下体验店价值仅体现为缓解消费者对产品的不确定性上，并不能够提升产品匹配率。因此，为使研究更有意义，本节仅考察线下体验店会加大投入的情形，即 $\kappa_i \leq Z_1(1-\tau_1)(p-c_2)/\tau_1 p$ 的情形。

3. 信息不对称下的最优合作契约设计

信息不对称下，由于线上零售商不知道确切的线下实体店交叉销售收益类型，故线上零售商在设计激励契约时除了需要满足线下体验店的个体理性约束外，还需满足线下体验店的激励相容约束。此时，给定契约 (f_i,γ_i) ($i=H,L$)，线上零售商面临的优化问题为

$$\begin{cases} \max \pi_o = \beta\left[p(\tau_1 d_O + d_S) - c_2(d_O + d_S) - f_H - \gamma_H p d_S\right] \\ \qquad\qquad + (1-\beta)\left[p(\tau_1 d_O + d_S) - c_2(d_O + d_S) - f_L - \beta_L p d_S\right] \\ \text{s.t.} \ \ (\text{IRL}) \ \pi_{sL} \geq R \\ \qquad (\text{IRH}) \ \pi_{sH} \geq R \\ \qquad (\text{ICL}) \ \pi_{sL}(f_L,\gamma_L) \geq \pi_{sL}(f_H,\gamma_H) \\ \qquad (\text{ICH}) \ \pi_{sH}(f_H,\gamma_H) \geq \pi_{sH}(f_L,\gamma_L) \end{cases} \quad (4.34)$$

采用KT方法求解式（4.34）中的优化问题，得到定理4.10。

定理4.10 信息不对称下，当 $\kappa_i \leq Z_1(1-\tau_1)(p-c_2)/\tau_1 p$ 时，线上零售商的最优契约设计 (f_i^{A*},γ_i^{A*}) 为 $\gamma_H^{A*} = \dfrac{\beta\kappa_H(p-c_2)}{p[\kappa_H - \kappa_L(1-\beta)]}$，$f_H^{A*} = R$

$+\kappa_H \ln\left\{\dfrac{\beta Z_1(1-\tau_1)(p-c_2)}{\tau_1 p[\kappa_H - \kappa_L(1-\beta)]}\right\} - \gamma_H^{A*} p d_S$，$\gamma_L^{A*} = \dfrac{p-c_2}{p}$，$f_L^{A*} =$

$\kappa_L \ln\left[\dfrac{Z_1(1-\tau_1)(p-c_2)}{\tau_1 p \kappa_L}\right] + f_H^{A*} + p d_S\left(\gamma_H^{A*} - \gamma_L^{A*} - \dfrac{\kappa_L}{Z_1}\right) - k_L \ln\left[\dfrac{Z_1 \gamma_H^{A*}(1-\tau_1)}{\tau_1 \kappa_L}\right]$。

证明： 证明过程与定理4.4类似，故略。

定理4.10表明，在信息不对称下，线上零售商通过设计一组契约菜单（一个针对高类型线下体验店的契约和一个针对低类型线下体验店的契约）可以达到激励线下体验店如实选择契约并加大投入的目的。可以发现，当线下体验店为低类型时，最优佣金率仅受到产品销售价格及其销售成本的影响；而当线下体验店为高类型时，最优佣金率不仅与产品销售价格、销售成本等因素有关联，还受到两种线下体验店的投入成本系数、线下体验店为高类型的概率等其他因素的影响。

推论4.2　针对不同类型的线下体验店，契约参数之间存在关系：$f_H^{A*} > f_L^{A*}$，$\gamma_H^{A*} < \gamma_L^{A*}$。

推论4.2表明，针对不同类型的线下体验店，线上零售商契约设计的激励目的不同，线上零售商需要同时激励线下体验店的参与合作与加大投入。当线下体验店为高类型时，线上零售商将给予线下体验店较大的固定转移支付，以满足高类型线下体验店的参与约束，保证线下体验店能够参与合作；当线下体验店为低类型时，线上零售商将给予线下体验店较高的佣金率，以激励低类型线下体验店加大投入。

命题4.15　消费者退货行为对线下体验店最优决策的影响：① 当 $\dfrac{4\tau_1^2(1-p)}{(1-\tau_1)(1+2\tau_1)} < \eta < \dfrac{\tau_1(1-p)}{1-\tau_1}$ 且 $\tau_1 < \dfrac{1}{2}$ 时，$\dfrac{\partial I_i^{A*}}{\partial \tau_1} > 0$。② $\dfrac{\partial I_i^{A*}}{\partial \eta} > 0$；$\dfrac{\partial^2 I_i^{A*}}{\partial \eta \partial \tau_1} > 0$。

命题4.15表明，当线下体验店加大投入时，其投入成本会受到匹配率和消费者退货成本的影响。具体分析，当消费者退货成本满足一定条件时，若匹配率较低，则随着匹配率的增大，消费者会提高投入成本。这是因为当匹配率较低时，产品退货率较高，由于消费者退货成本的存在，部分直接购买消费者迁移到线下体验渠道，转变为线下体验消费者。另外，随着消费者退货成本的增大，更多的消费者选择到线下体验店体验产品，而线下体验店想要使更多的线下体验消费者购买产品，则需要加大投入以提高产品匹配率。依据定理4.10，还可以知道，匹配率和消费者退货成本均不会对佣金率造成影响，因而匹配率和消费者退货成本会对线下体验店服务投入成本造成影响，其原因在于匹配率和消费者退货成本会对消费者购买行为造成影响。此外，还可以发现，匹配率还会抑制消费者退货成本对线下体验店投入成本的不利影响。

4.4.3　信息不对称的影响

通过比较信息对称与信息不对称下的线上零售商、线下体验店及供应链系统的利润，考察信息不对称的影响，进而分析线上零售商和线下体验店间的信息共享谈判。为便于分析，令 $\Delta \pi_{sc} = \pi_{sc}^{N*} - \pi_{sc}^{A*}$、$\Delta \pi_o = \pi_o^{N*} - \pi_o^{A*}$、$\Delta \pi_s = \pi_s^{A*} - \pi_s^{N*}$。分析信息不对称的影响，可以得到命题4.16。

命题4.16　信息不对称对线上零售商、线下体验店及供应链总体的影响：① $\Delta \pi_o = Z_2 + (\kappa_H - \kappa_L)\big[2(1-\beta) - \beta Z_4\big] + \beta \kappa_H \ln \kappa_H + \beta \kappa_L (Z_3 - \ln \kappa_L)$；② $\Delta \pi_s = (1-\beta)(Z_2 + \kappa_H - \kappa_L)$；③ $\Delta \pi_{sc} = \beta \kappa_H Z_3 + (1-\beta)(\kappa_H - \kappa_L)$。

其中，$Z_2 = (\kappa_H - \kappa_L)\ln\left[\dfrac{\beta Z_1(1-\tau_1)(p-c_2)}{\tau_1 p(\kappa_H - \kappa_L + \beta\kappa_L)}\right] - \kappa_L \ln\left(\dfrac{\kappa_H}{\kappa_L}\right)$，

$Z_3 = \ln\left[\dfrac{\beta\kappa_H}{\kappa_H - (1-\beta)\kappa_L}\right]$，$Z_4 = \ln\left[\dfrac{Z_1(1-\tau_1)(p-c_2)}{\tau_1 p}\right]$。

命题4.16给出了当两种类型线下体验店均会加大投入成本时，信息不对称对线上零售商、线下体验店及供应链总体的影响。可以发现，信息不对称的存在会导致线上零售商利润的损失；而由于线下体验店拥有私有信息，他总是能够获得额外的信息租金。对于供应链系统而言，信息不对称对供应链成员利润的影响会造成供应链系统利润的损失。这是因为线上零售商需要给予低类型线下体验店额外的信息共享费来揭示线下体验店的私有信息，同时也需要给予高类型线下体验店一定的转移支付来满足其参与约束。从信息价值的角度，该命题表明，线上零售商可以通过权衡信息租金和供应链损失来最小化其信息价值，从而最大化在信息不对称下线上零售商的利润。

推论4.3 当线下体验店为高类型时，信息不对称的存在并不会产生信息租金，表现为 $\pi_{sH}^{A*} = \pi_{sH}^{N*}$。

推论4.3可知，在信息不对称下，给定一组契约菜单，低类型线下体验店的信息优势体现在，他可以通过选择针对高类型线下体验店的契约来获取利润。为了激励线下体验店依据其真实的类型选择相应的契约，线上零售商需向低类型线下体验店支付同等数量的信息租金。该推论表明，拥有隐藏行动的线下体验店不一定能从其信息优势中获取额外收益，此时在由线上零售商与高类型线下体验店组成的供应链中，线下体验店隐藏行动的信息不对称也不会导致供应链系统损失，仅导致收益在供应链系统内部的重新分配。

在由线上零售商和线下体验店构成的线下到线上供应链中，考虑二者在长期合作中，线下体验店往往拥有正的谈判力，并且，考虑在线上零售商与线下体验店签订长期合同之后，二者还可以进一步进行谈判。由此，假设线下体验店的谈判力为 ϑ（$0<\vartheta<1$），则线上零售商的谈判力为 $1-\vartheta$。不考虑线上零售商与线下体验店的谈判成本，得到命题4.17。

命题4.17 当线下体验店的谈判力满足 $\vartheta \in (\underline{\vartheta}, \overline{\vartheta})$ 时，拥有私有信息的线下体验店会愿意与线上零售商谈判而愿意披露其拥有的私有信息，从而与线上零售商分享整个供应链的利润。

其中，$\underline{\vartheta} = \dfrac{2\tau_1\left[Z_2(1-\beta) + (1-\beta)(\kappa_H - \kappa_L) + R\right]}{Z_5 + Z_6 - Z_7 - 2\tau_1\left[\beta\kappa_H - (1-\beta)\kappa_L\right]}$，

$$\overline{\vartheta}=1-\frac{Z_5+Z_6+Z_8+2\tau_1\left[Z_2+R+\kappa_H+(1-\beta)(\kappa_H-\kappa_L)\right]}{Z_6-2\tau_1\left[\beta\kappa_H-\kappa_L(1-\beta)-Z_9\right]},$$

$$Z_5=-2\tau_1 p^2\left[\tau_1+\eta(1-\tau_1)^2\right]+p\left\{2\tau_1^2\left[1-\eta(1-\tau_1)\right]-\eta^2(1-\tau_1)(1-3\tau_1+\tau_1^2)\right\},$$

$$Z_6=c_2\left\{1-2\tau_1(1-p)-\left[1+\eta(1-\tau_1)\right]^2\right\},\quad Z_7=2\tau_1\left[\kappa_L(1-\beta)(Z_4-\ln\kappa_L)\right.$$
$$\left.+\beta\kappa_H(Z_4-\ln\kappa_H)\right],\ Z_8=2\tau_1\left[\kappa_L(Z_4-\ln\kappa_L)+\beta\kappa_L Z_3\right],\ Z_9=\kappa_L(Z_4-\ln\kappa_L)\text{。}$$

命题4.17表明，在由线上零售商和线下体验店组成的线下到线上供应链中，若线下体验店的谈判力在一定范围内，则线上零售商与线下体验店能够达成信息共享谈判。具体分析，当线下体验店的谈判力满足 $\vartheta\in(\underline{\vartheta},\overline{\vartheta})$ 时，线下体验店会自愿披露其拥有的私有信息，与线上零售商分享整个供应链的利润，此时线上零售商和线下体验店的利润均得到有效提升，高于谈判前的利润。

4.4.4 数值仿真

本节将通过数值算例直观考察上述理论分析结果，以得到更多管理学启示。同时，考虑不同参数取值范围，不妨设置参数：$p=0.5$，$\tau_1=0.75$，$\eta=0.015$，$c_2=0.02$，$\kappa_H=0.00016$，$\kappa_L=0.0001$。以 β 为横坐标，绘制佣金率及信息价值的变化曲线。

观察图4.7可以发现：①当线下体验店为低类型时，信息不对称与信息对称下的佣金率相等；当线下体验店为高类型时，信息不对称下的佣金率要小于信息对称下的值，表明在信息不对称下，针对不同类型线下体验店，线上零售商契约设计的激励目的存在差异，即当线下体验店为低类型时，侧重于激励线下体验店加大投入，佣金率能够到达信息对称下的最优水平。②随着 β 的增大，$\gamma_i^{N*}(i=H,L)$ 和 γ_L^{A*} 保持不变，γ_H^{A*} 增大，表明线下体验店为高类型的概率越大，线上零售商越是需要给予高类型线下体验店更大的激励。③曲线 γ_H^{N*} 与曲线 γ_H^{A*} 的间隔总是会随 β 的增大而减小，表明当线下体验店为高类型时，β 有助于缓解信息不对称对佣金率的不利影响。

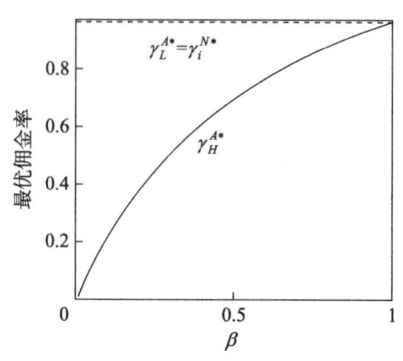

图 4.7 参数变化对佣金率的影响

观察图4.8可以发现：①随着 β 的增大，线上零售商的信息价值和线下体验店信息租金均先增大后减小，供应链损失总是降低，表明 β 在一定取值范围内，能够同时缓解信息不对称对线上零售商、线下体验店及O2O供应链系统的影响。②线上零售商的信息价值总是大于线下体验店的信息租金，表明线上零售商信息劣势给其造成的损失要大于线下体验店信息优势给其带来的收益，这也意味着信息不对称的存在会造成供应链系统利润的损失。③线上零售商的信息价值与线下体验店信息租金之差总是会随 β 的增大而减小，表明 β 有助于缓解信息不对称对O2O供应链系统利润的不利影响。

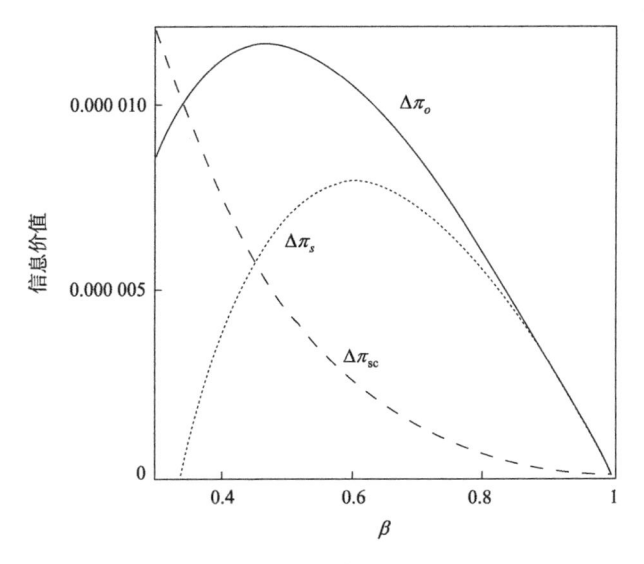

图 4.8 参数变化对信息价值的影响

4.4.5 小结

本节针对由一个线上零售商和一个线下体验店组成的线下到线上供应链，考虑线下体验店可以通过加大投入来提高产品匹配率，分别构建了线下体验店投入成本信息对称与不对称情形下的委托代理模型，设计了线上零售商对线下体验店的合作契约，探讨了信息不对称的影响，分析了线上零售商和线下体验店之间的信息共享谈判问题。

研究发现：①信息对称下，当线下体验店体验服务投入成本系数较大时，线下体验店将不会加大投入成本来提高产品匹配率；信息不对称下，拥有私有信息的线下体验店尽管可以提供与信息对称情形下相等的服务投入成本，但线上零售商为了规制两种类型线下体验店的投入水平决策，以激励线下体验店提供服务投入成本，可能会通过对低成本类型线下体验店设置一个比信息对称情形下更高的佣金率，诱使低类型线下体验店加大投入。②体验渠道的引入会对消费者购买行为造成影响，部分对产品估值较低的消费者会由直接在线上渠道购买产品迁移到体验渠道体验产品，还可以吸引更多潜在消费者到线下体验店体验产品，需求增加；线上零售商引入体验渠道并不一定对其有利，这取决于线下体验店的保留收益水平，若线下体验店保留收益水平较低，则线上零售商可以获得更多利润。③信息不对称下，线上零售商可以通过权衡供应链系统损失和信息租金来设计不同类型的契约；当线下体验店的谈判力满足一定条件时，拥有私有信息的线下体验店会愿意与线上零售商谈判而自愿披露其拥有的私有信息，从而与线上零售商分享整个供应链的利润。

第5章 O2O 模式下的供应链库存合作策略

随着商业环境的不断变革及市场环境的持续变化，消费者需求表现出不确定性的特点，供需不匹配问题日益严峻，在此情形下供应链的库存合作显得尤为重要。O2O模式能够融合线上线下渠道的优势，从而更好地满足消费者需求，同时也为供应链库存合作提供新思路。本章拟考虑两种O2O库存合作模式：一种是面向服装、眼镜等快时尚行业的"线下体验、线上购买"库存合作模式；另一种是面向生鲜农产品的"线上购买、线下配送"库存合作模式。分别考虑制造商线上直销渠道存在退货风险及生鲜农产品生产商面临需求不确定两种情形，构建不同库存合作策略下供应链成员的决策模型，通过利润比较得到供应链成员的最优库存合作策略，并设计相应的供应链契约机制，以期协调供应链成员的订货和价格决策并实现供应链成员利润的帕累托改善。

5.1 O2O模式下考虑线上退货风险的供应链库存合作策略

随着信息技术和电子商务的快速发展，方便、快捷的线上购物已经成为消费者重要的购物方式。但线上购物缺乏实物体验，使消费者收到的产品有可能与其预期不匹配，从而导致制造商线上直销渠道面临较高的退货风险。而线下零售商在提供产品体验方面具有天然优势，因此许多拥有线上直销渠道的制造商开始与其线下零售商展开O2O合作。例如，服装品牌茵曼与其线下零售商进行合作，线下零售商在店内放置不出售的展品，并在店内缺货时引导消费者通过展品进行"线下体验、线上购买"。此O2O合作一方面能够帮助制造商减轻线上退货风险；另一方面也以线下零售商向线上引流的方式实现供应链成员间的库存合作。然而，此O2O合作可能会改变线下零售商原来的库存决策进而影响制造商的产品批发收益。因此，有必要探究制造商该如何与其线下零售商有效进行"线下体验、线上购买"库存合作，从而为相关企业的O2O合作实践提供理论依据。

鉴于此，本节以一个拥有线上直销渠道的制造商和其线下零售商组成的供应链为研究对象，考虑线下库存水平对消费者购买行为的影响，构建无O2O合作及O2O合作情形下的博弈模型，分析O2O合作对供应链成员均衡决策和利润的影响，获得制造商与线下零售商的最优O2O合作策略。

5.1.1 问题描述

考虑由一个拥有线上直销渠道的制造商和一个线下零售商组成的供应链，其中，制造商通过线上直销渠道和线下零售渠道销售同一种产品。此外，为了给消费者提供更好的产品体验，制造商与线下零售商进行O2O合作、开辟体验渠道，即线下零售商在店内放置不出售的展品，展品属性与产品完全一致，当店内缺货时，线下零售商引导消费者通过展品进行"线下体验、线上购买"。为便于表达，分别用下标 m、r 表示制造商和线下零售商，分别用下标 R、O、S 表示线下渠道、线上渠道和体验渠道。

制造商以批发价格 w 将产品批发给线下零售商，线下零售商根据市场需求向制造商订购数量为 q 的产品。由于市场动态多变，线下零售商可能因无法准确预测市场需求而产生缺货或季末过剩库存的情况。而线上渠道因为有交货提前期的存在，制造商有足够的处理时间来满足所有订单，故不考虑线上渠道存在缺货的情况（Chen et al., 2008）。O2O模式下，不少制造商，如茵曼、优衣库等，为了向消费者提供线上线下无缝衔接的购物体验，往往采取线上线下统一定价方式，故本节假设线上线下的产品价格同为 p，并且为聚焦于库存决策，本节将产品价格外生（Chen et al., 2008; Chiang, 2010）。

市场规模用 X 表示，X 服从 $[0, a]$ 的均匀分布（Lan et al., 2018; Yi et al., 2018）。市场中的消费者在触摸和感受产品之前通常无法确定产品是否与自身需求相匹配，假设产品与消费者需求匹配的概率为 τ_1（以下简称产品匹配率），如果匹配则消费者获得正的产品价值 v，如果不匹配，产品价值为0。考虑到一些线下零售商会在线展示店内库存信息，如消费者可以通过茵曼微信商城查看其线下零售商的实时库存，因此假设消费者购买前可以获知线下零售商店内库存信息。在此情形下，消费者若知道线下有库存，则可以前往线下实体店购买，也可以选择线上直接购买；若知道线下无库存，消费者除了可以线上直接购买外，还可以前往线下通过店内展品进行"线下体验、线上购买"。

当消费者选择线上渠道时，会线上直接下单并产生线上麻烦成本 h_O，如线上搜索成本、等待成本等，考虑到电子商务的普及和快递物流企业的迅速发展，不同消费者的线上搜索成本及等待时间差异不大，故假设所有消费者的线上麻烦成本相同。若消费者收到产品后认为产品与自身需求相匹配则保留产品，若不匹配则退货并得到制造商的全额退款。由于不少制造商在线上销售时会赠送给消费者运费险或为消费者提供货到付款的购买方式，故本节假设消费者的退货物流成本由制造商承担。由此可得消费者选择线上渠道的预期效用为

$$U_O = \tau_1(v-p) - h_O \tag{5.1}$$

当消费者选择线下渠道时，会产生线下麻烦成本 h_R，如到店的交通成本等，考虑到不同消费者可能与实体店的距离不同，从而产生的交通成本也不同，故假设 h_R 服从[0,1]区间上的均匀分布（Cao et al.，2016）。消费者到店后若认为产品与需求相匹配，则购买，若不匹配则放弃购买。由此可得消费者选择线下渠道的预期效用为

$$U_R = \tau_1(v - p - h_O) - h_R \tag{5.2}$$

当消费者选择O2O渠道，即在线下缺货时前往实体店通过展品进行"线下体验、线上购买"时，同样会产生线下麻烦成本 h_R，消费者体验后如果认为产品与需求相匹配，则转移至线上渠道购买并承担线上麻烦成本 h_O，如果不匹配则放弃购买。由此，可得到消费者选择O2O渠道的预期效用为

$$U_S = \tau_1(v - p - h_O) - h_R \tag{5.3}$$

在制造商与线下零售商进行O2O合作的过程中，对于"线下体验、线上购买"的这部分消费者，制造商会提供给线下零售商单位引流收益 χ。线下零售商在店内放置展品产生的成本主要为展品自身及展台放置等固定成本，不影响决策，故在模型处理中不考虑此成本。此外，若消费者退货，制造商产生的单位退货处理成本为 c_3，包括退货引起的物流与库存成本及人工处理成本等。为简化模型且不失一般性，将制造商单位产品生产成本和线下零售商季末过剩库存残值标准化为0。

本节通过斯塔克尔伯格博弈模型分析制造商与线下零售商的最优决策，参与双方都以各自利润最大化为目标进行决策。决策顺序为：首先，制造商在销售周期开始前确定产品批发价格 w；其次，线下零售商根据批发价格确定从制造商处订货的数量 q。

5.1.2 不同策略下的均衡分析

本节首先分析制造商和线下零售商不进行O2O合作时双方的博弈均衡，以作为制造商与线下零售商O2O合作策略的基准参考，然后分析O2O合作情形下制造商与线下零售商的博弈均衡。为便于表述，以下分别用上标 N、O 表示无O2O合作和O2O合作情形。

1. 无O2O合作情形

当制造商与线下零售商不进行O2O合作，即线下零售商没有在店内放置展品时，若线下有库存，消费者在线下和线上渠道之间进行选择，若线下无库存，消费者只能选择线上渠道。在此情形下，如图5.1所示，若 $U_O < U_R$，即 $0 \leq h_R \leq h_O$，则消费者在线下有货时选择线下渠道，在线下缺货时选择线上渠道；若 $U_O > U_R$，

即 $h_O < h_R \leqslant 1$，则无论线下是否有货，消费者都会选择线上渠道。

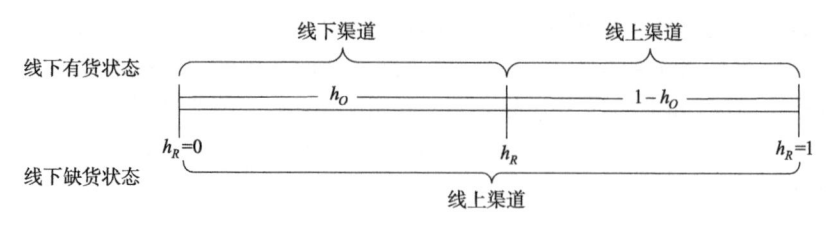

图 5.1　无 O2O 合作下消费者的渠道购买决策

需要注意的是，去往线下的消费者只有对产品感到满意时才会购买，因此给定线下零售商的库存水平 q，预期查得线下有库存的消费者数量为 q/τ_1，打算线下购买并查得线下有库存的消费者数量为 $\min(h_O X, q/\tau_1)$，相应地，面临线下缺货的消费者数量为 $\left(h_O X - \dfrac{q}{\tau_1}\right)^+$。由上述分析可得，选择线上渠道的期望消费者数量 d_O^N、选择线下渠道的期望消费者数量 d_R^N 分别为

$$d_O^N = E\left[X(1-h_O)\right] + E\left(h_O X - \dfrac{q}{\tau_1}\right)^+ \tag{5.4}$$

$$d_R^N = E\min\left\{h_O X, \dfrac{q}{\tau_1}\right\} \tag{5.5}$$

此时，制造商和线下零售商的利润函数分别为

$$\pi_m^N = \left[p\tau_1 - c_3(1-\tau_1)\right]d_O^N + wq \tag{5.6}$$

$$\pi_r^N = p\theta d_R^N - wq \tag{5.7}$$

定理5.1　无O2O合作情形下，制造商的最优批发价格和线下零售商的最优订货量分别为 $w^{N*} = \dfrac{p^2\tau_1}{p\tau_1 + c_3 - c_3\tau_1}$、$q^{N*} = \dfrac{c_3(1-\theta)\tau_1 h_O a}{p\tau_1 + c_3 - c_3\tau_1}$。

证明：采用逆向归纳法进行求解，将式（5.4）和式（5.5）分别代入目标函数 π_m^N 和 π_r^N。首先，求得 $\partial^2\pi_r^N/\partial q^2 < 0$，因此 π_r^N 是关于 q 的凹函数，存在唯一最优解，令 $\partial^2\pi_r^N/\partial q^2 = 0$，得到 q 关于 w 的反应函数 $q(w)$；其次，将 $q(w)$ 代入目标函数 π_m^N 中，求得 $\partial^2\pi_m^N/\partial w^2 < 0$，因此 π_m^N 是关于 w 的凹函数，存在唯一最优解，令 $\partial\pi_m^N/\partial w = 0$ 可得最优解 w^{N*}，将其代入 $q(w)$，可得 q^{N*}。

根据定理5.1可知，无O2O合作时线下零售商的缺货损失为 $p - w^{N*}$，此时若制造商提高批发价格，线下零售商会因缺货损失降低而减少订货量。此外，由 $\partial w^{N*}/\partial c_3 < 0$、$\partial q^{N*}/\partial c_3 > 0$ 可知，若退货处理成本增大，制造商会降低批发价格，而零售会增加订货量。这是因为与线上渠道相比，线下渠道可以为消费者提供实物体验从而能够避免消费者退货，当线上退货处理成本比较大时，制造商会提高批发价格以刺激线下零售商多订货，使得更多的消费者通过线下渠道购买产品从而有效避免线上退货损失大幅增加。

根据定理5.1，并结合式（5.4）~式（5.7），可以得到无O2O合作情形下，制造商和线下零售商的最优利润分别为

$$\pi_m^{N*} = \frac{a\left[c_3^2(1-\tau_1)^2 h_O + (p\tau_1 - c\tau_1 + c_3)(p\tau_1 + c_3\tau_1 + c_3)\right]}{2(p\tau_1 - c_3\tau_1 + c_3)} \quad (5.8)$$

$$\pi_r^{N*} = \frac{\tau_1 aph_O c_3^2 (1-\tau_1)^2}{2(p\tau_1 - c_3\tau_1 + c_3)^2} \quad (5.9)$$

2. O2O 合作情形

O2O合作的情形下，如图5.2所示，若 $U_O < U_S$，即 $0 \leq h_R \leq (1-\theta)h_O$，则消费者在线下有货时选择线下渠道，在线下缺货时选择O2O渠道；若 $U_S < U_O < U_R$，即 $(1-\theta)h_O < h_R \leq h_O$，则消费者在线下有货时选择线下渠道，在线下缺货时选择线上渠道；若 $U_O > U_R$，即 $h_O < h_R \leq 1$，则无论线下是否有货，消费者都会选择线上渠道。

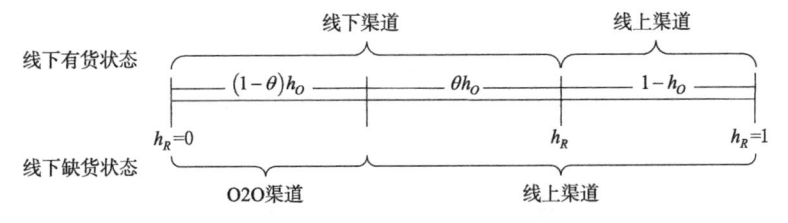

图 5.2 O2O 合作下消费者的渠道购买决策

由上述分析可得，最终选择线上渠道的期望消费者数量 d_O^O、选择线下渠道的期望消费者数量 d_R^O，以及选择O2O渠道的期望消费者数量 d_S^O 分别为

$$d_O^O = E\left[(1-h_O)X\right] + E\left[\tau_1\left(h_O X - \frac{q}{\tau_1}\right)^+\right] \quad (5.10)$$

$$d_R^O = E\min\left\{h_O X, \frac{q}{\tau_1}\right\} \quad (5.11)$$

$$d_S^O = E\left[(1-\tau_1)\left(h_O X - \frac{q}{\tau_1}\right)^+\right] \quad (5.12)$$

此时，制造商和线下零售商的利润函数分别为

$$\pi_m^O = \left[p\tau_1 - c_3(1-\tau_1) \right] d_O^O + (p-\chi)\tau_1 d_S^O + wq \quad (5.13)$$

$$\pi_r^O = p\tau_1 d_R^O + \chi\tau_1 d_S^O - wq \quad (5.14)$$

定理5.2 O2O合作情形下，制造商的最优批发价格 w^{O*} 和线下零售商的最优订货量 q^{O*} 分别为 $w^{O*} = \dfrac{(p-\chi+\chi\tau_1)^2}{p-\chi+\chi\tau_1+c_3-c_3\tau_1}$，$q^{O*} = \dfrac{ac_3\tau_1 h_O(1-\tau_1)}{p-\chi+\chi\tau_1+c_3-c_3\tau_1}$。

证明：证明过程与定理5.1类似，故略。

由定理5.2可得，O2O合作后线下零售商的缺货损失变为 $p - w^{O*} - (1-\tau_1)\chi$，这是因为O2O合作后，尽管线下发生一次缺货仍然意味着线下零售商丧失向消费者销售一单位产品并获取 $p - w^{O*}$ 收益的机会，但根据式（5.12），线下缺货时有 $1-\tau_1$ 比例的消费者会选择通过O2O渠道购买产品，线下零售商可从中获得 $(1-\tau_1)\chi$ 的单位期望引流收益，所以线下零售商的缺货损失变为 $p - w^{O*}$ 与 $(1-\tau_1)\chi$ 的差值。此时若制造商提高批发价格，线下零售商仍然会因缺货损失降低而减少订货量。

进一步分析定理5.2可知 $\partial w^{O*}/\partial c_3 < 0$、$\partial q^{O*}/\partial c_3 > 0$，表明O2O合作后随着退货处理成本的增加，制造商仍然会降低批发价格，零售商仍然会增加订货量。同时可知，O2O合作后制造商与线下零售商的最优决策还与引流收益有关，由于 $\partial w^{O*}/\partial \chi < 0$、$\partial q^{O*}/\partial \chi > 0$，表明随着引流收益的增加，制造商会降低批发价格，线下零售商会增加订货量。这是因为当引流收益比较高时，制造商为了避免O2O渠道过多的引流收益支出会适当降低批发价格以刺激线下零售商多订货，从而使得更多的消费者从线下渠道而不是通过O2O渠道购买产品。

推论5.1 产品匹配率对制造商批发价格及零售商订货量的影响：① $\dfrac{\partial w^{O*}}{\partial \tau_1} > 0$。② 当 $0 < \tau_1 < Z_1$，或者 $Z_1 < \tau_1 < Z_2$ 且 $c_3 > Z_3$ 时，$\dfrac{\partial q^{O*}}{\partial \tau_1} > 0$；当 $Z_1 < \tau_1 < Z_2$ 且 $0 < c_3 < Z_3$，或者 $Z_2 < \tau_1 < 1$ 时，$\dfrac{\partial q^{O*}}{\partial \tau_1} < 0$。

其中，$Z_1 = \dfrac{\sqrt{p(p-\chi)} - (p-\chi)}{\chi}$，$Z_2 = 1 + \dfrac{p - \sqrt{p(2p-\chi)}}{p-\chi}$，$Z_3 = \dfrac{\chi\tau_1^2 + (2\tau_1-1)(p-\chi)}{(1-\tau_1)^2}$。

证明：求解可得 $\partial w^{O*}/\partial \tau_1$ 的分子、分母均为正，因此 $\partial w^{O*}/\partial \tau_1 > 0$。分析 $\partial q^{O*}/\partial \tau_1$ 可得其分母为正，现在只需要分析其分子的符号，分子为关于 c_3 的单调

减函数。分两种情形来讨论：①当 $0<\tau_1<1/2$ 时，$0<c_3<p\tau_1/(1-\tau_1)$，通过分析分子在 c_3 的两个端点处的正负性，可得当 $0<\tau_1<Z_1$ 时，$\partial q^{O*}/\partial \tau_1>0$；当 $Z_1<\tau_1<1/2$ 时，若 $0<c_3<Z_3$，则 $\partial q^{O*}/\partial \tau_1<0$，若 $Z_3<c_3<p\tau_1/(1-\tau_1)$，则 $\partial q^{O*}/\partial \tau_1>0$。②当 $1/2<\tau_1<1$ 时，$0<c_3<p$，通过分析分子在 c_3 的两个端点处的正负性，可得当 $1/2<\tau_1<Z_2$ 时，若 $0<c_3<Z_3$，则 $\partial q^{O*}/\partial \tau_1<0$，若 $Z_3<c_3<p$，则 $\partial q^{O*}/\partial \tau_1>0$；当 $Z_2<\tau_1<1$ 时，$\partial q^{O*}/\partial \tau_1<0$。整理两部分参数范围下的结果可得推论5.1。

推论5.1表明，O2O合作下若产品匹配率提高，制造商会提高批发价格，而线下零售商会增加或减少订货量。这是因为产品匹配率的提高会降低消费者线上购买后退货的概率，线上退货损失会降低，所以制造商会提高批发价格来减少线下零售商订货量，增加线下缺货的概率，使得更多的消费者选择线上渠道。一方面，线下零售商的订货量受到批发价格的负向影响；另一方面，产品匹配率的提高会使进店消费者中最终成交的数量增多，预期到这一变化，线下零售商会增加订货量，当产品匹配率对线下零售商店内有效需求的正向影响优于批发价格增加带来的负向影响时，线下零售商需要增加订货量，反之则需要减少订货量。

根据定理5.2，并结合式（5.10）~式（5.14），可得O2O合作情形下，制造商和线下零售商的最优利润分别为

$$\pi_m^{O*} = \frac{a\left\{\begin{array}{l}(p\tau_1+c_3\tau_1-c_3)(p-\chi+\chi\tau_1+c_3-c_3\tau_1)-(1-\tau_1)\\ -h_O\left[c_3^2(1-\tau_1)+c_3(1-\tau_1)(p-\chi)-\chi\tau_1(p-\chi+\chi\tau_1)\right]\end{array}\right\}}{2(p-\chi+\chi\tau_1+c_3-c_3\tau_1)} \quad (5.15)$$

$$\pi_r^{O*} = \frac{\tau_1 a h_O(1-\tau_1)\left[pc_3^2(1-\tau_1)+2\chi c_3(1-\tau_1)(p-\chi+\chi\tau_1)+\chi(p-\chi+\chi\tau_1)^2\right]}{2(p-\chi+\chi\tau_1+c_3-c_3\tau_1)^2}$$

$$(5.16)$$

3. 情形对比

通过对比O2O合作前后制造商的最优批发价格及线下零售商的最优订货量得到命题5.1。

命题5.1 O2O合作前后制造商的批发价格及线下零售商的订货量变化为①存在阈值 Z_4 和 Z_5，当 $0<\tau_1<Z_4$ 且 $c_3>Z_5$ 时，$w^{O*}>w^{N*}$；当 $0<\tau_1<Z_4$ 且 $0<c_3<Z_5$，或者 $Z_4<\tau_1<1$ 时，$w^{O*}<w^{N*}$。② $q^{O*}<q^{N*}$。

其中，$Z_4 = \min\left\{\dfrac{p^2-2p\chi+\chi^2}{p^2-p\chi+\chi^2}, \dfrac{p^2-3p\chi+2\chi^2}{2\chi^2}\right\}$，

$$Z_5 = \frac{p\chi\tau_1(\chi\tau_1 + p - \chi)}{(1-\tau_1)(p^2 - \chi^2\tau_1 - 2p\chi + \chi^2)}。$$

证明：先证明O2O合作前后批发价格 w 的变化规律。w^{O*} 与 w^{N*} 的差值为

$$w^{O*} - w^{N*} = -\frac{(1-\tau_1)\{c_3[-\chi^2\tau_1^2 + \tau_1(p^2 - 2p\chi + 2\chi^2) - (p-\chi)^2] + p\chi\tau_1(p-\chi+\chi\tau_1)\}}{(p-\chi+\chi\tau_1+c_3-c_3\tau_1)(p\tau_1-c_3\tau_1+c_3)}。$$

根据本节参数的取值范围，易知 $(p-\chi+\chi\tau_1+c_3-c_3\tau_1)(p\tau_1-c_3\tau_1+c_3) > 0$。而 $c_3[-\chi^2\tau_1^2 + \tau_1(p^2 - 2p\chi + 2\chi^2) - (p-\chi)^2] + p\chi\tau_1(p-\chi+\chi\tau_1)$ 是关于 c_3 的单调函数，根据本节参数取值范围，分析并整理可得，当 $0 < \theta < Z_4$ 且 $0 < c_3 < Z_5$，或者 $Z_4 < \tau_1 < 1$ 时，$w^{O*} < w^{N*}$；当 $0 < \tau_1 < Z_4$ 且 $c_3 > Z_5$ 时，$w^{O*} > w^{N*}$。此外，q^{O*} 与 q^{N*} 的差值为 $q^{O*} - q^{N*} = -\dfrac{\tau_1 h_O c_3 a(1-\tau_1)^2(p-\chi)}{(p-\chi+\chi\tau_1+c_3-c_3\tau_1)(p\tau_1-c_3\tau_1+c_3)}$，根据本节参数的取值范围，易得 $q^{O*} - q^{N*} < 0$，所以 $q^{O*} < q^{N*}$。

命题5.1①表明，当且仅当产品匹配率比较低且退货处理成本比较大时，制造商在O2O合作后才会提高批发价格，否则，制造商会降低批发价格。这是因为当产品匹配率比较低且退货处理成本比较大时，制造商线上渠道的退货问题比较严重，O2O合作前若制造商提高批发价格会使得线下零售商减少订货量，这会造成线下缺货增加从而引起更多消费者转移至线上渠道进而造成线上更大的退货损失，所以制造商不得不制定一个较低的批发价格，而O2O合作后消费者在线下缺货时能够通过O2O渠道获取产品体验从而避免退货，制造商可以放心地提高批发价格来攫取更多利润。其他情形下，制造商线上渠道的退货问题并不严重，制造商在O2O合作前可以制定一个较高的批发价格获取更多利润，但O2O合作后，由于O2O渠道的引入为线下零售商提供了一个获取收益的新途径，若制造商仍然保持一个较高的批发价格会使得线下零售商大幅降低订货量以追求O2O渠道的引流收益，所以制造商不得不调低批发价格以维持线下零售商适当的订货量来保证自身的产品批发收益。

命题5.1②表明，与O2O合作前相比，O2O合作后线下零售商始终会减少订货量。特别地，结合命题5.1①，当产品匹配率和退货处理成本都比较小或产品匹配率比较高时，O2O合作后制造商为了刺激线下零售商多订货会调低批发价格，但线下零售商仍然选择减少订货量。这是因为O2O合作使得线下零售商的缺货损失由 $p-w^{N*}$ 变为 $p-w^{O*}-(1-\tau_1)\chi$，尽管当产品匹配率和退货处理成本都比较小或产品匹配率比较高时，O2O合作后制造商会降低批发价格，导致线下零售商缺货损失增加，但引流收益的存在使得线下零售商缺货损失明显降低并且优于批发价

格的影响，所以线下零售商会减少订货量。命题5.1②说明O2O合作后无论制造商批发价格如何变化，线下零售商都应该减少库存持有量。

上述分析得到O2O合作后线下零售商的单位缺货损失会降低，为进一步探究O2O合作后线下零售商的总缺货损失及制造商的总退货处理成本的变化，在命题5.1的基础上进一步分析得到推论5.2。

推论5.2 O2O合作前后制造商的总退货处理成本及线下零售商的总缺货损失变化分别为① $c_3(1-\tau_1)d_O^{O*} < c_3(1-\tau_1)d_O^{N*}$。②存在阈值$Z_6$，若$0 < c_3 < Z_6$则$[p-w^{O*}-(1-\tau_1)\chi]E(h_O X-q^{O*}/\tau_1)^+ < (p-w^{N*})E(h_O X-q^{N*}/\tau_1)^+$；反之则$[p-w^{O*}-\chi(1-\tau_1)]E(h_O X-q^{O*}/\tau_1)^+ > (p-w^{N*})E(h_O X-q^{N*}/\tau_1)^+$。其中，$Z_6$为$\chi^3(1-\tau_1)^3[\chi^3\tau_1^2-(2\chi+p)(p-\chi)^2+(p-\chi)^3]+p^3\tau_1^2(p-\chi+\chi\tau_1)^3 +3p\tau_1\chi^2(p-\chi+\chi\tau_1)(1-\tau_1)^2[\chi^2\tau_1-(p-\chi)^2]+3\chi p^2\tau_1^2(1-\tau_1)(p-\chi+\chi\tau_1)^2=0$的根。

证明：首先分析得到$d_O^{O*}-d_O^{N*}$的分母为正，分子为关于c_3的二次凹函数且存在唯一一个正实根，将取值范围的端点值代入分子可得$d_O^{O*}-d_O^{N*}<0$，因此$c_3(1-\tau_1)d_O^{O*} < c_3(1-\tau_1)d_O^{N*}$。同理可得推论5.2②。

推论5.2①表明，O2O合作后制造商的总退货处理成本始终会降低，这是因为若线下缺货，消费者在O2O合作前只能选择线上渠道，O2O合作后其中一部分消费者为了确定产品是否匹配会选择O2O渠道，这部分从线上渠道转移至O2O渠道的消费者因获取实物体验而有效避免退货，所以制造商线上退货损失会降低。推论5.2②表明，O2O合作能否降低线下零售商的总缺货损失与制造商线上退货处理成本c_3有关，当退货处理成本比较小时，O2O合作后线下零售商的总缺货损失会降低，否则O2O合作后线下零售商的总缺货损失会增加。结合命题5.1，这是因为当退货处理成本比较大时，O2O渠道的引入能够有效弥补线上渠道缺乏实物体验的劣势从而使得制造商可以放心提高批发价格来攫取更多利润，这会迫使线下零售商减少订货量并造成线下较高的缺货数量，导致线下零售商缺货损失增加。而当退货处理成本比较小时，O2O合作后制造商为了保证自身的产品批发收益不会大幅提高批发价格，线下零售商也不会被迫在店内持有过低的库存，此时线下零售商的缺货量不是很高并且缺货后可以获取O2O渠道的引流收益，所以缺货损失得到降低。

比较O2O合作前后供应链成员的最优利润关于产品匹配率的变化情况，得到命题5.2。

命题5.2 ① $\dfrac{\partial \pi_m^{N*}}{\partial \tau_1} > 0$，$\dfrac{\partial \pi_m^{O*}}{\partial \tau_1} > 0$。② 当 $0 < \tau_1 < Z_7$ 时，$\dfrac{\partial \pi_r^{N*}}{\partial \tau_1} < 0$，$\dfrac{\partial \pi_r^{O*}}{\partial \tau_1} > 0$；当 $Z_7 < \tau_1 < \dfrac{1}{2}$ 时，$\dfrac{\partial \pi_r^{N*}}{\partial \tau_1} < 0$，$\text{sign}\left\{\dfrac{\partial \pi_r^{O*}}{\partial \tau_1}\right\} = \text{sign}\{Z_8\}$；当 $\dfrac{1}{2} < \tau_1 < 1$ 时，$\dfrac{\partial \pi_r^{N*}}{\partial \tau_1} < 0$，$\dfrac{\partial \pi_r^{O*}}{\partial \tau_1} < 0$。

其中，$Z_7 = \dfrac{3p + 6\chi - \sqrt{4\chi^2 + 20\chi p + 9p^2}}{8\chi}$，

$$Z_8 = \begin{bmatrix} pc_3^3(1-\tau_1)^3 + c_3^2(1-\tau_1)(4\chi\tau_1^2 - 6\chi\tau_1 - 3p\tau_1 + 2\chi + p)(p - \chi + \chi\tau_1) \\ -3\chi c_3(2\tau_1 - 1)(1-\tau_1)(p - \chi + \chi\tau_1)^2 - \chi(2\tau_1 - 1)(p - \chi + \chi\tau_1)^3 \end{bmatrix}。$$

命题5.2表明，无论是否进行O2O合作，随着产品匹配率的提高，制造商的利润始终会增加，但对于线下零售商而言，当产品匹配率比较低时，O2O合作前产品匹配率的提高会降低线下零售商利润，而O2O合作后产品匹配率的提高会使得线下零售商利润增加。这是因为无论是否进行O2O合作，产品匹配率的提高都会使得制造商线上渠道退货损失减少，制造商会通过提高批发价格来攫取更多收益（$\partial w^{N*}/\partial \tau_1 > 0$，$\partial w^{O*}/\partial \tau_1 > 0$）。结合推论5.1可知，若产品匹配率提高，线下零售商不仅受到批发价格提高带来的负向影响，还受到店内有效需求增加带来的正向影响，当产品匹配率比较小时，O2O合作前制造商批发价格提高对线下零售商的负向影响占优，线下零售商利润会下降，而O2O合作后制造商担心提高批发价格会使得线下零售商追求O2O渠道引流收益而订货过低，不会大幅提高批发价格，所以批发价格对线下零售商利润的负向影响不是很强，此时线下零售商店内有效需求增加带来的正向作用占优，所以线下零售商利润会增加。

5.1.3 最优O2O合作策略

根据上述无O2O合作及O2O合作两种情形下的供应链博弈均衡，本节通过对比分析O2O合作前后的均衡利润变化，探讨制造商与线下零售商O2O合作意愿及双方的均衡O2O合作策略。

令 $\Delta\pi_m = \pi_m^{O*} - \pi_m^{N*}$、$\Delta\pi_r = \pi_r^{O*} - \pi_r^{N*}$，分别表示O2O合作前后制造商、线下零售商的利润变化，考虑到若制造商与线下零售商进行O2O合作，由制造商向消费者提供O2O渠道的产品，所以制造商往往会保留O2O渠道的多数收益，故本节仅在 $\chi < p/2$ 范围内考察双方的合作策略，进一步分析得到命题5.3。

命题5.3 制造商与线下零售商的均衡O2O合作策略如下①当$0<\tau_1<Z_4$且$Z_5<c_3<\min\{Z_9,Z_{10}\}$时，$\Delta\pi_m>0$，$\Delta\pi_r>0$，制造商与线下零售商都愿意进行O2O合作，双方会顺利实施O2O合作。②当$0<\tau_1<Z_4$且$Z_9<c_3<Z_{10}$时，$\Delta\pi_m>0$，$\Delta\pi_r<0$，线下零售商不愿意进行O2O合作，制造商与线下零售商间将不实施O2O合作。③当$0<\tau_1<Z_4$且$0<c_3<Z_5$，或者$Z_4<\tau_1<1$时，$\Delta\pi_m<0$，$\Delta\pi_r>0$，制造商不愿意进行O2O合作，制造商与线下零售商间将不实施O2O合作。

其中，Z_9满足$\Delta\pi_r=0$，$Z_{10}=\min\{Z_{11},p\}$，$Z_{11}=\dfrac{p\tau_1}{1-\tau_1}$。

证明： 首先，证明O2O合作前后制造商的利润变化情况。分析发现$\Delta\pi_m$的正负性与$w^{O*}-w^{N*}$的正负性一致，因此当$0<\tau_1<Z_4$且$0<c_3<Z_5$，或者$Z_4<\tau_1<1$时，$\Delta\pi_m<0$；当$0<\tau_1<Z_4$且$c_3>Z_5$时，$\Delta\pi_m>0$。

其次，证明O2O合作前后线下零售商的利润变化情况。分析得到$\Delta\pi_r$的分子为正，现在只需要判断分子的符号。分析得到当$Z_4<\tau_1<1$时，分子是单调递增函数；当$0<\tau_1<Z_4$时，分子随参数c_3先增后减，根据函数性质推导可得对于$0<\chi<3p/11$，当$0<\tau_1<Z_{12}$或$\min\{Z_{13},Z_{14}\}<\tau_1<1$时，$\Delta\pi_r>0$；当$\max\{0,Z_{12}\}<\tau_1<\min\{Z_{13},Z_{14}\}$时，若$0<c_3<Z_9$，$\Delta\pi_r>0$，若$Z_9<c_3<\min\{p\tau_1/(1-\tau_1),p\}$，$\Delta\pi_r<0$；对于$3p/11<\chi<p/2$，$\Delta\pi_r>0$。其中$Z_9$满足$\Delta\pi_r=0$，

$$Z_{12}=\frac{(p-\chi)\left(3p^2-7p\chi-8\chi^2-\sqrt{9p^4-42p^3\chi+33p^2\chi^2}\right)}{8\chi^2(2p+\chi)},$$

$$Z_{13}=\frac{(p-\chi)\left(3p^2-7p\chi-8\chi^2+\sqrt{9p^4-42p^3\chi+33p^2\chi^2}\right)}{8\chi^2(2p+\chi)},$$

Z_{14}满足$p\tau_1^3(p-\chi)^2+\tau_1^2(-5p^3+8p^2\chi-5p\chi^2+\chi^3)+\tau_1(7p^3-12p^2\chi+9p\chi^2-2\chi^3)-(3p-\chi)(p-\chi)^2=0$。

最后，将制造商和线下零售商利润变化的参数区间进行合并可以得到当$0<\tau_1<Z_4$且$Z_5<c_3<\min(Z_9,Z_{10})$时，$\Delta\pi_m>0$，$\Delta\pi_r>0$；当$0<\tau_1<Z_4$且$Z_9<c_3<Z_{10}$时，$\Delta\pi_m>0$，$\Delta\pi_r<0$；当$0<\tau_1<Z_4$且$0<c_3<Z_5$，或者$Z_4<\tau_1<1$时，$\Delta\pi_m<0$，$\Delta\pi_r>0$。

为了更直观地呈现不同参数条件下制造商与线下零售商的O2O合作意愿，依据$p=0.8$、$\chi=0.12$、$\Delta\pi_r=0$及$\Delta\pi_m=0$绘制图5.3。

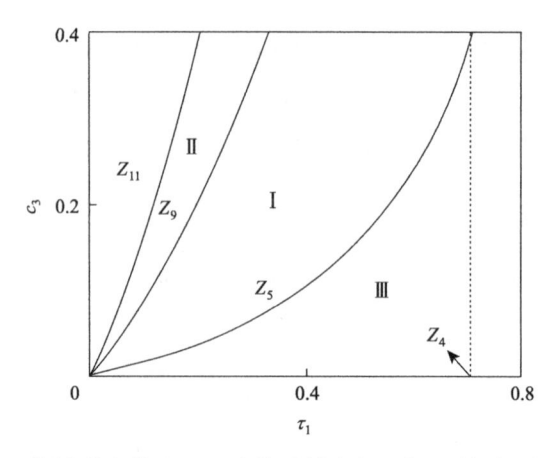

图 5.3　不同参数条件下 O2O 合作对制造商和线下零售商利润的影响

命题5.3表明，制造商与线下零售商的O2O合作意愿受到产品匹配率 τ_1 和退货处理成本 c_3 的影响。当产品匹配率比较低且退货处理成本处于中间水平时（即图5.3中区域Ⅰ），制造商和线下零售商的利润才会都得到提升，从而自愿达成O2O合作。当产品匹配率比较低且退货处理成本足够高时（即图5.3中区域Ⅱ），线下零售商不愿意进行O2O合作，结合命题5.1的分析，这是因为此时O2O合作可以有效降低制造商线上退货损失，制造商会提高批发价格来攫取更多收益，导致线下零售商利润受损，所以线下零售商此时不愿意进行O2O合作。当产品匹配率和退货处理成本都比较低或产品匹配率比较高时（即图5.3中区域Ⅲ），制造商不愿意进行O2O合作，此时制造商的线上退货损失在O2O合作前并不严重，O2O合作不会给制造商带来较大的退货损失改善，此外O2O合作会使得线下零售商减少订货并导致制造商产品批发收益降低，由于O2O合作给制造商带来的退货损失改善不明显，难以抵消O2O合作带来的产品批发收益损失，所以此时制造商不愿意进行O2O合作。

命题5.3说明，制造商和线下零售商在制定O2O合作策略时需要特别关注产品匹配率和退货处理成本的影响。结合实际生活，产品匹配率通常与产品标准化程度有关，而制造商的退货处理成本包括退货的物流与库存成本等，通常与产品重量、体积等有关。所以对于标准化程度比较低（匹配率 τ_1 较低）且比较轻巧（退货处理成本 c_3 较小）的产品，如服装、配饰、眼镜等，O2O合作对制造商和线下零售商都有利，双方应积极展开O2O合作；对于标准化程度比较低（匹配率 τ_1 较低）且比较笨重（退货处理成本 c_3 较高）的产品，如家居、家电等，若制造商实施O2O合作可能会遭到线下零售商的反对；对于标准化程度比较高（匹配率 τ_1 较高）的产品，如书籍、文具、食品等，虽然线下零售商可以从O2O合作中获利，但对于制造商而言不宜进行O2O合作。

5.1.4　O2O 合作策略改进

根据上述分析，当制造商和线下零售商均以各自利润最大化为出发点来决定是否进行O2O合作时，双方总是在某些条件下因O2O合作动机不一致而无法达成O2O合作，从供应链整体来看，此时双方的O2O合作策略未必是最优的。因此，本节首先分析O2O合作对供应链利润的影响，梳理出制造商和线下零售商可以进行O2O合作策略改进的情形，然后在此基础上探讨制造商该如何进行契约设计来促成双方的O2O合作并实现各自利润的帕累托改善。

为便于表述，以下将制造商和线下零售商都愿意进行O2O合作的情形称为情形Ⅰ，将制造商或者线下零售商不愿意进行O2O合作的情形分别称为情形Ⅱ和情形Ⅲ。比较O2O合作前后供应链整体的利润，并结合命题5.3的分析，得到命题5.4。

命题5.4　供应链中存在以下两种可实现O2O合作策略改进的情形：①情形Ⅱ中，即 $0 < \tau_1 < Z_4$ 且 $Z_9 < c_3 < Z_{10}$ 时，$\Delta\pi_m > 0$，$\Delta\pi_r < 0$，$\Delta\pi_{sc} > 0$。②情形Ⅲ中，即 $0 < \tau_1 < Z_4$ 且 $0 < c_3 < Z_5$，或者 $Z_4 < \tau_1 < 1$ 时，$\Delta\pi_m < 0$，$\Delta\pi_r > 0$，$\Delta\pi_{sc} > 0$。其中，$\Delta\pi_{sc} = \Delta\pi_m + \Delta\pi_r$。

证明：O2O合作前后供应链的利润变化为 $\Delta\pi_{sc} = c_3(1-\tau_1)\left(d_O^{O*} - d_O^{N*}\right)$，上述命题5.1的证明已经得到 $d_O^{O*} - d_O^{N*} > 0$，所以当 $0 < \tau_1 < Z_4$ 且 $Z_9 < c_3 < Z_{10}$，或者 $0 < \tau_1 < Z_4$ 且 $0 < c_3 < Z_5$，或者 $Z_4 < \tau_1 < 1$ 时，有 $\Delta\pi_{sc} > 0$。

命题5.4①表明，在情形Ⅱ中，即产品匹配率比较低且退货处理成本足够高时，若制造商实施O2O合作会遭到线下零售商的反对，双方无法达成O2O合作，但O2O合作会给整个供应链带来正向价值。结合命题5.1可知，这是因为此情形下O2O合作后制造商为了追求自身利润最大化会提高批发价格，这损害了线下零售商利润，但由于此时产品匹配率比较低且退货处理成本足够高，O2O合作会使得整个供应链的退货损失明显降低并且能够弥补O2O合作带来的其他不利影响，从而提升了供应链整体利润。制造商观察到供应链整体利润的增加，进而通过设计契约来激励线下零售商进行O2O合作，从而实现自身及线下零售商利润的帕累托改善。

命题5.4②表明，在情形Ⅲ中，即产品匹配率和退货处理成本都比较低或产品匹配率比较高时，O2O合作会使得制造商利润受损而不愿意进行O2O合作，但O2O合作会给整个供应链带来正向价值。这是因为情形Ⅲ下若进行O2O合作，为了避免线下零售商追求O2O渠道的引流收益而导致订货量过少，制造商不得不降低批发价格，这虽然会使得O2O合作后制造商的利润下降，但对整个供应链而言，这会缓解供应链中存在的双重边际问题从而使得供应链利润增加。因此，尽管制造商在此情形下实施O2O合作会导致利润受损，但观察到供应链整体的利润增加，仍然可以与线下零售商展开O2O合作，前提是制造商需要通过设计契约来改变双方的利润分配方式,使得自身能够从O2O合作中受益。

上述分析中给出了制造商和线下零售商可以进行O2O合作策略改进的可行条件,本节在此基础上分别针对情形Ⅱ和情形Ⅲ探究制造商该如何设计契约来促成双方的O2O合作。为便于表达,分别用上标 i($i=$Ⅱ,Ⅲ)分别表示情形Ⅱ和情形Ⅲ下制造商的O2O合作改进契约设计。

针对情形Ⅱ和情形Ⅲ,考虑由制造商提供给线下零售商一个转移支付 f^i,然后线下零售商决策是否接受该契约,若接受则双方展开O2O合作。用 ϑ 表示制造商相对于线下零售商的谈判能力,则 $1-\vartheta$ 表示线下零售商相对于制造商的谈判能力。制造商和线下零售商的谈判破裂点分别为 π_m^{N*} 和 π_r^{N*},因此不同情形下供应链成员面临的纳什谈判问题为

$$\begin{cases} \max_{f^i} \left(\pi_m^{i*} - \pi_m^{N*}\right)^\vartheta \left(\pi_r^{i*} - \pi_r^{N*}\right)^{1-\vartheta} \\ \text{s.t.} \quad \pi_m^{i*} - \pi_m^{N*} \geq 0 \\ \quad\quad \pi_r^{i*} - \pi_r^{N*} \geq 0 \end{cases} \quad (5.17)$$

其中,$i=$Ⅱ,Ⅲ;$\pi_m^{i*} = \left[p\tau_1 - c_3(1-\tau_1)\right]\left\{E\left[X(1-h_O)\right] + E\left[\theta\left(h_O X - \dfrac{q}{\tau_1}\right)^+\right]\right\}$
$+(p-\chi)\tau_1 E\left\{(1-\tau_1)\left(h_O X - \dfrac{q}{\tau_1}\right)^+\right\} + wq - f^i$;$\pi_r^{i*} = p\tau_1\left\{E\left[X(1-h_O)\right]\right.$
$\left. +E\left[\tau_1\left(h_O X - \dfrac{q}{\tau_1}\right)^+\right]\right\} + \chi\tau_1\left\{E\left[(1-\tau_1)\left(h_O X - \dfrac{q}{\tau_1}\right)^+\right]\right\} - wq + f^i$。

采用逆序求解法求解上述优化问题可得供应链成员的均衡O2O合作策略改进契约,如命题5.5所示。

命题5.5 最优O2O合作策略改进契约为① $w^{i*} = \dfrac{(p-\chi+\chi\tau_1)^2}{p-\chi+\chi\tau_1+c_3-c_3\tau_1}$;$f^{i*}=(1-\vartheta)\Delta\pi_m - \vartheta\Delta\pi_r$。② $f^{Ⅱ*}>0$,$f^{Ⅲ*}<0$。

将命题5.5①与定理5.2进行对比可以发现,O2O合作策略改进契约能够分别在情形Ⅱ和情形Ⅲ下促成制造商与线下零售商的O2O合作但不改变双方的均衡决策。命题5.5②表明,在情形Ⅱ中制造商给予线下零售商的最优转移支付为正,说明此情形下制造商为了使线下零售商配合O2O合作的实施,需要提供给线下零售商适当的补偿性转移支付。而在情形Ⅲ中,制造商给予线下零售商的最优转移支付为负,说明此情形下制造商需要向线下零售商收取一定的正向收益才会有动机

进行O2O合作，现实生活中，可以通过向线下零售商收取适当的体验店加盟费来实现。此外，由于 $|\partial f^{II*}/\partial \vartheta|<0$、$|\partial f^{III*}/\partial \vartheta|>0$，说明随着制造商谈判能力的增强，情形Ⅱ下制造商向线下零售商支付较低的转移支付就足以促成与线下零售商的O2O合作，情形Ⅲ下制造商可以向线下零售商收取更多的体验店加盟费，即提高线下零售商成为其线下加盟体验店的门槛，以此来获取更多收益。

5.1.5 小结

在当今市场环境持续变化并且供需不匹配日益严峻的背景下，"线下体验、线上购买"O2O模式为服装、眼镜等快时尚行业提供了库存合作的新思路。本节针对由一个拥有线上直销渠道的制造商和其线下零售商组成的供应链，考虑线上渠道存在退货风险，通过分析无O2O合作及O2O合作情形下消费者的购买行为，构建产品匹配率和线下库存水平共同影响下的供应链博弈模型，考察O2O合作对制造商和线下零售商利润的影响并进一步探讨双方的O2O合作策略。

研究表明：①若制造商与线下零售商展开O2O合作，制造商会根据产品匹配率和退货处理成本的不同来提高或降低批发价格，而对于线下零售商来说，无论制造商批发价格如何变化，线下零售商总会因缺货后可以获取引流收益进而减少订货量。②O2O合作不仅可以有效降低制造商线上退货风险，一定条件下也能帮助线下零售商减少缺货损失，但O2O合作并不总是能增加制造商和线下零售商的利润。③仅当产品匹配率比较低且退货处理成本处于中间水平时，制造商和线下零售商的利润才会都得到提升从而自愿达成O2O合作；当产品匹配率比较低且退货处理成本比较高时，O2O合作后制造商会提高批发价格，导致线下零售商利润受损而不愿进行O2O合作；当产品匹配率和退货处理成本都比较低或产品匹配率比较高时，O2O合作给制造商带来的退货损失改善不明显，难以抵消O2O合作给其带来的产品批发收益损失，故制造商不愿意进行O2O合作。④对比O2O合作前后供应链利润的变化发现，制造商与线下零售商的均衡O2O合作策略存在改进的空间，对此制造商可通过契约设计来调节O2O合作下制造商与线下零售商的利润分配从而改变双方的O2O合作意愿，实现O2O合作策略的改进。

5.2 O2O模式下考虑不确定需求的生鲜供应链库存合作策略

为解决生鲜农产品供需失衡的问题，越来越多生鲜农产品的生产者和经营者积极探索线上线下融合的O2O库存合作模式。以电子商务平台"网上菜篮子"工程为例，拥有线上直销渠道的生产商与其线下零售商进行库存合作，消费者线上下单后,由线下零售商就近发货。此"线上下单,线下配送"的O2O库存合作模式中,线下零售商订购的生鲜农产品需要同时满足线下直接购买和线上下单线下配送的两部分需求。由于需求往往具有不确定性,线下零售商通过一次性订货同时满足这两部分需求的难度较大。此外,线下零售商为了追求自身利润可能会在库存不足的情形下优先给线下渠道供货,导致线上下单线下配送的这部分需求得不到满足或者只有部分需求得到满足,从而引起供应链不同渠道间的矛盾冲突。因此,有必要研究生鲜农产品生产商该如何与其线下零售商进行"线上购买、线下配送"库存合作,这对于提高生鲜农产品供应链运作效率具有重要意义。

鉴于此,本节针对O2O模式下的两种消费者购买方式,即线上下单线下配送和线下直接购买,拟构建相应的O2O生鲜农产品供应链成员的利润函数模型,对市场需求不确定下O2O生鲜农产品供应链渠道间的订货合作策略问题进行研究,通过比较分析集中和分散决策情形下的最优订货策略,建立补偿协调契约模型,并进一步分析供应链成员利润得到帕累托改善所需满足的条件,以实现供应链成员的双赢。

5.2.1 问题描述

考虑由一个生产商和一个线下零售商组成的生鲜农产品供应链。生产商通过两种渠道销售一种生鲜农产品:一是通过传统零售渠道(即线下渠道);二是通过自营的网上商城(即线上渠道)。为了更好地满足消费者对生鲜农产品配送速度的要求,生产商与线下零售商展开"线上购买,线下配送"的库存合作,即消费者线上下单后,由线下零售商就近配送,生产商将这部分消费者带来的收益以比例 γ 分配给线下零售商, $0 < \gamma < 1$ 。此外,在这一库存合作中,线下零售商将优先满足自身线下渠道的需求。为便于表达,分别用下标 m 、 r 表示生产商和线下零售商,用下标 R 、 O 表示线下渠道和线上渠道。

在线下渠道中,线下零售商以批发价格 w 从生产商那里购买生鲜农产品,然后再以零售价格 p 销售给消费者。假设农产品市场趋近于完全竞争市场,线下零售商只能作为价格的接受者,因此假设 p 为外生变量。在线上渠道中,为了避免与线下渠道的价格竞争,生产商也以同样的零售价格 p 通过线上渠道将产品出售给消费者。此外,生产商只接受消费者线上下单,其自身并不负责面向消费者的配送服务,而是交由线下零售商完成。线上渠道和线下渠道的基本需求分别为 d_O 和 d_R ,是相互独立的两个连续随机变量, d_O 的概率密度函数和累积分布函数分别为 $f(x_1)$ 和 $F(x_1)$, d_R 的概率密度函数和累积分布函数分别为 $g(x_2)$ 和 $G(x_2)$ 。

考虑到生鲜农产品的易逝性,假设生鲜农产品期末残值为0。此外,假设生鲜农产品的单位生产成本为 c_4 。同时,为保证销售周期开始后线下零售商愿意实现线上转移来的订单需求,生产商分配的收益需满足 $\gamma p > w + c_5$,其中,c_5 表示产品的单位配送成本。进一步假设生产商和线下零售商都为风险中性且是完全理性,生产商为斯塔克尔伯格主从博弈的领导者,线下零售商为跟随者。销售周期前,生产商首先决策批发价格 w;其次线下零售商根据市场总需求决定订货量 q。

5.2.2 最优库存合作策略

本节首先以集中情形作为基准情形来分析生鲜农产品供应链的均衡决策;其次分析分散情形下各参与者的均衡决策。为便于表述,分别用上标 C、D 表示集中情形和分散情形。

1. O2O 生鲜农产品供应链集中决策模型

先来讨论 O2O 生鲜农产品供应链集中决策模型,即从整个供应链的角度同时考虑线上和线下渠道的总需求来确定最优订货量 q。供应链总体的利润为

$$\pi_{\text{sc}}^C = pE\min\{q,d_R\} + pE\min\{(q-d_R)^+, d_O\} - c_5 E\min\{(q-d_R)^+, d_O\} - c_4 q$$

(5.18)

引理 5.1 集中决策情形下,存在唯一的订货量 q 使得 O2O 生鲜农产品供应链总体的利润最大。

证明:求式(5.18)关于订货量 q 的二阶导数,可得 $\dfrac{\partial^2 \pi_{\text{sc}}^C}{\partial q^2} = -c_5 g(q) - (p-c_5)\int_0^q f(x_1)g(q-x_1)\mathrm{d}x_1$。由 $p > c_5$,可得 $\partial^2 \pi_{\text{sc}}^C / \partial q^2 < 0$。因此,供应链总体利润 π_{sc}^C 是关于订货量 q 的凹函数,且 $\partial \pi_{\text{sc}}^C / \partial q$ 在定义域 $q \in (0, +\infty)$ 上是单调递减的。将 $q = +\infty$ 带入 $\partial \pi_{\text{sc}}^C / \partial q$,可得 $\partial \pi_{\text{sc}}^C / \partial q$ 的最小值为 $-c_4$,将 $q = 0$ 带入 $\partial \pi_{\text{sc}}^C / \partial q$,可得 $\partial \pi_{\text{sc}}^C / \partial q$ 的最大值为 $p - c_4$,则在定义域范围内存在 q 使得 $\partial \pi_{\text{sc}}^C / \partial q = 0$ 成立。因此,存在唯一的订货量 q 使得该 O2O 生鲜农产品供应链总体的利润最大。

在引理 5.1 的基础上,定理 5.3 将给出集中决策情形下 O2O 生鲜农产品供应链最优订货量应该满足的条件,并为分散决策下 O2O 生鲜农产品供应链的协调提供基准条件。

定理 5.3 集中决策情形下,为实现该 O2O 生鲜农产品供应链总体利润最大化,最优订货量 q^{C*} 应该满足的条件:

$$\dfrac{\mathrm{d}\pi_{\text{sc}}^C}{\mathrm{d}q} = p\left(1 - \int_0^q g(x_2)\mathrm{d}x_2\right) + (p - c_5)\left[\int_0^q g(x_2)\mathrm{d}x_2 - \int_0^q \int_0^{q-x_1} f(x_1)g(x_2)\mathrm{d}x_1\mathrm{d}x_2\right] - c_4 = 0 \, \text{。}$$

2. O2O 生鲜农产品供应链分散决策模型

在分散决策情形下，生产商和线下零售商分别以各自利润最大化为目标进行决策。此时，生产商和线下零售商的利润函数分别为

$$\pi_m^D = (1-\gamma)pE\min\{(q-d_R)^+, d_O\} + (w-c_4)q \qquad (5.19)$$

$$\pi_r^D = pE\min\{q, d_R\} + \gamma pE\min\{(q-d_R)^+, d_O\} - c_5 E\min\{(q-d_R)^+, d_O\} - wq \qquad (5.20)$$

引理5.2 分散决策情形下，存在唯一的 q 使得O2O生鲜农产品供应链中线下零售商的利润最大。

证明：求式（5.20）关于订货量 q 的二阶导数，可得 $\dfrac{\partial^2 \pi_r^D}{\partial q^2} =$

$$-g(q)\left[(1-\gamma)p + c_5\right] - (\gamma p - c_5)\int_0^q f(x_1)g(q-x_1)\mathrm{d}x_1 \text{。} 由 \gamma p > c_5，可得$$

$\partial^2 \pi_r^D / \partial q^2 < 0$。因此，线下零售商的利润 π_r^D 是关于订货量 q 的凹函数，且 $\partial \pi_r^D / \partial q$ 在定义域 $q \in (0, +\infty)$ 上是单调递减的。将 $q = +\infty$ 带入 $\partial \pi_r^D / \partial q$，可得 $\partial \pi_r^D / \partial q$ 的最小值为 $-w$，将 $q = 0$ 带入 $\partial \pi_r^D / \partial q$，可得 $\partial \pi_t^C / \partial q$ 的最大值为 $p - w$，则在定义域范围内存在 q 使得 $\partial \pi_r^D / \partial q = 0$ 成立。因此，存在唯一的订货量 q 使得线下零售商的利润最大。

在引理5.2的基础上，定理5.4将给出分散决策情形下线下零售商最优订货量应该满足的条件，并为之后与集中决策情形下O2O生鲜农产品供应链的最优订货量 q^C 比较提供依据。

定理5.4 分散决策情形下，如果要实现生产商和线下零售商各自的利润最大化，最优订货量 q^{D*} 应该满足的条件和最优批发价格 w^{D*} 为 $\dfrac{\partial \pi_r^D}{\partial q} =$

$$p\left[1 - \int_0^q g(x_2)\mathrm{d}x_2\right] + (\gamma p - c_5)\left[\int_0^q g(x_2)\mathrm{d}x_2 - \int_0^q \int_0^{q-x_1} f(x_1)g(x_2)\mathrm{d}x_1\mathrm{d}x_2\right] - w = 0，$$

$$w^{D*} = \left\{ \begin{array}{l} q\left[pg(q)(1-\gamma) + c_5 g(q) + (\gamma p - c_5)\int_0^q f(x_1)g(q-x_1)\mathrm{d}x_1\right] \\ -(1-\gamma)p\left(\int_0^q g(x_2)\mathrm{d}x_2 - \int_0^q \int_0^{q-x_1} f(x_1)g(x_2)\mathrm{d}x_1\mathrm{d}x_2\right) + c_4 \end{array} \right\}。$$

证明：根据逆向归纳法求解。首先，线下零售商的最优订货量 q^{D*} 需满足 $\partial \pi_r^D / \partial q = 0$。其次，令 $q(w)$ 为线下零售商最优订货量关于生产商批发价格 w 的反应函数，则生产商的利润函数为 $\pi_m^D[q(w), w] = (1-\gamma)p$

$$\left\{\begin{array}{l}\int_0^{q(w)}\int_0^{q(w)-x_1}x_1 f(x_1)g(x_2)\mathrm{d}x_1\mathrm{d}x_2\\+\int_{q(w)}^{\infty}\int_{q(w)-x_1}^{q(w)}\left[q(w)-x_2\right]f(x_1)g(x_2)\mathrm{d}x_1\mathrm{d}x_2\end{array}\right\}+(w-c_4)q(w)$$。生产商制定的最优批

发价格 w^{D*} 需满足如下一阶条件：$\dfrac{\partial \pi_m^D[q(w),w]}{\partial w}=\dfrac{\partial \pi_m^D}{\partial q}\cdot\dfrac{\partial q}{\partial w}+\dfrac{\partial \pi_m^D}{\partial w}=0$。由于 q^{D*}

需满足 $\partial \pi_r^D/\partial q=0$，根据隐函数求导法则，可得 $\dfrac{\partial q}{\partial w}=$

$$\dfrac{1}{-g(q)\left[(1-\gamma)p+c_5\right]-(\gamma p-c_5)\int_0^q f(x_1)g(q-x_1)\mathrm{d}x_1}$$。求 $\pi_m^D[q(w),w]$ 关于 q 和 w

的偏导分别可得 $\dfrac{\partial \pi_m^D}{\partial q}=(1-\gamma)p\left[\int_0^q g(x_2)\mathrm{d}x_2-\int_0^q\int_0^{q-x_1}f(x_1)g(x_2)\mathrm{d}x_1\mathrm{d}x_2\right]$

$+w-c_4$，$\dfrac{\partial \pi_m^D}{\partial w}=q$。根据上述 $\partial \pi_m^D/\partial q$、$\partial \pi_m^D/\partial w$ 及 $\partial q/\partial w$ 的表达式可得 w^{D*}。
由此可得定理5.4。

由定理5.4可知，在分散决策情形下，可确定唯一对应的一对最优批发价格 w^{D*} 和最优订货量 q^{D*} 实现生产商和线下零售商各自利润最大化。

命题5.6 分散决策情形下的最优订货量 q^{D*} 不等于集中决策情形下的最优订货量 q^{C*}，即 $q^{D*}\neq q^{C*}$，因此 $\pi_m^{D*}+\pi_r^{D*}<\pi_{sc}^{C*}$。

证明： 假设 $q^{D*}=q^{C*}$，则根据 q^{D*} 和 q^{C*} 分别满足的条件 $\partial \pi_r^D/\partial q=0$ 及 $\partial \pi_{sc}^C/\partial q=0$，推导可得 $(1-\gamma)p\left[\int_0^{q^C}g(x_2)\mathrm{d}x_2-\int_0^{q^C}\int_0^{q^C-x_1}f(x_1)g(x_2)\mathrm{d}x_1\mathrm{d}x_2\right]+w$
$-c_4=0$。由于 $w>c_4$，可知上式不成立，所以 $q^{D*}\neq q^{C*}$。此外，又知 $\pi_{sc}^C=\pi_m^D+\pi_r^D$ 且 π_{sc}^C 是关于订货量 q 的凹函数，因此 $\pi_m^{D*}+\pi_r^{D*}<\pi_{sc}^{C*}$。

命题5.6说明了双重边际效应给O2O生鲜农产品供应链带来负向影响，分散决策下的最优订货量不等于集中决策下的最优订货量，O2O生鲜农产品供应链总体利润不能达到集中决策情形下的状态，整个O2O生鲜农产品供应链的效率降低。

5.2.3 补偿协调契约设计

在该O2O生鲜农产品供应链中，为了使得分散决策下的最优订货量能够达到集中决策情形下的最优订货量从而实现供应链协调，本节需要设计一个合理有效的补偿协调契约，以实现供应链成员帕累托改善。生产商作为协调该O2O生鲜农产品供应链的主方，在销售周期前首先决定批发价格 w 和补偿价格 ψ，其中，ψ

表示销售周期后生产商对于线下零售商未售出的生鲜农产品给予其每单位 ψ 的补偿额，为防止线下零售商无限套利，需满足 $\psi < w$。在订货决策过程中，供应链双方均追求自己的利益最大化。为便于标述，以下用上标 I 表示协调契约，则生产商和线下零售商的利润函数分别为

$$\pi_m^I = (1-\gamma)pE\min\left\{(q-d_R)^+, d_O\right\} + (w-c_4)q - \psi E(q-d_O-d_R)^+ \quad (5.21)$$

$$\pi_r^I = \begin{bmatrix} pE\min\{q,d_R\} + \gamma pE\min\left\{(q-d_R)^+, d_O\right\} - c_5 E\min\left\{(q-d_R)^+, d_O\right\} \\ -wq + \psi E(q-d_O-d_R)^+ \end{bmatrix} \quad (5.22)$$

引理5.3 补偿协调契约下，存在唯一的 q 使得O2O生鲜农产品供应链中线下零售商的利润最大。

定理5.5 在补偿协调契约机制下，如果要实现线下零售商利润最大化，最优订货量 q^{I*} 应该满足的条件：

$$\frac{\partial \pi_r^I}{\partial q} = \begin{bmatrix} p\left(1-\int_0^q g(x_2)\mathrm{d}x_2\right) + (\gamma p - c_5)\left(\int_0^q g(x_2)\mathrm{d}x_2 - \int_0^q \int_0^{q-x_1} f(x_1)g(x_2)\mathrm{d}x_1\mathrm{d}x_2\right) \\ +\psi \int_0^q \int_0^{q-x_1} f(x_1)g(x_2)\mathrm{d}x_1\mathrm{d}x_2 - w \end{bmatrix} = 0 \text{。}$$

命题5.7 在补偿协调契约机制下，如果要实现该O2O生鲜农产品供应链协调，批发价格 w^{I*} 为

$$w^{I*} = \begin{bmatrix} \psi \int_0^{q^{C*}} \int_0^{q^{C*}-x_1} f(x_1)g(x_2)\mathrm{d}x_1\mathrm{d}x_2 + c_4 \\ -(1-\gamma)p\left(\int_0^{q^{C*}} g(x_2)\mathrm{d}x_2 - \int_0^{q^{C*}} \int_0^{q^{C*}-x_1} f(x_1)g(x_2)\mathrm{d}x_1\mathrm{d}x_2\right) \end{bmatrix}$$

由命题5.7可看出，一旦补偿价格 ψ 确定，批发价格 w 也将随之确定，进而根据定理5.5，订货量也相应确定。说明在补偿协调契约机制下，生产商能够通过调节补偿价格 ψ 的大小来控制线下零售商的订货量，并且随着补偿价格 ψ 的增加，相应地批发价格 w 也在增加，说明生产商并不只是一味地通过增加补偿价格的方式来激励线下零售商增加订货量，还会相应地提高批发价格以保证自己的利益不受损，从而实现该O2O生鲜农产品供应链的协调。但是，出于理性决策，生产商和线下零售商都会首先保证自己的利益不受损害，其次再去考虑最大化整个O2O生鲜农产品供应链的利益。因此，为了保证生产商愿意提供且线下零售商愿意接受这个补偿协调契约，就要使得双方的利润都获得帕累托改善。因此在此基础上，命题5.8将给出补偿协调契约下补偿价格 ψ 应该满足的条件，以使得该O2O生鲜农产品供应链能够实现帕累托改善，最终可以达成一致的利益分配方案。

命题5.8 在补偿协调契约机制下，如果要实现该O2O生鲜农产品供应链帕累托改善，补偿价格 ψ 应该满足的条件为 $\psi \in (\psi_1, \psi_2)$。

其中，$\psi_1 = \dfrac{-p[Z_1(q^{C^*}) - Z_1(q^{D^*})] - (\gamma p - c_5)[Z_2(q^{C^*}) - Z_2(q^{D^*})] + w(q^{C^*} - q^{D^*})}{Z_3(q^{C^*})}$，

$\psi_2 = \dfrac{(1-\gamma)p[Z_2(q^{C^*}) - Z_2(q^{D^*})] + (w-c_4)(q^{C^*} - q^{D^*})}{Z_3(q^{C^*})}$，$Z_1(q) = \int_0^q x_2 g(x_2) dx_2$

$+ \int_q^\infty q g(x_2) dx_2$，$Z_2(q) = \int_0^q \int_0^{q-x_1} x_1 f(x_1) g(x_2) dx_1 dx_2 + \int_q^\infty \int_{q-x_1}^q (q-x_2) f(x_1) g(x_2) dx_1 dx_2$，

$Z_3(q) = \int_0^q \int_0^{q-x} (q - x_1 - x_2) f(x_1) g(x_2) dx_1 dx_2$。

证明： 为了使得O2O生鲜农产品供应链能够实现帕累托改善，就要使补偿协调契约下供应链成员的利润分别大于协调前他们各自的利润，即需要使 $\pi_m^I(q^{C^*}) > \pi_m^D(q^{D^*})$、$\pi_r^I(q^{C^*}) > \pi_r^D(q^{D^*})$，则要使得 $\pi_m^I(q^{C^*}) > \pi_m^D(q^{D^*})$。结合 π_m^I 及 π_m^D 的表达式可得 $(1-\gamma)pZ_2(q^{C^*}) - \psi Z_3(q^{C^*}) + (w-c_4)q^{C^*} > (1-\gamma)pZ_2(q^{D^*})$ $+ (w-c_4)q^{D^*}$，化简可得 $\psi < \dfrac{(1-\gamma)p[Z_2(q^{C^*}) - Z_2(q^{D^*})] + (w-c_4)(q^{C^*} - q^{D^*})}{Z_3(q^{C^*})}$。要使得 $\pi_r^I(q^{C^*}) > \pi_r^D(q^{D^*})$，结合 π_r^I 及 π_r^D 的表达式可得 $pZ_1(q^{C^*}) + (\gamma p - c_5)Z_2(q^{C^*})$ $+ \psi H(q^{C^*}) - wq^{C^*} > pZ_1(q^{D^*}) + (\gamma p - c_5)Z_2(q^{D^*}) - w(q^{D^*})$，化简可得 $\psi >$ $\dfrac{-p[Z_1(q^{C^*}) - Z_1(q^{D^*})] - (\gamma p - c_5)[Z_2(q^{C^*}) - Z_2(q^{D^*})] + w(q^{C^*} - q^{D^*})}{Z_3(q^{C^*})}$。综上可得命题5.8。

命题5.8说明了在补偿协调契约下，生产商最终可以通过调节补偿价格 ψ 的大小来实现整个O2O生鲜农产品供应链成员的帕累托改善，最终实现双赢。

5.2.4 数值仿真

为了检验上述补偿协调契约的可行性，本节将通过数值仿真进一步说明。假设随机变量 d_O 和 d_R 分别服从均匀分布 $U[0,200]$ 和 $U[0,200]$，进一步令 $p=20$、$\gamma = 0.8$、$c_4 = 5$、$c_5 = 2$，得集中决策下，该O2O生鲜农产品供应链总体利润 $\pi_{sc}^{C^*} = 514.90$，最优订货量 $q^{C^*} = 250.93$；分散决策下，生产商利润 $\pi_m^{D^*} = 195.61$，线下零售商利润 $\pi_r^{D^*} = 249.14$，最优订货量 $q^{D^*} = 207.28$。由命题5.7可知契约参数 ψ 和 w 相互影响制约，且 ψ 与 w 存在一一对应的关系，因此我们通过补偿价格 ψ

的变化进行相关分析。如表5.1所示，反映了不同补偿价格 ψ 下的生产商和线下零售商的最优决策。

表 5.1 不同补偿价格下的最优利润

参数取值 (ψ, w)	π_m^I	π_r^I	π_{sc}^I	$\Delta\pi_m$	$\Delta\pi_r$
(3.0, 6.06)	169.25	345.65	514.90	−26.36	96.51
(3.1, 6.13)	185.89	329.01	514.90	−9.72	79.87
(3.2, 6.20)	202.53	312.37	514.90	6.92	63.23
(3.3, 6.27)	219.18	295.72	514.90	23.57	46.58
(3.4, 6.34)	235.82	279.08	514.90	40.21	29.94
(3.5, 6.42)	252.46	262.44	514.90	56.85	13.30
(3.6, 6.49)	269.10	245.80	514.90	73.49	−3.34
(3.7, 6.56)	285.74	229.16	514.90	90.13	−19.98
(3.8, 6.64)	302.39	212.51	514.90	106.78	−36.63
(3.9, 6.71)	319.03	195.87	514.90	123.42	−53.27
(4.0, 6.78)	335.67	179.23	514.90	140.06	−69.91

在表5.1中，π_{sc}^I 表示补偿协调契约下O2O生鲜农产品供应链总体的利润，$\Delta\pi_i = \pi_i^I - \pi_i^D (i=m,r)$ 表示补偿协调契约前后生产商和线下零售商的利润差。由表5.1中第五列 $\pi_{sc}^I = 514.90$，与集中决策情形下O2O生鲜农产品供应链的利润相等，说明补偿协调契约能够实现该O2O生鲜农产品供应链的协调。此外，通过表5.1前四列可发现，随着补偿价格 ψ 的增加，批发价格 w 也在增加，生产商利润增加，而线下零售商利润减少。一方面，生产商通过增加补偿价格的方式来鼓励线下零售商更多地订货，以刺激线下零售商在满足了自身线下需求量的基础上愿意订更多的货来满足生产商的线上需求量；另一方面，生产商也相应地提高了批发价格，防止线下零售商在补偿契约下过量订货以致生鲜农产品积压，造成供应链双方成员的损失。由此可知，在补偿价格和批发价格的共同作用下从而实现了该O2O生鲜农产品供应链的协调。进一步，比较表5.1中的第五列和第六列可知，当补偿价格 $\psi = (3.2, 3.3, 3.4, 3.5)$ 时，生产商和线下零售商在协调契约下各自的利润都大于分散决策下的利润，实现了帕累托改善。

通过对表5.1的分析，验证了补偿协调契约的可行性，然而由于契约参数 ψ 与 w 为定值，因此供应链成员的最优利润不具有连续性。为了进一步得到在一定范围内满足条件的契约参数，接下来将通过图5.4来说明。通过图5.4可看出，对比该O2O生鲜农产品供应链协调前后，生产商协调后的利润与协调前的利润之差随补偿价格的增加而增加，而线下零售商协调后的利润与协调前的利润之差随补偿价格的增加而减少。只有当补偿价格 $\psi \in [\psi_1, \psi_2]$ 时，生产商和线下零售商都实现了帕累托改善。通过计算可得 $\psi_1 = 3.16$、$\psi_2 = 3.58$，即当 $\psi \in [3.16, 3.58]$ 时，O2O 生鲜农产品供应链的成员实现了双赢。

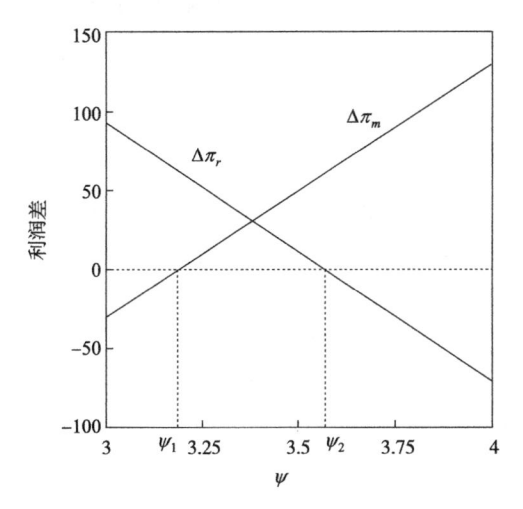

图 5.4　相对利润随补偿价格的变化情况

5.2.5　小结

为了更好地满足消费者对生鲜农产品配送速度的要求，越来越多拥有线上直销渠道的生鲜农产品生产商与线下零售商进行库存合作，将线下零售商作为线上渠道的前置仓，为消费者提供"线上购买、线下配送"的优质服务。本节针对"线上购买、线下配送"的 O2O 库存合作模式，考虑生鲜农产品市场需求的不确定及线下零售商为线下渠道优先供货的行为，构建了集中决策及分散式决策下的供应链博弈模型，分析了分散决策下供应链失调的原因，并在此基础上探究了拥有线上直销渠道的生鲜农产品生产商该如何设计契约激励线下零售商提高订货以实现供应链协调。

研究表明：①在"线上下单，线下配送"的生鲜农产品 O2O 库存合作模式中，由于双重边际化效应的存在，分散情形下线下零售商的最优订货量不等于集中情形下的最优订货量，从而导致供应链系统利润受损。②为提升生鲜农产品供应链运作效率，设计补偿价格契约，即通过批发价格及补偿价格共同调整 O2O 生鲜农产品供应链中各参与者的利润分配，发现补偿协调契约能够有效协调 O2O 生鲜农产品供应链，并且当补偿价格在一定范围内时，生产商和线下零售商都能够实现帕累托改善，从而实现双赢。

第6章 O2O模式下的供应链广告合作策略

作为传递产品信息的主要方式,广告是提高产品认知度、宣传产品差异性的重要工具,在O2O模式下,广告也是促进渠道信息互联、实现消费者引流的关键手段。然而在不同O2O模式下,广告合作的目的各有不同,供应链成员间的广告合作策略也有所不同。例如,在"线下体验,线上购买"模式与渠道产品差异化策略下,广告合作的目的主要是实现消费者线下到线上的引流,此时,供应链成员间的广告合作策略主要是线上零售商和拥有线上渠道的制造商设计广告合作契约以激励线下合作伙伴提高广告投入水平。在"线上购买,线下取货"模式下,广告合作的目的主要是扩大市场需求,此时供应链成员间的广告合作策略主要是拥有线上渠道的制造商通过分担线下零售商的广告成本以激励其提高广告投入。因此,本章拟研究不同O2O模式下的供应链成员间的广告合作策略,考虑广告的正向溢出效应、渠道产品差异化策略、渠道存在竞合关系等因素的影响,构建不同情形下供应链成员间的博弈模型,分析广告合作对供应链成员及整体的影响。

6.1 O2O模式下考虑正向溢出效应的供应链广告合作策略

在"线下体验,线上购买"O2O模式下,广告是线下体验店吸引消费者到店体验、实现消费者线下到线上引流的主要手段。如何激励线下体验店进行地方广告投入是线上零售商开拓线下市场、保证"线下体验,线上购买"模式落地所面临的重要问题。然而,线下体验店的广告投入往往对线上渠道的市场需求具有正向溢出效应,如偏好线上渠道的消费者在收看地方电视、电台、乘坐公共交通工具时可能接收到线下体验店投放的广告并激起购买欲望,而线上消费者往往直接通过线上渠道购买,线下体验店很难直接从这部分消费者中获得收益。此外,由于远离线下市场,线上零售商往往无法直接观测到线下体验店的需求信息。而线下体验店直接接触线下消费者,往往比线上零售商掌握更多的需求信息。广告的正向溢出效应与需求信息不对称的存在使得线上零售商与线下体验店间的广告合作激励问题变得复杂。

鉴于此,本节考虑由一个线上零售商和一个线下体验店组成的供应链,以线下体验店进行地方广告投入以实现消费者线下到线上的引流为背景，同时考虑地方广告投入、产品价格及匹配率对市场需求的影响，分别针对信息对称与信息不对称情形设计最优广告合作契约，并通过对比信息对称和信息不对称情形中均衡决策与供应链成员利润的变化，探究信息不对称、广告溢出效应潜在市场需求等因素对广告合作契约设计及供应链成员利润的影响。

6.1.1 问题描述

考虑由一个线上零售商和一个线下体验店组成的供应链。线上零售商在线上渠道以零售价格 p 向消费者销售一种产品。同时，为满足消费者的体验需求以扩大市场规模，线上零售商与线下体验店合作，开辟体验渠道供消费者"线下体验，线上购买"。为便于表达，分别用下标 o、s 表示线上零售商和线下体验店，分别用下标 O、S 表示线上渠道和体验渠道。

在购物时，看重不同购物体验的消费者往往拥有不同的渠道偏好（Dzyabura and Jagabathula, 2018），如看重方便快捷的消费者偏好线上渠道，而看重服务与体验的消费者偏好线下渠道。故假设市场上存在偏好线上渠道和偏好线下渠道两类消费者。为便于表达，将偏好不同渠道的消费者分别称为线上基本市场需求、线下基本市场需求。考虑到线上零售商多为全国性而线下体验店多为地方区域性的，同时考虑到线上基本市场需求不影响线上零售商与线下体验店间合作时相关决策的性质，故将其标准化为1。用 α 表示线下基本市场需求，$\alpha<1$。此外，为保证到店体验的消费者数量非负，进一步假设 $\alpha-p>0$。

为吸引消费者到店体验、实现消费者线下到线上的引流，线下体验店投入水平为 ϕ_l 的地方广告，如通过地方电视、电台、公共交通工具等投入的广告。广告作为传递产品信息、提高产品认知度的重要工具，是刺激消费者购买欲望、扩大市场需求的主要手段之一，故线下体验店地方广告投入将扩大线下体验店的基本市场需求。同时考虑到偏好线上渠道的消费者可能接收到广告信息并产生购买欲望，而这类消费者往往会直接去线上渠道购物，故线下体验店的地方广告投入对线上零售商的市场需求存在正向溢出效应，用 ξ 表示地方广告投入对线上零售商市场需求的溢出系数，并满足 $0<\xi<1$，表示地方广告投入对线下体验店市场需求的影响大于对线上零售商市场需求的影响。

此外，消费者的购买决策往往还取决于产品是否匹配消费者的需求，如对于服装配饰，不同消费者偏好不同的款式、材质、颜色等，故假设产品匹配消费者需求的概率为 τ_1，简称为匹配率。直接通过线上渠道购物时，消费者只有在收到产品后才能确定产品是否匹配自身需求。考虑到实际中线上零售商（如天猫商城）会向消费者赠送运费险，或消费者以极低的价格购买运费险，这些措施均可弥补消费者退货时产生的退货成本，故假设消费者的退货成本为0。这意味着在线上渠道购买产品但产品不匹配个人需求时，消费者将选择退货，此时线上渠道的退货率为$1-\tau_1$。过高的退货率会给线上零售商带来过重的成本，影响线上零售商的长久发展。为使研究聚焦于具有一定市场规模的线上零售商向线下渠道扩张中的合作问题，本节假设线上渠道的匹配率大于退货率，即$\tau_1 > 1-\tau_1$。在线下体验店模式中，消费者先通过线下体验店体验产品，只有当产品匹配消费者需求时，消费者通过线下体验店二维码扫描等方式购买该产品。此外考虑到通过线下体验店购买与直接去线上渠道购买的价格相同，故假设当消费者在线下体验店体验产品且产品匹配其需求时，该消费者会直接通过线下体验店下单购买。

因此在上述因素的影响下，体验渠道和线上渠道的需求分别为

$$d_S = \tau_1(\alpha - p + \phi_1) \tag{6.1}$$

$$d_O = 1 - p + \xi\phi_1 \tag{6.2}$$

由于远离线下市场，线上零售商往往无法直接观测到线下基本市场需求α，而线下体验店直接服务于线下消费者，在与消费者互动过程中能够更准确地把握自己的潜在市场规模，因此假设线下基本市场需求为线下体验店的私有信息。为刻画需求信息不对称这一现象，假设线下基本市场需求α服从二元分布：以β的概率为高基本市场需求α_H、以$1-\beta$的概率为低基本市场需求α_L，并满足$\alpha_L < \alpha_H$。线上零售商不知晓线下基本市场需求的类型，但知晓其分布的先验概率。

在需求信息不对称下，为激励线下体验店提高地方广告投入，线上零售商设计广告合作契约菜单(f_i, χ_i)，其中，f_i表示固定转移支付；χ_i表示线上零售商基于体验渠道需求给予线下体验店的单位佣金，$i=H,L$。此外，当直接去线上购物的消费者退货时，线上零售商需承担一定的退货处理成本，如重新包装成本、重新储存的库存成本或降价销售时的价值损失等（Ofek et al., 2011），假设线上零售商的单位退货处理成本为c_3。同时考虑到广告投入的边际成本递增性，与石岿然等（2013）、陈国鹏等（2016）类似，假设线下体验店地方广告投入的成本函数为$C(\phi_i) = \phi_i^2/2$。所以给定线下体验店基本市场需求类型i与线上零售商的广告合作契约(f_i, χ_i)，其中，$i=H,L$，线上零售商与线下体验店的利润分别为

$$\pi_{oi} = p\tau_1 d_O - c_o(1-\tau_1)d_O + (p-\chi_i)d_{Si} - f_i \tag{6.3}$$

$$\pi_{si} = \chi_i d_{Si} + f_i - \phi_i^2/2 \tag{6.4}$$

考察单个销售周期，销售季来临前，线上零售商和线下体验店达成合作关系。销售季来临时，线上零售商在线上渠道销售产品，线下体验店在线下渠道为线上零售商提供线下体验服务，两者基于斯塔克尔伯格博弈分别进行价格和广告决策。销售季结束，实际需求发生，线上零售商根据广告合作契约向线下体验店进行支付。具体的博弈过程如下：销售周期开始前，线上零售商设计广告合作契约

(f_i, χ_i), $i = H, L$；线下体验店决策是否接受广告合作契约，当线下体验店获得的期望利润不低于其保留收益时则接受广告合作契约，当线下体验店接受广告合作契约时并同时决策选择哪个广告合作契约；销售周期开始，观察到线下体验店所选择的契约 (f_i, χ_i)，线上零售商先决策产品零售价格 p_i；观察到线上零售商的价格决策，线下体验店决策地方广告投入水平 ϕ_{li}；销售周期结束，实际需求发生，线上零售商根据广告合作契约向线下体验店进行支付。

6.1.2 最优广告合作契约设计

为对比分析信息不对称下最优广告合作契约的性质，本节分别研究了信息对称、信息不对称两种情形下的广告合作激励契约，并分别用上标 S、A 表示信息对称和信息不对称。

1. 销售周期内决策

根据逆序求解法，先求解销售周期内线下体验店的广告投入决策再求解线上零售商的定价决策。给定线上零售商的广告合作契约 (f_i, χ_i) 及产品零售价格 p_i，其中，$i = H, L$，线下体验店的优化问题为

$$\pi_{si} = \chi_i d_{si} + f_i - \phi_{li}^2 / 2 \tag{6.5}$$

由 $\partial^2 \pi_{si} / \partial \phi_{li}^2 = -1 < 0$ 可知，π_{si} 是关于 ϕ_{li} 的凹函数，即线下体验店的优化问题存在唯一最优解。令 $\partial \pi_{si} / \partial \phi_{li} = 0$ 可得 $\phi_{li}^*(\chi_i) = \tau_1 \chi_i$。这表明线下体验店的广告投入水平与线上零售商给予线下体验店的佣金率呈正相关。将 $\phi_{li}^*(\chi_i) = \tau_1 \chi_i$ 代入式（6.3），可得销售周期内线上零售商的优化问题为

$$\begin{cases} \max_{p_i} \pi_{oi} = p_i \tau_1 d_{Oi} - c_3 (1 - \tau_1) d_{Oi} + (p_i - \chi_i) d_{Si} - f_i \\ \text{s.t.} \quad \alpha_i - p_i > 0 \end{cases} \tag{6.6}$$

由 $\partial^2 \pi_{oi} / \partial p_i^2 = -2\tau_1 < 0$ 可知，π_{oi} 是关于 p_i 的凹函数，即销售周期内线上零售商的优化问题存在唯一最优解。令 $\partial \pi_{oi} / \partial p_i = 0$ 可得无约束条件下的最优解 $p_i^*(\chi_i) = [\tau_1 \chi_i (1 + \tau_1 + \xi \tau_1) + \tau_1 (1 + \alpha_i) + c_3 (1 - \tau_1)] / 4\tau_1$。进一步由 $\alpha_i - p_i > 0$ 可得 $\chi_i < \bar{\chi}_i$，其中 $\bar{\chi}_i = [3\tau_1 \alpha_i - \tau_1 - c_3 (1 - \tau_1)] / \tau_1 (1 + \tau_1 + \xi \tau_1)$。不难发现，$\partial p_i^*(\chi_i) / \partial \chi_i > 0$，这表明为了缓和佣金率增加带来的成本压力，线上零售商会适当提高产品零售价格，同时 $\chi_i < \bar{\chi}_i$ 表明线上零售商需将给予线下体验店的佣金率限制在一定范围内。此外，由 $\phi_{li}^*(\chi_i) = \tau_1 \chi_i$ 可知，为了保证线下体验店广告投入非负还需保证 $\chi_i \geq 0$，即 $\bar{\chi}_i > 0$。当 $c_3 < \tau_1 / (4\tau_1 - 1)$ 且 $[\tau_1 + c_3 (1 - \tau_1)] / 3\tau_1 < \alpha_i < 1$ 时可保证 $\bar{\chi}_i > 0$，这表明线上零售商应当选择基本市场需求较大的线下体验店进行合作。

2. 信息对称下的广告合作契约设计

信息对称下,线上零售商知晓线下基本市场需求类型,所以线上零售商设计最优广告合作契约时只需满足线下体验店的个体理性约束,即 $\pi_{si} \geq R$($i=H,L$),以保证面临不同基本市场需求类型的线下体验店参与合作获得的期望利润不会低于其保留收益,即线下体验店会与线上零售商合作。同时由上节分析可知佣金率还需满足 $0 < \chi_i < \bar{\chi}_i$。此时,给定线下基本市场需求类型,线上零售商面临优化问题(P1):

$$(P1) \begin{cases} \max_{f_i, \chi_i} \pi_{oi}^S = p_i \tau_1 d_{Oi} - c_3(1-\tau_1)d_{Oi} + (p_i - \chi_i)d_{Si} - f_i \\ \text{s.t.} \quad (IR) \quad \pi_{si} \geq R \\ \quad\quad\quad\quad 0 < \chi_i < \bar{\chi}_i \end{cases}$$

求解上述优化问题(P1),可得命题6.1。

命题6.1 信息对称下给定线下基本市场需求类型,线上零售商的最优广告合作契约 (f_i^{S*}, χ_i^{S*}) 为 ① 当 $Z_1 \leq \alpha_i < 1$ 时,$\chi_i^{S*} = \dfrac{\tau_1(1+\xi)(1+\alpha_i) + c_3(1-\tau_1)(1-3\xi)}{1+4\tau_1 - \tau_1^2(1+\xi)^2}$,

$f_i^{S*} = R - \dfrac{\tau_1 \chi_i^{S*}[3\alpha_i - 1 - \chi_i^{S*}(1-\tau_1+\xi\tau_1)] - \chi_i^{S*} c_3(1-\tau_1)}{4}$;② 当 $\alpha_i < Z_1$ 时,

$\chi_i^{S*} = \bar{\chi}_i$,$f_i^{S*} = R - \dfrac{\tau_1 \chi_i^{S*}[\alpha_i - 1 - \chi_i^{S*}(1-\tau_1+\xi\tau_1)] - c_3 \chi_i^{S*}(1-\tau_1)}{4}$。

其中,$Z_1 = \dfrac{\tau_1(1+5\tau_1+\xi\tau_1) + c_3(1-\tau_1)(1+5\tau_1-3\xi\tau_1-4\xi\tau_1^2-4\xi^2\tau_1^2)}{\tau(3+11\tau_1-\xi\tau_1-4\tau_1^2(1+\xi)^2)}$。

证明: 信息对称下,线上零售商总是会将给予体验店的固定转移支付设定为 $f_i^{S*} = \pi_{si} - R$,否则线上零售商总能通过降低给予体验店的固定转移支付以获取更高利润,同时又不违反体验店的个体理性约束。将 f_i^{S*} 代入 π_{oi},容易验证 π_{oi} 是关于 χ_i 的二次函数且 $\partial^2 \pi_{oi}/\partial \chi_i^2 < 0$,即优化问题(P1)存在关于 χ_i 的唯一最优解。令 $\partial \pi_{oi}/\partial \chi_i = 0$ 可得无约束条件下的最优佣金率 $\chi_i^{S*} = [\tau_1(1+\xi)(1+\alpha_i) + c_3(1-\tau_1)(1-3\xi)]/[1+4\tau_1 - \tau_1^2(1+\xi)^2]$。进一步地,为保证 $\bar{\chi}_i - \chi_i^{S*} > 0$ 需满足 $Z_1 \leq \alpha_i < 1$。这意味着当 $Z_1 \leq \alpha_i < 1$ 时,$\chi_i^{S*} = [\tau_1(1+\xi)(1+\alpha_i) + c_3(1-\tau_1)(1-3\xi)] / [1+4\tau_1 - \tau_1^2(1+\xi)^2]$;当 $\alpha_i < Z_1$ 时,χ_i^{S*} 无限趋近于 $\bar{\chi}_i$。

命题6.1表明信息对称下线上零售商最优广告合作契约的选择受到线下基本

市场需求 α_i 的影响。容易验证，线下基本市场需求较大时（$Z_1 \leqslant \alpha_i < 1$）的单位佣金恒大于线下基本市场需求较小时（$\alpha_i < Z_1$）的单位佣金，这意味着当线下基本市场需求较大时线上零售商将制定较高的单位佣金以激励线下体验店投入较高水平的地方广告。当线下基本市场需求较小时，为了保证 $0 < \chi_i < \bar{\chi}_i$，线上零售商不能无限制地提高单位佣金以激励线下体验店投入地方广告水平，此时线上零售商只得采取低单位佣金策略（$\chi_i^{S*} = \bar{\chi}_i$）。考虑到现实生活中线下体验店即使不投入广告仍拥有正的市场需求，同时角点解的管理学意义较弱，因此本节主要聚焦于 $Z_1 \leqslant \alpha_i < 1$ 的情形。

3. 信息不对称下的广告合作契约设计

信息不对称下，由于线上零售商不知晓线下基本市场的需求类型，故线上零售商针对高类型线下基本市场需求设计广告合作契约 (f_H, χ_H)、针对低类型线下基本市场需求设计广告合作契约 (f_L, χ_L)。线上零售商设计最优广告合作契约时首先需要满足线下体验店的个体理性约束；其次还需满足线下体验店的激励相容约束，即保证线下体验店会依据真实信息选择与之匹配的契约（Myerson，1979）。此时，线上零售商面临优化问题（P2）:

$$(\text{P2}) \begin{cases} \max\limits_{f_i,\chi_i} \pi_o = \begin{bmatrix} \beta\big(\tau_1 p_H d_{OH} - c_3(1-\tau_1)d_{OH} + (p_H - \chi_H)d_{SH} - f_H\big) \\ +(1-\beta)\big(\tau_1 p_L d_{OL} - c_3(1-\tau_1)d_{OL} + (p_L - \chi_L)d_{SL} - f_L\big) \end{bmatrix} \\ \text{s.t.} \quad (\text{IRH}) \quad \pi_{sH} \geqslant R \\ \qquad (\text{IRL}) \quad \pi_{sL} \geqslant R \\ \qquad (\text{ICH}) \quad \pi_{sH}(f_H,\chi_H) \geqslant \pi_{sH}(f_L,\chi_L) \\ \qquad (\text{ICL}) \quad \pi_{sL}(f_L,\chi_L) \geqslant \pi_{sL}(f_H,\chi_H) \\ \qquad 0 < \chi_i < \bar{\chi}_i \end{cases}$$

分析优化问题（P2）中各约束式间的关系可得引理6.1。

引理6.1 优化问题（P2）中，约束式（IRL）、（ICH）为紧约束，约束式（IRH）恒成立，并由此可得① $f_L^{A*} = R - \dfrac{\chi_L^{A*}\big[3\tau_1\alpha_L - \tau_1 - c_3(1-\tau_1) - \tau_1\chi_L^{A*}(1-\tau_1+\xi\tau_1)\big]}{4}$；

② $f_H^{A*} = R - \dfrac{\chi_H^{A*}\big[3\tau_1\alpha_H - \tau_1 - c_3(1-\tau_1) - \tau_1\chi_H^{A*}(1-\tau_1+\xi\tau_1)\big]}{4} + \dfrac{3\tau_1\chi_L^{A*}(\alpha_H-\alpha_L)}{4}$；

③ $\pi_{sL}^{A*} \times (f_L,\chi_L) - \pi_{sL}^{A*}(f_H,\chi_H) = \dfrac{3\tau_1(\chi_H-\chi_L)(\alpha_H-\alpha_L)}{4}$。

其中，$3\tau_1\chi_L^{A*}(\alpha_H-\alpha_L)/4 = \pi_{sH}^{A*}(f_L,\chi_L) - R$。

证明： 信息不对称下，若线下体验店将高（低）类型基本市场需求谎报为低（高）类型基本市场需求，则销售周期内供应链成员的决策将发生变化。根据逆序求解法，求解线下体验店谎报时销售周期内线下体验店的广告投入决策与线上零售商的定价决策，可得 $\phi_i^*(\chi_j) = \tau_1 \chi_j$、$p_i^*(\chi_j) = \left[\tau_1 \chi_j (1 + \tau_1 + \xi \tau_1) + \tau_1 (1 + \alpha_i) + c_3 (1 - \tau_1)\right]/4\tau_1$，其中，$i,j = H, L$、$i \neq j$。将 $\phi_i^*(\chi_j)$、$p_i^*(\chi_j)$、$\phi_i^*(\chi_i)$、$p_i^*(\chi_i)$ 代入到优化问题（P2）可得 $\pi_{sL}^{A*}(\chi_L, f_L) - \pi_{sH}^{A*}(\chi_L, f_L) = -3\tau_1 \chi_L (\alpha_H - \alpha_L)/4 < 0$、$\pi_{sH}^{A*}(\chi_H, f_H) - \pi_{sL}^{A*}(\chi_H, f_H) = 3\tau_1 \chi_H (\alpha_H - \alpha_L)/4 > 0$。结合优化问题（P2）中的激励相容条件可得 $\pi_{sH}^{A*}(\chi_H, f_H) \geqslant \pi_{sH}^{A*}(\chi_L, f_L) > \pi_{sL}^{A*}(\chi_L, f_L) \geqslant R$。此时，线上零售商应将固定转移支付分别设定为 $f_L^{A*} = \pi_{sL}^{A*} - R$、$f_H^{A*} = \pi_{sH}^{A*}(\chi_H, f_H) - \pi_{sH}^{A*}(\chi_L, f_L)$，否则线上零售商总能通过降低给予线下体验店的固定转移支付来获取更高利润同时又不违反线下体验店的激励相容约束，即约束式（IRL）、（ICH）为紧约束。当 $\pi_{sH}^{A*}(\chi_H, f_H) = \pi_{sH}^{A*}(\chi_L, f_L)$ 时，$\pi_{sH}^{A*}(\chi_H, f_H) > R$，即约束式（IRH）恒成立。将 f_L^{A*}、f_H^{A*} 代入可得 $\pi_{sL}^{A*}(f_L, \chi_L) - \pi_{sL}^{A*}(f_H, \chi_H) = 3\tau_1 (\chi_H - \chi_L)(\alpha_H - \alpha_L)/4$。

引理6.1①表明当线下基本市场需求为低类型时，线上零售商总是不会给予线下体验店更多的支付，此时线下体验店获得的利润仅能达到其保留利润水平。引理6.1②表明当线下体验店基本市场需求为高类型时，为了避免线下体验店将线下基本市场需求谎报为低类型，线上零售商需保证线下体验店如实选择高类型广告合作契约的利润不低于将线下基本市场需求谎报为低类型时所获得的利润。与约束式（IRH）相比，线下体验店多获得了 $3\tau_1 \chi_L^{A*}(\alpha_H - \alpha_L)/4$ 的固定转移支付，这部分固定转移支付还可以表示为线上零售商付给线下体验店的信息租金以避免具有信息优势的线下体验店谎报信息，且线上零售商给予线下基本市场需求为低类型的线下体验店的单位佣金越高，需要向线下基本市场需求为高类型的线下体验店支付越高的信息租金。引理6.1③表明约束式（ICL）等价于 $\chi_H \geqslant \chi_L$。此时，线上零售商面临优化问题（P2）可简化为

$$\begin{cases} \max_{\chi_L, \chi_H} \pi_o^A = \begin{bmatrix} \beta \left(\tau_1 p_H d_{OH} - c_3 (1-\tau_1) d_{OH} + (p_H - \chi_H) d_{SH} - f_H^{A*}\right) \\ + (1-\beta) \left(\tau_1 p_L d_{OL} - c_3 (1-\tau_1) d_{OL} + (p_L - \chi_L) d_{SL} - f_L^{A*}\right) \end{bmatrix} \\ \text{s.t.} \quad \chi_H \geqslant \chi_L, \ 0 < \chi_i < \bar{\chi}_i \end{cases} \quad (6.7)$$

求解式（6.7）中的优化问题，可得命题6.2。

命题6.2 信息不对称下，线上零售商的最优广告合作契约 $\left(f_i^{A*}, \chi_i^{A*}\right)$ 为①当 $0 < \beta < Z_2$ 时，$\chi_H^{A*} = \chi_H^{S*}$，$\chi_L^{A*} = \chi_L^{S*} - \dfrac{3\beta(\alpha_H - \alpha_L)}{(1-\beta)\left(1 + 4\tau_1 - \tau_1^2 (1+\xi)^2\right)}$；$f_H^{A*} = f_H^{S*}$

$+\dfrac{3\tau_1\chi_L^{A*}(\alpha_H-\alpha_L)}{4}$, $f_L^{A*}=R-\dfrac{\tau_1\chi_L^{A*}\left(3\alpha_L-1-\chi_L^{A*}(1-\tau_1+\xi\tau_1)\right)-\chi_L^{A*}c_3(1-\tau_1)}{4}$ ；② 当 $Z_2\leqslant\beta<1$ 时，$\chi_H^{A*}=\chi_H^{S*}$，$\chi_L^{A*}=0$；$f_H^{A*}=f_H^{S*}$，$f_L^{A*}=R$。

其中，$i=H,L$；$Z_2=\dfrac{\tau_1(1+\alpha_L)(1+\xi)+c_3(1-\tau_1)(1-3\xi)}{\tau_1(1+\alpha_L)(1+\xi)+c_3(1-\tau_1)(1-3\xi)+3(\alpha_H-\alpha_L)}$。

证明： 容易验证，式（6.7）关于 χ_H、χ_L 的海塞矩阵负定，即式（6.7）存在关于 χ_H、χ_L 的唯一最优解。令 $\partial\pi_o^A/\partial\chi_H=0$、$\partial\pi_o^A/\partial\chi_L=0$，联立求解可得无约束条件下的最优佣金率 $\chi_H^{A*}=\chi_H^{S*}$、$\chi_L^{A*}=\chi_L^{S*}-3\beta(\alpha_H-\alpha_L)/(1-\beta)$ $\times\left[1+4\tau_1-\tau_1^2(1+\xi)^2\right]$。联合命题6.1容易验证 $0<\chi_H^{A*}<\bar{\chi}_H$。$\chi_L^{A*}$ 为关于 β 的一次函数，容易验证当 $\beta<Z_2$ 时，$0<\chi_L^{A*}<\bar{\chi}_L$；当 $\beta\geqslant Z_2$ 时，$\chi_L^{A*}\leqslant 0$。这意味着在约束条件 $0<\chi_L^{A*}<\bar{\chi}_L$ 下，当 $\beta<Z_2$ 时，$\chi_L^{A*}=\chi_L^{S*}-3\beta(\alpha_H-\alpha_L)/(1-\beta)$ $\times\left[1+4\tau_1-\tau_1^2(1+\xi)^2\right]$；当 $\beta\geqslant Z_2$ 时，χ_L^{A*} 无限趋近于0。将不同条件下 χ_H^{A*}、χ_L^{A*} 代入到引理6.1中 f_L^{A*}、f_H^{A*}，可得命题6.2。

命题6.2表明与信息对称相比，信息不对称下线上零售商最优佣金策略的选择还受到高类型基本市场需求发生的概率 β 的影响。结合引理6.1可知，信息不对称下线上零售商支付给高类型线下体验店的信息租金为 $f_H^{A*}-f_H^{S*}$，并随着低单位佣金 χ_L^{A*} 的增大而增大。因此与信息对称相比，信息不对称下为了避免支付过高的信息租金，线上零售商选择降低给予具有低类型线下基本市场需求的线下体验店的单位佣金（$\chi_L^{S*}-\chi_L^{A*}>0$）。特别地，当高类型线下基本市场需求发生的概率足够高时（$Z_2\leqslant\beta<1$），高类型线下体验店给线上零售商带来的利润更加重要，此时线上零售商将 χ_L^{A*} 设置为0，从而放弃激励低类型线下体验店投入广告以避免支付信息租金（$f_H^{A*}-f_H^{S*}=0$）。本节将这种线上零售商仅激励高类型线下体验店进行地方广告投入的策略称为仅高类型策略（AH策略）。AH策略的存在还表明信息不对称降低了线上零售商与低类型线下体验店进行广告合作的可能性。而当高类型线下基本市场需求出现的可能性较低时（$\beta<Z_2$），高类型线下基本市场需求和低类型线下基本市场需求给线上零售商带来的利润同样重要，此时线上零售商会同时激励面临不同市场类型的线下体验店投入地方广告，本节将这种策略称为非排他策略（AI策略）。

一般情况下，信息不对称中委托人需要付给具有信息优势的代理人一定的信息租金，这将造成委托人的利润损失。然而，当线上零售商选择AH策略时，信息不对称下线上零售商不需要向具有信息优势的线下体验店支付额外的信息租金，此时，线上零售商能够获得与信息对称下相同的利润（$\pi_{oH}^{S*}-\pi_{oH}^{AH*}=0$）。这表明在一定条件下灵活运用相应的广告合作策略可抵消信息不对称带来的供应链低效。这对线上零售商具有重要的管理学启示。与线下体验店合作初期，线上零售商并不了解线下体验店的实际经营状况，此时线上零售商可根据线上渠道的销售数据、线下市场所在地区的经济发展情况等相对容易获得的数据预估线下基本市场需求。当高市场基本需求出现的可能性比较大时，线上零售商可采取"抓大放小"策略，即仅与高类型线下体验店进行合作来有效避免信息不对称造成的利润损失。这也与实践中线下体验店模式发展初期线上零售商首选经济较为发达的城市开设线下体验店这一举措相符。而当与线下体验店的合作较为成熟时，线上零售商相对较为熟悉线下渠道的市场状况，与线下体验店间的信息不对称逐渐减弱，此时与不同类型的线下体验店合作可有效扩大线下渠道的市场占有率。

6.1.3 最优契约下的均衡分析

本节主要分析信息不对称下线上零售商单位退货处理成本、线下体验店基本市场需求及地方广告投入的溢出系数对广告合作契约设计及供应链成员利润的影响。

1. 退货处理成本的影响

分析线上零售商单位退货处理成本对最优广告合作契约的影响可得命题 6.3。

命题6.3 信息不对称下，线上零售商单位退货处理成本对最优广告合作契约的影响：① $\text{sign}\left\{\dfrac{\partial \chi_H^{A*}}{\partial c_3}\right\} = \text{sign}\left\{\dfrac{\partial \chi_L^{AI*}}{\partial c_3}\right\} = \text{sign}\{1-3\xi\}$。② $\dfrac{\partial f_H^{AI*}}{\partial c_3} > 0$，$\dfrac{\partial f_H^{AH*}}{\partial c_3} > 0$；存在 Z_3，当 $\xi \geqslant \dfrac{1}{3}$ 时或当 $\xi < \dfrac{1}{3}$ 且 $\beta < Z_3$ 时，$\dfrac{\partial f_L^{AI*}}{\partial c_3} > 0$；当 $\xi < \dfrac{1}{3}$ 且 $Z_3 \leqslant \beta < Z_2$ 时，$\dfrac{\partial f_L^{AI*}}{\partial c_3} \leqslant 0$。

证明：求信息不对称下最优广告合作契约关于 c_3 的一阶导数可得 $\dfrac{\partial \chi_H^{A*}}{\partial c_3} = \dfrac{\partial \chi_L^{AI*}}{\partial c_3} = \dfrac{(1-\tau_1)(1-3\xi)}{1+4\tau_1-\tau_1^2(1+\xi)^2}$、$\dfrac{\partial f_L^{AI*}}{\partial c_3} = \dfrac{(1-\tau_1)(E_1\beta+E_2)}{4(1-\beta)\left[1+4\tau_1-\tau_1^2(1+\xi)^2\right]^2}$，其中，

$E_1 = \begin{bmatrix} -3\alpha_H\left(1+6\tau_1-6\xi\tau_1-3\tau_1^2+6\xi\tau_1^2-7\xi^2\tau_1^2\right)+E_3 \\ +\alpha_L\left(3+20\tau_1-28\xi\tau_1-3\tau_1^2-18\xi\tau_1^2-15\xi^2\tau_1^2+16\xi^3\tau_1^3+16\xi^2\tau_1^3\right) \end{bmatrix}$，

$E_2 = -2\tau_1\alpha_L\left(1-5\xi+3\tau_1-18\xi\tau_1+3\xi^2\tau_1+8\xi^2\tau_1^2+8\xi^3\tau_1^2\right)+E_3$，

$$E_3 = -2\left[\begin{array}{l}c_3(1-\tau_1)(1-3\xi)\left(1+5\tau_1-3\xi\tau_1-2\tau_1^2+2\xi\tau_1^2-4\xi^2\tau_1^2\right)\\+\tau_1\left(1-\xi+5\tau_1-6\xi\tau_1-3\xi^2\tau_1-2\tau_1^2+2\xi\tau_1^2+2\xi^2\tau_1^2-2\xi^3\tau_1^2\right)\end{array}\right]。$$

容易验证，当 $\beta=0$ 时，$E_1\beta+E_2>0$；当 $\beta=Z_2$ 时，$E_1\beta+E_2=$

$-\dfrac{3(1-3\xi)(3\tau_1\alpha_L+\tau_1c_3-\tau_1-c_3)(\alpha_H-\alpha_L)\left[1+4\tau_1-\tau_1^2(1+\xi)^2\right]}{\tau_1(1+\xi)(1+\alpha_L)+c_3(1-\tau_1)(1-3\xi)+3(\alpha_H-\alpha_L)}$。命题6.3剩余的证明与上述证明过程类似，故略。

命题6.3①表明信息不对称下单位退货处理成本对最优单位佣金的影响与地方广告的溢出系数相关。由上节可知，线上零售商给予线下体验店的单位佣金越高，线下体验店的地方广告投入水平也越高。线下体验店地方广告投入的增加对线上零售商存在两种影响：增加体验渠道需求且不增加退货处理成本、增加线上渠道需求但也相应增加线上零售商的退货处理成本，本节将上述两种影响分别称为线下体验店地方广告投入的直接效应和间接效应。当地方广告溢出系数较小时（$\xi<1/3$），由间接效应引起的退货成本的增加比较有限，此时提高广告投入带来的直接效应优于间接效应，且单位退货处理成本越高"线下体验，线上购买"模式的优势越明显，因此线上零售商给予线下体验店的单位佣金随着单位退货处理成本的增加而增加。当溢出系数较大时（$\xi\geqslant 1/3$）广告投入增加带来的间接效应优于直接效应，此时随着单位退货处理成本的增加线上零售商会降低给予线下体验店的单位佣金。

命题6.3②表明单位退货处理成本对最优固定转移支付的影响与线下基本市场需求的类型相关。单位退货处理成本越高，线下体验店的直接效应越明显，因此对于高类型线下体验店，线上零售商愿意增加固定转移支付以保证线下体验店如实报告需求。对于低类型线下体验店，线上零售商给予的固定转移支付主要是为了保证线下体验店的参与性。当溢出系数较大时（$\xi\geqslant 1/3$），随着单位退货处理成本的增加线上零售商降低了给予线下体验店的单位佣金，所以为了保证合作，线上零售商提高固定转移支付。当溢出系数较小时（$\xi<1/3$），若低类型线下基本市场需求出现的可能性比较大（$\beta<Z_3$），则其对线上零售商利润的影响较大，此时线上零售商不仅通过提高单位佣金还通过提高固定转移支付来激励其合作；若低类型线下基本市场需求出现的可能性较小（$Z_3\leqslant\beta<Z_2$），其对线上零售商利润的影响也较小，此时线上零售商仅通过提高单位佣金来激励线下体验店投入广告，因此随着单位处理成本的增加，低类型固定转移支付呈下降趋势。

2. 线下体验店基本市场需求的影响

本节主要分析线下基本市场需求对最优广告合作契约及供应链成员利润的影响，并得到命题6.4。

命题6.4 AI策略中，基本市场需求对广告合作契约及供应链成员利润的影响：

① $\dfrac{\partial \chi_H^{\text{AI}*}}{\partial \alpha_H} > 0$；$\dfrac{\partial f_H^{\text{AI}*}}{\partial \alpha_H} < 0$；$\dfrac{\partial^2 f_H^{\text{AI}*}}{\partial \alpha_H \partial \beta} < 0$；当 $\beta < Z_4$ 时，$\dfrac{\partial \pi_{sH}^{\text{AI}*}}{\partial \alpha_H} > 0$；当 $Z_4 < \beta < Z_2$ 时，$\dfrac{\partial \pi_{sH}^{\text{AI}*}}{\partial \alpha_H} < 0$。② 当 $\beta < Z_5$ 时，$\dfrac{\partial f_H^{\text{AI}*}}{\partial \alpha_L} = \dfrac{\partial \pi_{sH}^{\text{AI}*}}{\partial \alpha_L} = -\dfrac{\partial \pi_{oH}^{\text{AI}*}}{\partial \alpha_L} < 0$；当 $Z_5 < \beta < Z_2$ 时，$\dfrac{\partial f_H^{\text{AI}*}}{\partial \alpha_L} = \dfrac{\partial \pi_{sH}^{\text{AI}*}}{\partial \alpha_L} = -\dfrac{\partial \pi_{oH}^{\text{AI}*}}{\partial \alpha_L} > 0$。

其中，$Z_4 = \dfrac{\tau_1(1+\xi)(1+\alpha_L) + c_3(1-\tau_1)(1-3\xi)}{\tau_1(1+\xi)(1+\alpha_L) + c_3(1-\tau_1)(1-3\xi) + 6(\alpha_H - \alpha_L)}$，

$Z_5 = \dfrac{\tau_1(1+\xi)(1-\alpha_H+2\alpha_L) + c_3(1-\tau_1)(1-3\xi)}{\tau_1(1+\xi)(1-\alpha_H+2\alpha_L) + c_3(1-\tau_1)(1-3\xi) + 6(\alpha_H - \alpha_L)}$。

为了更直观地呈现基本市场需求对线下体验店利润的影响，依据 $R = 0.2$、$\tau_1 = 0.75$、$\xi = 0.2$、$c_3 = 0.1$、$\alpha_L = 0.65$ 和 $\alpha_H = 0.7$、0.8、0.9，绘制图6.1（a），依据 $\alpha_L = 0.65$、0.7、0.75 和 $\alpha_H = 0.8$ 绘制图6.1（b）。

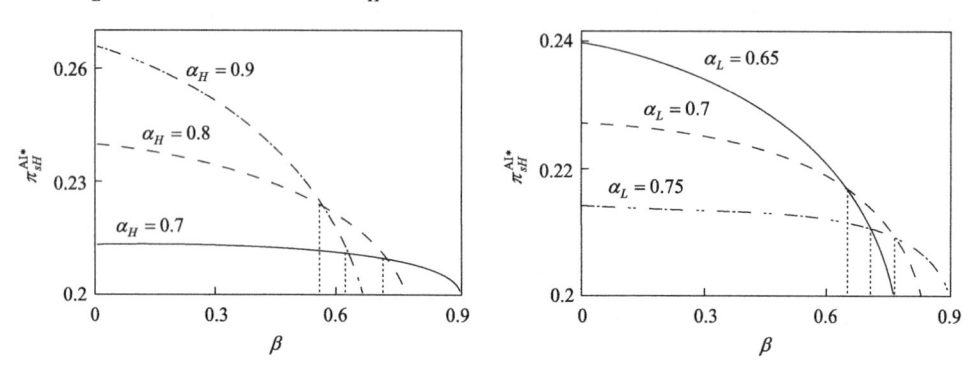

（a）高基本市场需求对线下体验店利润的影响　　（b）低基本市场需求对线下体验店利润的影响

图 6.1　基本市场需求对线下体验店利润的影响

命题6.4①表明随着高类型线下基本市场需求 α_H 的增大，线上零售商给予线下体验店的高单位佣金 $\chi_H^{\text{AI}*}$ 呈上升趋势而高固定转移支付 $f_H^{\text{AI}*}$ 呈下降趋势。当 α_H 越大时，线下体验店引流为线上零售商带来的利润越高，因此线上零售商提高给予线下体验店的单位佣金。单位佣金的提高增加了线下体验店将高类型线下基本市场需求谎报为低类型的机会成本，因此线上零售商降低了支付给线下体验店的固定转移支付，且高类型线下基本市场需求出现的概率越高，固定转移支付降低的幅度越大。由于线下体验店的利润由佣金和固定转移支付两部分组成，且两者随着 α_H 的变化呈现相反的变化趋势，因此命题6.4①进一步表明 α_H 越大，

线下体验店获得的利润不一定越高，尤其是高类型线下基本市场需求发生的可能性均较大时（$Z_4 < \beta < Z_2$），如图6.1（a）所示。同时容易验证$\partial Z_4/\partial \alpha_H < 0$，这意味着高类型线下基本市场需求$\alpha_H$越大，临界值$Z_4$越小。

在广告合作契约$\left(\chi_H^{\mathrm{AI}*}, f_H^{\mathrm{AI}*}\right)$中，仅高固定转移支付会受到低类型线下基本市场需求$\alpha_L$的影响，因此命题6.4②表明$\alpha_L$对线下体验店利润的影响与其对高固定转移支付的影响相同，而与其对线上零售商利润的影响相反，如图6.1（b）所示。观察命题6.2可以发现，α_L对固定转移支付的影响主要来源于两方面：一方面，直接作用于固定转移支付的正向影响；另一方面，通过对$\chi_L^{\mathrm{AI}*}$传导于固定转移支付的负向影响。当$\beta < Z_5$，即低类型线下基本市场需求出现的概率较大时，低类型线下体验店为线上零售商带来的利润更重要，线上零售商会制定较高的$\chi_L^{\mathrm{AI}*}$，此时α_L通过单位佣金间接作用于固定转移支付的负向影响优于直接的正向影响。因此，随着α_L的增加，线上零售商会降低给予线下体验店的固定转移支付，进一步地，线上零售商实现了信息租金的节约，而线下体验店获得的信息租金不断减少。相反，当低类型线下基本市场需求出现的概率较小时（$Z_5 < \beta < Z_2$），α_L对固定转移支付的正向影响优于其间接的负向影响，此时线下体验店能够获得更高的信息租金而线上零售商则需要支付更高的信息租金。

3. 线下体验店地方广告投入溢出效应

为研究地方广告投入的溢出效应对供应链成员利润的影响，本节先给出广告溢出系数为0时线上零售商的最优广告合作契约，可得引理6.2。

引理6.2 信息不对称下，溢出系数为0时线上零售商的最优单位佣金χ_i^{B*}为

①当$0 < \beta < Z_6$时，$\chi_H^{BAI*} = \dfrac{\tau_1(1+\alpha_H)+c_3(1-\tau_1)}{1+4\tau_1-\tau_1^2}$，$\chi_L^{BAI*} = \dfrac{(1-\beta)\left[\tau_1(1+\alpha_L)+c_3(1-\tau_1)\right]-3\beta(\alpha_H-\alpha_L)}{(1-\beta)(1+4\tau_1-\tau_1^2)}$；②当$Z_6 \leqslant \beta < 1$时，$\chi_H^{BAH*} = \dfrac{\tau_1(1+\alpha_H)+c_3(1-\tau_1)}{1+4\tau_1-\tau_1^2}$，$\chi_L^{BAH*} = 0$。

其中，$Z_6 = \dfrac{\tau_1(1+\alpha_L)+c_3(1-\tau_1)}{\tau_1(1+\alpha_L)+c_3(1-\tau_1)+3(\alpha_H-\alpha_L)}$，且$Z_6 < Z_2$。

证明：证明过程与命题6.2的证明类似，故略。

引理6.2中$Z_6 < Z_2$表明溢出系数的存在扩大了AH策略的适用区间，进一步减小了信息不对称下线上零售商与具有低类型基本市场需求的线下体验店进行合作的可能性。通过对比溢出系数为0和不为0时供应链成员的利润变化分析地方广告溢出效应，可得命题6.5。

命题6.5 线下体验店地方广告溢出效应：①当 $0 < \beta < Z_6$ 时，$\pi_{sH}^{AI*} > \pi_{sH}^{BAI*}$；当 $\tau > Z_7$ 时，$\pi_{oH}^{AI*} > \pi_{oH}^{BAI*}$，$\pi_{oL}^{AI*} > \pi_{oL}^{BAI*}$。②当 $Z_6 \leq \beta < Z_2$ 时，$\pi_{sH}^{AI*} > \pi_{sH}^{BAH*}$；当 $\tau > Z_7$ 时，$\pi_{oH}^{AI*} > \pi_{oH}^{BAH*}$，$\pi_{oL}^{AI*} > \pi_{oL}^{BAH*}$。③当 $Z_2 \leq \beta < 1$ 时，$\pi_{sH}^{AH*} = \pi_{sH}^{BAH*}$；$\pi_{oH}^{AH*} > \pi_{oH}^{BAH*}$；$\pi_{oL}^{AH*} = \pi_{oL}^{BAH*}$。

其中，Z_7 是等式 $104\tau_1^6 - 636\tau_1^5 + 996\tau_1^4 + 338\tau_1^3 - 252\tau_1^2 - 114\tau_1 - 12 = 0$ 的解，且 $Z_7 \approx 0.628$。

证明： 将命题6.2及引理6.2中的均衡决策代入到式（6.4），可得

$$\pi_{sH}^{AI*} - \pi_{sH}^{BAI*} = \frac{3\xi\tau_1(\alpha_H - \alpha_L)(E_4\beta + E_5)}{4(1-\beta)(1+4\tau_1-\tau_1^2)\left[1+4\tau_1-\tau_1^2(1+\xi)^2\right]}，\text{其中，} E_4 = -3\tau_1^2\alpha_H(2+\xi)$$

$+\tau_1\alpha_L\left(-1+2\tau_1-\tau_1^2+3\xi\tau_1-\xi\tau_1^2\right)+c_3\left(3+9\tau_1-17\tau_1^2-\xi\tau_1^2+5\tau_1^3+\xi\tau_1^3\right)-\tau_1\left(1+4\tau_1+\tau_1^2+\xi\tau_1^2\right)$，

$E_5 = \tau_1(1+\alpha_L)\left(1+4\tau_1+\tau_1^2+\xi\tau_1^2\right)-c_3\left(3+9\tau_1-17\tau_1^2-\xi\tau_1^2+5\tau_1^3+\xi\tau_1^3\right)$。

容易验证，当 $\beta = 0$ 时，$E_4\beta + E_5 > 0$；当 $\beta = Z_6$ 时，$E_4\beta + E_5 > 0$。命题6.5剩余部分的证明与上述证明过程类似，故略。

为了更直观地呈现线下体验店地方广告的溢出效应，依据 $\tau_1 = 0.75$、$\xi = 0.2$、$c_3 = 0.1$、$\alpha_L = 0.65$ 和 $\alpha_H = 0.8$ 绘制图6.2。

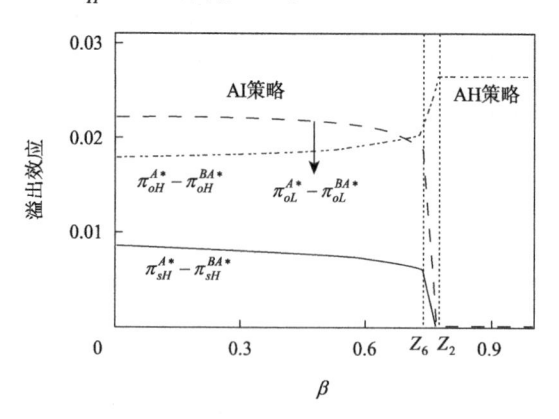

图6.2 地方广告投入的溢出效应

命题6.5表明在AI策略中，尽管广告溢出系数并不直接影响线下体验店的广告决策，也不会为线下体验店带来直接收益，但溢出效应总能为线下体验店创造价值，如图6.2所示。这是因为广告溢出效应的存在使得线下体验店在投入地方广告后部分消费者会直接去线上渠道购买。线上渠道需求的增加促使线上零售商提高产品销售价格以获取更高利润，并给予线下体验店的单位佣金以激励线下体验店

进一步提高广告投入。消费者数量的扩大、佣金收入的增加总能使线下体验店获得更高利润。同时在AI策略中，只有当产品匹配率较高时溢出效应才能为线上零售商创造利润，而当产品匹配率较低时溢出效应不一定能为线上零售商创造利润。这是因为溢出效应虽然能增加线上渠道需求但也会增加线上渠道的退货处理成本，尤其是当产品匹配率较低，即退货率较高时，这对线上零售商与线下体验店间的合作具有重要的管理学启示。对于服饰鞋帽等匹配率较低的产品，线上零售商在激励线下体验店进行广告投入时应当尽量避免溢出效应的发生，如线上零售商可激励线下体验店投入线下体验店的品牌广告而非线上零售商的产品广告，或线下体验店在选择产品广告的投放媒体时尽量选择距离线下体验店较近、容易刺激消费者直接到店体验的广告等措施。而对于电子产品等匹配率相对较高的产品，线上零售商应当尽可能选择能够诱发溢出效应的合作方式。

命题6.5还表明在AH策略中，线上零售商通过放弃激励低类型线下体验店进行广告投入而得以避免向高类型线下体验店支付信息租金，此时线下体验店仅能获得保留收益，线上零售商面临低基本市场需求时不存在溢出效应，而当面临高基本市场需求时溢出效应总能促使线上零售商获得更高利润。同时观察图6.2可以发现，AH策略中与高类型线下体验店合作的线上零售商能够从溢出效应中获得最多利润。这启示线上零售商在选择AH策略时，应当尽可能地采取能够诱发线下体验店广告溢出效应的合作措施。

6.1.4 小结

在与线上零售商的合作中，广告是线下体验店吸引线下消费者体验后转移至线上渠道购买的重要工具。然而相对于远离线下消费者的线上零售商，线下体验店往往掌握更多关于线下渠道的需求信息，因此，信息不对称下如何设计最优的广告合作策略是线上零售商需要解决的重要问题。鉴于此，本节针对一个线上零售商和一个线下体验店组成的供应链，考虑了产品匹配率、广告投入、价格对市场需求的影响，分别设计了信息对称和信息不对称下的最优广告合作契约，分析了最优广告合作契约的性质，并进一步研究了信息不对称下线上零售商退货处理成本、基本市场需求、广告溢出效应对最优广告合作契约设计及供应链成员利润的影响。

研究发现：①信息不对称下，线上零售商可以选择AI策略（同时激励具有不同基本市场需求类型的线下体验店进行广告投入）与AH策略（仅激励具有高基本市场需求的线下体验店进行广告投入）两种不同策略，AH策略的存在表明信息不对称降低了线上零售商与具有低基本市场需求的线下体验店进行广告合作的可能性；同时在AH策略下，信息不对称并不会给线上零售商带来利润损失，更不会造成供应链低效。②线上零售商单位退货处理成本对广告合作契约的影响受到广告投入的直接影响（增加到店体验的消费者数量但不增加线上零售商的退货成本）与间接影响（增加直接去线上渠道购物的消费者数量但也增加线上零售商的退货成本）的相互作用，因此单位退货处理成本对广告合作契约的影响呈现非单调趋势。③溢出效应会增加线上零售商与具有低基本市场需求的线下体验店进行广告合作的可能性；在AI策略中，溢出效应总能为线下体验店带来更高利润，但只有产品匹配率较高时才能保证溢出效应一定能为线上零售商带来更高利润；在AH策略中，由于线上零售商放弃与具有低基本市场需求的线下体验店的广告合作，溢出效应仅能为面临高基本市场需求时的线上零售商创造价值。

6.2 O2O模式下考虑渠道产品差异化的供应链广告合作策略

随着消费者需求趋于个性化、多样化，不少制造商纷纷在线上、线下渠道实施产品差异化策略以满足消费者异质化需求，如海尔在线上渠道推出专属产品模卡（MOOKA）电视，耐克官网为消费者提供NIKEiD专属定制产品。然而，在现实生活中，仍有大量消费者习惯通过线下渠道购物，这导致线下零售商销售的产品有可能不能满足这些消费者的差异化需求进而造成消费者流失。为避免消费者流失，制造商可以激励线下零售商为线上差异化产品进行广告引流。然而，当线下零售商为线上产品进行广告引流时，可能导致原有购买线下零售商产品的消费者转移到线上渠道购物，造成渠道侵蚀。同时由于远离线下市场，制造商很难直接观测到线下异质消费者的需求信息。渠道侵蚀和信息不对称的双重影响使渠道产品差异化策略下制造商与线下零售商间的广告合作激励问题变得复杂。因此，考虑消费者需求异质性的影响，研究信息不对称下O2O供应链广告合作契约设计，对于推动产品差异化策略下制造商与线下零售商的渠道合作具有重要的现实意义和理论价值。

鉴于此，本节针对由一个拥有线上渠道的制造商和一个线下零售商组成的供应链，考虑线上线下渠道合作实施产品差异化策略，分别构建信息对称和信息不对称下的委托代理模型，研究制造商的广告合作契约设计问题，并通过对比信息对称与信息不对称下契约设计及供应链成员利润的变化，分析广告合作契约性质及信息不对称的影响，并进一步探讨信息不对称下线下消费者渠道转换的麻烦成本、单位不匹配成本等重要因素的影响。

6.2.1 问题描述

考虑一个开通线上渠道的制造商和一个线下零售商组成的O2O供应链。制造商生产两种差异化产品，产品1与产品2。制造商以批发价格 w 将产品1销售给线下零售商，线下零售商再以零售价格 p_1 将产品1销售给消费者，其中，批发价格 w 通过长期合同提前确定，故假设为外生。同时制造商在线上渠道以直销价格 p_2 将产品2直接销售给消费者。为便于表达，分别用下标 m、r 表示制造商和线下零售商。

为扩大产品2的市场需求、减少线下渠道消费者流失，制造商激励线下零售商投入地方广告并在地方广告中加入产品2和线上渠道的相关信息。线下零售商的地方广告（如通过地方电视、公共交通、户外设施、传单等投放的地方性广告）通常是传递信息的，旨在提供消费者进行购买决策时所需的产品属性、质量、价格等信息，刺激潜在消费者的购买欲望，促使其产生购买行动（Huang et al., 2002）。因此线下零售商的地方广告具有双重作用：一是扩大线下渠道的基本市场需求；二是让线下消费者知晓产品2，促成线下消费者的引流，减少线下渠道消费者流失。

在线下零售商地方广告投入水平 ϕ_1 的影响下，线下渠道的基本市场需求 α 为

$$\alpha = \alpha' + \phi_1 \tag{6.8}$$

其中，α' 表示地方广告投入为0时线下渠道的基本市场需求，鉴于 α' 不影响供应链成员的最优决策，故将其标准化为1，即 $\alpha = 1 + \phi_1$。

地方广告让线下消费者同时知晓了产品2，此时线下消费者的购买决策发生变化，他们将根据效用最大化原则决策购买产品1还是产品2。线下消费者的需求是异质的，假设线下消费者均匀分布在区间 $[0,1]$ 上，产品1、产品2分别位于0点和1点，线下消费者所在位置 x 代表最匹配其需求的产品，且线下消费者愿意为其最匹配产品付出的保留价格为1。当线下消费者购买的产品偏离最匹配其需求的产品时将产生不匹配成本，这意味着当线下消费者购买产品1、产品2时，将分别产生不匹配成本 $x\varpi$、$(1-x)\varpi$，其中，ϖ 表示单位不匹配成本。此外，考虑到线下消费者的渠道偏好及线上、线下渠道的差异性，假设线下消费者从线上渠道购买产品时会产生渠道转换的麻烦成本 h_O，如学习如何在线上渠道购买产品、等待产品配送的时间成本及对网上购物安全、隐私的担忧等。于是得到线下消费者购买产品1和产品2的效用分别为

$$U_1 = 1 - x\varpi - p_1 \tag{6.9}$$

$$U_2 = 1 - h_O - (1-x)\varpi - p_2 \tag{6.10}$$

所有线下消费者根据 $\max\{0, U_1, U_2\}$ 进行购买决策。当 $x \in \{x | U_1 \geq U_2, U_1 \geq 0\}$ 时，线下消费者购买产品1；当 $x \in \{x | U_2 > U_1, U_2 \geq 0\}$ 时，线下消费者购买产品2；当 $x \in \{x | U_1 < 0, U_2 < 0\}$ 时，线下消费者不购买任何产品。为保证研究有意义，假设 $h_O < t$ 且 $0 < (\varpi + h_O + p_2 - 1)/\varpi < (1-p_1)/\varpi < 1$。此外，考虑到消费者在购物时往往偏好特定的购买渠道（Dzyabura and Jagabathula, 2018），如看重方便快捷的

消费者偏好线上渠道而看重服务与体验的消费者偏好线下渠道，同时考虑到本节主要研究O2O供应链中制造商激励线下零售商将线下消费者引流到线上，故与Gao和Su（2017a）类似，假设线上消费者的需求外生，并将其标准化为0。于是得到，产品1与产品2的需求分别为

$$d_1 = \frac{(1+\phi_1)(\varpi + h_O - p_1 + p_2)}{2\varpi} \quad (6.11)$$

$$d_2 = \frac{(1+\phi_1)(\varpi - h_O + p_1 - p_2)}{2\varpi} \quad (6.12)$$

由于不直接服务于线下消费者，制造商往往无法直接观测到线下消费者的单位不匹配成本信息，相反直接服务于线下消费者的线下零售商在与消费者互动过程中能够更准确地把握这一信息，故线下消费者的单位不匹配成本为线下零售商的私有信息。本节假设线下消费者的单位不匹配成本 ϖ 服从二元分布：以 β 的概率为高类型单位不匹配成本 ϖ_H、以 $1-\beta$ 的概率为低类型单位不匹配成本 ϖ_L，并满足 $\varpi_L < \varpi_H$。制造商不知晓线下消费者单位不匹配成本的类型，但知晓其分布的先验概率。

在信息不对称下，为激励线下零售商提高地方广告投入，制造商设计一组广告合作契约菜单 (f_i, μ_i)，其中，f_i 表示固定转移支付；μ_i 表示制造商分担线下零售商地方广告成本的比例，$i=H,L$。考虑到制造商的单位生产成本不影响供应链成员的最优决策，本节将其标准化为0。此外考虑到广告投入的边际成本递增性，与王磊等（2005）、张旭梅和陈国鹏（2016）类似，假设线下零售商地方广告投入的成本函数为 $C(\phi_1) = \phi_1^2/2$。给定线下消费者单位不匹配成本类型 i 与制造商的广告合作契约 (f_i, μ_i)，制造商与线下零售商的期望利润分别为

$$\pi_{mi} = wd_{1i} + p_2 d_{2i} - f_i - \mu_i \phi_1^2/2 \quad (6.13)$$

$$\pi_{ri} = (p_1 - w)d_{1i} + f_i - (1-\mu_i)\phi_1^2/2 \quad (6.14)$$

考察单个销售周期，销售周期来临前，制造商和线下零售商达成合作关系。销售周期来临时，制造商通过线下零售商和线上渠道销售产品1、产品2，线下零售商投入地方广告。考虑到实践中广告决策与定价决策的周期性差异较大（Karray，2013），如定价决策一般更易被改变，也更经常被改变，故假设广告决策先于定价决策。同时考虑到制造商与线下零售商均可通过优惠券、价格折扣等快速改变产品价格，故假设制造商与线下零售商以纳什博弈进行价格决策。具体的博弈过程如下：销售周期来临前，制造商设计广告合作契约 (f_i, μ_i)，其中 $i=H,L$；线下零售商决策是否接受广告合作契约，当线下零售商获得的期望利润不低于其保留收益则接受，并同时决策接受哪个契约；销售周期开始，线下零售商决策广告投入水平 ϕ；然后线下零售商与制造商同时决策产品1、产品2的销售价格 p_1、p_2；

销售周期结束，实际需求发生，制造商根据广告合作契约向线下零售商进行支付。

6.2.2 最优广告合作契约设计

本节分别研究信息对称与信息不对称下制造商的广告合作契约设计问题，并通过对比两种情形下广告合作契约设计及供应链成员利润的变化分析信息不对称的影响。分别用上标 S、A 表示信息对称和信息不对称。

1. 销售周期内决策

根据逆序求解法，本节首先求解销售周期内供应链成员的定价决策再求解线下零售商的广告投入决策。给定制造商的广告合作契约 (f_i, μ_i) 及广告投入水平 ϕ_{1i}，其中 $i = H, L$，供应链成员的定价决策问题为

$$\begin{cases} \max\limits_{p_{1i}} \pi_{ri} = (p_1 - w)d_{1i} + f_i - (1-\mu_i)\phi_{1i}^2/2 \\ \text{s.t.} \quad 0 < (\varpi_i + h_O + p_2 - 1)/\varpi_i < (1-p_1)/\varpi_i < 1 \end{cases} \quad (6.15)$$

$$\begin{cases} \max\limits_{p_{2i}} \pi_{mi} = wd_{1i} + p_{2i}d_{2i} - f_i - \mu_i\phi_{1i}^2/2 \\ \text{s.t.} \quad 0 < (\varpi_i + h_O + p_2 - 1)/\varpi_i < (1-p_1)/\varpi_i < 1 \end{cases} \quad (6.16)$$

由 $\partial^2\pi_{ri}/\partial p_{1i}^2 = \partial^2\pi_{mi}/\partial p_{2i}^2 = -(1+\phi_{1i})/\varpi_i < 0$ 可知，π_{ri} 是关于 p_{1i} 的凹函数、π_{mi} 是关于 p_{2i} 的凹函数，即供应链成员的定价决策存在唯一最优解。令 $\partial\pi_{ri}/\partial p_{1i} = 0$、$\partial\pi_{mi}/\partial p_{2i} = 0$ 可得无约束条件下的最优定价决策为 $p_{1i}^* = \varpi_i + w + h_O/3$、$p_{2i}^* = \varpi_i + w - h_O/3$。当 $w < 1 - 7h_O/3$ 且 $(3-3w-h_O)/6 < \varpi_i < (2-2w-h_O)/3$ 时可满足上述约束条件。将 p_{1i}^*、p_{2i}^* 代入式（6.14），可得销售周期内线下零售商的广告投入决策问题为

$$\max\limits_{\phi_i} \pi_{ri} = (p_{1i}^* - w)d_{1i} + f_i - (1-\mu_i)\phi_{1i}^2/2 \quad (6.17)$$

由 $\partial^2\pi_{ri}/\partial\phi_{1i}^2 = -1 + \mu_i < 0$ 可知，π_{ri} 是关于 ϕ_{1i} 的凹函数。令 $\partial\pi_{ri}/\partial\phi_{1i} = 0$ 可得 $\phi_{1i}^* = (3\varpi_i + h_O)^2/18\varpi_i(1-\mu_i)$。不难发现 $\partial\phi_{1i}^*/\partial\varpi_i > 0$、$\partial^2\phi_{1i}^*/\partial\varpi_i\partial\mu_i > 0$，这表明随着单位不匹配成本的增高，线下零售商将主动提高地方广告投入水平，这是因为单位不匹配成本的增高会降低原本购买产品1但在接收到广告信息后购买产品2的线下消费者比例，产品2对产品1的渠道侵蚀减弱。同时，广告成本分担比例会进一步强化单位不匹配成本对地方广告投入的正影响。

2. 信息对称下的广告合作契约设计

信息对称下制造商知晓线下消费者的单位不匹配成本类型 i（$i = H, L$），所以制造商设计最优广告合作契约时只需满足线下零售商的个体理性约束以保证线下零售商合作。此时给定 i，制造商面临优化问题（P3）：

$$(\text{P3}) \begin{cases} \max_{f_i,\mu_i} \pi_{mi}^S = wd_{1i} + p_2 d_{2i} - f_i - \mu_i \phi_{1i}^2/2 \\ \text{s.t.} \quad (\text{IR}) \quad \pi_{ri} \geq R \\ \qquad\qquad 0 < \mu_i < 1 \end{cases}$$

求解优化问题（P3），可得命题6.6。

命题6.6 信息对称下，给定线下消费者的单位不匹配成本类型 i（$i = H, L$），制造商的最优广告合作契约 $\left(f_i^{S*}, \mu_i^{S*}\right)$ 为① $\mu_i^{S*} = \dfrac{(3\varpi_i - h_O)^2 + 18w\varpi_i}{2(9\varpi_i^2 + h_O^2 + 9w\varpi_i)}$；$f_i^{S*} = R$

$-\dfrac{(3\varpi_i + h_O)^2 \left[(3\varpi_i + h_O)^2 + 36\varpi_i(1 - \mu_i^{S*})\right]}{648\varpi_i^2 (1 - \mu_i^{S*})}$。②并具有以下性质：$\text{sign}\{\partial \mu_i^{S*}/\partial \varpi_i\}$

$= \text{sign}\{2h_O - 3w\}$；$\text{sign}\{\mu_H^{S*} - \mu_L^{S*}\} = \text{sign}\{2h_O - 3w\}$；$f_H^{S*} < f_L^{S*}$；$\phi_H^{S*} > \phi_L^{S*}$。

证明： 信息对称下，制造商总是会将给予线下零售商的固定支付设定为 $f_i^{S*} = \pi_{ri}^S - R$，否则制造商总能通过降低给予线下零售商的固定转移支付获取更高利润同时又不违反线下零售商的个体理性约束。将 f_i^{S*} 代入 π_{mi}^S，令 $\partial \pi_{mi}^S / \partial \mu_i = 0$ 可得最优广告成本分担比例 μ_i^{S*}。此时通过一阶条件求得的 μ_i^{S*} 仅为驻点，还需验证二阶充分条件 $\partial^2 \pi_{mi}^S / \partial \mu_i^2$。将 μ_i^{S*} 代入可得 $\partial^2 \pi_{mi}^S(\mu_i^*)/\partial \mu_i^2 < 0$，同时容易验证 $0 < \mu_i^{S*} < 1$ 恒成立，即 μ_i^{S*} 为优化问题（P3）的极大值点。

命题6.6表明当 $w \leq 2h_O/3$，即产品价值较低时，制造商从产品1、产品2获得的单位利润也较低，此时随着单位不匹配成本的增加，制造商提高成本分担比例以最大限度激励线下零售商提高地方广告投入水平，进而实现薄利多销的目的。考虑到现实生活中企业往往不会针对产品价值较低的商品采取渠道产品差异化策略，且本节主要分析产品差异化策略下供应链成员间的广告合作契约设计问题，故下文的分析将主要聚焦于 $2h_O/3 < w < 1 - 7h_O/3$ 的情形。在产品差异化策略下，命题6.6表明广告合作契约的两部分具有不同的激励作用：广告成本分担比例激励线下零售商提高地方广告投入水平、固定支付弥补产品2对产品1的需求侵蚀给线下零售商造成的损失。因此，需求侵蚀较严重时的低类型固定转移支付大于高类型固定转移支付。同时单位不匹配成本的增高对线下零售商的地方广告投入水平具有正影响，因此即使制造商给予线下零售商的高类型广告成本分担比例小于低类型广告成本分担比例，线下零售商的高类型地方广告投入仍大于低类型地方广告投入。

3. 信息不对称下广告合作契约设计

信息不对称下，制造商不知晓线下消费者的单位不匹配成本类型 i ($i=H,L$)，故制造商针对高类型线下零售商设计广告合作契约 (f_H, μ_H)、针对低类型线下零售商设计广告合作契约 (f_L, μ_L)。制造商设计广告合作契约时不仅需要满足零售商的IR约束，还需满足零售商的激励相容约束以保证线下零售商会依据真实信息选择与之匹配的契约。此时，制造商面临优化问题（P4）：

$$(P4) \begin{cases} \max\limits_{f_i, \mu_i} \pi_m = \beta\left(wd_{1H} + p_{2H}d_{2H} - f_H - \mu_H \phi_{1H}^2/2\right) \\ \qquad\qquad + (1-\beta)\left(wd_{1L} + p_{2L}d_{2L} - f_L - \mu_L \phi_{1L}^2/2\right) \\ \text{s.t.} \quad (IRH) \quad \pi_{rH} \geqslant R \\ \qquad\quad (IRL) \quad \pi_{rL} \geqslant R \\ \qquad\quad (ICH) \quad \pi_{rH}(f_H, \mu_H) \geqslant \pi_{rH}(f_L, \mu_L) \\ \qquad\quad (ICL) \quad \pi_{rL}(f_L, \mu_L) \geqslant \pi_{rL}(f_H, \mu_H) \\ \qquad\qquad 0 < \mu_H < 1, \ 0 < \mu_L < 1 \end{cases}$$

求解优化问题（P4），可得命题6.7。

命题6.7 信息不对称下，制造商的最优广告合作契约菜单 (f_i^{A*}, μ_i^{A*}) 为

① 当 $0 < \beta < Z_1$ 时，$\mu_H^{A*} = \mu_L^{A*}$

$$= \frac{\beta E_1\left[E_2 - 12\varpi_H \varpi_L(h_O - 3w)\right] + 2\varpi_H^2(3\varpi_L + h_O)^2\left[(3\varpi_L - h_O)^2 + 18w\varpi_L\right]}{3\beta E_1\left[E_2 + 4\varpi_H \varpi_L(h_O + 3w)\right] + 4\varpi_H^2(3\varpi_L + h_O)^2\left(9\varpi_L^2 + h_O^2 + 9w\varpi_L\right)}, \quad f_H^{A*} =$$

$$f_L^{A*} = R - \frac{(3\varpi_L + h_O)^2\left[(3\varpi_L - h_O)^2 + 36\varpi_L(1 - \mu^{A*})\right]}{648\varpi_L^2(1 - \mu^{A*})}; \quad ② \text{当 } Z_1 \leqslant \beta < Z_2 \text{ 时，}$$

$$\mu_H^{A*} = \frac{(3\varpi_H - h_O)^2 + 18w\varpi_H}{2(9\varpi_H^2 + h_O^2 + 9w\varpi_H)},$$

$$\mu_L^{A*} = \frac{\beta\left[E_1^2 + 2\varpi_H\varpi_L\left(9\varpi_H\varpi_L - h_O^2 + 3h_O\varpi_H - 3h_O\varpi_L\right)^2\right]}{\beta E_2^2 - 4\varpi_H^2(3\varpi_L + h_O)^2\left[9\varpi_L^2 + h_O^2 + 9w\varpi_L(1-\beta)\right] + 2\beta\varpi_H^2(9\varpi_L^2 + h_O^2)^2} ,$$
$$\phantom{\mu_L^{A*} =} \frac{-2\varpi_H^2(3\varpi_L + h_O)^2\left[(3\varpi_L - h_O)^2 + 18w\varpi_L(1-\beta)\right]}{-2\beta\varpi_H\varpi_L\left(9\varpi_H\varpi_L + h_O^2 - 3h_O\varpi_H - 3h_O\varpi_L\right)^2 + 72\beta h_O^2\varpi_H^2\varpi_L^2}$$

$$f_H^{A*} = R + \frac{E_1\left[E_2 + 12\varpi_H\varpi_L\left(3 + h_O - 3\mu_L^{A*}\right)\right]}{648\varpi_H^2\varpi_L^2\left(1 - \mu_L^{A*}\right)} - \frac{(3\varpi_H + h_O)^2\left[(3\varpi_H + h_O)^2 + 36\varpi_H\left(1 - \mu_H^{A*}\right)\right]}{648\varpi_H^2\left(1 - \mu_H^{A*}\right)},$$

$$f_L^{A*} = R - \frac{(3\varpi_L + h_O)^2\left[(3\varpi_L + h_O)^2 + 36\varpi_L\left(1 - \mu_L^{A*}\right)\right]}{648\varpi_L^2\left(1 - \mu_L^{A*}\right)};$$ ③当 $Z_2 \leqslant \beta < Z_3$ 时，$\mu_H^{A*} =$

$$\frac{(3\varpi_H - h_O)^2 + 18w\varpi_H}{2\left(9\varpi_H^2 + h_O^2 + 9w\varpi_H\right)},\ \mu_L^{A*} = 0,\ f_H^{A*} = R - \frac{(3\varpi_H + h_O)^2\left[(3\varpi_H + h_O)^2 + 36\varpi_H\left(1 - \mu_H^{A*}\right)\right]}{648\varpi_H^2\left(1 - \mu_H^{A*}\right)}$$

$$+ \frac{E_1\left[E_2 + 12\varpi_H\varpi_L\left(3 + h_O\right)\right]}{648\varpi_H^2\varpi_L^2},\ f_L^{A*} = R - \frac{(3\varpi_L + h_O)^2\left[(3\varpi_L + h_O)^2 + 36\varpi_L\right]}{648\varpi_L^2}\text{。}$$

其中，$Z_1 = \dfrac{12\varpi_H^2(3\varpi_L + h_O)^2(3w - 2h_O)}{(\varpi_H + \varpi_L)(h_O^4 + 81\varpi_H^3\varpi_L) + 36w\varpi_H^2(3\varpi_L + h_O)^2}$，

$$+ 9\varpi_H h_O\left[2E_1 + h_O\left(\varpi_H^2 + \varpi_L^2 - 6\varpi_H\varpi_L\right)\right]$$

$$Z_2 = \frac{2\varpi_H^2(3\varpi_L + h_O)^2\left[(3\varpi_L - h_O)^2 + 18w\varpi_L\right]}{E_1^2 + 36w\varpi_L\varpi_H^2(3\varpi_L + h_O)^2 + 2\varpi_H\varpi_L\left[9\varpi_H\varpi_L - h_O^2 + 3h_O(\varpi_H - \varpi_L)\right]^2},$$

$$Z_3 = \frac{4\varpi_H^2(3\varpi_L + h_O)^2\left(9\varpi_L^2 + h_O^2 + 9w\varpi_L\right)}{E_2^2 - 2\varpi_H\varpi_L\left[9\varpi_H\varpi_L + h_O^2 + 3h_O(\varpi_H + \varpi_L)\right]^2},\ \text{且}\ 0 < Z_1 < Z_2 < Z_3 < 1,$$

$$+ 2\varpi_H^2\left(9\varpi_L^2 + h_O^2 + 36h_O^2\varpi_L^2\right) + 36w\varpi_L\varpi_H^2(3\varpi_L + h_O)^2$$

$E_1 = (\varpi_H - \varpi_L)(9\varpi_H\varpi_L - h_O^2)$，$E_2 = (\varpi_H + \varpi_L)(9\varpi_H\varpi_L + h_O^2)$。

证明：证明过程与命题6.2类似，故略。

命题6.7表明信息不对称下制造商的最优广告合作契约设计受到高类型单位不匹配成本发生概率 β 的影响。当高类型单位不匹配成本发生的概率较高时（$Z_2 \leqslant \beta < Z_3$），高类型线下零售商给制造商带来的利润非常重要，此时制造商将 μ_L^{A*} 设置为0，放弃激励低类型线下零售商进行广告投入，以避免高类型线下零售商选择低类型广告合作契约。本节将这种制造商仅激励高类型线下零售商进行地方广告投入的策略称为仅高类型策略（AH策略）。AH策略的存在表明信息不对称降低了制造商与低类型线下零售商进行O2O合作的可能性。当高类型单位不匹配成本出现的可能性比较低时（$Z_1 \leqslant \beta < Z_2$），两种类型的线下零售商为制造商带来的利润同样重要，此时制造商会提高低类型广告成本分担比例，本节将这种策略称为非排他性策略（AI策略）。当高类型单位不匹配成本发生的概率非常低（$0 < \beta < Z_1$）时，低类型线下零售商给制造商带来的利润非常重要，此时制造商

提供的低类型成本分担比例等于高类型成本分担比例，本节将该策略称为混同均衡策略（AP策略）。

4. 信息不对称的影响

分析信息不对称对广告合作契约的影响，可得命题6.8。

命题6.8 信息不对称对最优广告合作契约的影响：① $\mu_H^{S*} < \mu^{AP*} < \mu_L^{S*}$；$f^{AP*} > f_L^{S*} > f_H^{S*}$。② $\mu_H^{AI*} = \mu_H^{AH*} = \mu_H^{S*}$；$\mu_L^{AH*} < \mu_L^{AI*} < \mu^{AP*} < \mu_L^{S*}$。③ $f_L^{AH*} > f_L^{AI*} > f^{AP*} > f_L^{S*}$；$f^{AP*} > f_H^{AI*} > f_H^{AH*} > f_H^{S*}$。

为了更直观呈现信息不对称对最优广告合作契约的影响，依据 $R = 0.3$、$w = 0.2$、$h_O = 0.05$、$\varpi_L = 0.4$、$\varpi_H = 0.5$ 绘制图6.3。

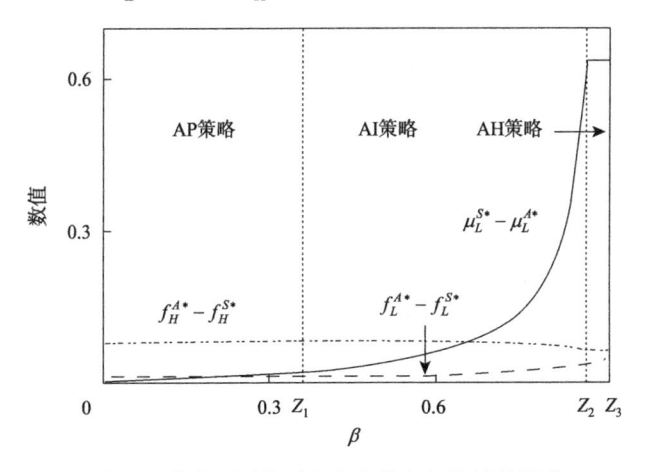

图 6.3 信息不对称对广告合作契约设计的影响

命题6.8表明信息不对称下供应链的广告合作契约具有更复杂的特性，如图6.3所示。结合上节可知，AP策略下制造商的广告合作契约主要是为了激励低类型线下零售商最大限度地提高地方广告投入水平，但过高的广告成本分担比例会给制造商造成过重的成本负担。因此命题6.8①表明AP策略中制造商给予线下零售商的成本分担比例介于信息对称下高、低类型成本分担比例之间，并提高固定转移支付以保证低类型线下零售商参与O2O渠道合作。命题6.8②表明在AH策略和AI策略中，制造商的广告合作契约设计可以达到分离均衡，此时信息不对称下高类型广告成本分担比例与信息对称一致，而为了避免高类型线下零售商选择低类型契约，低类型广告成本分担比例呈下降趋势，且低类型单位不匹配成本发生概率的降低会加剧该下降趋势。命题6.8③表明信息不对称下制造商给予线下零售商的高类型和低类型固定支付均有所提高，但造成这一变化的原因却不相同。对于低类型线下零售商，制造商提高固定转移支付主要是为了保证其参与O2O合作的积极性。而对于高类型线下零售商，制造商提高固定转移支付主要是为了保证其不会选择低类型广告合作契约。

接下来进一步分析信息不对称对供应链成员及总体利润的影响,为便于表示,令 π_{sc} 表示供应链总体的利润,并得到命题6.9。

命题6.9 信息不对称对供应链成员及总体利润的影响:①高类型单位不匹配成本下,$\pi_{rH}^{AP*} > \pi_{rH}^{AI*} > \pi_{rH}^{AH*} > \pi_{rH}^{S*}$;$\pi_{mH}^{AP*} < \pi_{mH}^{AI*} < \pi_{mH}^{AH*} < \pi_{mH}^{S*}$;$\pi_{scH}^{AP*} < \pi_{scH}^{AI*} = \pi_{scH}^{AH*} = \pi_{scH}^{S*}$。②低类型单位不匹配成本下,$\pi_{rL}^{AP*} = \pi_{rL}^{AI*} = \pi_{rL}^{AH*} = \pi_{rL}^{S*}$;$\pi_{mL}^{AH*} < \pi_{mL}^{AI*} < \pi_{mL}^{AP*} < \pi_{mL}^{S*}$;$\pi_{scL}^{AH*} < \pi_{scL}^{AI*} < \pi_{scL}^{AP*} < \pi_{scL}^{S*}$。

为了更直观地呈现信息不对称对供应链成员最优利润的影响,依据 $R = 0.3$、$w = 0.2$、$h_O = 0.05$、$\varpi_L = 0.4$、$\varpi_H = 0.5$ 绘制图6.4。

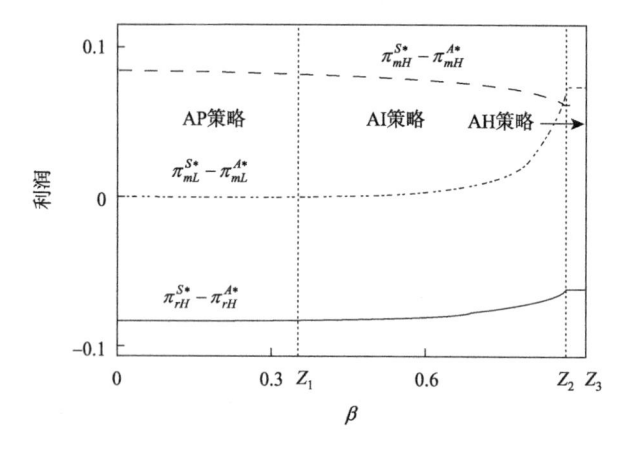

图 6.4 信息不对称对供应链成员利润的影响

命题6.9①表明高类型单位不匹配成本下,信息不对称对供应链成员利润的影响体现在:信息不对称总能使线下零售商获得信息租金,但总会给制造商造成利润损失。进一步还可发现不同契约策略对制造商利润的影响不同。其原因如下,为避免高类型线下零售商选择低类型广告合作契约,制造商降低了不同策略下低类型广告成本分担比例,且 $\mu_L^{AH*} < \mu_L^{AI*} < \mu_L^{AP*} < \mu_L^{S*}$。这增加了高类型线下零售商选择低类型广告合作契约的机会成本,此时制造商付给线下零售商的信息租金下降,且低类型广告成本分担比例下降幅度越高,信息租金的下降程度越高,制造商利润的下降程度越低。这说明制造商可通过恰当的策略选择降低信息不对称的不利影响。命题6.9①还表明高类型单位不匹配成本下,AI策略和AH策略中信息不对称并不会损害供应链总体利润,仅带来供应链成员间利润的再分配。然而在AP策略中供应链总体利润总有损失,这是因为AP策略中为了尽可能激励低类型线下零售商提高地方广告投入水平,最优广告成本分担比例与信息对称下高类型广告成本比例相比发生向上偏离,这意味着制造商需要承担线下零售商更多的广

告成本，但广告投入的边际成本递增性意味着提高的广告投入水平吸引来的线下消费者是有限的。

命题6.9②表明低类型单位不匹配成本下，线下零售商仅能获得保留收益，制造商总会遭受利润损失。对比命题6.9①可进一步发现，低类型单位不匹配成本下不同契约策略中制造商遭受的利润损失与高类型下利润损失的大小关系刚好相反。这是因为低类型广告成本分担比例的下降导致低类型线下零售商广告投入水平的下降，进而造成制造商利润的下降，且低类型广告成本分担比例下降程度越高，制造商利润的下降程度也越高。当单位不匹配成本为低类型时，零售商仅能获得保留收益，因此命题6.9②还表明信息不对称对供应链整体的影响与对制造商的影响相同。

上述结论对制造商的启示为：制造商在与线下零售商进行O2O广告合作时，可通过合理的契约策略选择降低信息不对称的不利影响，且契约策略选择受到不同类型单位不匹配成本出现概率的影响。单位不匹配成本可理解为线下消费者对产品间差异的主观认知。因此当高类型单位不匹配出现的概率比较高时，高类型线下零售商为制造商带来的利润更加重要，此时制造商可通过在产品设计环节增强产品间客观差异或在广告设计中强调产品间差异以合理引导线下消费者的主观认知等手段，提高高类型单位不匹配成本出现的概率，进而选择AH策略。相反，当低类型单位不匹配成本出现的概率比较高时，制造商应该缩小产品间的差异，提高低类型单位不匹配成本出现的概率，进而选择AP策略。

6.2.3 信息不对称下的均衡分析

本节主要分析信息不对称下线下消费者渠道转换的麻烦成本与单位不匹配成本对契约设计及供应链成员利润的影响。

命题6.10 信息不对称下，线下消费者渠道转换的麻烦成本 h_O 的影响①对制造商广告合作契约策略选择的影响：$\frac{\partial Z_1}{\partial h_O} < 0$；$\frac{\partial (Z_2 - Z_1)}{\partial h_O} > 0$；$\frac{\partial (Z_3 - Z_2)}{\partial h_O} > 0$。②对供应链成员利润的影响：a. 存在 Z_4，当 $Z_1 < \beta < \min\{Z_4, Z_2\}$ 时，$\frac{\partial \pi_{rH}^{AI*}}{\partial h_O} < 0$；当 $\varpi_L < \varpi_H \leqslant \min\{Z_5, (2-2w-h_O)/3\}$ 时，$\frac{\partial \pi_{rH}^{AH*}}{\partial h_O} \leqslant 0$。b. 存在 Z_6，当 $Z_1 < \beta < \min\{Z_6, Z_2\}$ 时，$\frac{\partial \pi_{mH}^{AI*}}{\partial h_O} > 0$；存在 Z_7，当 $t_L < t_H \leqslant \min\{Z_7, (2-2w-h)/3\}$ 时，$\frac{\partial \pi_{mH}^{AH*}}{\partial h_O} > 0$。c. $\frac{\partial \pi_{mL}^{AI*}}{\partial h_O} > 0$；$\frac{\partial \pi_{mL}^{AH*}}{\partial h_O} > 0$。

其中，

$$Z_5 = \frac{h_O\left(\begin{array}{c}h_O^2 + 9h_O\varpi_L + 18\varpi_L \\ +\sqrt{h_O^4 + 18h_O^3\varpi_L + 81h_O^2\varpi_L^2 + 108h_O\varpi_L^3 + 36h_O^2\varpi_L + 324h_O\varpi_L^2 + 324\varpi_L^2}\end{array}\right)}{54\varpi_L^2}。$$

命题6.10①表明，线下消费者渠道转换的麻烦成本 h_O 的增加会降低制造商选择P策略的可能性，但会增加制造商选择AI策略和AH策略的可能性。首先，h_O 的增加会降低原有购买产品1但转移到线上渠道购买产品2的线下消费者比例，渠道侵蚀减弱。此时线下零售商会主动提高地方广告投入水平，制造商无须制定较高的广告成本分担比例。其次，h_O 的增加还会降低原本不购买产品1但转移到线上渠道购买产品2的线下消费者比例。此时，线下零售商广告投入的增加对线上渠道的引流效果减弱，制造商不愿意分担零售商较高的广告成本分担比例。因此随着 h_O 的增加，制造商采取广告成本分担比例较高的AP策略的可能性变弱，广告成本分担比例相对较低的AI策略和AH策略的可能性变大。在现实生活中，制造商可以通过购物流程设计、配送服务等影响线下消费者渠道转移的麻烦成本，如借助零售商店内的移动设备购买产品时线下消费者的麻烦成本较低，而需要线下消费者注册账户或下载购物App时的麻烦成本相对较高。因此命题6.10①启示制造商可通过改变线下消费者麻烦成本帮助自己选择适当的契约策略以缓解信息不对称的不利影响。

命题6.10②表明 h_O 越高，线下零售商并不总是获得更高利润，而制造商也并不总是遭受利润损失。结合命题6.10①可知，h_O 的增加对线下零售商广告投入水平有正影响，而对转移到线上渠道购买的线下消费者数量有负影响，此时制造商会降低给予高类型广告成本分担比例与固定转移支付，而线下零售商具有主动提高地方广告投入水平的意愿，因此 h_O 的增加在某些条件下反而对制造商利润具有正影响，而对线下零售商利润具有负影响。命题6.10②还表明低类型单位不匹配成本下制造商总能获得更高利润。h_O 的增加会削弱低类型单位不匹配成本下线上渠道对线下渠道的需求侵蚀，而对于低类型线下零售商，制造商无须支付额外的信息租金，仅需保证其O2O合作的参与性，因此线下零售商广告投入的增加、自身支付成本的降低总能使制造商获得更高利润。

命题6.11 单位不匹配成本 ϖ_i 对AI策略中供应链成员利润的影响：① $\frac{\partial \pi_{mH}^{\text{AI}*}}{\partial \varpi_H} > 0$；存在 Z_8，当 $Z_1 < \beta < \min\{Z_8, Z_2\}$ 时，$\frac{\partial \pi_{rH}^{\text{AI}*}}{\partial \varpi_H} > 0$。② 存在 Z_9，当 $Z_1 < \beta < \min\{Z_9, Z_2\}$ 时，$\frac{\partial \pi_{rH}^{\text{AI}*}}{\partial \varpi_L} = -\frac{\partial \pi_{mH}^{\text{AI}*}}{\partial \varpi_L} < 0$。

命题6.11①表明AI策略中高类型单位不匹配成本越高,制造商越能获得更高利润,但线下零售商未必能获得更高利润。单位不匹配成本越高,线上渠道对线下渠道的渠道侵蚀减弱,此时线下零售商主动提高地方广告投入水平以获取更高利润,广告投入水平的提高增加了转移到线上渠道购物的线下消费者数量,因此制造商总能获得更高利润。但对于线下零售商来说,单位不匹配成本的增高直接降低了购买产品1的线下消费者比例,所以在少数情形下线下零售商并不一定能够获得更高利润。命题6.11②表明,AI策略中低类型单位不匹配成本的增高在多数条件下使得线下零售商获得更低利润,而制造商获得更高利润。这是因为,低类型单位不匹配成本的提高会促使线下零售商提高广告投入水平,此时制造商会降低给予线下零售商的低类型广告成本分担比例,这一变化会增加高类型线下零售商选择低类型广告合作契约的机会成本。进一步地,制造商可降低给予高类型线下零售商的信息租金。

6.2.4 小结

随着消费升级,越来越多的消费者策略性地使用线上、线下渠道进行购物。对于制造商来说,单纯依靠线上或线下渠道已经不能满足消费者差异化需求,渠道融合势在必行。在此背景下,如何加强线上线下渠道合作是新常态下制造商保持竞争力的关键。鉴于此,本章针对一个拥有线上渠道的制造商和一个零售商组成的O2O供应链,考虑渠道产品差异化策略下零售商为制造商线上渠道进行广告引流的情形,运用委托代理理论研究信息对称和信息不对称下制造商的广告合作契约设计问题,分析信息不对称、麻烦成本、单位不匹配成本等重要因素对广告合作契约设计及供应链成员利润的影响。

研究发现:①信息不对称下,随着单位不匹配成本不同类型发生概率的变化,制造商可以策略性地选择混同均衡策略(AP策略)、非排他性策略(AI策略)及仅高类型策略(AH策略)三种不同策略以最大化自身利润,其中AH策略的存在表明信息不对称降低了制造商与低类型单位不匹配成本下的零售商进行广告合作的可能性,AP策略的存在表明不甄别零售商真实信息的混同均衡在某些条件下反而是制造商的最优策略。②信息不对称虽然会给制造商带来利润损失,但制造商通过不同策略选择可以缓和信息不对称的影响,同时在AI策略和AH策略中,信息不对称并没有损害高类型单位不匹配成本下供应链总体的利润,仅带来供应链成员间利润的再分配。③麻烦成本的增加会降低制造商选择AP策略的可能性,但会增加制造商选择AI策略和AH策略的可能性,且麻烦成本的增高不一定会给制造商带来利润损失。④AI策略中高类型单位不匹配成本越高零售商未必能获得更高利润,而低类型单位不匹配成本的增高在多数条件下使得零售商获得更低利润,而制造商获得更高利润。

6.3 O2O模式下存在渠道竞合的供应链广告合作策略

为迎合消费者新的购买行为，部分制造商与线下零售商合作，向消费者提供BOPS模式，如捷安特在天猫平台的官方旗舰店向购买自行车的消费者提供线下门店取货服务。BOPS模式使得制造商与线下零售商形成渠道竞争与渠道合作并存的新环境。一方面，BOPS模式为消费者线上购物提供了便利，如降低线上购物时的等待成本，购物成本的降低可能会吸引部分在零售店购物的消费者转移至BOPS模式，进而造成渠道侵蚀、加剧渠道竞争；另一方面，为了激励零售商为消费者提供取货服务，制造商往往会给予零售商一定的佣金，这将给零售商带来额外收益、促使渠道合作更加密切。广告合作是新渠道环境下制造商缓解与线下零售商的渠道冲突、强化渠道合作进而扩大市场需求、提高企业利润的重要工具。然而现有关于广告合作的研究主要集中于无竞争情形，仅少数研究聚焦于竞争情形，尚未出现竞争与合作并存情形下实施BOPS策略的供应链广告合作研究。因此，在合作与竞争并存的渠道新环境中，研究BOPS模式下制造商与线下零售商间的广告合作问题，对于推动供应链成员间的渠道合作具有重要的现实意义和理论价值。

鉴于此，本节以一个开通线上渠道的制造商与一个线下零售商合作实施BOPS模式的O2O供应链为研究框架，针对BOPS模式实施后竞争与合作并存的渠道新环境，考虑BOPS模式与广告合作对消费者购买行为及供应链成员的影响，构建多阶段博弈模型，研究BOPS模式中供应链成员间的均衡广告合作与定价策略，揭示BOPS模式下广告合作对制造商、线下零售商及供应链整体利润的影响。

6.3.1 问题描述

考虑由一个拥有线上渠道的制造商和一个线下零售商组成的供应链。制造商以批发价格 w 将产品批发给线下零售商，线下零售商在线下渠道以零售价格 p_r 将产品销售给消费者，其中批发价 w 通过长期合同提前确定，故假设为外生。同时制造商通过自己拥有的线上渠道以直销价格 p_m 将同一产品销售给同一市场的消费者。为满足消费者同时利用线上、线下渠道购物的趋势，降低消费者麻烦成本，制造商与零售商合作，为消费者提供BOPS服务，制造商给予提供店内取货服务的零售商单位佣金 χ。考虑到制造商与零售商BOPS合作多为长期合作，单位佣金主要通过双方的谈判确定，故假设单位佣金 χ 为外生，且 $\chi < p_m$。为便于表达，分别用下标 m、r 表示制造商和线下零售商，分别用下标 O、B、R 表示线上渠道、BOPS渠道及线下渠道。

消费者在线下渠道购物时会产生正的线下麻烦成本 h_R，如交通成本；在线上渠道购物时也会产生相应的购买成本，如等待产品配送的时间成本、对网上购物安全、隐私的担忧等，本节统称之为线上麻烦成本 h_O。考虑到现实生活中消费者对线上麻烦成本的感知往往存在差异，故与文献Balakrishnan等（2014）类似，假设 h_O 为随机变量且服从区间 $[0,1]$ 上的均匀分布。消费者在BOPS渠道购物时会同时产生线上麻烦成本和线下麻烦成本。考虑到到店内取货可降低消费者线上购物时等待产品配送的时间成本，故假设消费者选择BOPS渠道购买产品的麻烦成本为 $(1-\varphi)h_O+h_R$，其中，$(1-\varphi)h_O$ 表示消费者选择BOPS购物时的线上麻烦成本；φh_O 表示使用BOPS为消费者线上购物带来的便利性；φ 表示BOPS为消费者线上购物带来的便利性的系数，简称为便利系数。鉴于制造商与线下零售商销售的产品相同，故假设消费者从任意渠道购买产品获得的基本效用均为1。于是得到，消费者通过不同渠道购物获得的产品效用分别为

$$U_R = 1 - p_r - h_R \tag{6.18}$$

$$U_O = 1 - p_m - h_O \tag{6.19}$$

$$U_B = 1 - p_m - (1-\varphi)h_O - h_R \tag{6.20}$$

假设市场上的基本市场需求为 X，每个潜在消费者对产品至多有一个单位的需求，且所有消费者均根据效用最大化原则 $\max\{U_R, U_O, U_B, 0\}$ 决策是否购买产品及产品购买渠道。当线上麻烦成本满足 $h_O \leq h_R/\varphi$ 时，消费者在线上渠道购物；当线上麻烦成本满足 $h_R/\varphi < h_O \leq (p_r-p_m)/(1-\varphi)$ 时，消费者通过BOPS模式购物；当线上麻烦成本满足 $h_O > (p_r-p_m)/(1-\varphi)$ 时，消费者通过零售商的线下渠道购物。为避免无意义地讨论本节给出如下假设：① $p_r < 1-h_R$，否则将没有消费者通过零售商的线下渠道购物；② $h_R < \varphi$ 且 $p_r - p_m > h_R(1-\varphi)/\varphi$，否则没有消费者会选择通过BOPS购物。于是得到，线下渠道需求 d_R、BOPS渠道需求 d_B、线上渠道需求 d_O 分别为

$$d_R = \begin{cases} X\left(1 - \dfrac{p_r - p_m}{1-\varphi}\right), & \dfrac{h_R(1-\varphi)}{\varphi} < p_r - p_m < 1-\varphi,\ p_r < 1-h_R \\ 0, & p_r - p_m \geq 1-\varphi,\ p_r < 1-h_R \end{cases} \tag{6.21}$$

$$d_B = \begin{cases} X\left(\dfrac{p_r - p_m}{1-\varphi} - \dfrac{h_R}{\varphi}\right), & \dfrac{h_R(1-\varphi)}{\varphi} < p_r - p_m < 1-\varphi,\ p_r < 1-h_R \\ X\left(1 - \dfrac{h_R}{\varphi}\right), & p_r - p_m \geq 1-\varphi,\ p_r < 1-h_R \end{cases} \tag{6.22}$$

$$d_O = \begin{cases} \dfrac{Xh_R}{\varphi}, & \dfrac{h_R(1-\varphi)}{\varphi} < p_r - p_m < 1-\varphi, \ p_r < 1-h_R \\ \dfrac{Xh_R}{\varphi}, & p_r - p_m \geqslant 1-\varphi, \ p_r < 1-h_R \end{cases} \quad (6.23)$$

为扩大市场需求、树立良好的品牌形象，零售商投入本地广告水平 ϕ_1，制造商投入全国广告水平 ϕ_2 并分担零售商比例为 μ 的广告成本，其中 $0<\mu<1$。制造商的全国广告通常是品牌导向的，旨在树立产品品牌形象、扩大本品牌的基本市场需求。零售商的本地广告通常是信息导向的，提供消费者进入最终购买阶段所需的产品属性、质量、价格等信息，旨在刺激潜在消费者的购买欲望、产生购买行动。全国广告、本地广告最终均可扩大制造商品牌的潜在消费者数量。因此在广告投入的影响下，基本市场需求 X 为

$$X = X' + \phi_1 + \phi_2 \quad (6.24)$$

其中，X' 表示广告水平为0时市场上的基本市场需求。鉴于 X' 不影响供应链成员的最优决策，故将其标准化为1，即 $X = 1 + \phi_1 + \phi_2$。

考虑到广告投入的边际成本递增性，与熊中楷等（2010）、陈国鹏等（2017）类似，本节假设广告投入的成本函数为 $C(\phi_i) = \phi_i^2/2$，其中 $i=1,2$。于是得到，BOPS模式下制造商与线下零售商的利润函数分别为

$$\pi_m = wd_R + p_m d_O + (p_m - \chi)d_B - \phi_2^2/2 - \mu\phi_1^2/2 \quad (6.25)$$

$$\pi_r = (p_r - w)d_R + \chi d_B - (1-\mu)\phi_1^2/2 \quad (6.26)$$

考虑到实践中广告决策与定价决策的周期性差异较大（Karray，2013），如定价决策一般更易且更经常改变，故假设广告决策先于定价决策。在定价阶段中，考虑到现实生活中零售商与制造商均可通过价格折扣、优惠券等方式随时改变价格，故假设两者将展开纳什博弈。具体的博弈顺序如下：制造商决策全国广告投入水平 ϕ_2 与广告成本分担比例 μ；零售商决策本地广告投入水平 ϕ_1；制造商与零售商同时决策产品直销价格 p_m、产品零售价格 p_r。

6.3.2 最优广告合作策略

观察需求函数可以发现，实施BOPS模式后O2O供应链成员可以选择两种不同的策略，当 $h_R(1-\varphi)/\varphi < p_r - p_m < 1-\varphi$ 时，制造商的线上渠道与BOPS、零售商的线下渠道的需求均大于0，当 $p_r - p_m \geqslant 1-\varphi$ 时，零售商线下渠道的需求等于0，因此本节将上述两种策略分别称为OBR策略与OB策略。本节首先求解不同策略中O2O供应链的均衡广告合作和定价，并分析BOPS对不同策略中均衡广告合作及供应链成员利润的影响。然后通过对比不同策略中供应链成员利润得到供应链的最优广告合作与定价。

1. 不同策略下的均衡决策

通过逆序求解法分别求解OBR策略与OB策略中制造商与线下零售商均衡广告合作与定价，可得定理6.1。

定理6.1 不同策略中O2O供应链成员的均衡决策：①OBR策略中，当 $h_R > 1/3 - w$、$\varphi > 3h_R$ 且 $\chi < (1+2\varphi)/3 - w - h_R$ 时，O2O供应链的广告与定价决策存在唯一均衡，分别为 $\phi_2^{OBR*} = w + \dfrac{\chi h_R}{\varphi} + \dfrac{1}{9} - \dfrac{\varphi}{9}$；$\mu^{OBR*} = \dfrac{2\varphi(9w - 1 + \varphi) - 9\chi(\varphi - 3h_R)}{6\varphi(3w + 1 - \varphi) + 9\chi(\varphi + h_R)}$；$p_m^{OBR*} = w + \chi + \dfrac{1}{3} - \dfrac{\varphi}{3}$；$\phi_1^{OBR*} = w + \dfrac{\chi}{2} + \dfrac{\chi h_R}{2\varphi} + \dfrac{1}{3} - \dfrac{\varphi}{3}$；$p_r^{OBR*} = w + \chi + \dfrac{2}{3} - \dfrac{2\varphi}{3}$。②OB策略中，当 $\chi < \min\{2\varphi/3, \varphi - h_R\}$ 时，O2O供应链的广告与定价决策存在唯一均衡，分别为 $\phi_2^{OB*} = \dfrac{(\varphi - h_R)(\varphi - \chi)}{\varphi}$；$\mu^{OB*} = \dfrac{2\varphi - 3\chi}{2\varphi - \chi}$；$p_m^{OB*} = \varphi - h_R$；$\phi_1^{OB*} = \dfrac{(\varphi - h_R)(2\varphi - \chi)}{2\varphi}$；$p_r^{OB*} = 1 - h_R$。

由 $h_R(1 - \varphi)/\varphi < p_r - p_m < 1 - \varphi$ 可得 $\varphi > 3h_R$。BOPS模式虽然能为消费者节约线上购物的麻烦成本，但同时也会增加到店的麻烦成本。因此，当且仅当便利系数足够大时制造商才能够采取OBR策略，否则即使制造商实施BOPS模式也不会有消费者选择从BOPS模式购物。由 $p_r < 1 - h_R$ 可得 $\chi < (1 + 2\varphi)/3 - w - h_R$。制造商通过提高产品价格转嫁单位佣金造成的收益降低，作为竞争对手的零售商也得以提高价格（$\partial p_m^{OBR*}/\partial \chi > 0$、$\partial p_r^{OBR*}/\partial \chi > 0$），但单位佣金过高会导致消费者在线下渠道购买产品时不能获得正的效用，因此制造商在OBR策略中应将单位佣金限制在一定范围内，否则将没有消费者选择从线下渠道购物。对于任意参数满足 $\varphi > 3h_R$ 且 $\chi < (1 + 2\varphi)/3 - w - h_R$ 时，由 $0 < \mu^{OBR*} < 1$ 可得 $h_R > 1/3 - w$；由 $0 < \mu^{OB*} < 1$ 可得 $\chi < 2\varphi/3$。这表明并不是所有情形都需要制造商实施广告合作。现实生活中也并非所有制造商都会利用广告合作来促进销售。鉴于本节主要研究BOPS模式对广告合作的影响及广告合作对供应链成员的价值，因此本节主要聚焦于 $0 < \mu^{OBR*} < 1$、$0 < \mu^{OB*} < 1$ 的情形。

分析BOPS模式中单位佣金与便利系数对广告合作及供应链成员利润的影响，可得命题6.12、命题6.13。

命题6.12 OBR策略下，单位佣金与便利系数对广告合作及供应链成员利润的影响：① $\dfrac{\partial \mu^{OBR*}}{\partial \chi} < 0$；$\dfrac{\partial \pi_m^{OBR*}}{\partial \chi} > 0$；$\dfrac{\partial \pi_r^{OBR*}}{\partial \chi} > 0$。② $\text{sign}\left\{\dfrac{\partial \mu^{OBR*}}{\partial \varphi}\right\} = \text{sign}\{Z_1\}$；

$\dfrac{\partial \pi_m^{\text{OBR}*}}{\partial \varphi} < 0$；$\dfrac{\partial \pi_r^{\text{OBR}*}}{\partial \varphi} < 0$。

其中，$Z_1 = -9h_R \chi^2 + \chi\left(-\varphi^2 + 10\varphi h_R - 9wh_R - 5h_R\right) + 4\varphi^2 w$。

命题6.12①表明在OBR策略中单位佣金对广告成本分担比例具有负向影响，而对供应链成员利润具有正向影响。结合定理6.1可知，随着单位佣金的增加，若不改变直销价格，制造商线上渠道的单位收益将受损，因此为了弥补单位收益的降低，制造商将提高产品的直销价格。此时作为竞争对手的线下零售商也得以提高产品零售价格。单位收益的增加刺激线下零售商提高地方广告投入水平。这表明单位佣金在一定程度上能够替代广告成本分担比例对线下零售商的激励作用，因此随着单位佣金的增加制造商降低广告成本分担比例。产品价格的上升、广告投入水平的增加促使制造商与线下零售商利润的提高。命题6.12②表明便利系数对广告成本分担比例的影响是非单调的，而对供应链成员利润具有负向影响。结合定理6.1①可知，随着便利系数的增大，BOPS渠道对消费者吸引力增大，此时作为竞争对手的制造商稍微降低产品直销价格便可吸引更多线下渠道的消费者转移至BOPS渠道购物。为阻止渠道侵蚀线下零售商被迫降低产品零售价格，渠道价格竞争加剧。单位收益的降低导致线下零售商广告投入积极性的降低。为了弥补便利系数对广告投入水平的负向影响，在单位佣金较低时（$Z_1 > 0$），制造商加大对线下零售商的广告水平分担比例。同时，产品价格的下降、广告投入水平的减少促使制造商与线下零售商利润的下降。

命题6.13 OB策略下，单位佣金与便利系数对广告合作及供应链成员利润的影响：① $\dfrac{\partial \mu^{\text{OB}*}}{\partial \chi} < 0$；$\dfrac{\partial \pi_m^{\text{OB}*}}{\partial \chi} < 0$；$\dfrac{\partial \pi_r^{\text{OB}*}}{\partial \chi} > 0$。② $\dfrac{\partial \mu^{\text{OB}*}}{\partial \varphi} > 0$；$\dfrac{\partial \pi_m^{\text{OB}*}}{\partial \varphi} > 0$；$\dfrac{\partial \pi_r^{\text{OB}*}}{\partial \varphi} > 0$。

命题6.13①表明在OB策略中单位佣金对广告成本分担比例具有负向影响。与命题6.12①相比，尽管制造商做出相似决策，但背后原因却不相同。结合定理6.1②可知在OB策略中，制造商与线下零售商定价均不受单位佣金的影响，这意味着随着单位佣金的增加制造商单位收益降低，而制造商并不能随单位佣金的变化而改变价格，所以单位收益的降低抑制了制造商分担线下零售商广告成本的意愿。广告成本分担比例的降低又进一步导致地方广告投入水平的降低。最后单位收益的降低与广告投入的减少促使制造商的利润降低。命题6.13②表明便利系数对广告成本分担比例及供应链成员利润均具有正向影响。结合定理6.1②可知，便利系数越大BOPS模式越能为消费者节约购物成本，线下渠道退出市场促使制造商得以提高产品直销价格。单位利润的增加促使制造商扩大全国广告投入并提高对线下零售商的广告成本分担比例，在广告合作的激励下线下零售商提高本地广告水平。因此，随着便利系数的增大，产品价格上升、广告投入增加，制造商与线下零售商的利润不断提高。

2. 最优广告合作策略选择

观察定理6.1可以发现，当参数不满足OBR策略的参数范围但满足OB策略的参数范围时，供应链成员仅可选择OB策略，此时OB策略即为O2O供应链的最优策略；而当参数同时满足OBR策略与OB策略的参数范围时，制造商与线下零售商可以策略性地选择OBR策略或OB策略以最大化自身利润。鉴于仅OB策略可供选择时，供应链成员的最优决策较为直观，因此本节将主要聚焦于OBR策略与OB策略同时存在时供应链成员的策略选择问题，即 $h_R > 1/3 - w$、$\varphi > 3h_R$ 且 $\chi < (1+2\varphi)/3 - w - h_R$。先分析不同策略下制造商与线下零售商的利润，可得命题6.14。为便于表达，令 $\Delta\pi_m = \pi_m^{OBR*} - \pi_m^{OB*}$、$\Delta\pi_r = \pi_r^{OBR*} - \pi_r^{OB*}$ 分别表示OBR策略与OB策略中制造商与线下零售商的利润差。

命题6.14 OBR策略与OB策略中制造商与线下零售商的利润关系为：①当 $\max\{0, Z_2\} \leq \chi < (1+2\varphi)/3 - w - h_R$ 时，$\Delta\pi_m > 0$；当 $\varphi \geq \max\{3h_r, Z_3\}$ 且 $\chi < Z_2$ 时，$\Delta\pi_m < 0$。②当 $\varphi \geq Z_4$ 且 $Z_5 < \chi < Z_6$ 时，$\Delta\pi_r < 0$；反之，$\Delta\pi_r > 0$。其中，$Z_3 < Z_4$，$Z_2 > Z_6 > Z_5$。

命题6.14①表明当单位佣金较高时，制造商从OBR策略获得的利润高于从OB策略中获得的利润；相反，当单位佣金较低时，制造商从OB策略获得的利润更高。由上节可知，OBR策略中单位佣金对制造商利润具有正影响，而OB策略中单位佣金对制造商利润具有负影响。所以当单位佣金较高时，OBR策略中单位佣金的正影响优于OB策略中单位佣金的负影响。命题6.14②表明当且仅当便利系数足够大且单位佣金适中时，线下零售商从OB策略中获得的利润才会大于OBR策略，反之线下零售商总能从OBR策略中获得更高利润。这主要取决于两方面因素的影响。首先，当且仅当便利系数足够大时，BOPS模式的竞争力较强，能够吸引较多消费者从BOPS渠道购物，OB策略中线下零售商从BOPS渠道获得的利润才有可能高于OBR策略。其次，在OB策略中，BOPS渠道是线下零售商唯一的利润来源，此时过低的单位佣金不能弥补线下渠道需求为0时线下零售商的损失，而过高的单位佣金则会促使制造商降低广告投入水平及对线下零售商广告成本的分摊比例。

当 $\max\{0, Z_2\} \leq \chi < (1+2\varphi)/3 - w - h_R$ 时，制造商与线下零售商从OBR策略获得的利润均大于OB策略；当 $\varphi \geq Z_4$ 且 $Z_5 < \chi < Z_6$ 时，制造商与线下零售商从OB策略中能获得更高利润。因此上述两种情形中供应链的最优广告合作与定价策略分别为OBR策略和OB策略。然而当不满足上述两种条件时，OB策略能给制造商带来更高利润，而OBR策略能为线下零售商带来更高利润。供应链成员偏好的策略不一致意味着在这种情形中供应链成员不存在纯策略纳什均衡。进一步分析当 $\Delta\pi_m < 0$ 且 $\Delta\pi_r > 0$ 时O2O供应链的混合策略纳什均衡（M策略）可得定理6.2。

定理6.2 当 $\Delta \pi_m < 0$ 且 $\Delta \pi_r > 0$ 时，供应链的最优策略是M策略，即制造商与线下零售商分别以 k_m^{M*}、k_r^{M*} 的概率选择OBR策略；以 $1-k_m^{M*}$、$1-k_r^{M*}$ 的概率选择OB策略，其中，

$$k_m^{M*} = \frac{81\chi(\varphi-h_R)\left[-5\chi(\varphi-h_R)+6\varphi(\varphi-h_R)+4\varphi\right]}{2\begin{bmatrix}-81\chi^2(\varphi-h_R)(2\varphi-5h_R)+4\varphi^2(1-\varphi)(23+27w-5\varphi)\\+9\varphi\chi(20\varphi^2+27\varphi w-59\varphi h_R-27wh_R+27h_R^2+43\varphi-31h_R)\end{bmatrix}} \quad (6.27)$$

$$k_r^{M*} = \frac{81(\varphi-h_R)\left(5\chi^2(\varphi-h_R)-4\chi(2+3\varphi-3h_R)+8\varphi^2(1+\varphi-h_R)\right)}{2\begin{bmatrix}81\chi^2(3\varphi^2-4\varphi h_R+5h_R^2)\\-18\varphi\chi(30\varphi^2-9\varphi w-49\varphi h_R-27wh_R+27h_R^2+15\varphi-41h_R)\\+4\varphi^2(86\varphi^2-36\varphi w-162\varphi h_R+81w^2+81h_R^2+62\varphi+117w-81h_R+14)\end{bmatrix}}$$

$$(6.28)$$

此时，制造商与线下零售商的期望利润分别为

$$\pi_m^{M*} = k_m^{M*} k_r^{M*} \pi_m^{\text{OBR}*} + (1-k_m^{M*})(1-k_r^{M*})\pi_m^{\text{OB}*} \quad (6.29)$$

$$\pi_r^{M*} = k_r^{M*} k_m^{M*} \pi_r^{\text{OBR}*} + (1-k_r^{M*})(1-k_m^{M*})\pi_r^{\text{OB}*} \quad (6.30)$$

6.3.3 广告合作的价值分析

为了分析BOPS模式下广告合作对供应链整体及成员利润的影响，本节把制造商不分担零售商广告成本（即 $\mu=0$）的情形作为基准情形。本节先分析基准情形中供应链的均衡广告合作和定价策略，并进一步探讨广告合作对制造商、线下零售商及供应链整体利润的影响。

1. 无广告合作下的基准情形

为便于表达，令 $\underline{\pi}_i^{X*}$ 分别表示基准情形中不同策略下制造商和零线下售商的利润，其中 $i=m,r,\text{sc}$，$X=\text{OBR, OB}$，$\Delta\underline{\pi}_m = \underline{\pi}_m^{\text{OBR}*} - \underline{\pi}_m^{\text{OB}*}$，$\Delta\underline{\pi}_r = \underline{\pi}_r^{\text{OBR}*} - \underline{\pi}_r^{\text{OB}*}$ 分别表示OBR策略与OB策略中制造商与线下零售商的利润差。结合命题6.14，分析基准情形中不同策略间制造商与线下零售商的利润差可得命题6.15。

命题6.15 基准情形中不同策略间制造商与线下零售商的利润关系为①当 $\max\{0,Z_7\} \leqslant \chi < (1+2\varphi)/3 - w - h_R$ 时，$\Delta\underline{\pi}_m > 0$；当 $\varphi \geqslant \max\{3h_R,Z_8\}$ 且 $\chi < Z_7$ 时，$\Delta\underline{\pi}_m < 0$。②当 $\varphi \geqslant Z_9$ 且 $Z_{10} < \chi < Z_{11}$ 时，$\Delta\underline{\pi}_r < 0$；反之，$\Delta\underline{\pi}_r > 0$。其中，$Z_8 < Z_3 < Z_4 < Z_9$，$Z_5 < Z_{10} < Z_{11} < Z_6 < Z_2$。

结合命题6.14,命题6.15表明广告合作会影响供应链成员不同策略间利润关系的变化情况，具体来说基准情形中制造商与线下零售商从OBR策略中获得的利润

高于OB策略的区域变大。OBR策略中单位佣金可以一定程度上替代广告合作对线下零售商的激励作用，所以不实施广告合作后，较高的单位佣金仍能激励线下零售商提高地方广告投入水平，同时制造商还可以节约实施广告合作的成本。制造商不实施广告合作意味着线下零售商需单独承担全部的本地广告成本，而OB策略中线下零售商收益完全来源于BOPS渠道，此时没有广告合作补贴的支持，线下零售商广告投入意愿降低，因此线下零售商要想从OB策略获得高于OBR策略的利润需要满足更严苛的条件。

当 $\max\{0, Z_7\} \leq \chi < (1+2\varphi)/3 - w - h_R$ 时，制造商与线下零售商从OBR策略获得的利润均大于OB策略；当 $\varphi \geq Z_9$ 且 $Z_{10} < \chi < Z_{11}$ 时，制造商与线下零售商从OB策略中能获得更高利润。因此上述两种情形中供应链的最优广告合作与定价策略分别为OBR策略和OB策略。然而当不满足上述两种条件时，OB策略能给制造商带来更高利润，而OBR策略能为线下零售商带来更高利润。供应链成员偏好的策略不一致意味着在这种情形中供应链成员不存在纯策略纳什均衡。进一步分析当 $\Delta\underline{\pi}_m < 0$ 且 $\Delta\underline{\pi}_r > 0$ 时供应链的混合策略纳什均衡（M策略）可得定理6.3。

定理6.3 当 $\Delta\underline{\pi}_m < 0$ 且 $\Delta\underline{\pi}_r > 0$ 时，供应链的最优策略是M策略，即制造商与线下零售商分别以 $\underline{k}_m^{M*}$、$\underline{k}_r^{M*}$ 的概率选择OBR策略；以 $1-\underline{k}_m^{M*}$、$1-\underline{k}_r^{M*}$ 的概率选择OB策略，其中，

$$\underline{k}_m^{M*} = \frac{27\chi(\varphi-h_R)\left[-\chi(\varphi-h_R)+2\varphi(1+\varphi-h_R)\right]}{\begin{bmatrix}54h_R\chi^2(\varphi-h_R)+8\varphi^2(1-\varphi)(4+3w-\varphi)\\+6\varphi\chi(4\varphi^2+9\varphi w-17\varphi h_R-9wh_R+9h_R^2+23\varphi-19h_R)\end{bmatrix}} \quad (6.31)$$

$$\underline{k}_r^{M*} = \frac{9(\varphi-h_R)(\varphi-\chi)(\chi\varphi-\chi h_R+\varphi^2-\varphi h_R+4\varphi)}{\begin{bmatrix}-9\chi^2(\varphi^2-4\varphi h_R+2h_R^2)-2\varphi\chi(\varphi^2-9\varphi w+4\varphi h_R+8\varphi-22h_R)\\+\varphi^2(10\varphi^2-10\varphi w-18\varphi h_R+9w^2+9h_R^2+14\varphi+28w-18h_R+3)\end{bmatrix}} \quad (6.32)$$

此时，制造商与线下零售商的期望利润分别为

$$E\left(\underline{\pi}_m^{M*}\right) = \underline{k}_m^{M*}\underline{k}_r^{M*}\underline{\pi}_m^{\text{OBR}*} + \left(1-\underline{k}_m^{M*}\right)\left(1-\underline{k}_r^{M*}\right)\underline{\pi}_m^{\text{OB}*} \quad (6.33)$$

$$E\left(\underline{\pi}_r^{M*}\right) = \underline{k}_r^{M*}\underline{k}_m^{M*}\underline{\pi}_r^{\text{OBR}*} + \left(1-\underline{k}_r^{M*}\right)\left(1-\underline{k}_m^{M*}\right)\underline{\pi}_r^{\text{OB}*} \quad (6.34)$$

2. BOPS策略下广告合作的价值分析

本节将主要分析广告合作对制造商、线下零售商及供应链整体的利润影响。为便于表达，令 $\Phi_i^{X*} = \pi_i^{X*} - \underline{\pi}_i^{X*}$ 分别表示广告合作对制造商、线下零售商及供应链整体利润的影响，其中 $i = m, r, \text{sc}$、$X = \text{OBR}, \text{OB}, M$。特别地，当 $Z_7 < \chi < Z_2$ 时，存在广告合作时供应链的最优策略为M策略，而没有广告合作时的最优策略为

OBR策略，记该情形为M1策略，且 $\Phi_i^{M1*} = \pi_i^{M*} - \underline{\pi}_i^{OBR*}$；当 $Z_4 < \varphi < Z_9$ 且 $Z_5 < \chi < Z_6$ 或 $Z_5 < \chi < Z_{10}$ 或 $Z_{11} < \chi < Z_6$ 时，存在广告合作时供应链的最优策略为OB策略，而没有广告合作时的最优策略为M策略，记该情形为OB1策略，且 $\Phi_i^{OB1*} = \pi_i^{OB*} - \underline{\pi}_i^{M*}$；相应地，将广告合作存在与不存在时供应链的最优策略均为M策略的情形记为M2策略；将广告合作存在与不存在时O2O供应链的最优策略均为OB策略的情形记为OB2策略。分析广告合作对制造商、线下零售商及供应链总体利润的影响，可得命题6.16。

命题6.16 BOPS模式中广告合作对制造商、线下零售商及供应链总体利润的影响为 $\Phi_i^{OBR*} > 0$；$\Phi_i^{M2*} > 0$；$\Phi_i^{OB1*} > 0$；$\Phi_i^{OB2*} > 0$；$\Phi_i^{M1*} < 0$，其中 $i = m, r, \text{sc}$。

命题6.16表明实施BOPS模式后多数条件中广告合作均能为供应链整体及成员创造价值，但当供应链最优策略为M1策略时，广告合作的实施反而导致供应链成员及整体利润下降。这对制造商有着重要的管理学启示：实施BOPS模式后，制造商在与线下零售商进行合作时应当慎重考虑广告合作这一工具。这是因为在一定条件下，BOPS模式中的单位佣金能够一定程度上替代广告合作的激励作用，此时盲目实施广告合作既增加自身的广告成本又不能起到应有的激励效果。

为了更直观地呈现广告合作对制造商及线下零售商利润的影响，依据 $w = 0.3$、$h_R = 0.06$ 及 $\varphi = 0.2, 0.5, 0.8$ 绘制OBR、M2策略中广告合作的价值，依据 $\varphi = 0.94, 0.99$ 绘制OB1、OB2策略中广告合作的价值，汇总如图6.5、图6.6所示。

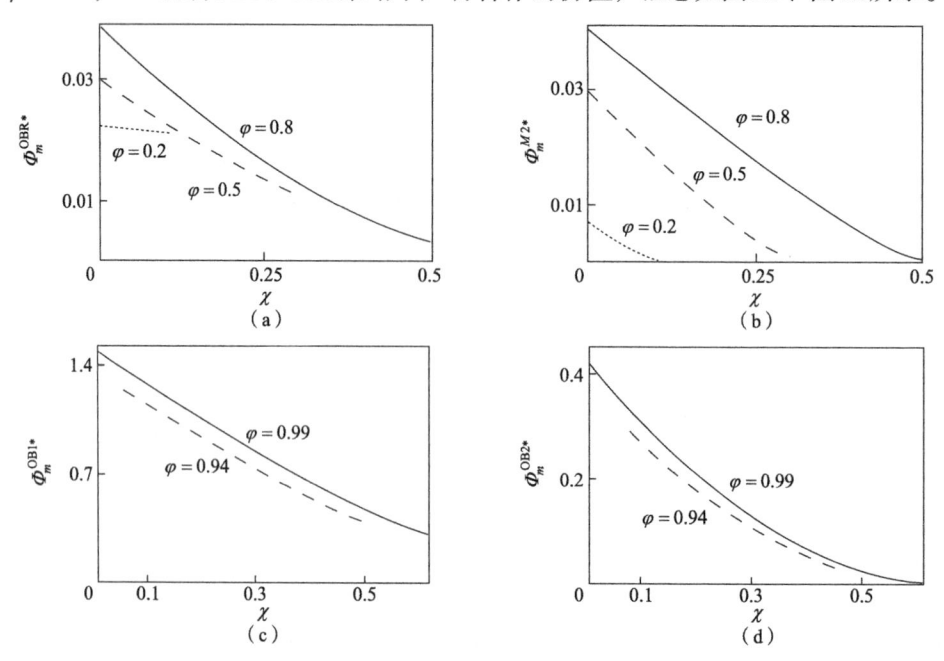

图 6.5 广告合作对制造商利润的影响

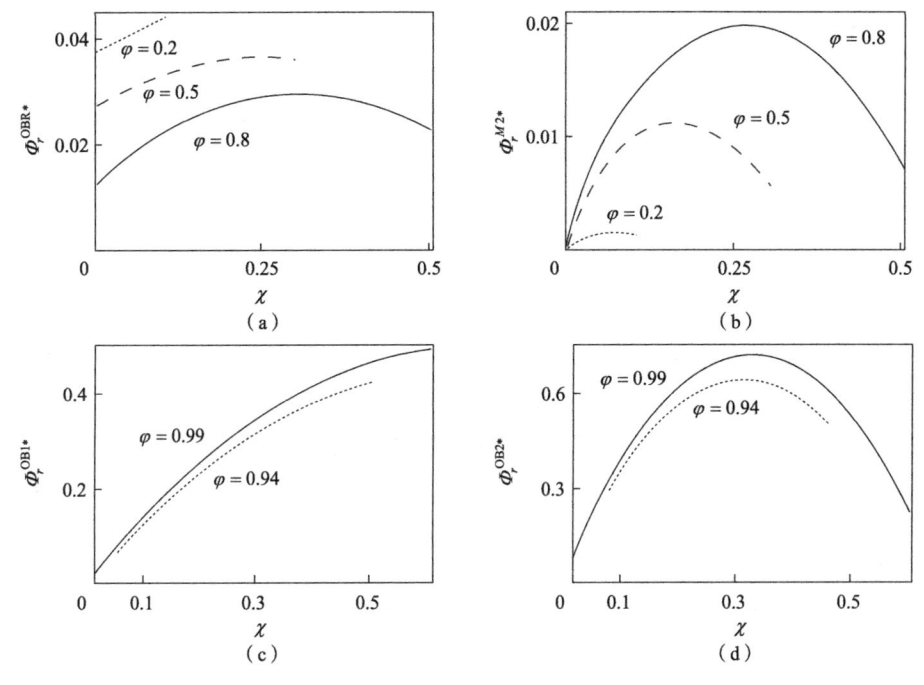

图 6.6　广告合作对线下零售商利润的影响

观察图6.5可以发现，随着便利系数的增大广告合作为制造商创造的价值也在增大，这说明在OBR策略中广告合作可缓解便利系数对制造商利润的负影响，而在M2、OB1、OB2策略中广告合作可强化便利系数对制造商利润的正影响；同时随着单位佣金的增大广告合作为制造商创造的价值不断降低，这表明OBR策略中单位佣金越大对广告合作激励效应的替代性越强，而在M2、OB1、OB2策略中广告合作可加剧单位佣金对制造商利润的负影响。观察图6.6可以发现，多数情形下单位佣金对线下零售商广告合作价值的影响呈现先增后减的趋势，这说明当单位佣金较小时，广告合作可强化单位佣金对线下零售商利润的积极影响，然而当单位佣金足够高时，广告合作反而会抑制单位佣金对线下零售商的正向影响。同时还可发现，OBR策略中便利系数越高，线下零售商广告合作价值越小，而在M2、OB1、OB2策略中便利系数性越高，线下零售商广告合作价值越大。

6.3.4　小结

随着越来越多的消费者同时使用线上线下渠道购物，不少制造商与传统零售商合作实施BOPS为消费者提供无缝购物体验。BOPS模式的实施促使渠道竞争与渠道合作并存的新环境形成，新的环境因素向供应链成员的广告合作与定价决策提出新的挑战。鉴于此，本节针对BOPS模式中一个制造商和一个零售商组成的O2O供应链，同时刻画了BOPS模式与广告投入对消费者购买行为的影响，得到了不同策略下O2O供应链成员的均衡决策，分析了便利系数与单位佣金对均衡广告合作及供应链成员利润的影响，并通过对比不同策略中供应链成员的利润，研究了BOPS模式中O2O供应链最优广告合作与定价策略的选择，并进一步探讨了BOPS模式中广告合作对O2O供应链成员及整体利润的影响。

研究发现：①BOPS模式实施后供应链成员可以策略性地选择OBR、OB两种不同的策略以最大化自身利润；在OBR策略中单位佣金可以在一定程度上替代广告合作对零售商的激励作用并对供应链成员利润具有正影响，便利系数对供应链成员利润具有负影响；OB策略中单位佣金对广告成本分担比例及制造商利润具有负影响，便利系数对广告成本分担比例及供应链成员利润具有正影响。②多数情形下BOPS模式中的广告合作能为O2O供应链成员及整体创造价值，但当单位返利与便利系数适中时广告合作反而会损害O2O供应链成员及整体的利益。③广告合作可缓解便利系数对制造商利润的负影响或强化便利系数对制造商与零售商利润的正影响，当单位佣金较小时还可以强化单位佣金对零售商利润的正影响，且多数条件下广告合作对制造商的影响大于对零售商的影响。

第 7 章　O2O 模式下线下体验店与多线上零售商的合作策略

随着"线下体验，线上购买"模式的发展，现实生活中一些线下体验店开始同时为多个竞争性线上零售商提供体验服务，如银泰商业开设的家居体验店 Home Times 为天猫平台上多个家居品牌提供体验服务，家装平台齐家网在上海开设的线下体验店为其平台上包括厨房用具、浴室配件、家具等在内的众多家装品牌提供体验服务。毫无疑问，多竞争性线上零售商的存在能够更好地满足消费者的差异化需求、为线下体验店带来更多佣金收入。然而，线上零售商间竞争关系引发的利益冲突可能会降低供应链绩效、加剧供应链成员间的渠道合作难度。因此，本章拟首先研究线下体验店的竞争性线上零售商引入策略，分析竞争性线上零售商引入的影响；其次针对一个线下体验店与两个线上竞争性零售商组成的供应链，构建供应链成员间的博弈模型，研究供应链成员间的需求信息预测与激励、预测信息共享与激励等合作问题。

7.1　线下体验店的竞争性线上零售商引入策略

为了能同时与多个竞争性线上零售商合作，线下体验店往往需要投入更高水平的体验服务，线下体验店的运营成本由此增加。因此，线下体验店需要权衡引入新线上零售商带来的收益与成本。此外，在线下体验店与线上零售商合作中，远离线下渠道的线上零售商往往无法直接观测到线下体验店的需求信息。而需求信息不对称引发的供给与需求不匹配可能导致产品供给过剩或不足、消费者满意度下降等负面影响。同时为了自身利润最大化，具有需求信息优势的线下体验店可能会扭曲事实、谎报信息。这可能会加剧线上零售商间的竞争强度、损害供应链成员间的利润。因此，研究信息不对称下线下体验店与线上零售商的最优渠道合作策略，即仅与一个线上零售商合作还是引入新的线上零售商，是线下体验店运营管理中需要解决的现实问题。

鉴于此，本节针对由一个线下体验店与一个线上零售商组成的供应链，考虑线下体验店可以引入一个新的竞争性线上零售商以满足消费者的差异化需求，构建信息不对称下供应链成员间的信号传递博弈模型，分别求解两种不同渠道合作策略下供应链成员的均衡决策，分析竞争对供应链成员决策的影响机制，研究线下体验店的最优渠道合作策略选择，并进一步探究最优渠道合作策略下竞争、信息不对称等重要因素对供应链成员均衡利润的影响。

7.1.1 问题描述

考虑由一个线下体验店和一个线上零售商组成的供应链，其中线下体验店投入体验服务以吸引消费者到店体验后转移至线上购买。为了更好地满足消费者的差异化需求，线下体验店考虑是否引入一个新的线上零售商。这意味着线下体验店与线上零售商间存在两种渠道合作策略：一是仅与原有的线上零售商合作；二是引入新线上零售商，同时与两竞争性线上零售商合作。为便于表达，本节将这两种合作策略分别称为排他策略和非排他策略，同时用下标 s、1、2 表示线下体验店、原有的线上零售商、新引入的线上零售商。

不同渠道合作策略下的供应链结构如图 7.1 所示。其中，线上零售商 i ($i=1,2$) 向线下消费者提供数量为 q_i 的产品，线下体验店投入水平为 e_4 的体验服务供消费者实体体验，并从每笔交易中抽取 γ 比例的收益作为佣金。

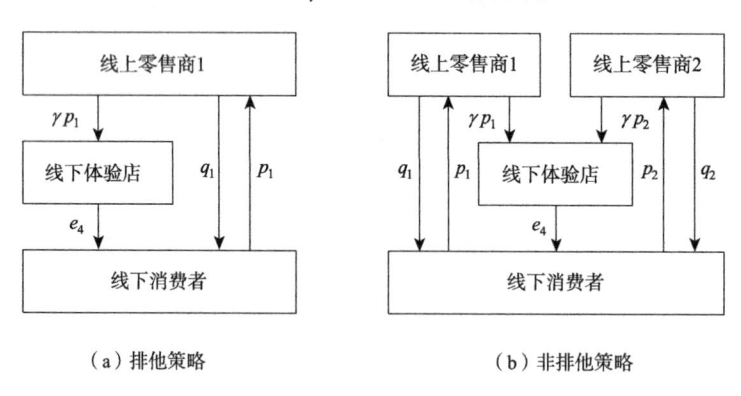

（a）排他策略　　　　　　　　（b）非排他策略

图 7.1　不同渠道合作策略下的供应链结构

考虑到线下体验店的体验服务不仅向消费者传递产品的功能还注重与消费者互动过程中带给消费者的体验，因此体验服务 e_4 能够提高线下体验店的基本市场需求。考虑到本节主要聚焦于线下体验店投入体验服务以吸引消费者到店体验时供应链成员间的合作问题，故与 Gao 和 Su（2017a）类似，本章假设线上消费者需求外生，并将其标准化为 0。基于上述假设，可得不同合作策略下线上零售商的逆需求函数分别为

在排他策略中，

$$p_1 = \alpha + e_4 - q_1 \quad (7.1)$$

在非排他策略中，

$$p_i = \alpha + e_4 - q_i - \theta_2 q_{3-i}, \quad i=1,2 \quad (7.2)$$

其中，p_i 表示产品 i 的市场出清时的零售价格；α 表示不投入体验服务时线下消费者的基本市场需求，简称线下基本市场需求；θ 表示两线上零售商间的竞争程度，竞争程度越高意味着线上零售商间差异化程度越小。

由于距离线下消费者较近，线下体验店往往掌握大量线下消费者的消费数据；同时在现实生活中，线下体验店多由经营多年、具备较强需求预测能力的地方零售商经营。因此，线下体验店往往比线上零售商拥有更多关于线下消费者的需求信息，故本节假设线下基本市场需求为线下体验店的私有信息。为刻画这一需求信息不对称，本节假设线下基本市场需求以 β 的概率为高类型基本市场需求 α_H、以 $1-\beta$ 的概率为低类型基本市场需求 α_L，并满足 $\alpha_L < \alpha_H$，线上零售商 i 不知晓线下基本市场需求类型，但知晓其分布的先验概率。令 $\delta = \alpha_H / \alpha_L$ 表示线下体验店的市场不确定性。

考虑到体验服务成本的边际递增性，本节假设体验服务的成本函数为 $C(e_4) = e_4^2 / 2$。给定线下基本市场需求类型 j（$j = H, L$），线上零售商 i 的利润函数为

$$\pi_i = (1-\gamma) p_i q_i, \quad i=1,2 \quad (7.3)$$

线下体验店在排他策略中的利润函数为

$$\pi_s = \gamma p_1 q_1 - C(e_4) \quad (7.4)$$

线下体验店在非排他策略中的利润函数为

$$\pi_s = \gamma (p_1 q_1 + p_2 q_2) - C(e_4) \quad (7.5)$$

考虑单个销售周期，销售周期开始前，线上零售商决策是否引入一个新线上零售商；销售周期开始，线下体验店根据观察到的需求信息决策体验服务水平 e_4；然后不同渠道合作策略下的线上零售商决策产品数量 q_i；最终需求实现，供应链成员获得各自的利润。

7.1.2 信息对称下的最优合作策略

为分析信息不对称对供应链成员最优决策及利润的影响，本节首先给出信息对称下的均衡分析作为基准情形。分别用上标 SE、SI 表示信息对称下的排他策略与非排他策略。

信息对称下，线上零售商 i 知晓线下体验店的需求信息，所有供应链成员均根据真实的需求信息进行最优决策。此时给定需求信息类型 j（$j = H, L$），供应链成员在不同渠道合作策略下的优化问题分别为

$$\begin{cases} \max \pi_{1j}^{\text{SE}} = (1-\gamma)(\alpha_j + e_{4j} - q_{1j})q_{1j} \\ \max \pi_{sj}^{\text{SE}} = \gamma(\alpha_j + e_{4j} - q_{1j})q_{1j} - C(e_{4j}) \end{cases} \quad (7.6)$$

$$\begin{cases} \max \pi_{ij}^{\text{SI}} = (1-\gamma)\left(\alpha_j + e_{4j} - q_{ij} - \theta_2 q_{(3-i)j}\right)q_{ij} \\ \max \pi_{sj}^{\text{SI}} = \gamma \sum_{i=1}^{2}\left(\alpha_j + e_{4j} - q_{ij} - \theta_2 q_{(3-i)j}\right)q_{ij} - C(e_{4j}) \end{cases} \quad (7.7)$$

采用逆序求解法，首先，求解不同渠道合作策略下供应链成员的子博弈均衡，其次，对比不同渠道合作策略下线下体验店的利润可得线下体验店的最优渠道合作策略，如命题7.1所示。

命题7.1 信息对称下，线下体验店的最优渠道合作策略为①当 $\theta_2 < 2\sqrt{2} - 2$ 时，非排他策略是线下体验店的最优渠道合作策略，且 $e_{4j}^{\text{SI*}} = \dfrac{4\gamma\alpha_j}{(2+\theta_2)^2 - 4\gamma}$，$q_{ij}^{\text{SI*}} = \dfrac{\alpha_j + e_j^{\text{SI*}}}{2+\theta_2}$。②当 $\theta_2 \geqslant 2\sqrt{2} - 2$ 时，排他策略是线下体验店的最优渠道合作策略，且 $e_{4j}^{\text{SE*}} = \dfrac{\gamma\alpha_j}{2-\gamma}$，$q_{1j}^{\text{SE*}} = \dfrac{\alpha_j + e_j^{\text{SE*}}}{2}$。其中，$i=1,2$；$j=H,L$。

证明：排他策略中，采用逆序求解法首先求解线上零售商的最优产品数量决策。容易验证，$\partial^2 \pi_{1j}^{\text{SE}} / \partial q_{1j}^2 = -2 + 2\gamma < 0$，这表明线上零售商的最优产品数量决策存在唯一最优解。令 $\partial \pi_{1j}^{\text{SE}} / \partial q_{1j} = 0$ 可得，$q_{1j}^{\text{SE*}}(e_{4j}) = (\alpha_j + e_{4j})/2$。其次求解线下体验店的最优体验服务投入水平决策，容易验证，$\partial^2 \pi_{sj}^{\text{SE}} / \partial e_{4j}^2 = (\gamma-2)/2 < 0$，这表明线下体验店的最优体验服务投入水平存在唯一最优解。令 $\partial \pi_{sj}^{\text{SE}} / \partial e_{4j} = 0$ 可得 $e_{4j}^{\text{SE*}}$。采用相同方法可得非排他策略中供应链成员的均衡决策。将不同策略中的均衡决策代入到线下体验店的期望利润函数中，相减可得

$$E\left[\pi_s^{\text{SI*}}\right] - E\left[\pi_s^{\text{SE*}}\right] = \beta\pi_{sH}^{\text{SI*}} + (1-\beta)\pi_{sL}^{\text{SI*}} - \beta\pi_{sH}^{\text{SE*}} - (1-\beta)\pi_{sL}^{\text{SE*}}$$

$$= \dfrac{\gamma(4 - 4\theta_2 - \theta_2^2)(\beta\alpha_H^2 - \beta\alpha_L^2 + \alpha_L^2)}{2(2-\gamma)\left[(2+\theta_2)^2 - 4\gamma\right]}$$

由上式容易得到，当 $\theta_2 < 2\sqrt{2} - 2$ 时，$E\left[\pi_s^{\text{SI*}}\right] > E\left[\pi_s^{\text{SE*}}\right]$；当 $\theta_2 \geqslant 2\sqrt{2} - 2$ 时，$E\left[\pi_s^{\text{SI*}}\right] \leqslant E\left[\pi_s^{\text{SE*}}\right]$。

命题7.1给出了信息对称下线下体验店的最优渠道合作策略及供应链成员的

均衡决策。首先，容易验证当 $\theta_2 < 2\sqrt{2} - 2$ 时，$e_{4j}^{SE*} < e_{4j}^{SI*}$。这表明当 $\theta_2 < 2\sqrt{2} - 2$ 时，竞争性线上零售商的引入会促使线下体验店提高体验服务投入水平。其次，容易验证，$\partial q_{ij}^{SI*}/\partial e_{4j}^{SI*} > 0$，$\partial p_{ij}^{SI*}/\partial e_{4j}^{SI*} > 0$。这表明体验服务水平的提高会促使线上零售商提供的产品数量和产品出清价格的同时提升，这将促使线下体验店佣金收入的增加。为便于表达，本节将上述竞争的引入促使体验服务水平的提高带来的积极影响称为竞争的正向服务效应。命题7.1表明线下体验店最优渠道合作策略的选择受到竞争的正向服务效应的影响。当 $\theta_2 < 2\sqrt{2} - 2$ 时，正向服务效应的影响促使线下体验店选择非排他性策略。相反，当 $\theta_2 \geqslant 2\sqrt{2} - 2$ 时，激烈的竞争导致线下体验店降低非排他策略中体验服务水平，进而导致佣金收入的下降，故此时线下体验店会选择排他策略。

7.1.3 信息不对称下的最优合作策略

本节主要求解信息不对称下不同渠道合作策略中供应链成员的子博弈均衡结果，分别用上标AE、AI表示信息不对称下的排他策略与非排他策略。

信息不对称下，线上零售商 i 不知晓线下体验店的需求信息，但他可通过线下体验店的体验服务水平推断其需求类型。基于线上零售商这一反应，具有信息优势的线下体验店为了自身利润最大化可能会谎报信息，这样就出现了信号传递博弈。在此信号传递博弈中，线下体验店是信号发送方，线上零售商 i 是信号接收方，体验服务水平是线下体验店向线上零售商传递的信号。信号传递博弈中存在分离均衡和混同均衡。在分离均衡中，线下体验店根据不同需求类型投入不同水平的体验服务；在混同均衡中，线下体验店对于不同需求类型投入相同水平的体验服务。当信号传递博弈中存在多个均衡时，有必要对均衡结果进行精炼。Cho和Kreps（1987）提出的直观标准是一种经典的均衡精炼方法，在已有文献中得到广泛应用（Anand and Goyal，2009；Li et al.，2014；Li and Zhou，2019）。通过验证可知，混同均衡不能满足直观标准，因此下文主要聚焦于分离均衡。

1. 信息不对称下线下体验店的决策动机

分离均衡中，线上零售商在观测到体验服务水平 e_4 后推断线下体验店的需求类型、更新自身信念。因此线上零售商的需求信念 α_t 是关于体验服务水平 e_4 的函数。直观上，高类型线下体验店投入的体验服务水平要高于低类型线下体验店投入的体验服务投入水平。因此，本节假设线上零售商 i 的信念结构为

$$\alpha_t = \begin{cases} \alpha_H, & e_4 > \hat{e} \\ \alpha_L, & e_4 \leqslant \hat{e} \end{cases} \quad (7.8)$$

该信念结构类型在需求信号博弈文献中得到广泛应用（Kong et al.，2013；

Li et al., 2015; Li and Zhou, 2019）。在该信念结构下，当线下体验店的体验服务水平低于阈值 $\hat{e}$ 时线上零售商 i 认为线下体验店的需求类型为低类型，反之则为高类型。根据这一信念结构，可得不同渠道合作策略下线上零售商的优化问题为

$$\max \pi_{1t}^{\mathrm{AE}} = (1-\gamma)(\alpha_t + e_4 - q_{1t})q_{1t}, \quad t = H, L \tag{7.9}$$

$$\max \pi_{it}^{\mathrm{AI}} = (1-\gamma)(\alpha_t + e_4 - q_{it} - \theta_2 q_{(3-i)t})q_{it}, \quad i = 1,2; \quad t = H, L \tag{7.10}$$

容易验证，π_{1t}^{AE} 表示关于 q_{1t} 的凹函数；π_{it}^{AI} 表示关于 q_{it} 的凹函数，即不同渠道合作策略中线上零售商 i 的产品数量决策存在唯一最优解。分别令 $\partial \pi_{1t}^{\mathrm{AE}}/\partial q_{1t} = 0$、$\partial \pi_{it}^{\mathrm{AI}}/\partial q_{it} = 0$ 可得

$$q_{1t}^{\mathrm{AE}*}(e_4) = \frac{\alpha_t + e_4}{2}, \quad t = H, L \tag{7.11}$$

$$q_{it}^{\mathrm{AI}*}(e_4) = \frac{\alpha_t + e_4}{2 + \theta_2}, \quad i = 1,2; \quad t = H, L \tag{7.12}$$

考虑到线上零售商的信念结构与反应，知晓真实需求信息的线下体验店在不同渠道合作策略下的优化问题分别为

$$\max \pi_{sjt}^{\mathrm{AE}} = \gamma \left[\alpha_j + e_4 - q_{1t}^{\mathrm{AE}*}(e_4) \right] q_{1t}^{\mathrm{AE}*}(e_4) - C(e_4) \tag{7.13}$$

$$\max \pi_{sjt}^{\mathrm{AI}} = \gamma \sum_{i=1}^{2} \left[\alpha_j + e_4 - q_{it}^{\mathrm{AI}*}(e_4) - \theta_2 q_{(3-i)t}^{\mathrm{AI}*}(e_4) \right] q_{it}^{\mathrm{AI}*}(e_4) - C(e_4) \tag{7.14}$$

其中，$j,t = H,L$；π_{sjt}^{AE}、π_{sjt}^{AI} 分别表示 AE、AI 策略下需求类型为 j 而线上零售商 i 在观察到体验服务水平 e_4 后认为需求类型为 t 时线下体验店的利润。

给定体验服务水平 e_4，对比不同渠道合作策略下，线下体验店可得的利润，当需求类型为高或低时，线下体验店模仿为另一需求类型的动机，如命题 7.2 所示。

命题 7.2 信息不对称下，线下体验店的体验服务决策动机：①排他策略中，$\pi_{sHH}^{\mathrm{AE}}(e_4) > \pi_{sHL}^{\mathrm{AE}}(e_4)$，$\pi_{sLL}^{\mathrm{AE}}(e_4) > \pi_{sLH}^{\mathrm{AE}}(e_4)$。②非排他策略中，当 $\delta < 1+\theta_2$ 时，或当 $\delta \geq 1+\theta_2$ 且 $e_4 > [\alpha_H - \alpha_L(1+\theta_2)]/\theta_2$ 时，$\pi_{sHH}^{\mathrm{AI}}(e_4) < \pi_{sHL}^{\mathrm{AI}}(e_4)$，反之 $\pi_{sHH}^{\mathrm{AI}}(e_4) > \pi_{sHL}^{\mathrm{AI}}(e_4)$；$\pi_{sLL}^{\mathrm{AI}}(e_4) > \pi_{sLH}^{\mathrm{AI}}(e_4)$。

证明： 非排他策略中，将式（7.12）代入式（7.14）可得非排他策略中线下体验店可能的利润 $\pi_{sHH}^{\mathrm{AI}}(e_4)$、$\pi_{sHL}^{\mathrm{AI}}(e_4)$、$\pi_{sLL}^{\mathrm{AI}}(e_4)$ 与 $\pi_{sLH}^{\mathrm{AI}}(e_4)$，进一步可得

$$\pi_{sHH}^{\mathrm{AI}}(e_4) - \pi_{sHL}^{\mathrm{AI}}(e_4) = \frac{2\gamma(\alpha_H - \alpha_L)\left[-e_4\theta_2 + \alpha_H - (1+\theta_2)\alpha_L\right]}{(2+\theta_2)^2}$$

$$\pi_{sLL}^{\mathrm{AI}}(e_4) - \pi_{sLH}^{\mathrm{AI}}(e_4) = \frac{2\gamma(\alpha_H - \alpha_L)\left[e_4\theta_2 + \alpha_H(1+\theta_2) - \alpha_L\right]}{(2+\theta_2)^2} > 0$$

观察上式可知，$\text{sign}\{\pi_{sHH}^{\text{AI}}(e_4)-\pi_{sHL}^{\text{AI}}(e_4)\}=\text{sign}\{-e_4\theta_2+\alpha_H-\alpha_L(1+\theta_2)\}$。容易发现，当 $\alpha_H-(1+\theta_2)\alpha_L<0$，即 $\delta<1+\theta_2$ 时，或当 $\delta\geqslant 1+\theta_2$ 且 $e_4>[\alpha_H-\alpha_L(1+\theta_2)]/\theta_2$ 时，$\pi_{sHH}^{\text{AI}}(e_4)<\pi_{sHL}^{\text{AI}}(e_4)$；当 $\delta\geqslant 1+\theta_2$ 且 $e_4\leqslant[\alpha_H-\alpha_L(1+\theta_2)]/\theta_2$ 时，$\pi_{sHH}^{\text{AI}}(e_4)\geqslant \pi_{sHL}^{\text{AI}}(e_4)$。命题7.2①证明过程与之类似，故略。

命题7.2①表明排他策略中线下体验店不具有模仿另一类型线下体验店的动机，即信息不对称不会影响线下体验店的体验服务水平决策。命题7.2②表明非排他策略中高类型线下体验店一定程度上具有模仿低类型的动机。这表明新线上零售商的引入改变了信息不对称下线下体验店体验服务的决策动机。为便于表达，本节将信息不对称下竞争引起的线下体验店决策动机的改变称为竞争的负向信息效应。

造成上述不同决策动机的主要原因是竞争的引入导致线下体验店与线上零售商间决策目标不一致。具体来说，排他策略中，收益共享的合作模式促使线下体验店与线上零售商均以供应链系统利润最大化为目标，此时线下体验店将真实信息传递给线上零售商有助于其做出正确决策进而实现自身利润最大化。非排他策略中，竞争的引入促使线下体验店以供应链系统利润最大化为目标而两线上零售商均以自身利润最大化为目标，这导致两线上零售商的产品数量决策向上扭曲，总是高于对供应链系统来说最优的产品数量。此时，拥有信息优势的线下体验店可通过改变体验服务决策以影响线上零售商的产品数量决策。低类型线下体验店模仿为高类型会进一步刺激线上零售商提高产品数量，偏离系统最优，因此低类型线下体验店不会模仿高类型。相反，高类型线下体验店模仿为低类型会促使线上零售商降低产品数量，有可能达到系统最优。但仅当市场不确定性较小时或当市场不确定性较大且体验服务水平较高时，高类型线下体验店模仿为低类型才能保证线上零售商不会大幅降低产品数量以至于低于系统最优，此时高类型线下体验店在进行体验服务决策时才具有模仿为低类型线下体验店的动机。

2. 信息不对称下的完美贝叶斯均衡

根据命题7.2可知，一定条件下高类型线下体验店具有谎报信息的动机，此时线上零售商会根据线下体验店的动机调整信念结构中的阈值 $\hat{e}$ 以阻止高类型线下体验店伪装成低类型。为了解决这一问题，定义7.1给出了线上零售商与线下体验店间的信号博弈存在唯一完美贝叶斯均衡的条件。

定义7.1 对于不同的需求状态 α_j，当且仅当线上零售商对线下体验店需求状态的信念 $\alpha_t=\alpha_j$ 时，线上零售商与线下体验店间的信号博弈存在唯一的完美贝叶斯均衡，即存在一个阈值 $\hat{e}$ 使得线下体验店的最优体验服务水平满足 $e_{4H}^{\text{AI}*}>\hat{e}$、$e_{4L}^{\text{AI}*}\leqslant \hat{e}$，其中，$j,t=H,L$。

根据定义7.1，当线上零售商信念结构中阈值 $\hat{e}$ 能够保证高类型线下体验店说真话时的利润不低于伪装成低类型的利润时，存在唯一的完美贝叶斯均衡。此时，该阈值 $\hat{e}$ 需满足下述激励约束条件：

$$\pi_{sHL}^{\mathrm{AI}}(e_4) \leqslant \max \pi_{sHH}^{\mathrm{AI}}(e_4) \tag{7.15}$$

求解约束式（7.15），可以得到完美贝叶斯分离均衡状态下线上零售商唯一的信念结构，如定理7.1所示。

定理7.1 完美贝叶斯分离均衡状态下线上零售商唯一的信念结构为

$$\alpha_t = \begin{cases} \alpha_H, & e_4 > \hat{e}^* \\ \alpha_L, & e_4 \leqslant \hat{e}^* \end{cases}, \text{其中},$$

$$\hat{e}^* = \frac{2\gamma\left[(2+\theta_2)\alpha_H - \theta_2\alpha_L\right] - 2(2+\theta_2)\sqrt{\gamma(\alpha_H - \alpha_L)\left[\gamma(\alpha_H - \alpha_L) - \alpha_H + \alpha_L(1+\theta_2)\right]}}{(2+\theta_2)^2 - 4\gamma} \text{。}$$

证明： 首先求解不等式（7.15）右侧，即 $\max \pi_{sHH}^{\mathrm{AI}}(e_4)$。容易验证，

$\dfrac{\partial^2 \pi_{sHH}^{\mathrm{AI}}}{\partial e_4^2} = \dfrac{4\gamma - (2+\theta_2)^2}{(2+\theta_2)^2} < 0$，这表明线下体验店的最优体验服务投入水平存在唯一最优解。令 $\dfrac{\partial \pi_{sHH}^{\mathrm{AI}}}{\partial e_4} = 0$ 可得 $e_4^* = \dfrac{4\gamma\alpha_H}{(2+\theta_2)^2 - 4\gamma}$。进一步可得不等式（7.15）为

$$\frac{2\gamma(\alpha_L + e_4)\left[(2+\theta_2)\alpha_H - (1+\theta_2)\alpha_L + e_4\right]}{(2+\theta_2)^2} - \frac{e_4^2}{2} \leqslant \frac{2\gamma\alpha_H^2}{(2+\theta_2)^2 - 4\gamma}\text{。求解上述不等式}$$

可得，当

$$e_4 = \frac{2\gamma\left[\alpha_H(2+\theta_2) - \theta_2\alpha_L\right] - 2(2+\theta_2)\sqrt{\gamma(\alpha_H - \alpha_L)\left[\gamma(\alpha_H - \alpha_L) - \alpha_H + \alpha_L(1+\theta_2)\right]}}{(2+\theta_2)^2 - 4\gamma}$$

时，高类型线下体验店说真话的利润恰好等于谎报信息的利润，即当且仅当 $e_4 \leqslant$

$$\frac{2\gamma\left[\alpha_H(2+\theta_2) - \theta_2\alpha_L\right] - 2(2+\theta_2)\sqrt{\gamma(\alpha_H - \alpha_L)\left[\gamma(\alpha_H - \alpha_L) - \alpha_H + \alpha_L(1+\theta_2)\right]}}{(2+\theta_2)^2 - 4\gamma}$$ 时，

线上零售商会把线下市场需求看作低类型。这意味着，分离均衡中完美贝叶斯下线上零售商唯一的信念结构为 $\alpha_t = \begin{cases} \alpha_H, & e_4 > \hat{e}^* \\ \alpha_L, & e_4 \leqslant \hat{e}^* \end{cases}$，其中，$\hat{e}^* =$

$$\frac{2\gamma\left[\alpha_H(2+\theta_2) - \theta_2\alpha_L\right] - 2(2+\theta_2)\sqrt{\gamma(\alpha_H - \alpha_L)\left[\gamma(\alpha_H - \alpha_L) - \alpha_H + \alpha_L(1+\theta_2)\right]}}{(2+\theta_2)^2 - 4\gamma} \text{。}$$

定理7.1表明当且仅当线下体验店的体验服务投入水平低于阈值 $\hat{e}^*$ 时，线上零

售商才会认为线下体验店的需求类型为低类型。这是因为当体验服务投入水平高于阈值$\hat{e}^*$时，高类型线下体验店模仿低类型总能获得更高利润，此时线上零售商不会将线下渠道需求类型看作低类型。而当线下体验店的模仿行为不能为其带来更高利润时，线上零售商才会相信线下体验店没有谎报需求信息。

根据线下体验店的决策动机与线上零售商唯一的信念结构，可将式（7.13）与式（7.14）中线下体验店的优化问题改写为

$$\max \pi_{sj}^{AE} = \gamma \left[\alpha_j + e_{4j} - q_{1j}^{AE*}(e_{4j}) \right] q_{1j}^{AE*}(e_{4j}) - C(e_{4j}) \quad (7.16)$$

非排他策略中，当$\delta \geq 1 + \theta_2$且$e_{4H}^* \leq [\alpha_H - \alpha_L(1+\theta_2)]/\theta_2$时，即线下体验店无模仿动机：

$$\max \pi_{sj}^{AI} = \gamma \sum_{i=1}^{2} \left[\alpha_j + e_{4j} - q_{ij}^{AI*}(e_{4j}) - \theta_2 q_{(3-i)j}^{AI*}(e_{4j}) \right] q_{1j}^{AI*}(e_{4j}) - C(e_{4j}) \quad (7.17)$$

非排他策略中，当$\delta < 1 + \theta_2$时或当$\delta \geq 1 + \theta_2$且$e_{4H}^* > [\alpha_H - \alpha_L(1+\theta_2)]/\theta_2$时，即线下体验店有模仿动机：

$$\begin{cases} \max \pi_{sj}^{AI} = \gamma \sum_{i=1}^{2} \left[\alpha_j + e_{4j} - q_{ij}^{AI*}(e_{4j}) - \theta_2 q_{(3-i)j}^{AI*}(e_{4j}) \right] q_{1j}^{AI*}(e_{4j}) - C(e_{4j}) \\ \text{s.t.} \quad e_{4H}^{AI*} > \hat{e}^* ; e_{4L}^{AI*} \leq \hat{e}^* \end{cases} \quad (7.18)$$

求解式（7.16）~式（7.18）中线下体验店的优化问题，可得定理7.2。

定理7.2 信息不对称下，不同渠道合作策略中线下体验店的最优体验服务水平为①排他策略中，$e_{4j}^{AE*} = \dfrac{\gamma \alpha_j}{2 - \gamma}$；②非排他策略中，$e_{4H}^{AI*} = \dfrac{4\gamma \alpha_H}{(2+\theta_2)^2 - 4\gamma}$，

$$e_{4L}^{AI*} = \min\left(\hat{e}^*, \dfrac{4\gamma \alpha_L}{(2+\theta_2)^2 - 4\gamma} \right).$$

其中，$j = H, L$；当$\delta < 1 + \theta$时，$\hat{e}^* < \dfrac{4\gamma \alpha_L}{(2+\theta_2)^2 - 4\gamma}$，反之，$\hat{e}^* \geq \dfrac{4\gamma \alpha_L}{(2+\theta_2)^2 - 4\gamma}$。

证明： 排他策略中，线下体验店无模仿另一类型线下体验店的动机，即其求解过程与信息对称类似，故略。非排他策略中，先求解无约束条件下线下体验店的体验服务投入水平决策，此时求解过程与信息对称类似，故略。通过求解可得无约束条件下e_{4j}^*。当$\delta \geq 1 + \theta_2$且$e_{4H}^* \leq [\alpha_H - \alpha_L(1+\theta_2)]/\theta_2$时，线下体验店无模仿动机。此时，容易得到

$$\dfrac{\alpha_H - \alpha_L(1+\theta_2)}{\theta_2} - e_{4H}^* = \dfrac{-4\gamma(\alpha_H - \alpha_L)(1+\theta_2) + (2+\theta_2)^2 \left[\alpha_H - \alpha_L(1+\theta_2) \right]}{\theta_2 \left[(2+\theta_2)^2 - 4\gamma \right]}$$

由上式可知，$[\alpha_H - \alpha_L(1+\theta_2)]/\theta_2 - e_{4H}^*$ 的分母恒大于0，其分子是关于 γ 的线性减函数。容易验证，当 $\gamma = 0$ 时，$[\alpha_H - \alpha_L(1+\theta_2)]/\theta_2 - e_{4H}^* > 0$；当 $\gamma = 1$ 时，若 $\delta \geq (1+\theta_2)(4+\theta_2)/\theta_2$ 则 $[\alpha_H - \alpha_L(1+\theta_2)]/\theta_2 - e_{4H}^* \geq 0$，若 $1+\theta_2 \leq \delta < (1+\theta_2)(4+\theta_2)/\theta_2$ 则 $[\alpha_H - \alpha_L(1+\theta_2)]/\theta_2 - e_{4H}^* < 0$。进一步可得，情形1：当 $\delta \geq (1+\theta_2)(4+\theta_2)/\theta_2$ 时，或当 $1+\theta_2 \leq \delta < (1+\theta_2)(4+\theta_2)/\theta_2$ 且 $\gamma \leq (2+\theta_2)^2 \times [\alpha_H - \alpha_L(1+\theta_2)]/4(\alpha_H - \alpha_L)(1+\theta_2)$ 时，$e_{4H}^* \leq [\alpha_H - \alpha_L(1+\theta_2)]/\theta_2$，此时线下体验店无模仿动机，即信息不对称下最优体验服务水平为 $e_{4j}^{\text{AI}*} = 4\gamma\alpha_j/[(2+\theta_2)^2 - 4\gamma]$；情形2：当 $1+\theta_2 \leq \delta < (1+\theta_2)(4+\theta_2)/\theta_2$ 且 $\gamma > (2+\theta_2)^2 [\alpha_H - \alpha_L(1+\theta_2)]/4(\alpha_H - \alpha_L)(1+\theta_2)$ 时，$e_{4H}^* > [\alpha_H - \alpha_L(1+\theta_2)]/\theta_2$，此时线下体验店有模仿动机。此外，由命题7.1可知，当 $\delta < 1+\theta_2$ 时，线下体验店也存在模仿动机。接下来主要分析线下体验店存在模仿动机时其最优体验服务投入水平决策。根据式（7.18）中的约束条件，容易验证 $4\gamma\alpha_H/[(2+\theta_2)^2 - 4\gamma] > \hat{e}^*$；当 $\delta < 1+\theta_2$ 时，$\hat{e}^* < 4\gamma\alpha_L/[(2+\theta_2)^2 - 4\gamma]$；当 $\delta \geq 1+\theta_2$ 时，$\hat{e}^* \geq 4\gamma\alpha_L/[(2+\theta_2)^2 - 4\gamma]$。因此可得具有模仿动机时线下体验店的最优体验服务水平为 $e_{4H}^{\text{AI}*} = 4\gamma\alpha_H/[(2+\theta_2)^2 - 4\gamma]$、$e_{4L}^{\text{AI}*} = \min\{\hat{e}^*, 4\gamma\alpha_L/[(2+\theta_2)^2 - 4\gamma]\}$。结合情形1中无模仿动机时的最优体验服务服务水平，可得定理7.2。

定理7.2表明信息不对称下，当市场不确定性较小时，$e_{4L}^{\text{AI}*}$ 向下扭曲（$e_{4L}^{\text{AI}*} < 4\gamma\alpha_L/[(2+\theta_2)^2 - 4\gamma]$）。这是因为当市场不确定性较小时，线上零售商会将体验服务投入水平为 $4\gamma\alpha_L/[(2+\theta_2)^2 - 4\gamma]$ 的线下体验店误会为高类型，并提高产品数量，这将加剧线上零售商之间的竞争，损害低类型线下体验店的利润。因此为避免被误会，低类型线下体验店必须制定较低的体验服务水平。这意味着当市场不确定性较小时，竞争的负向信息效应导致线下体验店需付出一定的信号成本才能向线上零售商传递自己真实的需求信息。相反，当市场不确定性较大时，线下体验店无须付出信号成本即可传递自己真实的需求信息。

3. 均衡决策对比

为便于表达，分别用上标AID、AIN表示非排他策略中最优低类型体验服务投入水平向下扭曲（$\delta < 1+\theta_2$）、不扭曲（$\delta \geq 1+\theta_2$）两种策略。通过命题7.1与定理7.2可知，仅AID策略中低类型体验服务投入水平与信息对称中不同，这说明

信息不对称下竞争的引入仍具有正向服务效应,进一步对比AE策略与AID策略中线下体验店的最优低类型体验服务投入水平可得定理7.3。

定理7.3 AE策略与AID策略中,线下体验店的最优低类型体验服务投入水平具有以下关系:当$\theta_2 < 2/3$且$\gamma > Z_1$时,或当$2/3 \leq \theta_2 < 2\sqrt{2}-2$、$\delta < Z_2$且$\gamma > Z_1$时,又或当$2/3 \leq \theta_2 < 2\sqrt{2}-2$、$\delta > Z_3$且$\gamma > Z_1$时,$e_{4L}^{\text{AID}*} > e_{4L}^{\text{AE}*}$;反之,$e_{4L}^{\text{AID}*} \leq e_{4L}^{\text{AE}*}$。

其中,$Z_1 = \dfrac{\begin{bmatrix} 8\delta(2+\theta_2)(12+4\theta_2+\theta_2^2-2\delta(2+\theta_2))+\theta_2^4-24\theta_2^2-128\theta_2-112 \\ -(4-4\theta_2-\theta_2^2)\sqrt{(8\delta(2+\theta_2)-4-4\theta_2+\theta_2^2)^2-32\delta^2(2+\theta_2)^2} \end{bmatrix}}{8(2+\theta_2)(\delta-1)(6-2\delta-\delta\theta_2-\theta_2)}$,

$Z_2 = \dfrac{4\theta_2(4+\theta_2)-2\sqrt{\theta_2(2+\theta_2)(4+\theta_2)(3\theta_2-2)}}{4(2+\theta_2)}$,

$Z_3 = \dfrac{4\theta_2(4+\theta_2)+2\sqrt{\theta_2(2+\theta_2)(4+\theta_2)(3\theta_2-2)}}{4(2+\theta_2)}$。

证明: 容易验证,当$\theta_2 > 2\sqrt{2}-2$且$\delta < 1+\theta_2$时,$e_{4L}^{\text{AID}*} < e_{4L}^{\text{AIN}*} < e_{4L}^{\text{AE}*}$。接下来只需证明当$\theta_2 \leq 2\sqrt{2}-2$时,$e_{4L}^{\text{AE}*}$与$e_{4L}^{\text{AID}*}$的关系,将两者相减可得

$$e_{4L}^{\text{AID}*} - e_{4L}^{\text{AE}*} = \dfrac{(2\gamma-4)L_1 + \gamma L_2}{(2-\gamma)\left[(2+\theta_2)^2-4\gamma\right]}$$

其中,$L_1 = (2+\theta_2)\sqrt{\gamma(\alpha_H-\alpha_L)(\theta_2\alpha_L-(1-\gamma)(\alpha_H-\alpha_L))}$,$L_2 = -2\gamma(\alpha_H-\alpha_L)\times(2+\theta_2)+4\alpha_H(2+\theta_2)-\alpha_L(4+8\theta_2+\theta_2^2)<0$。由上式可知,$e_{4L}^{\text{AID}*}-e_{4L}^{\text{AE}*}$的符号与分子$(2\gamma-4)L_1+\gamma L_2$的符号相同,即$\gamma^2 L_2^2 - (2\gamma-4)^2 L_1^2 = L_3\gamma^2 + L_4\gamma + L_5$
其中,$L_3 = 4(2+\theta_2)(\alpha_H-\alpha_L)(\theta_2\alpha_H+\theta_2\alpha_L+2\alpha_H-6\alpha_L)<0$,$L_4 = -16\alpha_H^2(2+\theta_2)^2 + 8\alpha_H\alpha_L(2+\theta_2)(12+4\theta_2+\theta_2^2)-\alpha_L^2(112+128\theta_2+24\theta_2^2-\theta_2^4)>0$,$L_5 = -16(2+\theta_2)^2 \times (\alpha_H-\alpha_L)[\alpha_L(1+\theta_2)-\alpha_H]<0$。容易验证,$\gamma^2 L_2^2 - (2\gamma-4)^2 L_1^2$的对称轴$-L_4/2L_3 > 1$。这说明是关于$\gamma$的单调增函数。同时将$\gamma=1$代入可得
$\gamma^2 L_2^2 - (2\gamma-4)^2 L_1^2 = \alpha_L^2 L_6$,其中,$L_6 = 4\delta^2(2+\theta_2)^2 - 8\theta_2\delta(2+\theta_2)(4+\theta_2)+\theta_2(4+\theta_2)(4+12\theta_2+\theta_2^2)$。$L_6$的判别式$\Delta = 16\theta_2(4+\theta_2)(3\theta_2-2)(2+\theta_2)^3$,即当$\theta_2 < 2/3$时,$\Delta < 0$,即$L_6 > 0$恒成立;当$\theta \geq 2/3$时,$\Delta \geq 0$。此时利用二次方程的性质可得,当$\delta < Z_2$时或当$\delta > Z_3$时,$L_6 > 0$;反之,$L_6 \leq 0$。结合当$\gamma = 0$时$\gamma^2 L_2^2 - (2\gamma-4)^2 L_1^2 = L_5 < 0$,可得定理7.3。

定理7.3表明当$\theta_2 < 2\sqrt{2} - 2$时，AID策略与AE策略中最优低类型体验服务水平间的关系受到佣金率的影响。AID策略中，线下体验店的最优低类型体验服务投入水平同时受到竞争的正向服务效应与负向信息效应的影响。容易验证，存在$\gamma' < Z_1$，当$\gamma > \gamma'$时，$\partial e_L^{AID*}/\partial \gamma > 0$。这表明当佣金率较高时，佣金率的上升会强化正向服务效应，因此，当且仅当佣金率$\gamma > Z_1$时，竞争的正向服务效应占优于负向信息效应，此时AID策略中低类型体验服务投入水平高于AE策略。

4. 最优合作策略

对比AE策略与AI策略间线下体验店的利润，可得线下体验店的最优渠道合作策略，如命题7.3所示。

命题7.3 信息不对称下，线下体验店的最优渠道合作策略为①当$\theta_2 < 2/3$且$\delta < 1 + \theta_2$时，AID策略最优。②当$2/3 \leqslant \theta_2 < 2\sqrt{2} - 2$且$\delta < Z_4$时，或当$2/3 \leqslant \theta_2 < 2\sqrt{2} - 2$且$Z_5 \leqslant \delta < 1 + \theta_2$时，AID策略最优。③当$2/3 \leqslant \theta_2 < 2\sqrt{2} - 2$且$Z_4 \leqslant \delta < Z_5$时，若$0 < \gamma < \min\{Z_6, 1\}$且$0 < \beta < \beta_1$，则AE策略最优；若$0 < \gamma < \min\{Z_6, 1\}$且$Z_7 \leqslant \beta < 1$或$\gamma_2 \leqslant \gamma < 1$，则AID策略最优。④当$\theta_2 < 2/3$且$\delta \geqslant 1 + \theta_2$时，AIN策略最优。⑤当$\theta_2 \geqslant 2\sqrt{2} - 2$时，AE策略最优。

其中，$Z_4 = \dfrac{4 + 2\theta_2 - \sqrt{2(2+\theta_2)(3\theta_2 - 2)}}{4}$，$Z_5 = \dfrac{4 + 2\theta_2 + \sqrt{2(2+\theta_2)(3\theta_2 - 2)}}{4}$，

$$Z_6 = \frac{\begin{Bmatrix} 4(\delta-1)\left[2(\delta-1)^2 + 5\right] - \theta_2\delta(16\delta - 3\theta_2 - 12) \\ + \theta_2^2(1+\theta_2) - (4 - 4\theta_2 - \theta_2^2)\sqrt{8\delta(\delta - 2 + \theta_2) + (2-\theta_2)^2} \end{Bmatrix}}{4(\delta-1)\left[(\delta-1)^2 - 2\theta_2(\delta+1) + 4\right]},$$

$$Z_7 = \frac{\begin{Bmatrix} 4\gamma(\delta-1)\left[\theta_2 - (5-2\gamma)(\delta-1)\right] + (2+\theta_2)(6 - \theta_2 - 8\delta) \\ + 8\delta^2 + 8(2-\gamma)(\delta-1)\sqrt{\gamma(\delta-1)\left[\theta - (1-\gamma)(\delta-1)\right]} \end{Bmatrix}}{(\delta-1)\left\{4\gamma\left[\theta_2 - (5-2\gamma)(\delta-1)\right] - (2+\theta_2)(6 - \theta_2 - 2\delta - \delta\theta_2)\right\}}。$$

证明：当$\delta \geqslant 1 + \theta$时，线下体验店在AE策略与AIN策略间进行最优渠道合作策略选择，将两策略中的期望利润相减可得

$$E\left[\pi_s^{AIN*}\right] - E\left[\pi_s^{AE*}\right] = \beta\pi_{sH}^{AIN*} + (1-\beta)\pi_{sL}^{AIN*} - \beta\pi_{sH}^{AE*} - (1-\beta)\pi_{sL}^{AE*}$$

$$= \frac{\gamma(4 - 4\theta_2 - \theta_2^2)(\beta\alpha_H^2 - \beta\alpha_L^2 + \alpha_L^2)}{2(2-\gamma)\left[(2+\theta_2)^2 - 4\gamma\right]}$$

由上式容易得到，当 $\theta_2 \geq 2\sqrt{2}-2$ 时，$E\left[\pi_s^{\text{AIN}*}\right] \leq E\left[\pi_s^{\text{AE}*}\right]$ $E\left[\pi_s^{\text{AIN}*}\right] \leq E\left[\pi_s^{\text{AE}*}\right]$；当 $\theta_2 < 2\sqrt{2}-2$ 时，$E\left[\pi_s^{\text{AIN}*}\right] > E\left[\pi_s^{\text{AE}*}\right]$。

当 $\delta < 1+\theta_2$ 时，线下体验店在AE策略与AID策略间进行最优渠道合作策略选择。首先，容易验证，当 $\theta_2 \geq 2\sqrt{2}-2$ 时，$E\left[\pi_s^{\text{AID}*}\right] < E\left[\pi_s^{\text{AIN}*}\right] < E\left[\pi_s^{\text{AE}*}\right]$。其次，主要分析当 $\theta_2 < 2\sqrt{2}-2$ 时线下体验店在AE策略与AID策略间的选择。将两策略的期望利润相减可得

$$E\left[\pi_s^{\text{AID}*}\right] - E\left[\pi_s^{\text{AE}*}\right] = \beta \pi_{sH}^{\text{AID}*} + (1-\beta)\pi_{sL}^{\text{AID}*} - \beta \pi_{sH}^{\text{AE}*} - (1-\beta)\pi_{sL}^{\text{AE}*}$$

$$= \frac{8\gamma L_1(2+\theta_2)(\alpha_H - \alpha_L)(2-\gamma)(1-\beta) + \gamma L_7(2+\theta_2)^2}{2(2-\gamma)(2+\theta_2)^2\left[(2+\theta_2)^2 - 4\gamma\right]}$$

其中，$L_7 = \begin{cases} -\beta(\alpha_H - \alpha_L)\left[8\gamma^2(\alpha_H - \alpha_L) - 4\gamma(5\alpha_H - 5\alpha_L - \theta_2\alpha_L)\right] \\ -\beta(\alpha_H - \alpha_L)\left[\alpha_H(2+\theta_2)^2 - \alpha_L(12+4\theta_2 - \theta_2^2)\right] \\ +8\gamma^2(\alpha_H - \alpha_L)^2 - 4\gamma(\alpha_H - \alpha_L)(5\alpha_H - 5\alpha_L - \theta_2\alpha_L) \\ +8\alpha_H\left[\alpha_H - \alpha_L(2+\theta_2)\right] + \alpha_L^2(12+4\theta_2 - \theta_2^2) \end{cases}$。

由上式可知，$E\left[\pi_s^{\text{AID}*}\right] - E\left[\pi_s^{\text{AE}*}\right]$ 的正负号与公式 $8\gamma L_1(2+\theta_2)(\alpha_H - \alpha_L)$ $\times (2-\gamma)(1-\beta) + \gamma L_7(2+\theta_2)^2$ 相同。观察该式可知，若 $Z_7 \geq 0$ 则 $E\left[\pi_s^{\text{AID}*}\right] - E\left[\pi_s^{\text{AE}*}\right] > 0$ 恒成立；若 $E_7 < 0$ 则需进一步验证上式的符号，具体证明思路与定理7.3类似，故略。

命题7.3给出了信息不对称下线下体验店的最优渠道合作策略选择。当竞争程度与市场不确定性均较低时，竞争的引入将同时产生正向服务效应与负向信息效应，且正向服务效应优于负向信息效应，因此线下体验店偏好AID策略。当市场不确定性较高时，竞争的引入仅产生正向服务效应，因此AIN策略是线下体验店的最优渠道合作策略。

当线上零售商间竞争程度与市场不确定性均适中时（$2/3 \leq \theta_2 < 2\sqrt{2}-2$ 且 $Z_4 \leq \delta < Z_5$），竞争程度的增强会削弱其正向服务效应。虽然佣金率 γ 对正向服务效应具有积极影响，但当佣金率较小时，竞争的负向信息效应优于正向服务效应，这导致低类型体验服务水平的下降。进一步地，当高类型基本市场需求发生的概率 β 较低时，低类型基本市场需求给线下体验店带来的利润更加重要。然而体验服务水平的下降将损害低类型线下体验店的佣金收入。因此，线下体验店更偏好排他策略；反之，当 β 较高时或 γ 较高时，线下体验店更偏好AID策略。

当线上零售商间竞争程度足够强时（$\theta_2 \geq 2\sqrt{2}-2$），排他策略是线下体验店的最优渠道合作策略。这是因为与排他策略相比，非排他策略中线下体验店降低了体验服务投入水平，这导致线下体验店佣金收入的降低，且竞争程度的增强还将加剧该下降趋势。这说明尽管新线上零售商的引入能够在一定程度上满足线下消费者的差异化需求，但有时线上零售商间激烈的竞争会损害线下体验店的利润。这启示线下体验店不应该盲目引入新线上零售商。

7.1.4 最优合作策略下的均衡分析

1. 竞争的影响

本节主要分析最优渠道合作策略为非排他策略时竞争对线上零售商1的影响，由于AID策略与AIN策略中高类型均衡决策一致、SI策略中均衡决策与AIN策略中的均衡决策一致，故省略AID策略中高类型基本市场需求下与SI策略中竞争对线上零售商1的影响，得到命题7.4，并依据$\theta_2 = 0.2, 0.4$、$\alpha_L = 1.5$ 与 $\delta = 1.1 < 1 + \theta$ 绘制图7.2来更直观地呈现相关结果。

（a）当AIN策略是线下体验店最优策略时　　（b）当AID策略是线下体验店的最优策略时

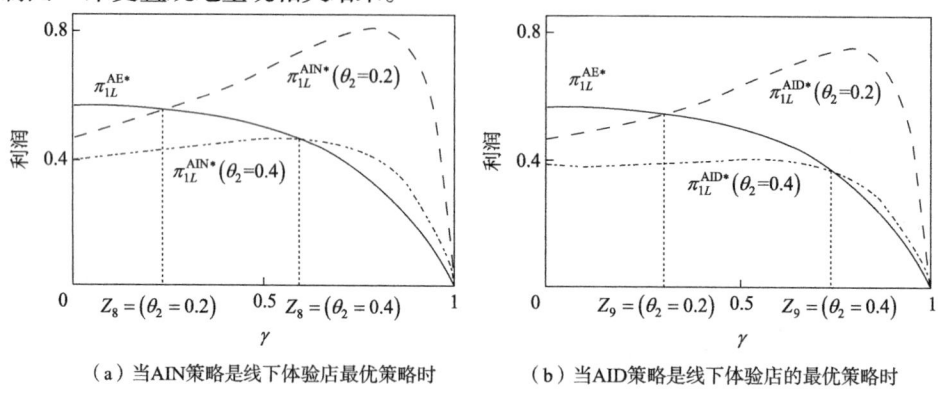

图7.2　低类型线下基本市场需求下竞争对线上零售商1的影响

命题7.4　最优渠道合作策略为非排他策略时，竞争对线上零售商1的影响，
①当AIN策略为最优策略时：当$\theta_2 < (\sqrt{17}-3)/2 \approx 0.56$ 且 $\gamma \geq Z_8$ 时，$\pi_{1j}^{AIN*} \geq \pi_{1j}^{AE*}$。
②当AID策略为最优策略时：当$\theta_2 < (\sqrt{17}-3)/2$ 时，存在Z_9，若$Z_9 < \gamma < 1$ 则 $\pi_{1L}^{AID*} \geq \pi_{1L}^{AE*}$。

其中，$j = H, L$，$Z_8 = \dfrac{\theta_2(2+\theta_2)}{2-\theta_2}$；$Z_9$ 表示$\pi_{1L}^{AID*} - \pi_{1L}^{AE*} = 0$的解并满足$Z_9 > Z_8$。

证明：当AIN策略为线下体验店的最优渠道合作策略时，竞争对线上零售商1的影响通过AIN策略与AE策略中线上零售商的利润相减可直接得到，故略。当AID

策略为线下体验店的最优渠道合作策略时，AID策略减AE策略中线上零售商的最优利润可得

$$\pi_{sL}^{\text{AID}*} - \pi_{sL}^{\text{AE}*} = \frac{(1-\gamma)L_8 L_9}{(2+\theta_2)^2 (2-\gamma)^2 \left[(2+\theta_2)^2 - 4\gamma\right]^2}$$

其中，$L_8 = -2L_1(2-\gamma) + (2+\theta_2)\left[-2\gamma^2(\alpha_H - \alpha_L) + \gamma(4\alpha_H - 10\alpha_L - \theta_2\alpha_L) + \alpha_L(2+\theta_2)(4+\theta_2)\right]$，$L_9 = -2L_1(2-\gamma) + (2+\theta_2)\left[-2\gamma^2(\alpha_H - \alpha_L) + \gamma(4\alpha_H - 2\alpha_L - \theta_2\alpha_L) - \alpha_L\theta_2(2+\theta_2)\right]$。

容易验证，$L_8 > 0$，即 $\pi_{sL}^{\text{AID}*} - \pi_{sL}^{\text{AE}*}$ 的正负号与 L_9 相同。L_9 符号的证明思路与定理7.3类似，故略。

命题7.4表明当线下体验店的最优渠道合作策略为非排他策略时，一定条件下竞争对线上零售商1有利。当AIN策略为线下体验店最优策略时，尽管线上零售商2的引入在一定程度上会抢占线上零售商1的市场份额，但竞争的正向服务效应对线上零售商1的利润具有正影响，且佣金率的提升还将强化这一正影响。因此当线上零售商间竞争程度较低且佣金率较高时，线上零售商2的引入有助于增加线上零售商1的利润。当AID策略为线下体验店最优策略时，由于还受到竞争负向信息效应的影响，此时竞争的引入对线上零售商1有利的条件更加严苛。但当竞争的正向服务效应优于负向信息效应时，竞争性线上零售商的引入还是有利于线上零售商1。

2. 信息的影响

对比命题7.1与命题7.3可以发现，仅当 $\theta_2 < 2\sqrt{2} - 2$ 且 $\delta < 1 + \theta_2$ 时，信息不对称会影响线下体验店的最优渠道合作策略选择。还可发现，信息不对称下排他策略为线下体验店最优策略的可能性变大。这说明信息不对称会加剧竞争对线下体验店利润的不利影响。接下来，本节主要分析该条件下信息不对称的影响，由于AID策略与SI策略中高类型均衡决策一致，此时信息不对称不影响供应链成员的利润，故省略对其变化的讨论，得到命题7.5。

命题7.5 信息不对称的影响。①当 $\theta_2 < 2\sqrt{2} - 2$ 且AID策略是最优策略时：$\pi_{sL}^{\text{SI}*} > \pi_{sL}^{\text{AID}*}$；$\pi_{iL}^{\text{SI}*} > \pi_{iL}^{\text{AID}*}$。②当 $\theta_2 < 2\sqrt{2} - 2$ 且AE策略是最优策略时：$\pi_{sj}^{\text{SI}*} > \pi_{sj}^{\text{AE}*}$；$\pi_{1j}^{\text{SI}*} < \pi_{1j}^{\text{AE}*}$。

其中，$i = 1, 2$；$j = H, L$。

证明：将信息不对称中不同策略下最优利润与信息对称中相减可直接得到，故略。

命题7.5①表明信息不对称下线下体验店的最优策略为AID策略时，线下体验店的信息优势不仅会损害自身利润，还会损害两竞争性线上零售商的利润。信息

不对称下，受竞争的负向信息效应影响，低类型线下体验店需降低体验服务水平以向线上零售商传递自己真实的需求信息。而体验服务水平的降低对供应链成员的利润具有负影响，因此信息不对称下供应链成员的利润均有所下降。这启示线下体验店应主动与线上零售商进行信息共享以消除信息不对称的不利影响。命题7.5②表明信息不对称下线下体验店的最优策略为AE策略时，线下体验店的信息优势会损害自身利润而线下零售商的信息劣势反而会增加自身利润。信息对称下，新线上零售商的引入仅产生正向服务效应而不造成负向信息效应。相反，信息不对称下新线上零售商的引入会同时产生正向服务效应与负向信息效应，且负向信息效应优于正向服务效应。此时线下体验店的信息优势会损害自身利润。对于线上零售商1来说，当 $2/3 \leqslant \theta_2 < 2\sqrt{2}-2$ 时，竞争的正向服务效应减弱，不足以弥补竞争对其利润的负向影响，所以信息不对称下线下体验店选择排他策略对线上零售商1更有利。

7.1.5 小结

本节针对由一个线下体验店和一个线上零售商组成的供应链，考虑信息不对称的影响，研究了在引入新线上零售商造成的竞争问题下，线下体验店的最优渠道合作策略选择问题。通过对比不同渠道合作策略下最优决策的变化，分析了竞争的影响机制，并通过对比不同渠道合作策略下线下体验店的利润得到了线下体验店与线上零售商的最优渠道合作策略。进一步在最优渠道合作策略下分析了竞争对原有线上零售商的影响，并通过对比信息对称下的最优渠道合作策略探讨了信息不对称的影响。

研究发现：①信息对称下，当线上零售商间竞争程度较低时，新竞争性零售商的引入促使线下体验店提高体验服务水平，这将促使产品数量和产品市场出清价格的提高，进一步促使供应链成员利润的提高（竞争的正向服务效应），此时非排他策略是线下体验店的最优渠道合作策略；反之，排他策略则是线下体验店的最优渠道合作策略。②信息不对称下除了正向服务效应外，新竞争性零售商的引入一定条件下会促使线下体验店谎报需求信息，这导致当市场不确定性较小时，线下体验店需降低体验服务水平以向线上零售商传递真实的需求信息（竞争的负向信息效应）；此时线下体验店的最优策略选择会受到上述两种相反效应的影响，具体来说，当正向服务效应优于负向信息效应时，非排他策略是线下体验店的最优合作策略；反之，排他策略则是线下体验店的最优合作策略。③当线下体验店的最优渠道合作策略为非排他策略时，一定条件下新线上零售商的引入有助于增加原有线上零售商的利润。④与信息对称相比，仅当竞争程度与市场不确定性均较低时，信息不对称才会影响线下体验店的最优渠道合作策略选择。此时线下体验店的信息优势总是会损害自身利润；对于线上零售商来说，信息不对称在一些条件下对其有利而在一些条件下对其有害。

7.2 线下体验店与多线上零售商的需求信息预测及激励策略

随着产品更新换代速度的提升及消费者需求趋于个性化、多样化，市场环境的不确定性日益加剧，这给线下体验店的运营决策带来极大挑战，如何进行需求预测以便更好地掌握市场需求状态变得至关重要。对竞争性线上零售商来说，线下体验店的需求预测信息能为其运营决策提供依据，竞争性线上零售商有动机激励线下体验店进行需求信息预测与共享，但这一举措可能会进一步加剧线上零售商间的竞争程度，并由此引发新的利益冲突。因此，研究竞争环境下线下体验店的需求预测策略及竞争性线上零售商的需求预测激励是线下到线上供应链中需要解决的重要现实问题。

鉴于此，本节针对由一个线下体验店与两个竞争性线上零售商组成的供应链，考虑体验服务投入水平和竞争程度对市场需求的影响，构建多阶段博弈模型，分析无激励下需求预测对供应链成员的影响，得到线下体验店的最优需求预测策略，进一步分析最优需求预测策略对两竞争性线上零售商与供应链整体的影响，探究两竞争性线上零售商能提供预测激励契约的可行性条件，然后设计该可行条件下两竞争性线上零售商的最优预测激励契约。

7.2.1 问题描述

考虑一个线下体验店和两个竞争性线上零售商组成的供应链，如图7.3所示。线上零售商i向消费者提供数量为q_i的差异化产品i。线下体验店投入水平为e_4的体验服务以吸引消费者线下体验后转移至线上购买，同时线下体验店从每笔交易中抽取γ比例的收益作为引流的佣金。为便于表达，分别用下标s、i（$i=1,2$）表示线下体验店与两竞争性线上零售商。

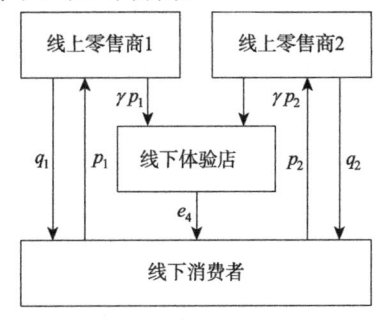

图 7.3 供应链结构

考虑到线下体验店的体验服务不仅向消费者传递产品的功能，还注重与消费者互动过程中带给消费者的体验，因此体验服务 e_4 能够提高线下消费者的市场需求。此外考虑到本章主要聚焦于线下体验店投入体验服务以吸引线下消费者到店体验时供应链成员间的合作问题，故与Gao和Su（2017a）类似，本节假设线上消费者需求外生，并将其标准化为0。基于上述假设，可得线上零售商 i 的逆需求函数分别为

$$p_i = \alpha + e_4 - q_i - \theta_2 q_{3-i}, \quad i = 1,2 \quad (7.19)$$

其中，p_i 表示产品 i 市场出清时的零售价格；α 表示偏好线下渠道的消费者的基本市场需求（以下简称为线下基本市场需求）；θ_2 表示两线上零售商间的竞争程度。

考虑到市场不确定性的影响，假设线下基本市场需求 α 为随机变量，存在高类型（α_H、H 类型）、低类型（α_L、L 类型）两种可能的需求状态，且两种需求状态发生的概率相等，即 $\Pr(H) = \Pr(L) = 1/2$。进一步假设 $\alpha_H = \bar{\alpha}(1+\delta)$、$\alpha_L = \bar{\alpha}(1-\delta)$，其中，$\bar{\alpha}$ 表示基本市场需求的均值；δ 表示市场需求的不确定性程度，且 $0 < \delta < 1$。线下体验店与线上零售商均不知晓基本市场需求的类型，仅知晓其分布的先验概率。

由于直接服务于到店体验的消费者，线下体验店往往掌握这类消费者大量的需求数据，所以在销售季来临前，线下体验店有机会决定是否进行需求预测以获取更精准的市场需求信息。考虑到线下体验店进行需求预测时往往需要对信息收集、需求预测等系统进行投资，这些投资往往属于固定成本，故假设当进行需求预测时，线下体验店将以固定成本 c_s 获得一个预测信息 Y。预测信息 Y 存在两种状态：$Y=h$ 与 $Y=l$，分别对应高类型（H）与低类型（L）两种真实的需求状态。预测信息 Y 是真实需求状态的无偏估计，即 $\Pr(h) = \Pr(H)\Pr(h|H) + \Pr(L)\Pr(h|L) = \Pr(H)$、$\Pr(l) = \Pr(H)\Pr(l|H) + \Pr(L)\Pr(l|L) = \Pr(L)$。此外，预测信息 Y 还需满足正则性条件，即 $\Pr(h|H) + \Pr(l|H) = 1$、$\Pr(l|L) + \Pr(h|L) = 1$。进一步考虑到现实生活中线下体验店只能预测到有限的需求信息，本节将线下体验店的预测精准度定义为 $t = \Pr(h|H) + \Pr(l|L) - 1$，由 $\Pr(h) < \Pr(h|H) < 1$ 且 $\Pr(l) < \Pr(l|H) < 1$ 可知 $t \in (0,1)$。根据预测信息 Y 的上述性质与预测精准度 t 的定义，可得

$$\Pr(H|h) = \Pr(L|l) = (1+t)/2; \quad \Pr(H|l) = \Pr(L|h) = (1-t)/2 \quad (7.20)$$

$$E[\alpha|h] = \bar{\alpha}(1+t\delta); \quad E[\alpha|l] = \bar{\alpha}(1-t\delta) \quad (7.21)$$

通过式（7.20）可以发现 $\Pr(H|h) = \Pr(L|l) > \Pr(H) = \Pr(L)$，这表明线下体验店的需求预测总是能够增加其需求信息，且随着预测精准度 t 的增加，线下体验店对需求状态的判断越准确。式（7.21）中 $t\delta$ 是预测精准度与需求不确定程度

的乘积，可以表示为期望市场需求与线下体验店预测之间的差距，故为便于表达，本节将$t\delta$定义为"预测波动"。

在与线下体验店合作时，线下体验店的需求预测信息还能为线上零售商的最优决策提供依据，因此线上零售商有动机激励线下体验店进行需求预测并共享预测信息。故两竞争性线上零售商向线下体验店提供固定转移支付T_i激励线下体验店进行需求预测与共享。此外，考虑到体验服务成本的边际递增性，假设体验服务的成本函数为$C(e_4)=e_4^2/2$。因此，线下体验店、线上零售商与供应链总体的利润函数分别为

$$\pi_s = \gamma \sum_{i=1}^{2} p_i q_i + T_1 + T_2 - c_s - C(e_4) \quad (7.22)$$

$$\pi_i = (1-\gamma) p_i q_i - T_i, \quad i=1,2 \quad (7.23)$$

$$\pi_{sc} = \pi_s + \pi_1 + \pi_2 \quad (7.24)$$

考虑单个销售周期，销售周期开始前线下体验店与两竞争性线上零售商达成合作，具体博弈顺序如下所示：销售周期开始前，两竞争性线上零售商同时决策是否向线下体验店提供预测激励，若提供，则同时决策固定转移支付T_i；给定两竞争性线上零售商的预测激励契约，线下体验店决策是否进行需求预测，若预测，则同时将预测信息真实共享给提供预测激励的线上零售商；销售周期开始，线下体验店首先决策体验服务投入水平e_4；其次两竞争性线上零售商决策产品数量q_i；销售周期结束，需求实现，供应链成员获得各自的利润。

7.2.2 无预测激励下的最优需求预测策略

本节主要分析无预测激励时供应链成员的均衡决策。根据逆序求解法，本节首先分析不同预测策略下供应链成员的均衡决策，然后通过对比不同预测策略下供应链成员利润的变化分析需求预测行为的影响机制，最后通过对比不同预测策略间线下体验店利润的变化得到其最优需求预测策略。分别用N策略、F策略表示无预测激励下线下体验店不进行需求预测、进行需求预测两种需求预测策略。

1. N策略下的均衡决策

当线下体验店不进行需求预测时，各供应链成员均不知晓基本市场需求状态，此时所有成员只能根据$E[\alpha]$进行最优决策，他们的期望利润分别为

$$E[\pi_s] = \gamma \sum_{i=1}^{2} q_i \left(E[\alpha] + e_4 - q_i - \theta_2 q_{3-i} \right) - C(e_4) \quad (7.25)$$

$$E[\pi_i] = (1-\gamma) q_i \left(E[\alpha] + e_4 - q_i - \theta_2 q_{3-i} \right), \quad i=1,2 \quad (7.26)$$

采用逆序求解法求解上述优化问题可得供应链成员的均衡决策,如定理7.4所示。

定理7.4 当线下体验店不进行需求预测时,供应链成员的均衡决策为
$$e_4^{N*} = \frac{4\gamma\bar{\alpha}}{(2+\theta_2)^2 - 4\gamma} \; ; \; q_i^{N*} = \frac{\bar{\alpha}+e_4^{N*}}{2+\theta_2}。$$

证明:根据逆序求解法首先求解两竞争性线上零售商的最优产品数量决策。容易验证,$E[\pi_i]$是关于q_i的凹函数,即线上零售商的产品数量决策存在唯一最优解。令$\partial E[\pi_i]/\partial q_i = 0$可得$q_i^{N*}(e_4) = (\bar{\alpha}+e_4)/(2+\theta_2)$。接下来求解线下体验店的最优体验服务投入水平。容易验证,$E[\pi_s]$是关于e_4的凹函数,即线下体验店的体验服务投入决策存在唯一最优解。令$\partial E[\pi_s]/\partial e_4 = 0$可得$e_{4j}^{AE*}$。

定理7.4表明当线下体验店不进行需求预测时,供应链成员的均衡决策与基本市场需求的均值$\bar{\alpha}$正相关,而与预测信息Y无关。此外,由$\partial e_4^{N*}/\partial \gamma > 0$、$\partial q_i^{N*}/\partial e_4^{N*} > 0$可知,体验服务投入水平与佣金率正相关,且最优体验服务水平的提高会促使线上零售商提高提供给消费者的产品数量。

2. F策略下的均衡决策值性服务的产生

本节主要分析线下体验店进行需求预测时供应链成员的均衡决策。在无预测激励下,线下体验店获得预测信息Y后并没有将预测信息共享给线上零售商i,此时线上零售商i与线下体验店间存在需求信息不对称现象。线上零售商i不知晓线下体验店的预测信息,但他可以通过线下体验店的体验服务水平进行理性推断。基于这一反应,具有信息优势的线下体验店为了自身利润最大化可能会谎报信息,这样就出现了信号传递博弈。在此信号传递博弈中,线下体验店是信号发送方,线上零售商i是信号接收方,体验服务水平是线下体验店向线上零售商传递的信号。信号传递博弈中存在分离均衡和混同均衡。在分离均衡中,线下体验店根据不同预测信息类型投入不同水平的体验服务;在混同均衡中,线下体验店对于不同预测信息类型投入相同水平的体验服务。当信号传递博弈中存在多个均衡时,有必要对均衡结果进行再精炼。Cho和Kreps(1987)提出的直观标准是一种经典的均衡再精炼方法,在已有文献中得到广泛应用(Anand and Goyal, 2009; Li et al., 2014; Li and Zhou, 2019)。通过验证可知,本章中的混同均衡不能满足直观标准,因此下文主要聚焦于分离均衡。

在分离均衡中,线下体验店根据预测信息Y制定不同水平的体验服务e_4,线上零售商i在观测到e_4后更新对线下体验店预测信息类型的信念。直观上,基本市场需求越大,线下体验店投入的体验服务水平越高。因此,分离均衡中线上零售商i需满足以下信念结构:如果$e_4 < \hat{e}$则线上零售商i认为线下体验店的需求预

测信息为 $Y = l$，反之则为 $Y = h$，其中，$\hat{e}$ 表示体验服务投入的阈值。基于分离均衡中的信念结构，线上零售商 i 可推测出线下体验店真实的需求预测信息类型。此时，供应链成员的期望利润分别为

$$E[\pi_i|e_4] = (1-\gamma)q_i\left(E[\alpha|Y] + e_4 - q_i - \theta_2 q_{3-i}\right), \quad i = 1,2 \quad (7.27)$$

$$E[\pi_s|Y] = \gamma\sum_{i=1}^{2}q_i\left(E[\alpha|Y] + e_4 - q_i - \theta_2 q_{3-i}\right) - c_s - C(e_4) \quad (7.28)$$

采用逆序求解法求解上述优化问题，可得定理7.5。

定理7.5 无预测激励下，当线下体验店进行需求预测时，供应链成员的均衡决策为 $e_{4h}^{F*} = \dfrac{4\gamma\bar{\alpha}(1+t\delta)}{(2+\theta_2 v)^2 - 4\gamma}$；$e_{4l}^{F*} = \begin{cases} \hat{e}^*, & t\delta < \dfrac{\theta_2}{2+\theta_2} \\ \dfrac{4\gamma\bar{\alpha}(1-t\delta)}{(2+\theta_2)^2 - 4\gamma}, & t\delta \geq \dfrac{\theta_2}{2+\theta_2} \end{cases}$；

$q_{ih}^{F*} = \dfrac{\bar{\alpha}(1+t\delta) + e_{4h}^{F*}}{2+\theta_2}$；$q_{il}^{F*} = \dfrac{\bar{\alpha}(1-t\delta) + e_{4l}^{F*}}{2+\theta_2}$。

其中，$\hat{e}^* = \dfrac{2\bar{\alpha}[2\gamma(1+t\delta+\theta_2 t\delta) - L_1(2+\theta_2)]}{(2+\theta_2)^2 - 4\gamma}$，$L_1 = \sqrt{2\gamma t\delta(2\gamma t\delta - 2t\delta - t\delta\theta_2 + \theta_2)}$，

$i = 1,2$，且当 $t\delta < \dfrac{\theta_2}{2+\theta_2}$ 时，$e_{4l}^{F*} = \hat{e}^* < \dfrac{4\gamma\bar{\alpha}(1-t\delta)}{(2+\theta_2)^2 - 4\gamma}$。

证明：根据逆序求解法首先求解两竞争性线上零售商的最优产品数量决策。容易验证，$E[\pi_i|e_4]$ 是关于 q_i 的凹函数，即线上零售商的产品数量决策存在唯一最优解。令 $\partial E[\pi_i|e_4]/\partial q_i = 0$ 可得 $q_i^{N*}(e_4|Y) = (E[\alpha|Y] + e_4)/(2+\theta_2)$。其次求解线下体验店的最优体验服务投入水平。根据线上零售商 i 的信念结构，当且仅当以下条件成立时线下体验店与线上零售商 i 间的信号博弈存在唯一完美贝叶斯均衡：

$$\max E[\pi_s(e_4 \leq \hat{e}|h)] \leq \max E[\pi_s(e_4 > \hat{e}|h)]$$
$$\max E[\pi_s(e_4 \leq \hat{e}|l)] \geq \max E[\pi_s(e_4 > \hat{e}|l)]$$

其中，$E[\pi_s(e_4 \leq \hat{e}|h)]$ 表示高类型线下体验店伪装成低类型时获得的期望利润；$E[\pi_s(e_4 > \hat{e}|h)]$ 表示高类型线下体验店真实传递预测信息获得的期望利润；$E[\pi_s(e_4 \leq \hat{e}|l)]$ 表示低类型线下体验店真实传递预测信息获得的期望利润；$E[\pi_s(e_4 > \hat{e}|l)]$ 表示低类型线下体验店伪装成高类型时获得的期望利润；上述两

个不等式表示对于线下体验店来说，谎报预测信息获得的期望利润不大于真实传递预测信息获得的期望利润。

由于 $E\left[\pi_s\left(e_4 > \hat{e} | h\right)\right] = \dfrac{2\gamma\left[\bar{\alpha}(1+t\delta) + e_{4H}\right]^2}{\left(2+\theta_2\right)^2} - \dfrac{e_{4H}^2}{2} - c_s$，容易得到使高类型线下体验店利润最大化的最优体验服务投入水平为 $\dfrac{4\gamma\bar{\alpha}(1+t\delta)}{\left(2+\theta_2\right)^2 - 4\gamma}$，此时高类型线下体验店的最优期望利润为 $E\left[\pi_s^*\left(e_4 > \hat{e} | h\right)\right] = \dfrac{2\gamma\bar{\alpha}^2(1+t\delta)^2}{\left(2+\theta_2\right)^2 - 4\gamma} - c_s$。容易得到，$E\left[\pi_s\left(e_4 \leqslant \hat{e} | h\right)\right] = \dfrac{2\gamma\left(\bar{\alpha}(1+t\delta) + e_4\right)^2}{\left(2+\theta_2\right)^2} - \dfrac{e_4^2}{2} - c_s$。$\max E\left[\pi_s\left(e_4 \leqslant \hat{e} | h\right)\right] \leqslant \max E\left[\pi_s\left(e_4 > \hat{e} | h\right)\right]$ 等价于 $\dfrac{2\gamma\left[\bar{\alpha}(1+t\delta) + e_4\right]^2}{\left(2+\theta_2\right)^2} - \dfrac{e_4^2}{2} - c_s \leqslant \dfrac{2\gamma\bar{\alpha}^2(1+t\delta)^2}{\left(2+\theta_2\right)^2 - 4\gamma} - c_s$。为使该式恒成立，线下体验店谎报需求信息时的体验服务投入水平需满足 $e_4 \leqslant \dfrac{2\bar{\alpha}\left[2\gamma(1+t\delta+\theta_2 t\delta) - L_1(2+\theta_2)\right]}{\left(2+\theta_2\right)^2 - 4\gamma}$。这意味着，当体验服务投入水平不满足该式时，线下体验店谎报需求预测信息总能获得更高利润，因此，在完美贝叶斯分离均衡下，线上零售商 i 也存在唯一的信息结构，即 $\hat{e}^* = \dfrac{2\bar{\alpha}\left[2\gamma(1+t\delta+\theta_2 t\delta) - L_1(2+\theta_2)\right]}{\left(2+\theta_2\right)^2 - 4\gamma}$。

进一步容易验证 $\max E\left[\pi_s\left(e_4 \leqslant \hat{e} | l\right)\right] \geqslant \max E\left[\pi_s\left(e_4 > \hat{e} | l\right)\right]$ 恒成立，因此可得最优低类型体验服务投入水平为 $\dfrac{4\gamma\bar{\alpha}(1-t\delta)}{\left(2+\theta_2\right)^2 - 4\gamma}$。结合线上零售商 i 的信息结构，若 $\dfrac{4\gamma\bar{\alpha}(1-t\delta)}{\left(2+\theta_2\right)^2 - 4\gamma} \geqslant \hat{e}^*$，则线上零售商会将低类型线下体验店推断为高类型，此时由 $\max E\left[\pi_s\left(e_4 \leqslant \hat{e} | l\right)\right] \geqslant \max E\left[\pi_s\left(e_4 > \hat{e} | l\right)\right]$ 可知，线下体验店获得的利润会降低，进一步还可发现该条件下 $E\left[\pi_s\left(e_4 \leqslant \hat{e} | l\right)\right]$ 是关于 e_4 的增函数，故为了利润最大化，线下体验店会选择最优低类型体验服务投入水平为 $\hat{e}^*$；相反，若 $\dfrac{4\gamma\bar{\alpha}(1-t\delta)}{\left(2+\theta_2\right)^2 - 4\gamma} < \hat{e}^*$，则线下体验店会选择最优低类型体验服务投入水平为

$$\frac{4\gamma\bar{\alpha}(1-t\delta)}{(2+\theta_2)^2-4\gamma}。$$

定理7.5表明无预测激励下，当预测波动较小时，低类型线下体验店需要降低最优体验服务投入水平 e_{4l}^{F*}。造成 e_{4l}^{F*} 向下扭曲的原因如下。当预测波动较小时，高类型和低类型基本市场需求间的差距较小，高类型线下体验店为了自身利润最大化有模仿为低类型的动机。预期到高类型线下体验店的这一动机，线上零售商 i 会将体验服务水平高于 $\hat{e}^*$ 的线下体验店推断为高类型，进而提高产品数量。这将加剧低类型基本市场需求下线上零售商间的竞争、损害低类型线下体验店的利润。因此为了避免被误会，低类型线下体验店只得降低体验服务水平。这说明信息不对称下，当线上零售商 i 根据体验服务投入水平推断线下体验店的预测信息时，线下体验店需付出一定的信号成本以传递自己真实的预测信息。相反，当预测波动较大时，线下体验店无须付出信号成本即可传递自己真实的需求信息。

3. 需求预测的影响

本节主要通过对比不同预测策略下供应链成员及整体利润的变化分析需求预测的影响。令 $\Delta E[\pi_s] = E[\pi_s^{F*}] - E[\pi_s^{N*}]$、$\Delta E[\pi_i] = E[\pi_i^{F*}] - E[\pi_i^{N*}]$、$\Delta E[\pi_{sc}] = E[\pi_{sc}^{F*}] - E[\pi_{sc}^{N*}]$，其中，$\Delta E[\pi_s]$、$\Delta E[\pi_i]$、$\Delta E[\pi_{sc}]$ 分别表示需求预测为线下体验店、线上零售商 i 与供应链整体带来的价值。将定理7.4、定理7.5中供应链成员的均衡决策代入到上式，可得

$$\Delta E[\pi_s] = F_s + S_s - c_s \quad (7.29)$$

$$\Delta E[\pi_i] = F_i + S_i \quad (7.30)$$

$$\Delta E[\pi_{sc}] = F_{sc} + S_{sc} - c_s \quad (7.31)$$

其中，F_s、F_i、F_{sc} 分别表示需求预测行为给线下体验店、线上零售商 i 与供应链整体带来的预测收益；S_s、S_i、S_{sc} 分别表示信息不对称给线下体验店、线上零售商 i 与供应链总体带来的信号成本，且 $F_s = \dfrac{2\gamma t^2 \delta^2 \bar{\alpha}^2}{(2+\theta_2)^2 - 4\gamma}$，$S_s = $

$$\begin{cases} -\dfrac{\bar{\alpha}^2(2\gamma t\delta - L_1)^2}{(2+\theta_2)^2 - 4\gamma}, & t\delta < \dfrac{\theta_2}{2+\theta_2} \\ 0, & t\delta \geqslant \dfrac{\theta_2}{2+\theta_2} \end{cases}; \quad F_i = \dfrac{t^2\delta^2\bar{\alpha}^2(1-\gamma)(2+\theta_2)^2}{\left[(2+\theta_2)^2 - 4\gamma\right]^2}, \quad S_i = $$

$$\begin{cases} -\dfrac{2\bar{a}^2(1-\gamma)(L_1-2\gamma t\delta)\left[(2+\theta_2)(1-t\delta)+2\gamma t\delta-L_1\right]}{\left[(2+\theta_2)^2-4\gamma\right]^2}, & t\delta < \dfrac{\theta_2}{2+\theta_2} \\ 0, & t\delta \geq \dfrac{\theta_2}{2+\theta_2} \end{cases};$$

$F_{sc} = F_s + F_1 + F_2$，$S_{sc} = S_s + S_1 + S_2$。

分析需求预测对供应链成员的影响，可得命题7.6。

命题7.6 需求预测的影响，①预测收益：当$\gamma \leq Z_1$时，$F_i \geq F_s > 0$，$\dfrac{\partial F_i}{\partial t\delta} \geq \dfrac{\partial F_s}{\partial t\delta} > 0$；当$\gamma > Z_1$时，$F_s > F_i > 0$，$\dfrac{\partial F_s}{\partial t\delta} > \dfrac{\partial F_i}{\partial t\delta} > 0$。②信号成本：当$t\delta > \dfrac{\theta_2}{2+\theta_2}$时，$S_s = S_i = 0$；当$t\delta < \dfrac{\theta_2}{2+\theta_2}$时，若$\gamma \geq Z_2$且$Z_3 \leq t\delta \leq Z_4$则$S_s < S_i < 0$，反之则$S_i < S_s < 0$。

其中，$Z_1 = \dfrac{(2+\theta_2)\left(6+3\theta_2-\sqrt{(2+3\theta_2)^2+24\theta_2}\right)}{16}$，$Z_2$是等式$L_2 = 0$的根，

$$L_2 = \begin{bmatrix} 4\gamma^3(4-\theta_2)^2 - 4\gamma^2(48-10\theta_2^2+\theta_2^4) - 16(2+\theta_2)^2 \\ +\gamma(192+96\theta_2-28\theta_2^2+20\theta_2^4+8\theta_2^5+\theta_2^6) \end{bmatrix};$$

$$Z_3 = \dfrac{\begin{bmatrix} 4\gamma^2(28+6\theta_2-5\theta_2^2-2\theta_2^3) - \gamma(80+52\theta_2-16\theta_2^2-24\theta_2^3-8\theta_2^4-\theta_2^5) \\ -12\gamma^3(4-\theta_2) + 4(2+\theta_2)^2 - (6-6\gamma+4\theta_2+\theta_2^2)\sqrt{\gamma L_2} \end{bmatrix}}{2(2+\theta_2)\left[12\gamma^3-2\gamma^2(10+15\theta_2+4\theta_2^2)+\gamma(4+28\theta_2+24\theta_2^2+8\theta_2^3+\theta_2^4)+4+2\theta_2\right]},$$

$$Z_4 = \dfrac{\begin{bmatrix} 4\gamma^2(28+6\theta_2-5\theta_2^2-2\theta_2^3) - \gamma(80+52\theta_2-16\theta_2^2-24\theta_2^3-8\theta_2^4-\theta_2^5) \\ -12\gamma^3(4-\theta_2) + 4(2+\theta_2)^2 + (6-6\gamma+4\theta_2+\theta_2^2)\sqrt{\gamma L_2} \end{bmatrix}}{2(2+\theta_2)\left[12\gamma^3-2\gamma^2(10+15\theta_2+4\theta_2^2)+\gamma(4+28\theta_2+24\theta_2^2+8\theta_2^3+\theta_2^4)+4+2\theta_2\right]},$$

$Z_3 < Z_4 < \dfrac{\theta_2}{2+\theta_2}$。

证明：由式（7.29）和式（7.30）可得，

$$F_s - F_i = \dfrac{t^2\delta^2\bar{a}^2\left[-8\gamma^2+2\gamma(2+\theta_2)^2-(2+\theta_2)^2\right]}{\left[(2+\theta_2)^2-4\gamma\right]^2};$$

$\dfrac{\partial F_s}{\partial t\delta} - \dfrac{\partial F_i}{\partial t\delta} = \dfrac{2t\delta\bar{\alpha}^2 \left[-8\gamma^2 + 2\gamma(2+\theta_2)^2 - (2+\theta_2)^2 \right]}{\left[(2+\theta_2)^2 - 4\gamma \right]^2}$。观察上式可知 $\text{sign}\{F_s - F_i\} =$ $\text{sign}\{-8\gamma^2 + 2\gamma(2+\theta_2)^2 - (2+\theta_2)^2\}$。根据二次函数的性质可得，当 $\gamma \leqslant Z_1$ 时，$F_s - F_i \leqslant 0$；当 $\gamma > Z_1$ 时，$F_s - F_i > 0$。同理可证 $\text{sign}\left\{\dfrac{\partial F_s}{\partial t\delta} - \dfrac{\partial F_i}{\partial t\delta}\right\}$。命题7.6②的证明过程与之类似，故略。

命题7.6①表明线下体验店需求预测行为总能给供应链成员及整体带来正的预测收益。这是由于需求预测能使线下体验店更加准确地了解到市场状态，合理调整体验服务投入水平，体验服务水平的改变将线下体验店的预测信息间接传递给两竞争性线上零售商，进而促使两竞争性线上零售商合理调整提供给消费者的产品数量。值得注意的是，命题7.6①还表明，当佣金率较低时，线下体验店预测行为给线上零售商带来的预测收益要大于给线下体验店带来的预测收益。线下体验店与线上零售商间的合作模式为收益共享模式，较低的佣金率说明线上零售商保留了较高比例的预测收益。命题7.6①还表明，预测波动 $t\delta$ 对供应链成员的预测收益具有正影响。预测波动越大说明高低类型基本市场需求间的差距越大，此时需求预测能够使线下体验店更精准地掌握市场状态以便有效避免体验服务投入过多或不足，体验服务投入水平的调整间接将预测信息传递给两竞争性线上零售商，进而促使两竞争性线上零售商调整自身的产品数量决策，因此预测波动越大供应链成员获得的预测收益也越大。

命题7.6②表明当预测波动足够大时，信息不对称不会给供应链成员及整体带来信号成本；但当预测波动较小时，信息不对称会给供应链成员及整体带来不同程度的信号成本，且当佣金率较高、预测波动适中时，线下体验店遭受的信号成本损失大于两竞争性线上零售商遭受的信号成本损失。由定理7.5可知，当 $t\delta < \theta_2/(2+\theta_2)$ 时，供应链成员遭受信号成本的原因是信息不对称下，低类型线下体验店需要降低体验服务投入水平以向两竞争性线上零售商传递真实的预测信息，而体验服务水平的降低导致需求降低、供应链成员利润减少。而较高的佣金率说明线下体验店分担的信号成本也较高。同时体验服务投入水平的降低还能在一定程度上减少线下体验店的体验服务投入成本，因此仅当预测波动适中时线下体验店遭受的信号成本才高于两竞争性线上零售商遭受的信号成本。

4. 线下体验店最优需求预测策略

通过对比 $\Delta E[\pi_s]$ 的大小，可得线下体验店的最优需求预测策略如命题7.7所示。

命题7.7 无预测激励下，线下体验店的最优需求预测策略为①当 $t\delta < Z_5$ 时，

对于任意 $c_s > 0$，线下体验店都不进行需求预测；②当 $t\delta \geq Z_5$ 时，若 $c_s \leq F_s + S_s$ 则线下体验店进行需求预测，反之则不进行需求预测。

其中，$Z_5 = \dfrac{\theta_2(3 + \theta_2 - 2\sqrt{2\gamma})}{(3 + \theta_2)^2 - 8\gamma} < \dfrac{\theta_2}{2 + \theta_2}$。

命题7.7表明线下体验店的最优需求预测策略受到预测收益、信号成本及需求预测成本三方面因素的综合影响。具体来说，无预测激励下，当预测波动较小时，需求预测带来的信号成本优于预测收益，此时即使需求预测成本趋近于0，线下体验店也不会进行需求预测。当预测波动较大时，需求预测带来的预测收益优于信号成本，此时只要需求预测成本小于需求预测带来的总收益，线下体验店就会进行需求预测。这启示线下体验店在进行需求预测时除了考虑自身的预测成本、市场状态外还需考虑供应链成员间的信息不对称，尽管需求预测总能为线下体验店带来预测收益，但信息不对称也会给线下体验店带来信号成本。这也在一定程度上说明在线下体验店与线上零售商的合作中，线下体验店的信息优势并不一定能为其创造价值。

7.2.3 最优预测激励契约设计

本节主要分析两竞争性线上零售商的均衡预测激励契约设计，为此，本节首先分析线下体验店的最优预测策略对两竞争性线上零售商与供应链总体的影响以探究两竞争性线上零售商提供预测激励契约的可行性，进而提出两竞争性线上零售商的预测激励契约。

1. 线下体验店最优需求预测策略的影响

本节主要分析线下体验店最优需求预测策略对两竞争性线上零售商的影响，可得命题7.8。

命题7.8 最优需求预测策略对两竞争性线上零售商的影响为

R1：当 $\gamma < Z_6$、$t\delta < Z_7$ 且 $c_s > 0$ 时，N策略最优，$\Delta E[\pi_i] < 0$。

R2：当 $\gamma < Z_6$、$Z_7 \leq t\delta < Z_5$ 且 $c_s > 0$ 时，N策略最优，$\Delta E[\pi_i] \geq 0$。

R3：当 $\gamma < Z_6$、$t\delta \geq Z_5$ 且 $c_s \leq F_s + S_s$ 时，F策略最优，$\Delta E[\pi_i] \geq 0$。

R4：当 $\gamma < Z_6$、$t\delta \geq Z_5$ 且 $c_s > F_s + S_s$ 时，N策略最优，$\Delta E[\pi_i] \geq 0$。

R5：当 $\gamma \geq Z_6$、$t\delta < Z_5$ 且 $c_s > 0$ 时，N策略最优，$\Delta E[\pi_i] < 0$。

R6：当 $\gamma \geq Z_6$、$Z_5 \leq t\delta < Z_7$ 且 $c_s \leq F_s + S_s$ 时，F策略最优，$\Delta E[\pi_i] < 0$。

R7：当 $\gamma \geq Z_6$、$Z_5 \leq t\delta < Z_7$ 且 $c_s > F_s + S_s$ 时，N策略最优，$\Delta E[\pi_i] < 0$。

R8：当 $\gamma \geq Z_6$、$t\delta \geq Z_7$ 且 $c_s \leq F_s + S_s$ 时，F策略最优，$\Delta E[\pi_i] \geq 0$。

R9：当 $\gamma \geq Z_6$、$t\delta \geq Z_7$ 且 $c_s > F_s + S_s$ 时，N策略最优，$\Delta E[\pi_i] \geq 0$。

其中，$Z_6 = \dfrac{(2+\theta_2)^2 \left[5+(2+\theta_2)^2 - 3\sqrt{1+2(2+\theta_2)^2} \right]}{4(4+\theta_2)^2}$，$Z_7$ 表示等式 $F_i + S_i = 0$ 关于 $t\delta$ 的解，且 $Z_7 < \dfrac{\theta_2}{2+\theta_2}$。

命题7.8表明线下体验店的最优需求预测策略在一些条件下能够促使两竞争性线上零售商获得更高利润，而在另一些条件下会导致其利润受损。当线下体验店的需求预测策略能够为两竞争性线上零售商带来更高利润时，两竞争性线上零售商没有动机激励线下体验店改变最优预测策略；相反，当最优需求预测策略损害两竞争性线上零售商的利润时，两竞争性线上零售商有动机激励线下体验店改变最优预测策略。分析最优需求预测策略损害线上零售商利润的原因可以发现，存在三种不同原因导致线上零售商利润受损：第一，R2区域中，需求预测为线下体验店带来的信号成本优于预测收益，此时即使预测成本趋近于0，线下体验店也不愿意需求预测，然而对于两竞争性线上零售商来说，较低的佣金率使得需求预测为两竞争性线上零售商带来的预测收益优于信号成本，此时进行需求预测能为两竞争性线上零售商带来更高利润；第二，R4和R9区域中，需求预测给供应链成员带来的预测收益总是优于信号成本，但较高的需求预测成本导致线下体验店不愿意进行需求预测，由于无须承担预测成本，此时需求预测总能为两竞争性线上零售商创造更多价值；第三，R6区域中，需求预测给线下体验店带来的预测收益总是优于信号成本且预测成本较低，此时线下体验店愿意进行需求预测，但由于较高的佣金率导致需求预测给两竞争性线上零售商带来的预测收益总是小于信号成本，因此线下体验店的需求预测会损害两竞争性线上零售商的利润。

当最优需求预测策略对线下体验店与两竞争性线上零售商的影响不一致时，即上述R2、R4、R6和R9区域，两竞争性线上零售商有动机激励线下体验店改变需求预测策略。然而，只有当两竞争性线上零售商新增收益能够弥补线下体验店改变需求预测策略造成的损失时，需求预测激励才是可行的。因此有必要分析最优需求预测策略对供应链总体的影响以得到对供应链总体最优的需求预测策略进而采取措施实现供应链成员的帕累托改善。分析线下体验店最优需求预测策略对供应链总体的影响，可得命题7.9。

命题7.9 最优需求预测策略对供应链总体的影响为

R2a：当 $\gamma < Z_6$、$Z_7 \leqslant t\delta < Z_8$ 且 $c_s > 0$ 时，N策略最优，$\Delta E[\pi_{sc}] < 0$。

R2b：当 $\gamma < Z_6$、$Z_8 \leqslant t\delta < Z_5$ 且 $c_s \leqslant F_{sc} + S_{sc}$ 时，N策略最优，$\Delta E[\pi_{sc}] \geqslant 0$。

R4a：当 $\gamma < Z_6$、$t\delta \geqslant Z_5$ 且 $F_s + S_s < c_s \leqslant F_{sc} + S_{sc}$ 时，N策略最优，$\Delta E[\pi_{sc}] \geqslant 0$。

R6a：当 $\gamma \geqslant Z_6$、$Z_5 \leqslant t\delta < Z_8$ 且 $c_s \leqslant F_s + S_s$ 时，F策略最优，$\Delta E[\pi_{sc}] < 0$。

R6b：当 $\gamma \geqslant Z_6$、$Z_8 \leqslant t\delta < Z_7$ 且 $c_s \leqslant F_s + S_s$ 时，F策略最优，$\Delta E[\pi_{sc}] \geqslant 0$。

R9a：当 $\gamma \geqslant Z_6$、$t\delta \geqslant Z_7$ 且 $F_s + S_s < c_s \leqslant F_{sc} + S_{sc}$ 时，N策略最优，$\Delta E[\pi_{sc}] \geqslant 0$。

其中，Z_8 表示等式 $F_{sc} + S_{sc} = 0$ 关于 $t\delta$ 的解，且 $Z_8 < \theta_2/(2+\theta_2)$。此外，当 $c_s > F_{sc} + S_{sc}$ 时，进行需求预测对于线下体验店和供应链总体总是不利的，即该区域中两竞争性线上零售商总是无法激励线下体验店改变需求预测策略，故命题7.9省略该区域的讨论。

命题7.9表明，当最优需求预测策略损害两竞争性线上零售商的利润时，该策略并不总是会损害供应链总体的利润。具体来说，只有在区域R2b、R4a、R6a、R9a中，最优需求预测策略才会损害供应链总体的利润。这说明只有在上述区域内两竞争性线上零售商激励线下体验店改变需求预测策略带来的收益才可以弥补给线下体验店造成的损失，即需求预测激励在上述区域内才是可行的。下节将主要分析上述区域内两竞争性线上零售商的需求预测激励契约设计。

2. 两竞争性线上零售商的均衡预测激励契约

本节将主要研究两竞争性线上零售商对线下体验店的最优需求预测激励契约设计。由命题7.9可知，在区域R6a中，两竞争性线上零售商激励线下体验店不进行需求预测；在区域R2b、R4a、R9a中，两竞争性线上零售商激励线下体验店进行需求预测。本节分别研究上述两种不同情形下两竞争性线上零售商的最优预测激励契约，为便于表达，分别用SN激励契约、SF激励契约表示上述两种不同预测激励契约。

1）SN激励契约

SN激励契约中，两竞争性线上零售商同时决策提供给线下体验店的固定转移支付 T_i，然后线下体验店决策是否接受该激励契约，若接受则放弃进行需求预测。考虑到现实生活中企业多通过一对一谈判来确定固定转移支付，故假设两竞争性线上零售商同时通过一对一谈判与线下体验店确定固定转移支付 T_i，用 ϑ_i 表示线上零售商 i 相对于线下体验店的谈判能力，则 $1-\vartheta_i$ 表示线下体验店相对于线上零售商 i 的谈判能力。此时，SN激励契约下，线下到线上供应链成员面临的纳什谈判问题为

$$\begin{cases} \max_{T_i} \left(E\left[\pi_i^{SN*}\right] - E\left[\pi_i^{F*}\right] - T_i\right)^{\vartheta_i} \left(\dfrac{E\left[\pi_s^{SN*}\right] - E\left[\pi_s^{F*}\right]}{2} + T_i\right)^{1-\vartheta_i} \\ \text{s.t.} \quad E\left[\pi_i^{SN*}\right] - E\left[\pi_i^{F*}\right] - T_i \geqslant 0 \\ \qquad \dfrac{E\left[\pi_s^{SN*}\right] - E\left[\pi_s^{F*}\right]}{2} + T_i \geqslant 0 \end{cases} \quad (7.32)$$

其中，$i=1,2$；$E\left[\pi_i^{SN*}\right] = \max(1-\gamma)q_i\left(E[\alpha] + e_4 - q_i - \theta_2 q_{3-i}\right) - T_i$；$E\left[\pi_s^{SN*}\right] = $

$$\max \gamma \sum_{i=1}^{2} q_i \left(E[\alpha] + e_4 - q_i - \theta_2 q_{3-i} \right) + T_1 + T_2 - C(e_4)$$

。此外，由对称性易知，$\dfrac{E\left[\pi_s^{\mathrm{SN}*}\right] - E\left[\pi_s^{F*}\right]}{2}$ 表示SN激励契约下不进行需求预测与进行需求预测时线下体验店从线上零售商 i 获得的期望利润差。

采用逆序求解法求解上述优化问题可得线下到线上供应链成员的均衡SN激励契约，如命题7.10所示。

命题7.10 最优SN激励契约为① $e_4^{\mathrm{SN}*} = \dfrac{4\gamma \bar{\alpha}}{(2+\theta_2)^2 - 4\gamma}$；$q_i^{\mathrm{SN}*} = \dfrac{\bar{\alpha} + e_4^{\mathrm{SN}*}}{2+\theta_2}$；$T_i^{\mathrm{SN}*} = (1-\vartheta_i)(-F_i - S_i) + \dfrac{\vartheta_i(F_s + S_s)}{2}$。②当 $\dfrac{F_s + S_s}{2} + F_i + S_i > 0$ 时，$\dfrac{\partial T_i^{\mathrm{SN}*}}{\partial \vartheta_i} > 0$；反之，$\dfrac{\partial T_i^{\mathrm{SN}*}}{\partial \vartheta_i} \leqslant 0$。

证明：根据逆序求解法首先求解销售周期内两竞争性线上零售商的最优产品数量决策和线下体验店的最优体验服务投入水平决策，该证明过程与定理7.4证明过程类似，故略。其次求解式（7.32）中无约束条件下的最优固定转移支付，可得 $T_i^{\mathrm{SN}*} = (1-\vartheta_i)(-F_i - S_i) + \vartheta_i(F_s + S_s)/2$。容易验证，$T_i^{\mathrm{SN}*}$ 可满足式（7.32）中的约束条件，即 $T_i^{\mathrm{SN}*}$ 为供应链成员间的最优纳什谈判解。命题7.10②易得，故略。

对比定理7.4与命题7.10①可以发现，SN激励契约仅激励线下体验店改变最优预测策略但不改变O2O供应链成员的均衡决策。命题7.10②表明，当需求预测为线下体验店创造的价值足够高时（$F_s + S_s > 2(-F_i - S_i)$），两竞争性线上零售商支付给线下体验店的固定转移支付随着线上零售商谈判力的增强而增加。这是因为，当需求预测能为线下体验店创造较高的价值时，线下体验店进行需求预测的动机越强，而需求预测将伤害两竞争性线上零售商的利润，此时随着两竞争性线上零售商谈判能力的增强，他们越有动机支付较高的固定转移支付以激励线下体验店不进行需求预测。相反，当需求预测为线下体验店创造的价值较低时，线下体验店主动进行需求预测的动机较弱，此时，随着两竞争性线上零售商谈判能力的增强，他们只需付出少量的固定转移支付即可激励线下体验店不进行需求预测。

2）SF激励契约

SF激励契约中，两竞争性线上零售商同时决策提供给线下体验店的固定转移支付 T_i，然后线下体验店决策是否接受该预测激励契约，若接受则同时将预测信息真实共享给两竞争性线上零售商。此时，线下到线上供应链成员面临的纳什谈判问题为

$$\begin{cases} \max_{T_i} \left(E\left[\pi_i^{\text{SF}*}\right] - E\left[\pi_i^{N*}\right] - T_i\right)^{\vartheta_i} \left(\dfrac{E\left[\pi_s^{\text{SF}*}\right] - E\left[\pi_s^{N*}\right]}{2} + T_i\right)^{1-\vartheta_i} \\ \text{s.t.} \quad E\left[\pi_i^{\text{SF}*}\right] - E\left[\pi_i^{N*}\right] - T_i \geqslant 0 \\ \qquad \dfrac{E\left[\pi_s^{\text{SF}*}\right] - E\left[\pi_s^{N*}\right]}{2} + T_i \geqslant 0 \end{cases} \quad (7.33)$$

其中，$i=1,2$；$E\left[\pi_i^{\text{SF}*}\right] = \max(1-\gamma)q_i\left(E[\alpha|Y] + e_4 - q_i - \theta_2 q_{3-i}\right) - T_i$；$E\left[\pi_s^{\text{SF}*}\right] = \max \gamma \sum_{i=1}^{2} q_i \left(E[\alpha|Y] + e_4 - q_i - \theta_2 q_{3-i}\right) + T_1 + T_2 - c_s - C(e_4)$。由对称性易知，$\dfrac{E\left[\pi_s^{N*}\right] - E\left[\pi_s^{\text{SF}*}\right]}{2}$ 表示SF激励契约下进行需求预测与不进行需求预测时线下体验店从线上零售商 i 获得的期望利润差。

采用逆序求解法求解上述优化问题可得线下到线上供应链成员的均衡SF激励契约，如命题7.11所示。

命题7.11 最优SF激励契约为① $e_{4h}^{\text{SF}*} = \dfrac{4\gamma\bar{\alpha}(1+t\delta)}{(2+\theta_2)^2 - 4\gamma}$；$e_{4l}^{\text{SF}*} = \dfrac{4\gamma\bar{\alpha}(1-t\delta)}{(2+\theta_2)^2 - 4\gamma}$；$q_{ih}^{\text{SF}*} = \dfrac{\bar{\alpha}(1+t\delta) + e_{4h}^{\text{SF}*}}{2+\theta_2}$；$q_{il}^{\text{SF}*} = \dfrac{\bar{\alpha}(1-t\delta) + e_{4l}^{\text{SF}*}}{2+\theta_2}$；$T_i^{\text{SF}*} = (1-\vartheta_i)F_i - \vartheta_i F_s/2$。②当 $\vartheta_i > \dfrac{(1-\gamma)\left((2+\theta_2)^2 + 4\gamma\right)}{(2+\theta_2)^2 + 4\gamma(1-2\gamma)}$ 时，$\dfrac{\partial T_i}{\partial \theta_2} > 0$；反之则 $\dfrac{\partial T_i}{\partial \theta_2} \leqslant 0$。

对比定理7.5与命题7.11①可以发现，SF激励契约不仅能够激励线下体验店改变最优需求预测策略还改变了O2O供应链成员的均衡决策。这是因为在两竞争性线上零售商向线下体验店提供SF激励契约后，除了可以激励线下体验店进行需求预测外，还促使其将预测信息共享给两竞争性线上零售商，因此消除了无预测激励下信号成本带来的不利影响。命题7.11②表明当两竞争性线上零售商的谈判力较强时，竞争强度的增加会提高线下体验店获得的固定转移支付。一方面，容易验证，$\partial F_i/\partial \theta_2 < 0$、$\partial F_s/\partial \theta_2 < 0$，这说明竞争强度的增加对线下体验店和两竞争性线上零售商获得的预测收益具有负影响；另一方面，当线上零售商的谈判力较强时，竞争强度对线下体验店预测收益的负影响优于对两竞争性线上零售商预测收益的负影响（$\partial \vartheta_i F_s/2/\partial \theta_2 < \partial (1-\vartheta_i) F_i/\partial \theta_2$）。因此，在上述影响下，竞争强度的增加反而促使线下体验店获得更高的固定转移支付。相反，当线上零售商的谈判力较弱时，竞争强度的增加不仅损害需求预测为供应链成员带来的预测收益，

而且对两竞争性线上零售商的负影响优于对线下体验店的负影响，此时，两竞争性线上零售商愿意提供的固定转移支付不断下降。

7.2.4 数值仿真

在上述理论研究的基础上，为进一步揭示竞争环境中线下到线上供应链的需求信息预测策略与激励机制设计，本节通过数值算例对上述研究结果进行直观考察和说明。依据前文中不同参数间的相互关系，设置参数 $\bar{\alpha}=10$、$\theta_2=0.8$。

首先考察无预测激励下需求预测的影响，如图7.4所示。观察图7.4（a）可以发现，预测波动越大，需求预测给供应链成员带来的预测收益越大。此外还可发现，当佣金率较低时，两竞争性线上零售商获得的预测收益大于线下体验店获得的预测收益。这说明无预测激励下两竞争性线上零售商虽不知晓线下体验店获得的预测信息，但可通过线下体验店的体验服务投入水平的变化推测预测信息进而调整最优决策以获得更高利润。观察图7.4（b）可以发现，预测波动越大，需求预测给供应链成员造成的信号成本越小。还可发现，当佣金率较低时，两竞争性线上零售商遭受的信号成本大于线下体验店遭受的信号成本。这说明虽然两竞争性线上零售商可通过线下体验店最优决策来推测其获得的预测信息进而获得较高的预测收益，但其推测行为同时也会造成较高的信号成本损失。

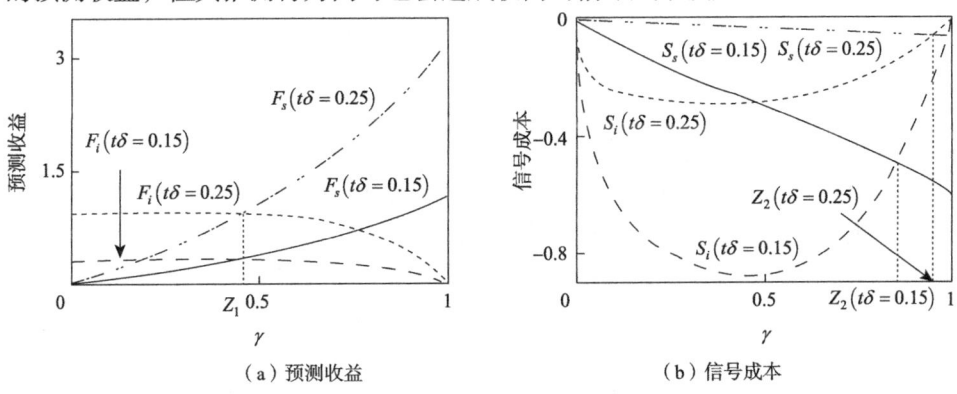

（a）预测收益　　　　　　　　　　（b）信号成本

图 7.4　需求预测的影响

其次考察最优预测激励契约的性质，以R6a（$t\delta=0.15$）、R9a（$t\delta=0.25$）区域为例绘制图7.5。观察图7.5（a）可以发现，SN激励契约下，两竞争性线上零售商付给线下体验店的最优固定转移支付随着佣金率的增加呈现先增后减的变化趋势。这主要是因为佣金率的增加对体验服务投入水平具有正向影响，这将吸引更多消费者线下体验线上购买进而提高供应链成员的利润。因此，两竞争性线上零售商愿意提高固定转移支付以激励线下体验店放弃需求预测。然而，一方面受到体验服务投入成本的边际递增性的影响，另一方面较高的佣金意味着两竞争性线上零售商能够获得的利润有限，因此当佣金率足够高时，两竞争性线上零售商付给线下体验店的固定转移支付随佣金率的增加而持续降低。此外还可发现，线上零售商的谈判力越强，他们付给线下体验店的固定转移支付不一定越低。观察图 7.5（b）可以发现，当佣金率较高时，两竞争性线上零售商付给线下体验店的固定转移支付为负。这是因为，SF 激励契约不仅具有激励线下体验店进行需求预测的作用还能消除信号成本对供应链成员利润的不利影响，而当佣金率较高时，线下体验店可以保留较高比例需求预测带来的预测收益，因此此时线下体验店愿意支付一定补贴给两竞争性线上零售商。

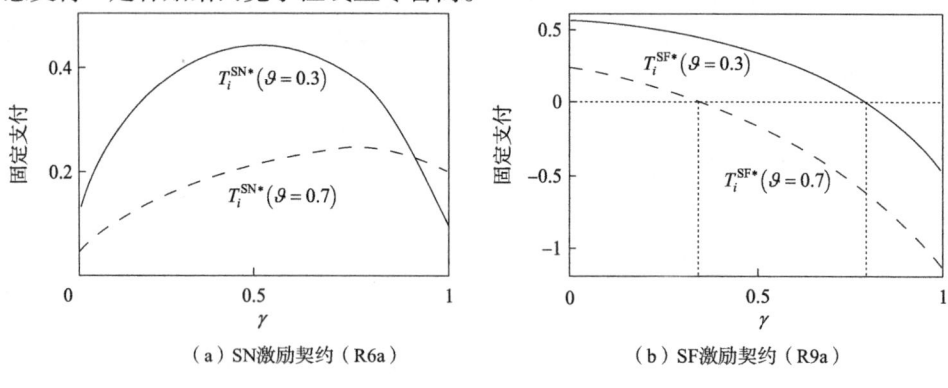

（a）SN 激励契约（R6a）

（b）SF 激励契约（R9a）

图 7.5　最优预测激励契约

7.2.5　小结

本节考虑由一个线下体验店和两个竞争性线上零售商组成的供应链，研究了线下体验店为线上零售商提供体验服务时供应链成员间的需求信息预测与激励。通过对比无预测激励下供应链成员均衡利润的变化，分析了需求预测对供应链成员的影响机制，并得到了线下体验店的最优需求预测策略。进一步基于线下体验店最优预测策略对两竞争性线上零售商和供应链总体影响的分析，设计了两竞争性线上零售商的预测激励契约，最后通过数值仿真对上述结果进行直观考察。

研究发现：①无预测激励下，需求预测一方面促使线下体验店在不确定市场环境下合理调整体验服务投入水平，体验服务投入水平的调整将预测信息间接传递给两竞争性线上零售商，促使他们调整其最优决策，进而促使供应链成员获得正的预测收益；另一方面当预测波动较小时，线下体验店需要降低体验服务投入水平以向线上零售商传递真实的预测信息，体验服务水平的降低导致需求降低并给供应链成员及整体带来不同程度的信号成本。②无预测激励下，线下体验店的最优需求预测策略受到预测收益、信号成本及需求预测成本三方面因素的综合影响；特别地，一定条件下即使需求预测成本趋近于 0，线下体验店也不会进行需求预测。③一定条件下，线下体验店的最优需求预测策略会损害两竞争性线上零售商与供应链总体的利润，这说明两竞争性线上零售商可通过预测激励契约促使线下体验店改变最优需求预测策略以获得更高利润。④当线下体验店进行需求预测但却会损害供应链总体利润时，两竞争性线上零售商可通过SN激励契约促使线下体验店放弃需求预测，有时两竞争性线上零售商支付给线下体验店的固定转移支付随着线上零售商谈判力的增强而增加；当线下体验店不愿意进行需求预测时，两竞争性线上零售商可通过SF激励契约促使线下体验店进行需求预测，此外SF激励契约还能消除信号成本的不利影响，因此一定条件下两竞争性线上零售商付给线下体验店的固定转移支付可能为负。

7.3 线下体验店与多线上零售商的预测信息共享及激励策略

在线下体验店与两竞争性线上零售商的合作中，线下体验店直接服务于到店体验的消费者，相对于两竞争性线上零售商来说，线下体验店往往掌握更多关于这些消费者的需求信息，在应对市场不确定风险中具备更强的信息优势。显然，线下体验店的需求信息共享能够为两竞争性线上零售商提供决策依据，保证他们根据预测信息调整最优决策以缓和供需不匹配带来的负面影响。然而，需求信息共享不仅会导致线下体验店信息优势地位的丧失，还有可能加剧线上零售商间的竞争，而由竞争程度加剧引发的利益冲突可能会降低供应链绩效。因此，研究由一个线下体验店和两个竞争性线上零售商组成的供应链需求信息共享对线下体验店模式的持续发展与渠道合作具有重要的现实意义和理论价值。

鉴于此，本节针对由一个线下体验店与两个竞争性线上零售商组成的供应链，构建不同预测信息共享策略下的动态博弈模型，求解不同策略下供应链成员的均衡决策，对比分析预测信息共享对线上零售商的影响机制，研究线下体验店的最优信息共享策略。然后探究最优信息共享策略对两竞争性线上零售商和供应链总体的影响，设计该条件下两竞争性线上零售商的最优预测信息共享激励契约。

7.3.1 问题描述

考虑由一个线下体验店和两个竞争性线上零售商组成的供应链。其中，线上零售商i以零售价格p_i面向同一市场销售差异化产品i；为吸引消费者线下体验后转移至线上购买，线下体验店投入水平为e_4的体验服务，并从每笔交易中抽取γ比例的收益作为引流的佣金。为便于表达，分别用下标s、i（$i=1,2$）表示线下体验店与两竞争性线上零售商。

考虑到线下体验店的体验服务不仅向消费者传递产品的基本功能，还能满足消费者购物过程中的体验需求，因此体验服务e_4能够提高线下消费者的市场需求。此外，考虑到本节主要聚焦于体验店投入体验服务以吸引线下消费者到店体验时供应链成员间的合作问题，故与文献Gao和Su（2017a）类似，本节假设线上消费者需求外生，并将其标准化为0。基于上述假设，可得线上零售商i的需求函数为

$$d_i = \alpha + \varepsilon + \lambda_4 e_4 - p_i + \theta_2 p_{3-i}, \quad i=1,2 \tag{7.34}$$

其中，α表示线下消费者的基本市场需求；ε为随机变量，表示市场不确定因素导致的需求波动，并服从均值为0，方差为σ^2的正态分布；λ_4表示体验服务投入对线下消费者需求的影响系数；θ_2表示两线上零售商间的竞争程度。

由于距离线下消费者较近，线下体验店往往掌握大量线下消费者的需求数据，比线上零售商具备更强的需求预测能力，如家居体验店Home Times通过大数据投入分析消费者的购买行为与偏好以更好地挑选匹配消费者需求的产品，进而刺激消费者购买，因此线下体验店在销售季来临前可以获得关于需求波动ε的预测信息Y，它是关于需求波动ε的无偏估计，即$E[Y|\varepsilon]=\varepsilon$。此外，考虑线下体验店的需求预测是基于线性信息结构，即需求波动ε的预测值是关于预测信息Y的线性函数，这种信息结构在信息共享文献中得到广泛应用（Ha et al., 2011; Shang et al., 2015; Ha et al., 2017）。此外，考虑到现实生活中线下体验店往往只能预测到有限的需求信息，故定义线下体验店的预测精度为$t=1\big/E\big[\mathrm{Var}[Y|\varepsilon]\big]$，其中，$t$越大表示线下体验店的需求预测越准确。基于上述假设可得

$$E[\varepsilon|Y] = \frac{1}{1+t\sigma^2}E[\varepsilon] + \frac{t\sigma^2}{1+t\sigma^2}Y = Z(t,\sigma)Y \tag{7.35}$$

其中，$Z(t,\sigma)=t\sigma^2/(1+t\sigma^2)$，表示预测信息$Y$所占的权重，可以发现$Z(t,\sigma)$随着预测精度$t$的增加而增加。上述信息结构是所有供应链成员的共同知识。

在线下体验店提供体验服务的过程中，到店体验的消费者数量越多，线下体验店投入体验服务所需的人工成本、店铺维护成本等也越高，故假设体验服务的成本函数为$C(e_4)=\kappa_4 e_4(d_1+d_2)$，其中，$\kappa$表示体验服务投入的成本系数。因此，线下体验店、线上零售商与供应链总体的利润函数分别为

$$\pi_s = \gamma(p_1 d_1 + p_2 d_2) - \kappa_4 e_4(d_1+d_2) \tag{7.36}$$

$$\pi_i = (1-\gamma)p_i d_i, \quad i=1,2 \tag{7.37}$$

$$\pi_{sc} = p_1 d_1 + p_2 d_2 - \kappa_4 e_4(d_1+d_2) \tag{7.38}$$

供应链成员间的博弈顺序如下所示：销售周期开始前，线下体验店首先决策最优预测信息共享策略，令n表示线下体验店共享预测信息给线上零售商的个数，$n=0,1,2$。其次，线下体验店获得需求预测信息Y，并根据信息共享策略将需求预测信息真实共享给线上零售商i，令X_i表示线上零售商i的信息状态，其中，

$i=1,2$，$X_i = I$、$X_i = U$ 分别表示线下体验店将需求预测信息共享给线上零售商 i、未共享给线上零售商 i；销售周期开始，线上零售商先决策产品零售价格 p_i。最后，线下体验店决策体验服务投入水平 e_4；销售周期结束，需求实现，供应链成员获得各自的利润。

7.3.2 不同策略下的均衡分析

本节首先求解不同预测信息共享策略下供应链成员的均衡决策；其次通过对比不同策略下供应链成员期望利润的变化分析预测信息共享对供应链成员的影响。为便于表达，本节将线下体验店不共享预测信息给线上零售商、仅共享预测信息给一个线上零售商、同时共享预测信息给两个线上零售商分别称为不共享策略、部分共享策略、完全共享策略。

1. 不同预测信息共享策略下的均衡决策

根据逆序求解法，本节首先求解线下体验店的体验服务投入决策。给定产品零售价格 p_i 与预测信息 Y，线下体验店的期望利润为

$$E[\pi_s | Y] = \sum_{i=1}^{2} (\gamma p_i - \kappa_4 e_4)\left(E[\alpha | Y] + \lambda_4 e_4 - p_i + \theta_2 p_{3-i}\right) \quad (7.39)$$

为最大化式（7.39）中线下体验店的期望利润，体验服务投入水平决策须满足一阶条件 $\partial E[\pi_s | Y] / \partial e_4 = 0$，则有

$$e_4^*(p_1, p_2 | Y) = \frac{(p_1 + p_2)[\kappa_4(1-\theta_2) + \lambda_4 \gamma] - 2\kappa_4 \alpha}{4\lambda_4 \kappa_4} - \frac{1}{2\lambda} \eta(t, \sigma) Y \quad (7.40)$$

观察式（7.40）可以发现，产品零售价格 p_i 对最优体验服务投入水平具有正影响，这说明产品零售价格越高，线下体验店越有动机提高体验服务投入水平。此外，还可发现无论是否向线上零售商 i 共享预测信息，最优体验服务投入水平均受到预测信息 Y 的影响，这说明进行需求预测总能使线下体验店根据需求预测信息调整体验服务投入水平。

此外，令 $\Lambda = \lambda_4 / \kappa_4$。可以发现，给定 λ_4 不变，随着 Λ 的增加，线下体验店刺激相同数量的消费者需求所耗费的体验服务成本更低；同样地，给定 κ_4 不变，随着 Λ 的增加，线下体验店投入相同数量的成本能够刺激更多数量的消费者需求，因此本章将 Λ 定义为体验服务投入的成本效率。

接下来分析线上零售商 i 的零售价格决策，当线下体验店不共享预测信息给线上零售商 i 时，线上零售商 i 将根据期望利润进行最优决策，此时线上零售商 i 的期望利润为

$$E[\pi_i] = (1-\gamma)p_i\left(\alpha + \lambda_4 E[e_4^*(p_1, p_2 | Y)] - p_i + \theta_2 p_{3-i}\right) \quad (7.41)$$

为最大化式（7.41）中线上零售商 i 的期望利润，零售价格决策需满足一阶条件 $\partial E[\pi_i]/\partial p_i = 0$，则有

$$p_i^*(p_{3-i}) = \frac{2\alpha + p_{3-i}(1+3\theta_2+\Lambda\gamma)}{2(3+\theta_2-\Lambda\gamma)} \quad (7.42)$$

当线下体验店共享需求预测信息给线上零售商 i 时，线上零售商 i 将根据预测信息进行最优决策，此时线上零售商 i 的期望利润为

$$E[\pi_i|Y] = (1-\gamma)p_i\left(\alpha + E[\varepsilon|Y] + \lambda e_4^*(p_1,p_2|Y) - p_i + \theta_2 p_{3-i}\right) \quad (7.43)$$

为最大化式（7.43）中线上零售商 i 的期望利润，零售价格决策需满足一阶条件 $\partial E[\pi_i|Y]/\partial p_i = 0$，则有

$$p_i^*(p_{3-i}) = \frac{2\alpha + p_{3-i}(1+3\theta_2+\Lambda\gamma)}{2(3+\theta_2-\Lambda\gamma)} + \frac{1}{3+\theta_2-\Lambda\gamma}Z(t,\sigma)Y \quad (7.44)$$

观察式（7.42）和式（7.44）中线上零售商 i 的零售价格反应函数可以发现，线上零售商 i 在决策 p_i 时会推测线上零售商 $3-i$ 关于 p_{3-i} 的决策。当线上零售商 i 不知晓预测信息时，其定价决策是基于线上零售商 $3-i$ 定价决策的预期 $E[p_{3-i}]$，即 p_i 是关于 $E[p_{3-i}]$ 的函数，其中若线上零售商 $3-i$ 知晓预测信息则 p_{3-i} 是关于预测信息 Y 的函数，反之则不是。当线上零售商 i 知晓预测信息时，他确切地知晓线上零售商 $3-i$ 获得的预测信息，此时 p_i 是关于 p_{3-i} 的函数。此外，为保证均衡决策为正，本章假设 $(3+\theta_2)/5\Lambda < \gamma < \min\{(5-\theta_2)/3\Lambda, 1\}$，否则供应链成员的均衡决策为0或者趋近于无穷，这些情形要么不符合现实情境，要么不属于本章的研究内容。根据上述反应函数及假设可得供应链成员的唯一贝叶斯纳什均衡，如定理7.6所示。

定理7.6 不同预测信息共享策略下，线上零售商的均衡价格决策为
$p_i^*(n) = \bar{p} + [D(n)+C(n,\theta_2)]Z(t,\sigma)Y$。

其中，$i=1,2$；$n=0,1,2$；$\bar{p} = \dfrac{2\alpha}{5-\theta_2-3\Lambda\gamma}$；$D(0)=D^U(1)=0$，$D^I(1)=\dfrac{1}{3-\Lambda\gamma}$，$D(2)=\dfrac{2}{5-3\Lambda\gamma}$；$C(0,\theta)=C^U(1,\theta)=0$，$C^I(1,\theta_2)=\dfrac{-\theta_2}{(3+\theta_2-\Lambda\gamma)(3-\Lambda\gamma)}$，$C(2,\theta_2)=\dfrac{2\theta_2}{(5-\theta_2-3\Lambda\gamma)(5-3\Lambda\gamma)}$；当 $n=1$ 时，上标 I、U 分别表示线下体验店将需求预测信息共享给线上零售商 i、未共享给线上零售商 i。

定理7.6中，$\bar{p}$ 表示不受需求波动影响的确定性因素；$[D(n)+C(n,\theta_2)]Z(t,\sigma)Y$ 表示预测信息共享对线上零售商最优定价决策的影响，其中 $D(n)$ 表示预测信息共享对线上零售商 i 最优定价决策的直接影响，即 $\theta_2=0$ 时预测信息共享

的影响；$C(n,\theta_2)$表示预测信息共享下两个线上零售商间的竞争强度θ_2对线上零售商i最优定价决策的影响。为便于表达，本章将上述两方面影响分别称为信息共享的直接效应（以下简称为直接效应）、信息共享的竞争效应（以下简称为竞争效应）。

为进一步分析预测信息共享的直接效应与竞争效应对线上零售商定价决策的影响，本章给出命题7.12。

命题7.12 预测信息共享对线上零售商均衡定价决策的影响，①直接效应：$D(2) > D^I(1) > 0$，$\dfrac{\partial D(2)}{\partial \Lambda} > \dfrac{\partial D^I(1)}{\partial \Lambda} > 0$。②竞争效应：$C(2,\theta_2) > \left|C^I(1,\theta_2)\right| > 0 > C^I(1,\theta_2)$，$\dfrac{\partial C(2,\theta_2)}{\partial \Lambda} > \dfrac{\partial \left|C^I(1,\theta_2)\right|}{\partial \Lambda} > 0 > \dfrac{\partial C^I(1,\theta_2)}{\partial \Lambda}$。

命题7.12①表明不同预测信息共享策略下直接效应促使线上零售商根据预测信息同向调整零售价格，且完全共享策略下直接效应带来的零售价格的调整幅度大于部分共享策略。这主要是因为不同预测信息共享策略下体验服务投入水平的变化。具体来说，由式（7.40）可以发现，体验服务投入水平受到零售价格的正向影响，而体验服务投入水平的变化则会直接影响到线上零售商的市场需求。因此，受到零售价格的正向影响，完全共享策略下体验服务投入水平的调整幅度大于部分共享策略，进而促使完全共享策略下市场需求的变化幅度加大，这给线上零售商提供了更高动机来调整价格以获得更多利润。因此，命题7.12①也表明完全共享策略下体验服务投入的成本效率对零售价格调整幅度的正影响强于部分共享策略。

命题7.12②表明部分信息共享策略下竞争效应会促使线上零售商根据预测信息反向调整价格决策；而完全共享策略下竞争效应则会促使线上零售商根据预测信息同向调整价格决策。具体来说，部分共享策略下，不知晓预测信息的线上零售商仅能根据期望需求进行定价决策，此时知晓预测信息的线上零售商若盲目提价则会导致大量消费者购买其竞争对手的产品，若盲目降价虽然可以吸引大量消费者购买其产品但也会降低其边际利润，因此竞争效应会抑制线上零售商的调价行为。但在完全共享策略下，两竞争性线上零售商均会根据预测信息同向调整其定价决策以获得更高利润。同时由于受到体验服务投入水平的影响，命题7.12②还表明完全共享策略下竞争效应带来的零售价格的调整幅度大于部分共享策略，且完全共享策略下体验服务投入的成本效率对零售价格调整幅度的正影响强于部分共享策略。

2. 供应链成员的期望利润

将上节中供应链成员的均衡决策代入到不同预测信息共享策略下供应链成员的期望利润函数中，可得

$$E\left[\pi_s^*(n)\right] = \bar{\pi}_s + F + \mathrm{VD}_s(n) + \mathrm{VC}_s(n, \theta_2) \tag{7.45}$$

$$E\left[\pi_i^*(n)\right] = \bar{\pi}_i + \mathrm{VD}_i(n) + \mathrm{VC}_i(n, \theta_2) \tag{7.46}$$

其中，$\bar{\pi}_s$、$\bar{\pi}_i$分别表示线下体验店、线上零售商i不受需求波动影响的确定性收益；F表示需求预测为线下体验店带来的预测收益；$\mathrm{VD}_s(n)$、$\mathrm{VC}_s(n, \theta_2)$分别表示不同预测共享策略下直接效应与竞争效应为线下体验店带来的价值；$\mathrm{VD}_i(n)$、$\mathrm{VC}_i(n, \theta_2)$表示不同预测共享策略下直接效应与竞争效应为线上零售商i带来的价值；$\bar{\pi}_s = \dfrac{\alpha^2(3+\theta_2-\varLambda\gamma)^2}{2\varLambda(5-\theta_2-3\varLambda\gamma)^2}$，$\bar{\pi}_i = \dfrac{\alpha^2(1-\gamma)(3+\theta_2-\varLambda\gamma)}{(5-\theta_2-3\varLambda\gamma)^2}$；$F = \dfrac{1}{2\varLambda} \eta(t,\sigma)\sigma^2$；$\mathrm{VD}_s(0) = 0$，$\mathrm{VD}_s(1) = -\dfrac{3\varLambda^2\gamma^2 - 10\varLambda\gamma + 11}{8\varLambda(3-\varLambda\gamma)^2} Z(t,\sigma)\sigma^2$，$\mathrm{VD}_s(2) = -\dfrac{4(2-\varLambda\gamma)(1-\varLambda\gamma)}{\varLambda(5-3\varLambda\gamma)^2} Z(t,\sigma)\sigma^2$；$\mathrm{VC}_s(0,\theta_2) = 0$，$\mathrm{VC}_s(1,\theta_2) = \dfrac{\theta_2\left(-\varLambda^3\gamma^3 + \varLambda^2\gamma^2(7+\theta_2) - \varLambda\gamma(17+5\theta_2) + 15 + 7\theta_2\right)}{\varLambda(3+\theta_2-\varLambda\gamma)^2(3-\varLambda\gamma)^2} Z(t,\sigma)\sigma^2$，$\mathrm{VC}_s(2,\theta_2) = \dfrac{4\theta_2(2-\varLambda\gamma)\left(3\varLambda^2\gamma^2 - \varLambda\gamma(14+\theta_2) + 15 + \theta_2\right)}{\varLambda(5-\theta_2-3\varLambda\gamma)^2(5-3\varLambda\gamma)^2} Z(t,\sigma)\sigma^2$；$\mathrm{VD}_i(0) = \mathrm{VD}_i^U(1) = 0$，$\mathrm{VD}_i^I(1) = \dfrac{1-\gamma}{4(3-\varLambda\gamma)} Z(t,\sigma)\sigma^2$，$\mathrm{VD}_i(2) = \dfrac{(1-\gamma)(3-\varLambda\gamma)}{(5-3\varLambda\gamma)^2} Z(t,\sigma)\sigma^2$；$\mathrm{VC}_i(0,\theta_2) = \mathrm{VC}_i^U(1,\theta_2) = 0$，$\mathrm{VC}_i^I(1,\theta_2) = \dfrac{-\theta_2(1-\gamma)}{4(3+\theta_2-\varLambda\gamma)(3-\varLambda\gamma)} Z(t,\sigma)\sigma^2$，$\mathrm{VC}_i(2,\theta_2) = \dfrac{\theta_2(1-\gamma)\left[15\varLambda^2\gamma^2 - \varLambda\gamma(58-\theta_2) + 55 - 3\theta_2\right]}{(5-\theta_2-3\varLambda\gamma)^2(5-3\varLambda\gamma)^2} Z(t,\sigma)\sigma^2$。

分析不同预测信息共享策略下直接效应与竞争效应为供应链成员带来的信息共享收益，可得命题7.13，并依据$t = 1.5$、$\sigma^2 = 2$、$\theta_2 = 0.5$、$\varLambda = 1.5$绘制图7.6、图7.7以便更直观地呈现相关结果。

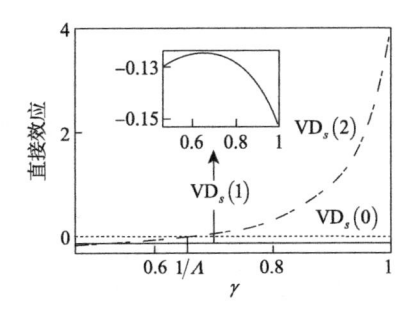

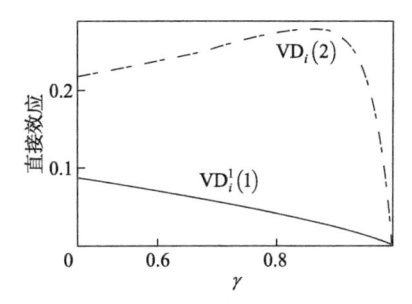

(a) 对线下体验店的影响　　　　　(b) 对线上零售商 i 的影响

图 7.6　直接效应的影响

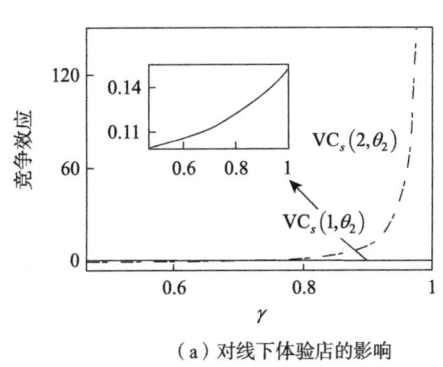

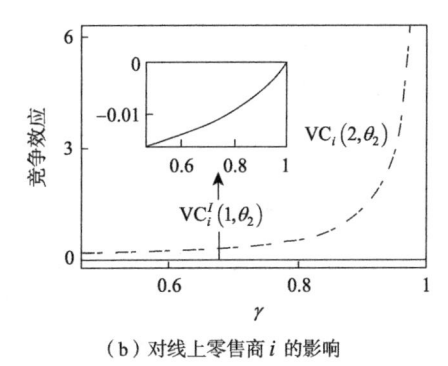

(a) 对线下体验店的影响　　　　　(b) 对线上零售商 i 的影响

图 7.7　竞争效应的影响

命题7.13　预测信息共享对供应链成员利润的影响，①直接效应：当 $\Lambda \geqslant 1$ 且 $\gamma > 1/\Lambda$ 时，$\mathrm{VD}_s(2) > \mathrm{VD}_s(0) > \mathrm{VD}_s(1)$，反之，$\mathrm{VD}_s(0) > \max\{\mathrm{VD}_s(1), \mathrm{VD}_s(2)\}$；$\mathrm{VD}_i(2) > \mathrm{VD}_i^I(1) > \mathrm{VD}_i^U(1) = \mathrm{VD}_i(0)$。②竞争效应：$\mathrm{VC}_s(2,\theta_2) > \mathrm{VC}_s(1,\theta_2) > \mathrm{VC}_s(0,\theta_2)$；$\mathrm{VC}_i(2,\theta_2) > \mathrm{VC}_i(0,\theta_2) = \mathrm{VC}_i^U(1,\theta_2) > \mathrm{VC}_i^I(1,\theta_2)$。

证明：将式（7.45）中 $\mathrm{VD}_s(n)$、$\mathrm{VC}_s(n)$ 相减可得

$$\mathrm{VD}_s(1) - \mathrm{VD}_s(0) = -\frac{3\Lambda^2\gamma^2 - 10\Lambda\gamma + 11}{8\Lambda(3-\Lambda\gamma)^2} Z(t,\sigma)\sigma^2$$

$$\mathrm{VD}_s(2) - \mathrm{VD}_s(0) = -\frac{4(2-\Lambda\gamma)(1-\Lambda\gamma)}{\Lambda(5-3\Lambda\gamma)^2} Z(t,\sigma)\sigma^2$$

由上式可知，$\mathrm{sign}\{\mathrm{VD}_s(1) - \mathrm{VD}_s(0)\} = \mathrm{sign}\{-3\Lambda^2\gamma^2 + 10\Lambda\gamma - 11\}$，根据二次方程的性质，容易验证 $-3\Lambda^2\gamma^2 + 10\Lambda\gamma - 11 < 0$；同理，$\mathrm{sign}\{\mathrm{VD}_s(2) - \mathrm{VD}_s(0)\} = \mathrm{sign}\{\Lambda\gamma - 1\}$，由此可得当 $\Lambda > 1$ 且 $\gamma > 1/\Lambda$ 时，$\mathrm{VD}_s(2) > \mathrm{VD}_s(0) > \mathrm{VD}_s(1)$；当 $\gamma \leqslant \min\{1, 1/\Lambda\}$ 时，$\mathrm{VD}_s(0) > \max\{\mathrm{VD}_s(1), \mathrm{VD}_s(2)\}$。命题7.13中剩余部分的证明

过程与上述过程类似，故略。

命题7.13①表明，部分共享策略下直接效应促使知晓信息的线上零售商获得更高利润，但会损害线下体验店的利润。这是因为，部分共享策略下直接效应促使知晓预测信息的线上零售商更有效率地进行定价决策以实现利润最大化；然而线下体验店的利润同时来源于两个线上零售商，知晓预测信息的线上零售商的价格调整行为抢夺了其竞争对手的市场需求，因此总体来看，部分共享策略下线下体验店利润受损。观察图7.6（a）还可发现，一定条件下佣金率的提升反而会加重部分共享策略下直接效应给线下体验店造成的利润损失。命题7.13①还表明，完全共享策略下直接效应为线上零售商带来的信息共享收益高于部分共享策略，但直接效应对线下体验店利润的影响有赖于体验服务投入的成本效率与佣金率的变化。对于线上零售商来说，完全共享策略下直接效应对线上零售商的价格调整幅度大于部分共享策略，因此完全共享策略下线上零售商也总是能获得更高利润。且由图7.6（b）还可以发现，一定条件下佣金率的提升能够强化完全共享策略下直接效应给线上零售商带来的正向收益。对于线下体验店来说，虽然线上零售商能够更有效率地制定零售价格以吸引消费者购物，但当佣金率较低时，线下体验店获得的佣金收益有限；同时零售价格的调整也会促使体验服务投入水平的变化，若体验服务投入的成本效率较低时，体验服务投入水平的调整会导致线下体验店运营成本的快速上升或少量降低。因此，当且仅当体验服务投入的成本效率与佣金率均较高时，直接效应才能为线下体验店创造价值。

命题7.13②表明竞争效应总能给线下体验店带来正的收益，且知晓预测信息的线上零售商数量越多，线下体验店获得的收益越高，如图7.7（a）所示。这是因为部分共享策略下，竞争效应通过抑制知晓预测信息的线上零售商的调价行为来削弱体验服务投入水平改变带来的不利影响；完全共享策略下竞争效应通过刺激线上零售商的调价行为进一步强化了体验服务投入水平改变带来的积极影响。命题7.13②还表明，部分共享策略下，由于竞争效应会促使知晓预测信息的线上零售商根据预测信息反向调整定价决策，因此竞争效应会损害知晓预测信息的线上零售商的利润；完全共享策略下，两竞争性线上零售商均能根据预测信息正向调整定价决策，因此竞争效应能为线上零售商带来更高利润。观察图7.7（b）还可发现，佣金率的提升能够缓和部分信息共享策略下竞争效应给线上零售商造成的利润损失。

7.3.3 最优需求信息共享与激励策略

1. 最优需求信息共享策略

本节主要分析线下体验店的最优预测信息共享决策。为便于表达，令

$V_s(n)=\mathrm{VD}_s(n)+\mathrm{VC}_s(n,\theta_2)$、$V_i(n)=\mathrm{VD}_i(n)+\mathrm{VC}_i(n,\theta_2)$，其中 $V_s(n)$、$V_i(n)$ 分别表示不同信息共享策略下线下体验店、线上零售商 i 获得的信息共享收益。对比不同预测信息共享策略下供应链成员的信息共享收益，可得命题7.14。

命题7.14 最优预测信息共享策略：① $V_i(2)>V_i^I(1)>V_i^U(1)=V_i(0)$。②当 $\theta_2 \geqslant 1/3$ 时，或当 $\theta_2<1/3$、$\Lambda \geqslant 1-\theta_2$ 且 $\gamma \geqslant (1-\theta_2)/\Lambda$ 时，$V_s(2)>\max\{V_s(0),V_s(1)\}$，$n^*=2$；反之 $V_s(0)>\max\{V_s(1),V_s(2)\}$，$n^*=0$。

证明： 由命题7.13可知，当 $\Lambda>1$ 且 $\gamma>1/\Lambda$ 时，$\mathrm{VD}_s(1)<\mathrm{VD}_s(0)<\mathrm{VD}_s(2)$ 且 $\mathrm{VC}_s(0)<\mathrm{VC}_s(1)<\mathrm{VC}_s(2)$，即 $V_s(2)>\max\{V_s(0),V_s(1)\}$。接下来，只需证明 $\gamma \leqslant \min\{1,1/\Lambda\}$ 时 $V_s(0)$、$V_s(1)$ 与 $V_s(2)$ 间的关系。由式（7.45）可得

$$V_s(2)-V_s(0)=\frac{4(\Lambda\gamma+\theta_2-1)(2-\Lambda\gamma)}{\Lambda(5-\theta_2-3\Lambda\gamma)^2}Z(t,\sigma)\sigma^2$$

$$V_s(1)-V_s(0)=\frac{-3\Lambda^2\gamma^2+2\Lambda\gamma(5-\theta_2)-(1-\theta_2)(11+5\theta_2)}{8\Lambda(3+\theta_2-\Lambda\gamma)^2}Z(t,\sigma)\sigma^2$$

$$V_s(2)-V_s(1)=\frac{L_1}{8\Lambda(3+\theta_2-\Lambda\gamma)^2(5-\theta_2-3\Lambda\gamma)^2}Z(t,\sigma)\sigma^2$$

其中，$L_1 = \begin{bmatrix} -5\Lambda^4\gamma^4+4\Lambda^3\gamma^3(27+17\theta_2)-2\Lambda^2\gamma^2(227+166\theta_2-\theta^2) \\ +4\Lambda\gamma(167+107\theta_2-35\theta_2^2-15\theta_2^3)-301-68\theta_2+266\theta_2^2 \\ +108\theta_2^3-5\theta_2^4 \end{bmatrix}$。

容易知道，$\mathrm{sign}\{V_s(2)-V_s(0)\}=\mathrm{sign}\{\Lambda\gamma+\theta_2-1\}$。根据线性函数的性质容易得到，当 $\theta_2 \geqslant 1/3$ 时，或当 $\theta_2<1/3$、$\Lambda \geqslant 1-\theta_2$ 且 $\gamma \geqslant (1-\theta_2)/\Lambda$ 时，$V_s(2) \geqslant V_s(0)$；反之则 $V_s(2)<V_s(0)$。此外，$\mathrm{sign}\{V_s(1)-V_s(0)\}=\mathrm{sign}\{-3\Lambda^2\gamma^2+2\Lambda\gamma(5-\theta_2)-(1-\theta_2)(11+5\theta_2)\}$。根据二次函数的性质可知，上式的判别式为 $\Delta=-32\gamma^2(1+\theta_2)(1-2\theta_2)$，即当 $\theta_2<1/2$ 时，$V_s(1)<V_s(0)$。进一步可得，当 $1/3 \leqslant \theta_2 < 1/2$ 时，或当 $\theta_2<1/3$、$\Lambda \geqslant 1-\theta_2$ 且 $\gamma \geqslant (1-\theta_2)/\Lambda$ 时，$V_s(2) \geqslant V_s(0) > V_s(1)$；当 $\theta_2<1/3$、$\Lambda \geqslant 1-\theta_2$ 且 $\gamma < (1-\theta_2)/\Lambda$ 时，或当 $\theta_2<1/3$ 且 $\Lambda<1-\theta_2$ 时，$V_s(0)>\max\{V_s(1),V_s(2)\}$。

现在只需证明当 $\theta_2>1/2$ 时，$V_s(1)$ 与 $V_s(2)$ 的关系。容易知道，$\mathrm{sign}\{V_s(2)-V_s(1)\}=\mathrm{sign}\{L_1\}$。容易得到，$\partial^2 L_1/\partial\gamma^2=\Lambda^2 L_2$，其中，$L_2=-60\Lambda^2\gamma^2+27\Lambda\gamma(27+17\theta_2)+4(\theta_2^2-166\theta_2-227)$。根据二次函数的性质可知，$L_2$ 的对称轴

为 $9\gamma(27+17\theta_2)/40\varLambda > \min\{1,1/\varLambda\}$，这意味着 L_2 在参数范围内是关于 γ 的增函数。进一步可知，当 $\gamma = \min\{1,1/\varLambda\}$ 时，$L_2 < 0$，这意味着 $\partial L_1/\partial \gamma$ 在参数范围内是关于 γ 的减函数。采用类似方法最终可以证明，在参数范围内 $L_1 > 0$，即 $V_s(2) > V_s(1)$。结合前文所证结论，最终命题7.14②得证。命题7.14①证明过程与之类似，故略。

命题7.14①表明预测信息共享总能为知晓预测信息的线上零售商带来更多收益，且竞争对手知晓预测信息能促使线上零售商获得更多收益。这是因为，部分共享策略下，直接效应改善了线上零售商不确定市场环境下的定价决策，尽管竞争效应会损害线上零售商的利润，但直接效应的正影响优于竞争效应的负影响。完全共享策略下，信息共享不仅强化了直接效应对线上零售商利润的正影响，还促使部分共享策略下竞争效应对线上零售商利润的负影响转化为正影响。因此，线上零售商能够获得比部分共享策略下更高的利润。这说明在与线下体验店合作中，竞争对手拥有与自己同样的信息反而对自己有利。

命题7.14②表明，当竞争强度较高时，竞争效应对线下体验店的正影响优于直接效应的影响；当竞争强度较低而体验服务投入的成本效率与佣金率均较高时，直接效应与竞争效应均对线下体验店的利润产生正影响，因此上述两种条件下，线下体验店愿意同时向两竞争性线上零售商共享预测信息，且两竞争性线上零售商愿意接受线下体验店共享的预测信息，此时，完全共享策略是线下体验店的均衡预测信息共享策略。此外，由 $\partial(1-\theta_2)/\partial\theta_2 < 0$、$\partial((1-\theta_2)/\varLambda)/\partial\theta_2 < 0$ 可知，随着竞争强度越高，线下体验店主动共享预测信息给两个线上零售商的意愿越强，这是因为竞争强度的增强会强化竞争效应的正影响。相反，当竞争强度、体验服务投入的成本效率与佣金率均较低时，直接效应对线下体验店的负影响优于竞争效应对线下体验店的正影响，此时不共享策略是线下体验店的最优预测信息共享策略。

对比命题7.14①与命题7.14②还可以发现，当 $\theta_2 < 1/3$ 且 $\gamma < \min\{(1-\theta_2)/\varLambda,1\}$ 时，线下体验店不愿共享预测信息，而两竞争性线上零售商在完全共享策略下能获得更高利润。这说明线上零售商有动机促成线下体验店进行预测信息共享。接下来本章将主要研究该条件下两竞争性线上零售商的最优预测信息共享激励契约设计。

2. 最优需求信息共享激励策略

本节主要研究线上零售商的预测信息共享激励。考虑到只有当线上零售商新增利润可以弥补线下体验店的利润损失时，线上零售商提供信息共享契约激励线下体验店共享预测信息才是可行的，因此有必要分析线下体验店与线上零售商预测信息共享动机不一致时预测信息共享对供应链总体的影响。由式（7.45）和式

(7.46)可得供应链总体的期望利润：

$$E\left[\pi_{sc}^*(n)\right] = \bar{\pi}_{sc} + F + V_{sc}(n) \qquad (7.47)$$

其中，SC 表示供应链总体；$\bar{\pi}_{sc}$ 表示供应链总体不受需求波动影响的确定性收益；$V_{sc}(n)$ 表示不同预测信息共享策略下供应链总体获得的信息共享收益；$\bar{\pi}_{sc} = \bar{\pi}_s + \bar{\pi}_1 + \bar{\pi}_2$；$V_{sc}(n) = VD_{sc}(n) + VC_{sc}(n,\theta_2)$，$VD_{sc}(n) = VD_s(n) + VD_1(n) + VD_2(n)$，$VC_{sc}(n,\theta_2) = VC_s(n,\theta_2) + VC_1(n,\theta_2) + VC_2(n,\theta_2)$。

分析预测信息共享对供应链整体的影响，可得命题7.15。

命题7.15 当供应链成员间预测信息共享动机不一致时，预测信息共享对供应链整体的影响：当 $\theta_2 < 1/3$、$\Lambda \geqslant 1 - \theta_2$ 且 $\max\{Z_1,(3+\theta_2)/5\Lambda\} \leqslant \gamma < (1-\theta_2)/\Lambda$ 时，$V_{sc}(2) > \max\{V_{sc}(0), V_{sc}(1)\}$；反之，$V_{sc}(0) > \max\{V_{sc}(1), V_{sc}(2)\}$。

其中，$Z_1 = \dfrac{3 - 3\theta_2 - \Lambda - \sqrt{\Lambda^2 + 2\Lambda(3+5\theta_2) - (1-\theta_2)(7+9\theta_2)}}{2\Lambda}$。

命题7.15表明当线下体验店与两线上零售商共享预测信息的动机不一致时，部分共享策略中预测信息共享不能为供应链总体创造价值。这说明部分信息共享策略不可能是供应链的均衡策略。完全共享策略中，一定条件下预测信息共享能为供应链总体创造价值。这主要取决于佣金率和体验服务投入的成本效率两方面因素的影响。由 $\partial e^*(2)/\partial \gamma > 0$ 可知，当佣金率较高时，完全共享策略下线下体验店投入的体验服务水平越高，能够吸引更多消费者到店体验进而促使线上零售商获得更多的信息共享收益；当体验服务投入的成本效率较高时，完全信息共享策略给线下体验店造成的利润损失降低。因此，当两者均较高时，需求信息共享为线上零售商带来的收益能够弥补给线下体验店造成的损失。这说明此时线上零售商可通过激励措施促使线下体验店进行预测信息共享以实现供应链成员的帕累托改善。

接下来分析当 $\theta_2 < 1/3$、$\Lambda \geqslant 1-\theta_2$ 且 $\max\{Z_1,(3+\theta_2)/5\Lambda\} \leqslant \gamma < (1-\theta_2)/\Lambda$ 时两竞争性线上零售商的激励契约设计问题。为激励线下体验店共享预测信息，两竞争性线上零售商提供"佣金+固定转移支付"的信息共享契约，即 $\{\gamma,T_i\}$，其中，T_i 表示线上零售商 i 付给线下体验店的固定转移支付。考虑到现实生活中，供应链成员常通过谈判确定信息共享契约，且考虑到线下体验店往往对众多线上零售商收取相同的佣金率，故假设线下体验店与线上零售商的谈判机制为价格匹配谈判，即线下体验店与线上零售商 i 进行 $\{\gamma,T_i\}$ 谈判，谈判成功后对所有线上零售商均收取同样的 $\{\gamma,T_i\}$。用 ϑ_i 表示线上零售商 i 相对于线下体验店的谈判能力，用上标 U 表示预测信息共享激励后的最优结果。

在信息共享契约$\{\gamma, T_i\}$下，供应链成员面临的谈判问题为

$$\max \left(E[\pi_i(2)] - T_i - E[\pi_i(0)]\right)^{\vartheta_i} \left(E[\pi_s(2)] + 2T_i - E[\pi_s(0)]\right)^{1-\vartheta_i} \quad (7.48)$$

其中，$(E[\pi_i(0)], E[\pi_s(0)])$表示供应链成员的谈判破裂点，即预测共享激励谈判失败时供应链成员所获得的保留收益。

求解式（7.48）中供应链成员的谈判问题，可得命题7.16。

命题7.16 最优预测信息共享激励契约：①$T_i^{U*} = (1-\vartheta_i)V_i(2) - \vartheta_i V_s(2)/2$，$\gamma^{U*} = (1-\theta_2)/\Lambda$。②当$\vartheta_i < Z_2$时，$\dfrac{\partial T_i^{U*}}{\partial \theta_2} > 0$；反之，$\dfrac{\partial T_i^{U*}}{\partial \theta_2} \leq 0$。③$E[\pi_{sc}^{U*}(2)] > E[\pi_{sc}^*(2)]$。

其中，$Z_2 = \dfrac{\Lambda(1-\gamma)(11+\theta_2 - 5\Lambda\gamma)}{7\Lambda^2\gamma^2 - \Lambda\gamma(21 + 3\theta_2 + 5\Lambda) + 12 + 4\theta_2 + 11\Lambda + \Lambda\theta_2}$。

证明： 求式（7.48）关于固定转移支付的一阶导，可得$T_i^{U*} = (1-\vartheta_i)V_i(2) - \dfrac{\vartheta_i V_s(2)}{2}$。接下来，通过最大化 $\begin{cases} \max \left(E[\pi_s(2)]/2 + E[\pi_i(2)]\right) \\ \text{s.t.} \max\{Z_1, \underline{\gamma}\} \leq \gamma < (1-\theta_2)/\Lambda \end{cases}$ 求解最优佣金率，可得$\gamma^{U*} = (1-\theta_2)/\Lambda$。命题7.16②与命题7.16③证明易得，故略。

命题7.16①给出了线上零售商的最优预测信息共享激励契约。命题7.16①表明最优佣金率不受供应链成员间谈判力的影响。这是因为供应链成员将谈判力的影响转移到固定转移支付。由命题7.16①易得$\partial V_s(2)/\partial \theta_2 > 0$，$\partial T_i^{U*}/\partial V_s(2) < 0$。这说明在进行预测信息共享契约谈判前，竞争强度的增加会降低线下体验店的损失，而线上零售商支付给线下体验店的固定转移支付随之降低。这说明竞争强度的增加会一定程度上降低线下体验店的谈判能力。但命题7.16②表明竞争强度的增加不一定会减少线下体验店获得的固定转移支付，尤其是当线下体验店的谈判能力（$1-\vartheta_i$）较高时。虽然竞争强度的增加会促使线下体验店更易接受预测信息共享契约，但最优固定转移支付是供应链成员根据各自的谈判能力对信息共享收益进行的重新分配，且随着竞争程度的增加竞争效应能为供应链整体创造更多价值，因此，当线下体验店的谈判能力较强时，竞争强度对线下体验店获得的固定转移支付具有正影响；反之，当线下体验店谈判能力较弱且谈判意愿变强时，竞争强度对线下体验店获得的固定转移支付具有负影响。命题7.16③表明，"佣金+固定转移支付"不仅能实现预测信息共享激励，还能够促使供应链总体获得更高利润。这是因为，佣金率的谈判能够改变供应链成员的均衡决策，一定程度上缓解两竞争性线上零售商之间的冲突。这说明"佣金+固定转移支付"能一定程度上起到协调供应链成员决策的作用。

3. 最优策略下竞争的影响

本节主要分析最优预测信息共享策略下竞争的影响可得命题7.17。

命题7.17 最优预测信息共享策略下竞争的影响：① $\dfrac{\partial p_i^*(n^*)}{\partial \theta_2} > 0$；$\dfrac{\partial E\left[\pi_i^*(n^*)\right]}{\partial \theta_2} > 0$；$\dfrac{\partial E\left[\pi_s^*(n^*)\right]}{\partial \theta_2} > 0$。② $\dfrac{\partial p_i^{U*}(2)}{\partial \theta_2} < 0$；当 $\Lambda < 2$ 时，$\dfrac{\partial E\left[\pi_i^{U*}(2)\right]}{\partial \theta_2} > 0$，$\dfrac{\partial E\left[\pi_s^{U*}(2)\right]}{\partial \theta_2} > 0$；反之，$\dfrac{\partial E\left[\pi_i^{U*}(2)\right]}{\partial \theta_2} \leqslant 0$，$\dfrac{\partial E\left[\pi_s^{U*}(2)\right]}{\partial \theta_2} \leqslant 0$。

其中，$n^* = 0, 2$。

命题7.17①表明在自愿形成的最优预测信息共享策略下，随着竞争强度的增加，无论共享信息与否，两竞争性线上零售商均会提高各自的产品零售价格。这主要是受到线下体验店体验服务投入的影响。具体来说，当两竞争性线上零售商同时与一个线下体验店合作时，零售价格对体验服务投入水平具有正影响，而体验服务投入是吸引消费者到店体验的关键，因此为了激励线下体验店提高体验服务投入水平，两竞争性线上零售商不得不提高零售价格，否则线下体验店会降低体验服务投入水平进而导致线下体验线上购买的消费者数量下降、线上零售商利润降低。零售价格的提高能够使线上零售商与线下体验店获得更高的边际收益，因此命题7.17①还表明竞争强度的增加对线上零售商与线下体验店的利润具有正影响。这说明在线下体验店与两竞争性线上零售商的合作中，竞争程度的增强能够提高供应链绩效、实现供应链成员的三赢。该命题一方面解释了现实生活中线下体验店往往为众多的竞争性线上零售商提供体验服务这一现象，如家居行业中Home Times线下体验店为天猫平台上的众多零售商提供体验服务；另一方面该结论启示线上零售商应该寻找为竞争性线上零售商提供体验服务的线下体验店合作。

命题7.17②表明在最优预测信息共享激励契约下，随着竞争强度的增加，线上零售商会降低产品零售价格。容易发现，竞争强度对最优预测信息共享激励契约下零售价格的影响来源于直接作用于零售价格的正影响与通过佣金率间接作用于零售价格的负影响，且负影响占优于正影响。因此，竞争强度的增加对零售价格具有负向影响。同样地，竞争强度对供应链成员的利润也存在上述两种相反的影响。当体验服务投入的成本效率较低时，竞争强度通过佣金率的间接影响还较弱，此时正影响占优，因此供应链成员随着竞争强度的增加总能获得更高利润。相反，当体验服务投入的成本效率较高时，负影响优于正影响，此时供应链成员的利润随着竞争强度的增加而下降。

7.3.4 小结

本节考虑由一个线下体验店和两个竞争性线上零售商组成的供应链，研究了线下体验店为线上零售商提供体验服务时供应链成员间的预测信息共享。通过对比不同预测信息共享策略下供应链成员均衡决策的变化分析了信息共享的影响机制。通过对比不同预测信息共享策略下信息共享给线下体验店带来的价值得到了线下体验店的最优预测信息共享策略，并基于预测信息共享对线上零售商与线下体验店的不同影响，提出了线上零售商的预测信息共享激励策略。此外，本节还探究了最优预测信息共享策略下竞争对供应链成员的影响。

研究发现①预测信息共享对线上零售商的均衡决策具有两方面的影响：一方面，预测信息共享改善线上零售商不确定市场环境下的定价决策（直接效应）；另一方面，预测信息共享促使线上零售商根据竞争强度的变化策略性地调整自身的定价决策（竞争效应）。②不同预测信息共享策略下，直接效应总能为知晓预测信息的线上零售商带来更多收益，而竞争效应总能为线下体验店带来更多收益；部分共享策略下，直接效应会损害线下体验店的利润而竞争效应会损害知晓预测信息的线上零售商利润；完全共享策略下，直接效应在一定条件下有利于线下体验店。③线下体验店的最优预测信息共享策略选择受到上述两种效应的联合影响，具体来说，当体验服务投入的成本效率或竞争强度较高时，线下体验店主动共享预测信息给两个竞争性线上零售商，而且竞争强度越大线下体验店主动共享预测信息的意愿越强。④当预测信息共享能够为线上零售商与供应链总体创造价值但却会损害线下体验店的利润时，线上零售商可通过"佣金+固定转移支付"契约激励线下体验店共享预测信息；该信息契约不仅可以激励线下体验店共享预测信息，还能在一定程度上协调供应链成员的均衡决策、提升供应链总体的利润；此外，竞争强度的增加虽然会促使线下体验店更易接受预测信息共享契约，但线下体验店得到的固定转移支付并不总是随着竞争强度的增加而降低。⑤在自愿形成的最优预测信息共享策略下，竞争强度对线上零售商的定价决策和利润均具有正影响，对线下体验店的利润也具有正影响，这说明竞争强度的增强能够提高供应链绩效；在最优预测共享激励契约下，竞争强度对线上零售商的定价决策具有负影响，且仅当体验服务投入的成本效率较低时，竞争强度才对供应链成员的利润具有正影响。

参 考 文 献

艾兴政，唐小我，马永开. 2008. 传统渠道与电子渠道预测信息分享的绩效研究[J]. 管理科学学报，11（1）：12-21.

曹宗宏，赵菊，张成堂，等. 2015. 品牌与渠道竞争下的定价决策与渠道结构选择[J]. 系统工程学报，30（1）：104-114.

陈国鹏，张旭梅，肖剑. 2016. 在线渠道折扣促销下的双渠道供应链合作广告协调研究[J]. 管理工程学报，30（4）：203-209.

陈国鹏，张旭梅，肖剑. 2017. 双渠道供应链中制造商与零售商合作广告协调模型[J]. 系统管理学报，26（6）：1168-1175.

陈敬贤，杨锋，梁樑. 2016. 降低顾客退货的店铺辅助服务战略的均衡分析[J]. 系统工程理论与实践，36（2）：374-383.

陈萍，李航. 2016. 基于时间满意度的 O2O 外卖配送路径优化问题研究[J]. 中国管理科学，24（S1）：170-176.

陈志松，方莉. 2018. 线上线下融合模式下考虑战略顾客行为的供应链协调研究[J]. 中国管理科学，26（2）：14-24.

第一财经商业数据中心. 2017. 食知有味·2016 在线外卖大数据洞察[R]. 上海：第一财经商业数据中心.

范丹丹，徐琪，王文杰. 2017. 考虑线上线下需求迁移下的供应链 O2O 最优服务决策研究[J]. 中国管理科学，25（11）：22-32.

高核，杨博文，王静. 2015. O2O 电商外卖模式下重复消费意愿影响因素研究[J]. 商业研究，58（6）：126-132.

黄宗盛，聂佳佳，赵映雪. 2016. 基于消费者满意的双渠道销售商退款保证策略研究[J]. 中国管理科学，24（2）：61-68.

姜力文，戢守峰，孙琦，等. 2016. 基于竞合博弈的 O2O 品牌制造商定价与订货联合策略[J]. 系统工程理论与实践，36（8）：1951-1961.

姜力文，戢守峰，孙琦，等. 2018. 考虑品牌 APP 丰富度的 O2O 供应链渠道选择与定价策略[J]. 管理工程学报，32（3）：178-187.

金亮. 2019. 线下到线上 O2O 供应链线上推荐策略及激励机制设计[J]. 管理评论, 31（5）: 242-253.

金亮, 张旭梅, 但斌, 等. 2017a. 交叉销售下"线下体验+线上零售"的 O2O 供应链佣金契约设计[J]. 中国管理科学, 25（11）: 33-46.

金亮, 张旭梅, 李诗杨. 2017b. 不对称信息下线下到线上 O2O 供应链佣金契约设计[J]. 管理学报, 14（6）: 908-915.

孔栋, 左美云, 孙凯. 2015. O2O 模式分类体系构建的多案例研究[J]. 管理学报, 12（11）: 1588-1597.

孔栋, 左美云, 孙凯. 2016. "上门"型 O2O 模式构成要素及其关系: 一个探索性研究[J]. 管理评论, 28（12）: 244-257.

孔瑞晓, 官振中, 罗利. 2019. 基于 BOPS 的全渠道供应链结构研究[J]. 管理学报, 16（7）: 1072-1080.

李普聪, 钟元生. 2016. 基于 DTPB 的移动 O2O 商务消费者采纳行为研究[J]. 管理工程学报, 30（4）: 102-111.

林小兰. 2014. OTO 电子商务商业模式探析[J]. 中国流通经济, 28（5）: 77-82.

林雅琴, 郭强, 张志文, 等. 2018. 淡季中酒店与 OTA 合作模式选择研究[J]. 中国管理科学, 26（5）: 187-196.

刘金荣, 徐琪, 陈啟. 2019. 考虑网络退货和渠道成本时全渠道 BOPS 定价与服务决策[J]. 中国管理科学, 27（9）: 56-67.

刘伟, 徐鹏涛. 2016. O2O 电商平台在线点评有用性影响因素的识别研究——以餐饮行业 O2O 模式为例[J]. 中国管理科学, 24（5）: 168-176.

刘咏梅, 周笛, 陈晓红. 2018. 考虑线下零售商服务成本差异的 BOPS 渠道整合[J]. 系统工程学报, 33（1）: 90-102.

卢益清, 李忱. 2013. O2O 商业模式及发展前景研究[J]. 企业经济, 32（11）: 98-101.

沈晓萍, 蔡舜, 徐迪. 2016. 服务类网络团购消费者购买意愿的实证研究[J]. 管理工程学报, 30（4）: 160-165.

石岿然, 蒋凤, 欧阳琦. 2013. 考虑零售商打折促销的二级供应链合作广告策略[J]. 中国管理科学, 21（S2）: 468-473.

谭春桥, 陈丽萍, 崔春生. 2019. 公平关切下旅游产品 O2O 模式的定价与服务策略研究[J]. 管理学报, 16（6）: 939-948.

王崇, 陈大峰. 2019. O2O 模式下消费者购买决策影响因素社群关系研究[J]. 中国管理科学, 27（1）: 110-119.

王虹, 周晶. 2009. 不同价格模式下的双渠道供应链决策研究[J]. 中国管理科学, 17（6）: 84-90.

王磊, 梁樑, 吴德胜, 等. 2005. 零售商竞争下的垂直合作广告模型[J]. 中国管理科学, 13（2）: 63-69.

温晓华, 张述冠. 2011. 电商O2O: 殊途同归[J]. 21世纪商业评论, (11): 84-87.

吴晓志, 陈宏, 张俊. 2014. 考虑在线补贴的零售商水平O2O供应链协调[J]. 中国管理科学, 22 (S1): 479-484.

熊中楷, 聂佳佳, 熊榆. 2010. 零售商竞争下纵向合作广告的微分对策模型[J]. 管理科学学报, 13 (6): 11-22, 32.

于本海, 杨永清, 孙静林, 等. 2015. 顾客体验与商户线下存在对社区O2O电商接受意向的影响研究[J]. 管理学报, 12 (11): 1658-1664.

曾小燕, 嵇凯, 周永务, 等. 2018a. "批发+佣金"模式下酒店与OTA的合作协调研究[J]. 管理工程学报, 32 (3): 214-225.

曾小燕, 周永务, 钟远光, 等. 2018b. 线上线下多渠道销售的酒店服务供应链契约设计研究[J]. 南开管理评论, 21 (2): 199-209.

张旭梅, 陈国鹏. 2016. 存在品牌差异的双渠道供应链合作广告协调模型[J]. 管理工程学报, 30 (2): 152-159.

张旭梅, 张文君, 左浐, 等. 2019a. O2O环境下服务提供商市场进入渠道策略研究[J]. 软科学, 33 (3): 86-91.

张旭梅, 郑雁文, 李梦丽. 2019b. O2O模式中存在附加服务的供应链合作策略研究[J]. 管理学报, 16 (12): 1847-1853, 1863.

张旭梅, 郑雁文, 李梦丽, 等. 2020. O2O模式中考虑附加服务和平台营销努力的供应链合作策略研究[J/OL]. 中国管理科学. https://doi.org/10.16381/j.cnki.issn1003-207x.2019.0761[2020-03-13].

张应语, 张梦佳, 王强, 等. 2015. 基于感知收益-感知风险框架的O2O模式下生鲜农产品购买意愿研究[J]. 中国软科学, (6): 128-138.

周雄伟, 汪苗蓉, 徐晨. 2018. O2O模式下服务商的价格和时间决策[J]. 中国管理科学, 26 (2): 54-61.

左浐. 2017. O2O环境下服务提供商渠道策略研究[D]. 重庆: 重庆大学.

Akturk M S, Ketzenberg M, Heim G R. 2018. Assessing impacts of introducing ship-to-store service on sales and returns in omnichannel retailing: a data analytics study[J]. Journal of Operations Management, 61 (1): 15-45.

Anand K S, Goyal M. 2009. Strategic information management under leakage in a supply chain[J]. Management Science, 55 (3): 438-452.

Avinadav T, Chernonog T, Perlman Y. 2017. Mergers and acquisitions between risk-averse parties[J]. European Journal of Operational Research, 259 (3): 926-934.

Balakrishnan A, Sundaresan S, Zhang B. 2014. Browse-and-switch: retail-online competition under value uncertainty[J]. Production and Operations Management, 23 (7): 1129-1145.

Bell D, Gallino S, Moreno A. 2015. Showrooms and information provision in omni-channel retail[J]. Production and Operations Management, 24（3）: 360-362.

Bell D R, Gallino S, Moreno A. 2018. Offline showrooms in omnichannel retail: demand and operational benefits[J]. Management Science, 64（4）: 1629-1651.

Cai X Q, Chen J, Xiao Y B, et al. 2010. Optimization and coordination of fresh product supply chains with freshness-keeping effort[J]. Production and Operations Management, 19（3）: 261-278.

Cao J, So K C, Yin S Y. 2016. Impact of an "online-to-store" channel on demand allocation, pricing and profitability[J]. European Journal of Operational Research, 248（1）: 234-245.

Cao L L, Li L. 2015. The impact of cross-channel integration on retailers' sales growth[J]. Journal of Retailing, 91（2）: 198-216.

Chen B T, Chen J. 2017. When to introduce an online channel, and offer money back guarantees and personalized pricing?[J]. European Journal of Operational Research, 257（2）: 614-624.

Chen K Y, Kaya M, Özer Ö. 2008. Dual sales channel management with service competition[J]. Manufacturing & Service Operations Management, 10（4）: 654-675.

Chiang W Y K. 2010. Product availability in competitive and cooperative dual-channel distribution with stock-out based substitution[J]. European Journal of Operational Research, 200（1）: 111-126.

Cho I K, Kreps D M. 1987. Signaling games and stable equilibria[J]. The Quarterly Journal of Economics, 102（2）: 179-221.

Dai H Y, Liu P. 2020. Workforce planning for O2O delivery systems with crowdsourced drivers[J]. Annals of Operations Research, 291（1/2）: 219-245.

Deng S M, Jiang X, Li Y H. 2018. Optimal price and maximum deal size on group-buying websites for sellers with finite capacity[J]. International Journal of Production Research, 56（5）: 1918-1933.

Dijkstra A S, van der Heide G, Roodbergen K J. 2019. Transshipments of cross-channel returned products[J]. International Journal of Production Economics, 209: 70-77.

Du S F, Wang L, Hu L. 2019. Omnichannel management with consumer disappointment aversion[J]. International Journal of Production Economics, 215: 84-101.

Dumrongsiri A, Fan M, Jain A, et al. 2008. A supply chain model with direct and retail channels[J]. European Journal of Operational Research, 187（3）: 691-718.

Dzyabura D, Jagabathula S. 2018. Offline assortment optimization in the presence of an online channel[J]. Management Science, 64（6）: 2767-2786.

Ellison G. 2005. A model of add-on pricing[J]. The Quarterly Journal of Economics, 120（2）: 585-637.

Gallino S, Moreno A. 2014. Integration of online and offline channels in retail: the impact of sharing reliable inventory availability information[J]. Management Science, 60（6）: 1434-1451.

Gallino S, Moreno A, Stamatopoulos I. 2017. Channel integration, sales dispersion, and inventory management[J]. Management Science, 63（9）: 2813-2831.

Gao F, Chen J. 2015. The role of discount vouchers in market with customer valuation uncertainty[J]. Production and Operations Management, 24（4）: 665-679.

Gao F, Su X M. 2017a. Omnichannel retail operations with buy-online-and-pick-up-in-store[J]. Management Science, 63（8）: 2478-2492.

Gao F, Su X M. 2017b. Online and offline information for omnichannel retailing[J]. Manufacturing & Service Operations Management, 19（1）: 84-98.

Gao F, Su X M. 2018. Omnichannel service operations with online and offline self-order technologies[J]. Management Science, 64（8）: 3595-3608.

Glaeser C K, Fisher M, Su X M. 2019. Optimal retail location: empirical methodology and application to practice: finalist-2017 M&SOM practice-based research competition[J]. Manufacturing & Service Operations Management, 21（1）: 86-102.

Gu Z J, Tayi G K. 2015. Consumer mending and online retailer fit-uncertainty mitigating strategies[J]. Quantitative Marketing and Economics, 13（3）: 251-282.

Gu Z J, Tayi G K. 2017. Consumer pseudo-showrooming and omni-channel placement strategies[J]. MIS Quarterly, 41（2）: 583-606.

Ha A Y, Tian Q, Tong S L. 2017. Information sharing in competing supply chains with production cost reduction[J]. Manufacturing & Service Operations Management, 19（2）: 246-262.

Ha A Y, Tong S L, Zhang H T. 2011. Sharing demand information in competing supply chains with production diseconomies[J]. Management Science, 57（3）: 566-581.

He Y, Xu Q Y, Wu P K. 2020. Omnichannel retail operations with refurbished consumer returns[J]. International Journal of Production Research, 58（1）: 271-290.

He Y Y, Zhang J, Gou Q L, et al. 2018. Supply chain decisions with reference quality effect under the O2O environment[J]. Annals of Operations Research, 268（1/2）: 273-292.

He Z, Cheng T C E, Dong J C, et al. 2016. Evolutionary location and pricing strategies for service merchants in competitive O2O markets[J]. European Journal of Operational Research, 254（2）: 595-609.

Herhausen D, Binder J, Schoegel M, et al. 2015. Integrating bricks with clicks: retailer-level and channel-level outcomes of online-offline channel integration[J]. Journal of Retailing, 91（2）: 309-325.

Huang H, Shen X Y, Xu H Y. 2016. Procurement contracts in the presence of endogenous disruption risk[J]. Decision Sciences, 47（3）: 437-472.

Huang T L, van Mieghem J A. 2014. Clickstream data and inventory management: model and empirical analysis[J]. Production and Operations Management, 23（3）: 333-347.

Huang Z M, Li S X, Mahajan V. 2002. An analysis of manufacturer-retailer supply chain coordination in cooperative advertising[J]. Decision Sciences, 33（3）: 469-494.

Jin M, Li G, Cheng T C E. 2018. Buy online and pick up in-store: Design of the service area[J]. European Journal of Operational Research, 268（2）: 613-623.

Karray S. 2013. Periodicity of pricing and marketing efforts in a distribution channel[J]. European Journal of Operational Research, 228（3）: 635-647.

Kim E, Park M C, Lee J. 2017. Determinants of the intention to use buy-online, pickup in-store (BOPS): the moderating effects of situational factors and product type[J]. Telematics and Informatics, 34（8）: 1721-1735.

Kong G W, Rajagopalan S, Zhang H. 2013. Revenue sharing and information leakage in a supply chain[J]. Management Science, 59（3）: 556-572.

Lan Y Q, Li Y Z, Papier F. 2018. Competition and coordination in a three-tier supply chain with differentiated channels[J]. European Journal of Operational Research, 269（3）: 870-882.

Li G, Zhang T, Tayi G K. 2020a. Inroad into omni-channel retailing: physical showroom deployment of an online retailer[J]. European Journal of Operational Research, 283（2）: 676-691.

Li J B, Zheng Y T, Dai B, et al. 2020b. Implications of matching and pricing strategies for multiple-delivery-points service in a freight O2O platform[J]. Transportation Research Part E: Logistics and Transportation Review, 136: 101871.

Li H, Shen Q W, Bart Y. 2018. Local market characteristics and online-to-offline commerce: an empirical analysis of groupon[J]. Management Science, 64（4）: 1860-1878.

Li M L, Zhang X M, Dan B. 2020c. Competition and cooperation in a supply chain with an offline showroom under asymmetric information[J]. International Journal of Production Research, 58（19）: 5964-5979.

Li M L, Zhang X M, Dan B. 2020d. Cooperative advertising and pricing in an O2O supply chain with buy-online-and-pick-up-in-store. International Transactions in Operational Research, 28（4）: 2033-2054.

Li Q Y, Zhou J H. 2019. A horizontal capacity reservation game under asymmetric information[J]. International Journal of Production Research, 57（4）: 1103-1118.

Li Y P, Yang R. 2014. New business model for company to win the competition[J]. American Journal of Industrial and Business Management, 4（4）: 190-198.

Li Z X, Gilbert S M, Lai G M. 2014. Supplier encroachment under asymmetric information[J]. Management Science, 60（2）: 449-462.

Li Z X, Gilbert S M, Lai G M. 2015. Supplier encroachment as an enhancement or a hindrance to nonlinear pricing[J]. Production and Operations Management, 24 (1): 89-109.

MacCarthy B L, Zhang L N, Muyldermans L. 2019. Best performance frontiers for buy-online-pickup-in-store order fulfilment [J]. International Journal of Production Economics, 211: 251-264.

Mahar S, Salzarulo P A, Wright P D. 2012. Using online pickup site inclusion policies to manage demand in retail/E-tail organizations[J]. Computers & Operations Research, 39 (5): 991-999.

McWilliams B. 2012. Money-back guarantees: helping the low-quality retailer[J]. Management Science, 58 (8): 1521-1524.

Myerson R B. 1979. Incentive compatibility and the bargaining problem[J]. Econometrica, 47 (1): 61-73.

Niu B Z, Mu Z H, Li B X. 2019. O2O results in traffic congestion reduction and sustainability improvement: analysis of "online-to-store" channel and uniform pricing strategy[J]. Transportation Research Part E: Logistics and Transportation Review, 122: 481-505.

Ødegaard F, Wilson J G. 2016. Dynamic pricing of primary products and ancillary services[J]. European Journal of Operational Research, 251 (2): 586-599.

Ofek E, Katona Z, Sarvary M. 2011. "Bricks and clicks": the impact of product returns on the strategies of multichannel retailers[J]. Marketing Science, 30 (1): 42-60.

Oh L B, Teo H H, Sambamurthy V. 2012. The effects of retail channel integration through the use of information technologies on firm performance[J]. Journal of Operations Management, 30 (5): 368-381.

Radhi M, Zhang G Q. 2019. Optimal cross-channel return policy in dual-channel retailing systems[J]. International Journal of Production Economics, 210: 184-198.

Shang W X, Ha A Y, Tong S L. 2015. Information sharing in a supply chain with a common retailer[J]. Management Science, 62 (1): 245-263.

Shi X T, Dong C W, Cheng T C E. 2018. Does the buy-online-and-pick-up-in-store strategy with pre-orders benefit a retailer with the consideration of returns?[J]. International Journal of Production Economics, 206: 134-145.

Tagashira T, Minami C. 2019. The effect of cross-channel integration on cost efficiency[J]. Journal of Interactive Marketing, 47: 68-83.

Tao Z Y, Gou Q L, Zhang J Z. 2020. A local seller's app channel strategy concerning delivery[J]. International Journal of Production Research, 58 (1): 220-255.

Tong T T, Dai H Y, Xiao Q, et al. 2020. Will dynamic pricing outperform? Theoretical analysis and empirical evidence from O2O on-demand food service market[J]. International Journal of Production Economics, 219: 375-385.

Tsai T M, Wang W N, Lin Y T, et al. 2015. An O2O commerce service framework and its effectiveness analysis with application to proximity commerce[J]. Procedia Manufacturing, 3: 3498-3505.

Wang Y Z, Gerchak Y. 2001. Supply chain coordination when demand is shelf-space dependent[J]. Manufacturing & Service Operations Management, 3 (1): 82-87.

Wollenburg J, Holzapfel A, Hübner A, et al. 2018. Configuring retail fulfillment processes for omni-channel customer steering[J]. International Journal of Electronic Commerce, 22 (4): 540-575.

Wu T, Zhang M B, Tian X, et al. 2020. Spatial differentiation and network externality in pricing mechanism of online car hailing platform[J]. International Journal of Production Economics, 219: 275-283.

Xia Y S, Xiao T J, Zhang G P. 2017. The impact of product returns and retailer's service investment on manufacturer's channel strategies[J]. Decision Sciences, 48 (5): 918-955.

Xu X, Jackson J E. 2019a. Examining customer channel selection intention in the omni-channel retail environment[J]. International Journal of Production Economics, 208: 434-445.

Xu X, Jackson J E. 2019b. Investigating the influential factors of return channel loyalty in omni-channel retailing[J]. International Journal of Production Economics, 216: 118-132.

Xue W L, Demirag O C, Niu B Z. 2014. Supply chain performance and consumer surplus under alternative structures of channel dominance[J]. European Journal of Operational Research, 239 (1): 130-145.

Yang L, Tang R.2019. Comparisons of sales modes for a fresh product supply chain with freshness-keeping effort [J]. Transportation Research Part E: Logistics and Transportation Review, 125: 425-448.

Yao D Q, Liu J J. 2005. Competitive pricing of mixed retail and e-tail distribution channels[J]. Omega, 33 (3): 235-247.

Ye F, Zhang L, Li Y N. 2018. Strategic choice of sales channel and business model for the hotel supply chain[J]. Journal of Retailing, 94 (1): 33-44.

Yi Z L, Wang Y L, Liu Y, et al. 2018. The impact of consumer fairness seeking on distribution channel selection: direct selling vs. agent selling[J]. Production and Operations Management, 27 (6): 1148-1167.

Yoo S H. 2014. Product quality and return policy in a supply chain under risk aversion of a supplier[J]. International Journal of Production Economics, 154 (3): 146-155.

Zha Y, Zhang J H, Yue X H, et al. 2015. Service supply chain coordination with platform effort-induced demand[J]. Annals of Operations Research, 235 (1): 785-806.

Zhang J Z, Xu Q Y, He Y. 2018. Omnichannel retail operations with consumer returns and order cancellation[J]. Transportation Research Part E: Logistics and Transportation Review, 118: 308-324.

Zhang J L, Zhao S T, Cheng T C E, et al. 2019a. Optimisation of online retailer pricing and carrier capacity expansion during low-price promotions with coordination of a decentralised supply chain[J]. International Journal of Production Research, 57 (9): 2809-2827.

Zhang P, He Y, Zhao X. 2019b. "Preorder-online, pickup-in-store" strategy for a dual-channel retailer[J]. Transportation Research Part E: Logistics and Transportation Review, 122: 27-47.

Zhang S, Pauwels K, Peng C M. 2019c. The impact of adding online-to-offline service platform channels on firms' offline and total sales and profits [J]. Journal of Interactive Marketing, 47: 115-128.

Zhao F G, Wu D S, Liang L, et al. 2016. Lateral inventory transshipment problem in online-to-offline supply chain[J]. International Journal of Production Research, 54 (7): 1951-1963.

Zhu X M, Song B Y, Ni Y Z, et al. 2016. The O2O Model-From Online/Offline to the O2O Model[M]. Singapore: Springer.